劳动教育论

曾天山 顾建军 主编

教育科学出版社

·北京·

目　录

绪论

劳动教育承载中国梦

　　劳动不仅发展着世界，也创造着人本身。劳动既是人类创新并积累财富的过程，也是人类自我创造、自我完善的过程。劳动乃立身之本，劳动教育是沟通职业、联系社会的载体。劳动教育是全面育人体系的重要组成部分，也是培养人的重要途径。重视劳动教育是普遍规律，也是中国优良传统，更是马克思教劳结合思想指导下的社会主义教育的本质特征。习近平总书记站在实现中华民族伟大复兴的战略高度，在全国教育大会上首次提出把劳动教育纳入培养社会主义建设者和接班人的总体要求之中，历史性地把劳动教育从传统意义上促进青少年全面发展的有效途径提升为重要教育内容，形成德智体美劳全面培养的教育体系，明确了新时代加强劳动教育的思想指引，引发了社会的强烈共鸣。2020 年 3 月 20 日，中共中央、国务院印发《关于全面加强新时代大中小学劳动教育的意见》，强调劳动教育是中国特色社会主义教育制度的重要内容，要求全面贯彻党的教育方针，坚持立德树人，把劳动教育纳入人才培养全过程，对加强新时代劳动教育进行了整体设计，推动建立全面实施劳动教育的长效机制，贯通大中小学各学段，贯穿家庭、学校、社会各方面，把握育人导向，遵循教育规律，创新体制机制，注重教育实效，实现知行合一，促进学生形成正确的世界观、人生观、价值观。

一、准确认识劳动教育的基本要义

从普遍意义看，劳动是创造社会物质财富和精神财富的必要手段，既是人的生存生活之本，也是社会不断进步的根本动力。马克思提出的"劳动创造了人本身"成为大众常识，联合国教科文组织提出的"学会生存"成为国际共识。劳动教育是人类可持续发展的重要内容，劳动教育要使人从实践中学习和运用社会积累的生产生活知识与技术，获得劳动技能、职业体验、社会经验，知稼穑之艰难，察民生之疾苦，着重培养自食其力的本领、尊重劳动人民的情感和劳动创造的精神。

显然，劳动教育是培养青少年运用知识与技能获得精神财富和物质财富的教育实践，可以培养青少年尊重劳动、劳动人民和劳动成果的情感，培养自我服务的技能以及认真、负责、创造性地对待劳动的态度，培养合作劳动和独立劳动的能力。劳动教育帮助青少年引发职业兴趣、发现职业倾向、规划职业生涯，正确评价劳动的意义和价值，了解社会行业分工，明白劳动只有分工不同而没有高低贵贱之分，任何职业都有意义、都很光荣。

在这个意义上说，劳动教育属于一种高级的社会实践，是了解与服务社会不可缺少的教育活动，是强国富民的大事。正如苏霍姆林斯基所说："劳动以外的教育和没有劳动的教育是不存在、也不可能存在的。"① 而一般意义上的知识学习、科学实验、研学旅行和社会实践等，主要解决认识深化、知行统一的问题，单纯的职业技术教育侧重技能培养，都不属于劳动教育的范畴。应当明确劳动教育的概念，认清劳动教育的独特价值，回

---

① 苏霍姆林斯基.教育的艺术［M］.长沙：湖南教育出版社，1983：127.

归实践育人的本位，避免造成实践上的弱化、虚化、窄化、泛化、异化。劳动教育不能弱化为可有可无，不能虚化为形式主义，不能窄化为生产劳动，不能泛化为社会实践，不能异化为惩罚手段。

二、全面把握劳动教育的历史经验

长期以来，社会主义国家高度重视劳动教育，将其作为贯彻马克思教劳结合思想的重要体现，作为培养社会主义建设者和接班人的重要途径。一些地区和学校坚持教育与生产劳动相结合，积极开展劳动教育实践，取得了一定成效。如浙江台州市椒江区大陈实验学校，作为大陈岛唯一的学校，走在了劳动教育的前沿。学校专门开发了垦荒体验课，安排学生每周用1—2个课时投身劳动，种植、施肥、浇水……，一件件农家活成了每个学生的必修课。劳动实践课程已在椒江区全面开设。各校对劳动实践教育进行整体设计，探索形成课程完善、资源丰富、机制健全的劳动实践教育体系，做到课程教学实践化、校内劳动常态化、家庭劳动经常化、社会实践多样化，让学生在劳动中体验、在劳动中收获、在劳动中成长，更好地促进了大陈岛垦荒精神代代相传。①

由于认识和实践上的偏差，我国劳动教育走过了一条"之"字形路线。新中国成立后，我国对劳动教育进行了崭新的探索，完成了劳动教育基本体系的初塑，劳动教育有序开展。受极左思想影响，在"教育大革命"乃至"文化大革命"时期，我国高度重视劳动教育，偏重劳动锻炼，轻视理论学习，勤工俭学盛行，存在着把劳动窄化为生产劳动的倾向，在一定程度上异化了劳动教育，偏离了马克思主义强调的以现代科学知识为基础、以机器为工具的现代劳动；恢复高考后，我国高度重视理论学习，偏重书本知识，忽视劳动教育，存在着把劳动泛化为社会实践的倾向，在一定程度上虚化了劳动教育。总体上看，我国此前的劳动教育存在诸多薄弱环节和问题，劳动教

---

① 禹跃昆，蒋亦丰. 浙江台州椒江区在中小学深入开展劳动教育：让"垦荒精神"在劳动中传承 [N]. 中国教育报，2019-03-08 (1).

育在学校中被弱化，在家庭中被软化，在社会中被淡化，学生劳动机会少、劳动意识缺乏，出现了一些轻视劳动、不会劳动、不珍惜劳动成果的现象，进而影响正确"三观"的形成。新时代，我们有必要重新认识劳动教育的综合育人功能和独特价值，回归劳动教育本位，把劳动教育纳入全面培养的教育体系，与德智体美并列，做到五育并举、立德树人。

三、深刻认识劳动教育的时代价值

劳动创造了人，使人成为"万物之灵"。人也创造了劳动，使劳动由低级向高级形态发展。

劳动是生活的第一需要，各国都非常重视青少年学生劳动意识和能力的培养。一是开设专门课程。如日本《教育法》把"关注职业和生活的关系，培养重视劳动的态度"作为教育重要目标，把培养勤劳观、基本生存能力纳入教育方针，规定中学生每周要在学校农场、果园和家禽家畜饲养场参加两小时全校性的生产劳动。俄罗斯继承苏联劳动教育的传统，2015年颁布《劳动教育发展纲要》，创新劳动教育活动形式和保障机制。二是把劳动教育融入生活技能课程之中，培养劳动精神。如美国劳动教育以生计教育为特色，主要通过校内与校外相结合的方式进行。德国劳动教育强调生活教育和职业启蒙教育，如重视家政课的教学实践，以教会学生如何生活作为劳动教育的目标。芬兰一直较为注重开展培养学生生存技能的劳动教育，手工课是芬兰义务教育阶段的必修课程。

在社会主义国家，劳动教育被赋予特殊的含义，就是把教育与生产劳动相结合作为实现马克思主义体脑结合、全面发展教育理念的有效途径，就是把劳动教育作为培养社会主义建设者和接班人的重要内容。可以说，我国的劳动教育培养了一代又一代人，"劳动光荣"深入人心，学工、学农、学军在几代人心中留下了不可磨灭的记忆。

随着社会的变迁及各种因素的影响，传统劳动教育的基础条件和社会氛围已经发生了重大变化，劳动教育有所弱化、淡化，在一部分青少年中存在"不珍惜劳动成果、不爱劳动、不会劳动"的现象，长此以往可能危及社会主义事业的持续发展和中华民族的伟大复兴。

新时代更加强调幸福是奋斗出来的，青春是用来奋斗的，不劳动无以为人，不创造无以成事，没奉献难成大器。劳动教育的独特价值并没有消失，反而在培养社会主义合格建设者和可靠接班人方面的作用愈显重要。要教育引导学生参与形式多样的劳动教育实践，从中学会崇尚劳动，尊重劳动人民，提高劳动素养，形成劳动习惯，弘扬劳动精神，进而完善人格、造福人民。

四、全面认识劳动教育的特殊价值

人的全面发展学说既是马克思主义教育思想的基本内涵，也是我们党制定教育方针政策的根本遵循。从毛泽东同志 1957 年提出的德智体几方面全面发展，到党的十六大提出的德智体美全面发展，再到习近平总书记提出的德智体美劳全面发展的教育体系，这些既与马克思主义教育思想一脉相承，更是对社会主义教育规律认识的不断深化。

五育并举，全面贯通。一方面要看到劳动教育的独特价值，它关系到青少年劳动素养的培养，这是其他四育无法替代的；另一方面要看到劳动教育的综合育人价值，充分发挥劳动教育的树德、增智、健体、育美作用，促进学生全面发展。一方面要看到劳动教育的内容价值，生活劳动着重解决个人自理问题，生产劳动侧重解决物质财富创造问题，服务劳动侧重解决个人与社会的关系问题；另一方面要看到劳动教育的载体价值，五育并举，发挥协同育人的作用。德育与劳动教育有机结合有助于解决德育虚化问题，在德育中引入社会公益劳动，在生产劳动中渗透德育，有利于学生端正生活态度和价值观，提高社会公德，增强社会责任感。智育与劳动教育相结合有助于学生从做中学，知行统一，学以致用，提高劳动的技术含量，培养创造性劳动能力。体育与劳动教育相结合有助于磨炼学生意志，培养公平竞争和团队合作精神。美育与劳动教育相结合有助于培养学生创造美的能力，让学生懂得劳动最美丽、劳动者最可爱、劳动成果最珍贵。

五、构建新时代劳动教育落实机制

落实劳动教育要坚持目标导向和问题导向相结合，核心问题是教什么、怎么教、怎么评、谁负责，要有针对性地解决实践中存在的"不想干、不愿干、不敢干、不会干"等问题。一是以社会公益劳动为要点，融合生活劳动、生产劳动、服务劳动，结合创新创业等创造性活动，构建科学的内容体系，体现劳动教育的时代性。二是以学校劳动教育为支点，发挥家庭的基础作用，扣好日常劳动教育的第一颗纽扣，发挥社会的支撑作用，开拓劳动教育的大课堂，形成家庭、学校、社会合作育人的劳动教育体系，体现劳动教育的协同性。三是以中小学为重点，形成大中小学相互衔接的劳动教育体系，培育不同学段学生的劳动素养，促进青少年劳动意识、能力、习惯相统一的终身发展，体现劳动教育的系统性。四是整合通用技术、综合实践活动等相关课程，形成目标、内容、方法、管理、评价等相关联的劳动教育综合课程，体现劳动教育的整体性。五是以政府投入为主体，带动社会、家庭投入，辅之以商业保险，健全劳动教育的保障机制。

在新的历史条件下开展劳动教育，机遇与挑战并存。一方面要看到勤劳节俭是中华民族的宝贵"基因"，重视劳动教育是社会主义教育的光荣传统，培养担当民族复兴大任的时代新人，迫切要求完善德智体美劳全面培养的育人体系；另一方面也要清醒地看到，当今时代经济全球化、价值多元化、社会信息化，传统生活生产方式和组织形态发生重大变革，这些都会对劳动教育产生影响和冲击。要避免思想认识上的片面和实践上的盲目，防止评价的单一和效果的弱化，推动劳动教育成为一种授人生活技能、播种幸福的教育。要构建科学实用的现代劳动教育体系，形成更高水平的人才培养体系，既培养就就业业的普通劳动者，也培养大国工匠，还培养创造发明的科学大师，形成崇尚劳动创造的社会风气，加快教育强国和制造业强国建设。

第一章

劳动形态

马克思认为："整个所谓世界历史不外是人通过人的劳动而诞生的过程。"[①] 他对劳动的定义是："劳动首先是人和自然之间的过程，是人以自身的活动来引起、调整和控制人和自然之间的物质变换的过程。"[②] 劳动是主观作用于客观的实践活动，是实际地改变外部世界和周围环境的对象性活动，是社会发展的基础，而先进的生产力是社会历史发展的最终决定性力量。生产力是由多种要素构成的复杂系统，马克思主义者认为，决定生产力水平的三个基本要素是劳动者、劳动资料与劳动对象。生产力是在劳动者、劳动资料和劳动对象三者的交互作用下形成的。

劳动者是具有基本的劳动能力、必要的劳动技能和一定的生产经验并参与生产过程的人。马克思说过："人本身是他自己的物质生产的基础，也是他进行的其他各种生产的基础。因此，所有对人这个生产

---

① 马克思，恩格斯．马克思恩格斯文集：第1卷［M］．北京：人民出版社，2009：196.
② 马克思，恩格斯．马克思恩格斯全集：第23卷［M］．北京：人民出版社，1972：201-202.

主体发生影响的情况，都会在或大或小的程度上改变人的各种职能和活动。"① 一方面，人通过劳动创造物、使用物，不断改进和提高物的性能，进而改变自然、创造世界；另一方面，人在改造自然世界过程中，其生存内容更加充实和丰厚，不仅生理和体力获得发展，心智和人格得到提升，而且劳动技能得到发展，艺术情操得到涵养，真正实现了"劳动创造了人自身"，可以说，人的自由发展和完整实现都取决于劳动。

劳动对象包括直接从自然界中获得的资料和经过劳动加工而创造出来的材料。纵观人类劳动史，劳动对象逐步拓展，反映出人类改造自然的能力不断提升。自然不断被人化，人化的自然不断扩张，非人化的自然不断退缩，这是历史发展的总趋势。②

劳动资料是劳动者用以作用于劳动对象的单个物或物的综合体，包括人们在劳动过程中所必需的物质条件。劳动工具是人类肢体的延伸和拓展，在本质上是人的外化功能体。黑格尔认为，"劳动通过各色各样的过程，加工于自然界所直接提供的物资，使合乎这些殊多的目的"③。而在马克思看来，"各种经济时代的区别，不在于生产什么，而在于怎样生产，用什么劳动资料生产。……劳动资料不仅是人类劳动力发展的测量器，而且是劳动借以进行的社会关系的指示器"④。他还指出了劳动工具与社会生产时代特征的相关性，认为"劳动工具更能显示一个社会生产时代的具有决定意义的特征"⑤。由此可见，劳动工具是影响"人与自然界的关系"的重要因素，劳动者劳动目的的实现、劳动价值的体现受到客观条件的制约（首先是劳动工具的制约）。

综上所述，劳动者是生产力系统中的能动要素，劳动对象是指生产过程中被加工的东西，而劳动工具对生产力发展发挥着重要作用。在每一次产业革命中，都是人改造劳动工具，进而改造自然世界，引发生产力变

---

① 马克思，恩格斯.马克思恩格斯全集：第 26 卷：上 [M].北京：人民出版社，1972：300.
② 黄云明.马克思劳动伦理思想的哲学研究 [M].北京：人民出版社，2015：56.
③ 黑格尔.法哲学原理 [M].北京：商务印书馆，2009：238.
④ 马克思，恩格斯.马克思恩格斯文集：第 5 卷 [M].北京：人民出版社，2009：210.
⑤ 马克思，恩格斯.马克思恩格斯全集：第 23 卷 [M].北京：人民出版社，1972：204.

革，最终推动人类社会历史不断向前发展。人类社会历史就是劳动工具不断改进的历史。因此，依据人类劳动史上各阶段主要使用的劳动工具，人类劳动形态可以分为手工劳动、机器劳动、智能劳动三种。随着劳动工具的变化，劳动形态不断迭代、更替、演进，生产力的三要素（劳动对象、劳动工具、劳动者）及其关系也在发生变化。

第一节　手工劳动

人类为了在地球上生存下去，必须生产自己的生活资料，起初付出的是自身的体力，后来开始利用自然工具、手工工具，借助畜力、风力、水力等展开劳动。马克思说："可以根据意识、宗教或者随便别的什么来区别人和动物。一当人开始生产自己的生活资料，即迈出由他们的肉体组织所决定的这一步的时候，人本身就开始把自己和动物区别开来。人们生产自己的生活资料，同时间接地生产着自己的物质生活本身。"① 手工劳动是人类劳动的初始形态，人类由于手工劳动而踏上了与其他动物完全不同的发展道路。

一、手工劳动的概念

手工劳动是指人运用自身的自然力——臂和腿、头和手的力量，或直接取用自然物作为工具开展劳动，简单改造自然物作为工具而开展劳动，有意识地利用自然物来制造工具而开展劳动，或者对工具加以改造以制成机械而开展劳动。在手工劳动中，人是控制者，劳动的效率主要取决于人。

---

① 马克思，恩格斯 . 马克思恩格斯文集：第 1 卷［M］. 北京：人民出版社，2009：519.

二、手工劳动的发展历程

人类手工劳动的发展经历了两个阶段。一是完全依赖自身身体的自然力或简单利用自然界天然形成的工具进行的手工劳动，如原始人把木棒和石块作为工具进行采集、狩猎、捕鱼等活动。二是利用其他生物不可能创造的各种工具而进行的劳动。马克思按照制造工具的材料，把史前时期划分为石器时代、青铜器时代和铁器时代①，根据并延续这一分类，手工劳动发展的第二个阶段可以分为石器劳动时代、金属工具劳动时代、简单机械劳动时代等。

石器劳动时代又分为旧石器劳动时代和新石器劳动时代。在旧石器劳动时代，人类用打制的方法，将石头敲打成刀、锥、锯、凿等工具，把兽骨制成了骨针，有效发挥了自然界原始工具的效用。在新石器劳动时代，人类的工具制作由打制转向磨制，制造耕种所需要的犁和锄及其他工具。在这个时代里，人类还开始将植物纤维纺成纱线，用来织布；想方设法将动物毛纺成毛线，制作成毛织品；还开始用绢丝织造丝织品；等等。②

在金属工具劳动时代，人类将铜、青铜、铁等金属加热熔化注入模子，能比较容易地制造出犁和锄等各类器具。青铜器、铁器的应用促进了工具改革。③

在简单机械劳动时代，人发明了简单机械，如车轮、杠杆、滑轮、螺旋、车轴等，并利用这些机械进行劳动。

手工劳动时代劳动工具的演变过程如表1-1所示。

---

① 马克思，恩格斯.马克思恩格斯文集：第5卷［M］.北京：人民出版社，2009：211.
② 中山秀太郎.技术史入门［M］.济南：山东教育出版社，2015：22-23.
③ 同②24.

表 1-1 手工劳动时代劳动工具的演变

年代		代表性工具
石器劳动时代（旧石器时期）	距今 3 万—4 万年前	剥片石器、石英片、石头刀、石叉、石凿子、石矛头、石锥、石锯、骨器
石器劳动时代（新石器时期）	公元前 4000 年	磨制石器，土器，利用草木的纤维以及绢丝、毛等纺织品编织织物
金属工具劳动时代	公元前 2000 年	使用铜、青铜、铁制造的器具
简单机械劳动时代（技术萌芽时期）	公元前 3 世纪至公元前 2 世纪	漏壶（水钟）、阿基米德扬水器
	公元前 2 世纪至公元前 1 世纪	自动装置，如自动开闭的门、自动调节灯、蒸汽球
	公元前 1 世纪	水车
	公元前 1 世纪至纪元开始前	五类简单机械（车轮、杠杆、滑轮、螺旋、车轴）

注：本表节选自中山秀太郎所著《技术史入门》（山东教育出版社 2015 年版第 19 页）。

三、手工劳动组织形式的变化历程

手工劳动最初是依靠手工或简单工具进行小规模生产，其开始时是从属于农业的，主要表现为家庭手工业。第二次社会大分工后，手工业脱离农业，成为个体手工业，手工业者几乎都是自己完成手工产品的全部制作流程，手工劳动中还未产生明确的分工。

其后，简单协作的资本主义手工作坊代替了个体手工业。手工作坊在中世纪欧洲城市中具有垄断地位，在 14、15 世纪，英国新兴的资产阶级和新贵族发起"圈地运动"，使用暴力把农民从土地上赶走，农民失去土地这份生存保障，被迫成为劳动力市场上的无产者。一部分农民去农场和牧场做农业工人，一部分农民则流入城市。这些获得自由的农民除了自身的体力一无所有，只能加入城市的手工作坊，成为作坊的手工劳动者。作坊主掌握着全部生产资料，因此控制了所有的手工劳动者。

再后来，手工工场代替了行会控制的手工作坊。手工工场从"圈地运动"中获得了大量自由、廉价的雇佣劳动力，欧洲一些城市的工场手工业蓬勃发展，由此积累了丰富的生产知识和技术，推动了商业和工业的发展。

四、手工劳动的分类

简单手工劳动。这种劳动完全使用手工和辅以简单工具，劳动过程是劳动者自然力的简单支出，劳动者掌握一定的技巧，但主要是付出体力，劳动成果主要取决于肢体动作的效率，劳动过程受人体生理情况的限制，生产率较低。

复杂、精细且带有一定创造性的手工劳动。人们使用简单的手工工具加工劳动对象，也能够完成较为复杂的劳动任务，如工艺美术品的创作、生产过程中的科学实验、复杂产品的装配及检验等，能够生产出技术水平较高、附加价值较高的产品。手工操作是手工劳动过程的重要特点，但这种劳动并非单纯的体力劳动，而是带有一定创造性的智力劳动，其设计思路与创造性通过手工劳动表现在产品上。因为需要经历较长的工作时间才能创作出产品，所以这类手工劳动的生产率不会很高，但由于产品富含劳动经验和复杂的创造性劳动，产品的价值较高。

半机械的简单手工劳动。这类手工劳动由"人+机械"共同完成。机械需要人工操纵，否则就不能运作。劳动生产率既受机器本身的效率和功能的掣肘，又受人肢体动作的熟练度和体力的限制。①

五、手工劳动的意义

手工劳动开启人类的创造历程。在恩格斯看来，"动物仅仅利用外部

---

① 宗寒. 我国工业中的手工劳动问题［J］. 东岳论丛，1991（4）：35-41.

自然界，单纯地通过自身的存在在自然界中引起改变；而人则通过他所作出的改变来使自然界为自己的目的服务，来支配自然界。这便是人同其他动物的最终的本质差别，而造成这一差别的还是劳动"①。马克思指出，劳动便是人积极影响、改变自然的活动过程。他在《1844 年经济学哲学手稿》中写道："正是在改造对象世界中，人才真正地证明自己是类存在物。这种生产是人的能动的类生活。通过这种生产，自然才表现为他的作品和他的现实。因此，劳动对象是人的类生活的对象化。"② 手工劳动是人类有意识、有目的、有计划地利用和改造大自然的活动，人将自己的体力和智力作用于自然物质，把自然物质改变成对人自身生活有用的形式，把自然改造成利于自身生存的状态，进而开启了创造历程。

手工劳动使猿转变为"完全的人"。"劳动创造了人本身"是马克思主义劳动学说的一条基本论断。"为了在对自身生活有用的形式上占有自然物质，人就使他身上的自然力——臂和腿、头和手运动起来。当他通过这种运动作用于他身外的自然并改变自然时，也就同时改变他自身的自然。他使自身的自然中蕴藏着的潜力发挥出来，并且使这种力的活动受他自己控制。"③劳动改造了猿的生理结构，使其可以直立行走，使猿转变为人；劳动推动了语言的产生，锻炼了人的身体机能，人的大脑、感官以及抽象能力、推理能力等也获得发展，反过来又对劳动和语言发生作用。正是制造工具等有意识的活动把人类劳动同动物的本能活动区别开来，同时，社会性这一人的本质也是通过劳动而产生、实现并得到证明的。人通过劳动形成社会，劳动是人与人相互联系的媒介，赋予了人存在的价值，促成了"完全的人"的形成。

六、手工劳动时代生产力三要素的关系

劳动者是生产力系统的主体。在手工劳动时代，劳动工具是手工工

---

① 马克思，恩格斯 . 马克思恩格斯选集：第 3 卷［M］. 3 版 . 北京：人民出版社，2012：517.
② 马克思 . 1844 年经济学哲学手稿［M］. 3 版 . 北京：人民出版社，2000：58.
③ 马克思 . 资本论：第一卷［M］. 2 版 . 北京：人民出版社，2004：208.

具。不论是在传统农业还是在手工业中，劳动者支配劳动工具，劳动者处在生产力系统的中心地位。马克思指出："工人把工具当作器官，通过自己的技能和活动赋予它以灵魂，因此，掌握工具的能力取决于工人的技艺。"① 人是生产力系统的主体，人的技艺是劳动的灵魂。在中世纪，一个手工工匠在作坊的生产劳动过程中靠经验的积累习得一种娴熟的专门手艺，并终生从事这种专门劳动。在工场手工业时代，一个工人也是在劳动过程中凭借经验的积累而习得一种简单的专门技艺，并终生从事这种劳动。第二次社会大分工后，因为科学技术不发达，社会生产劳动本身也比较简单，社会生产劳动只需要也只能凭借经验（生产劳动过程所需要的经验可以在直接的生产劳动过程中通过代际的口传身授完成），因此工匠们只是根据实际需要，使用工具从事经验性劳动，生产出必要的产品。使用工具的技艺是生产过程的基础，因此生产过程凭借的是人的丰富经验及熟练技能。进入 16、17 世纪后，科学研究逐步发展，人们通过观察自然现象发现其中的规律，并利用这些规律来制造器物，使之为人类的实际生活服务。在这一过程中，人更加充分地发挥了自身的主体作用。

劳动工具充当人的外化功能体。在手工劳动时代，原始的人处于最佳状态，所以无需代具。原始人的身体是他唯一认识的器具，他的身体发挥着各种如今由于缺乏使用而已经丧失的功能，手工劳动首先是发挥人类自身的原生能力。② 后来，从原始人使用的简陋工具到简单机械再到手工师傅的精巧工具，它们均非独立的功能体，都不过是加到人"身体的器官上"的"活动的器官"而已③，劳动工具只是在形式上充当人的外化功能体。劳动工具是劳动者与劳动对象之间的中介，将劳动者的劳动作用到劳动对象身上。

劳动对象既支撑着劳动，又在一定程度上控制着劳动者。在人类社会初期，劳动力水平较低，人只能从自然界直接获取生活资料，劳动对象以

---

① 马克思，恩格斯. 马克思恩格斯全集：第 46 卷：下 [M]. 北京：人民出版社，1980：208.
② 斯蒂格勒. 技术与时间 I：爱比米修斯的过失 [M]. 南京：译林出版社，2012：127-128.
③ 马克思，恩格斯. 马克思恩格斯全集：第 23 卷 [M]. 北京：人民出版社，1972：203.

土地、水、生物等资源为主。人被外在的自然环境所束缚，人在手工劳动中受制于自然，必须根据自然环境所能提供的劳动对象来确定生产内容和劳动方式，在特定的生产内容和劳动方式的基础上，逐渐形成手工劳动时代的生存方式、思维方式以及价值体系。而且自然界作为劳动对象是客观的存在，有自身运动的客观规律，人在手工劳动中，必须尊重自然、顺应自然。人的劳动必须适应物质的性质，劳动者受到劳动对象的控制，因此手工劳动时代的劳动呈现出"自然控制人"的特点。[①]

第二节　机器劳动

18 世纪 60 年代、19 世纪 60 年代，人类先后发起了两次工业革命，使人类社会先后进入了蒸汽时代和电气时代。在这两次工业革命中，农耕文明向工业文明过渡，产业结构由以农业为主体转变为以工业为主体，机器得到广泛使用，能源从简单的自然力转向蒸汽、电力等二次能源，人类生产力由手工生产力上升为机器生产力。在这一阶段，机器劳动逐步取代手工劳动，成为主要的劳动形态。

一、机器劳动的含义

马克思给机器劳动下了一个定义："所谓简单的机器劳动，我们指的是应由看管工作机的人来完成的辅助作业。"[②] 这个定义内含三层意思：一是机器劳动不是指机器的动作，而是指人的活动，因而是活劳动；二是将活劳动在生产中的作用界定为"辅助作业"，并且这种辅助是指对直接加工劳动对象的机器的"看管"；三是将此种活劳动的工作性质明确为"看管工作机"。狭义的机器劳动即指与工作机的作业直接相关的"看管机器

---

① 黄云明. 马克思劳动伦理思想的哲学研究 [M]. 北京：人民出版社，2015：44.
② 马克思，恩格斯. 马克思恩格斯全集：第 47 卷 [M]. 北京：人民出版社，1979：520.

作业"，表现为"特殊的工人小组看管完成各种特定过程的机器"。这些工人是工人中的骨干，"由从事主要的最后工序的工人组成，而不是由从事准备工作或修整工作的工人组成"。① 马克思特别强调了这种活动必须和工作机打交道，是真正的机器劳动。广义的机器劳动还包括"照料原动机的活动""维修机器的作业""打扫工厂的垃圾、运走工厂废料"等形式。② 这些劳动形式与工作机的作业间接相关。

二、机器劳动的发展历程

18世纪60年代，第一次工业革命从英国发起，人类的生产进入了以工业生产为主体、以机器大工业为基础的发展阶段。马克思将机器大工业条件下工人从事的活劳动称为"机器劳动"。在这一阶段，机器工厂代替了手工工场，劳动形态由手工劳动向机器劳动转变。机器劳动时代大体包括以下两个阶段。

（一）18世纪60年代—19世纪后半叶

在这一时期，以纺织工业机械化为起点、以蒸汽机的发明和革新为标志的第一次工业革命，开启了以机器劳动代替手工劳动的时代。

以纺织工业机械化为起点的工作机革命。从手工劳动向机器劳动过渡，是从发明、改进和使用机器开始的。机器与手工有着根本性的区别，机器是"发动机、传动机、工作机"的统一体，三个环节具有有机的联系。工作机是机器的组成部分之一，对机器劳动替代手工劳动具有决定性作用。工作机首先诞生在18世纪英国的纺织业领域。1733年，凯伊（John Kay）发明了飞梭，加快了织布速度；1764年，哈格里夫斯（James Hargreaves）发明了第一台多锭纺纱机——"珍妮机"，此后不断完善。新机器的采用，使得使用较少的人力来进行生产成为现实。从纺织业开始以

---

① 马克思，恩格斯. 马克思恩格斯全集：第47卷［M］. 北京：人民出版社，1979：522.
② 同①521.

工作机代替手工工具后，人们在不断改革的基础上又发明了各种机械和运输车辆，如能轻易举起重物的起重机、能制造各种机械的机床。大量新技术得到运用，大量机器投入生产过程，各类机械的性能得到提高。机器制造业的发展，奠定了近代机器大生产的基础。工作机代替手工工具，引发了活劳动形式的质变。

以蒸汽机的发明和革新为标志的动力革命。1776 年，瓦特（James Watt）制造出第一台有实用价值的蒸汽机，为人类提供了一种可以替代自然力的蒸汽动力。蒸汽机成为适用于各种机器的动力机，解决了驱动机械的动力问题。蒸汽机的发明推动了以蒸汽动力技术为主导的工业体系的确立，开创了蒸汽时代。19 世纪后半叶涡轮机、汽轮机等新动力机械相继出现，内燃机向体积小、重量轻、输出功率大的汽油发动机方向发展，与蒸汽机并行而迅速得到普及。① 第一次工业革命带来的能源及以能源为动力的机器装置的根本性变革，为工业提供了高效的动力源，对生产和运输产生了巨大影响，是人类生产技术的重大飞跃，为工场手工业向机器大工业的过渡提供了保证。

单个工作机发展为结合工作机，代替人的技能，成为机器发展史上的里程碑。19 世纪 40 年代，蒸汽机已取代了其他动力，使工厂具有了由工作机、传动机和动力机组成的机器系统。随后，单个机器发展为结合工作机。马克思认为，结合工作机就是各种专门化的工作机结合成一个工具机构的体系。当"用一个机构代替只使用一个工具的工人"的专门化工作机的地位降为一个要素，用一个机构全面代替使用各种工具的技能型工人的综合性装置就历史性地产生了。在马克思看来，"各种局部工人的专门工具，例如毛纺织手工工场中的弹毛工、梳毛工、起毛工、纺毛工等等所使用的工具，现在转化为各种专门化的工作机的工具，而每台工作机又在结合的工具机构的体系中成为一个特殊的器官，执行一种特殊的职能"②。"结合工作机所完成的整个过程越是连续不断，即原料从整个过程的最初

---

① 逄锦聚，等．马克思劳动价值论的继承与发展［M］．北京：经济科学出版社，2005：123.
② 马克思，恩格斯．马克思恩格斯全集：第 23 卷［M］．北京：人民出版社，1972：416-417.

阶段转到最后阶段的中断越少，从而，原料越是不靠人的手而靠机构本身从一个生产阶段传送到另一个生产阶段，结合工作机就越完善。"① 将经过改良的机器集聚在一栋建筑物中，就形成了"工厂"这一生产组织形式。在这里，集聚着许多工人从事生产劳动。结合工作机是机器发展史上的里程碑，标志着其代替人的技能的本质的全面展开。全面代替人的技能的结合工作机出现之后，生产过程就顺理成章地走向了自动化。

（二）19 世纪后半叶—20 世纪后半叶

在这一时期，以生产自动化为特征、以电力技术的重大突破为标志的第二次工业革命，开启了机器劳动的电气化时代。

以电力的发明和广泛应用为标志的动力革命。近代电力事业发展过程中的划时代事件主要有：1866 年西门子（Ernst Werner von Siemens）提出了发电机的工作原理，随后西门子公司的一名工程师制成了人类第一台发电机，这是强电技术的开端；1873 年维也纳世界博览会上的发动机公开实验证实了电流在发电机中流过时，可以原封不动地将发电机作为电动机使用，这是电动机向实用化迈进的第一步；亨利（Joseph Henry）和法拉第（Michael Faraday）确立了电磁学基础，后来电动机和发电机都获得了实际应用；1879 年西门子设计制造了电力机车；1883 年世界上最早的电气铁路在英国运营、最早的电动车在巴黎出现。电的另一个应用领域是通信业。1844 年美国的莫尔斯（Samuel F. Morse）架设了从巴尔的摩到华盛顿之间约 64 千米长的通信线路。西门子则在电报机研制、通话技术完善及测量等方面付出了创造性的努力，他的西门子-哈尔斯克电报机制造公司以制造电报机为主业，后在此基础上继续向其他领域扩展经营范围。后来，爱迪生（Thomas A. Edison）也对电气通信产生了兴趣，发明了同步发报机。1896 年意大利的马可尼（Guglielmo M. Marconi）首次实现了无线电通信。通信线路的建设，实现了更为便捷的信息传递，对劳动形态的更替起到了重要的推动作用。

---

① 马克思，恩格斯 . 马克思恩格斯全集：第 23 卷［M］. 北京：人民出版社，1972：418.

生产自动化成为 20 世纪后半叶机器劳动的特征。随着电子工业的进步，结合工作机发展为自动的机器体系，"当工作机不需要人的帮助就能完成加工原料所必需的一切运动，而只需要人从旁照料时，我们就有了自动的机器体系"①。机器体系是一系列功能不同而又互相联结、互相补充的机器，能够实现在同一生产过程中，顺次对劳动对象进行加工。它的出现是劳动工具的一大进步，为生产自动化奠定了基础。伴随电子技术的发展，自动的机器体系逐步发展到生产自动化，其经历的生产方式主要有四种。一是互换式生产方式。在 18 世纪末、19 世纪初，惠特尼（Eli Whitney）完善了靠不熟练工人的简单作业大量制造同一尺寸零件的生产系统，实现了零件标准化，即互换式生产方式。这种生产方式先在轧花机生产、惠特尼工厂的枪支生产中得到应用，又在麦考密克（Cyrus H. McCormick）的收割机工厂、柯尔特（Samuel Colt）的手枪工厂以及缝纫机的大量生产中得到发展。到了 19 世纪后半叶，它还在打字机、自行车以及汽车制造业中得到进一步推广。二是连续作业法。19 世纪 60 年代，化学工业用管道把各种反应容器连接起来，使从原料投入到最终产品完成的各个阶段实现了连续作业。这种连续作业的方法将许多计测仪器、调节仪器集中于工厂的"中央控制室"，只需几个人就可以监视整个工厂的操作情况。如此一来，工厂负责人能很方便地了解全部工序的操作状态，从而实现了工厂的自动管理。这种方法首先在化学工业中得到采用，接着被推广到钢铁公司、电力公司。其优点是能够减少人工劳动，生产出的产品质量好、成本低。三是大量生产方式。1910 年，福特汽车公司的工厂开始利用斜面自动输送汽车部件，标志着美国的机械制造从互换式生产方式开始向大量生产方式过渡。1913 年福特汽车公司在永磁发电机的装配生产线中引入传送带，这种方法很快被推广到发动机和车身底盘的装配中。该公司在汽车生产中引进的"传送带流水作业法"显著提升了生产效率。这种方式很快在世界各地推广开来，不仅在汽车装配上，而且在机械工厂的各个部门中

---

① 马克思，恩格斯. 马克思恩格斯全集：第 23 卷［M］. 北京：人民出版社，1972：418.

都得到了普及。四是自动化生产方式。1948 年福特汽车公司使用了连续自动工作机，以此为开端，各个工厂的生产方式开始迅速向自动化方向发展。20 世纪后半叶，自动化的前进步伐加快。自动控制机构由机械式向电子式发展，达到了更高的自动化水平；电子计算机、自动计测机器的应用，进一步把各类自动化机械组合成一个整体系统，形成了自动控制方法。随后，在机械加工以及装配作业中均出现了自动控制，在物品搬运中，传送带或自动化的机械手、机器人等装置也得到了使用，此外还出现了以福特连续自动工作机为基础的"自动工厂"系统，人类劳动几乎都由机器取代的趋势逐步显现。电子式办公机械可以使事务性工作也"自动化"，使复杂的事务工作实现自动化，进一步提高工作效率。自动化可以说是 20 世纪机器劳动的特征。①

三、机器劳动的意义

从 18 世纪 60 年代开始，机器劳动逐渐取代了手工劳动，实现了人类生产技术的一次重大突破，新能源的使用是人类认识和利用自然力的又一大飞跃。机器劳动不仅推广至整个工业部门，甚至影响到人类社会的政治、经济、文化、国际关系，形成了席卷世界的产业革命浪潮。

机器劳动极大地提高了生产力，科学技术是机器劳动提高生产率的关键。工业革命使工厂代替了手工工场，劳动技术体系从"手工 – 体力"体系转变为"机器 – 电力"体系，生产过程中机器的使用率越来越高，劳动日益简单化。互换式生产方式、连续作业法、大量生产方式以及基于电子技术的自动化生产方式，能够大幅减少人工劳动，在短时间内制造出数量更多、质量更好的产品，实现高效率生产。马克思认为，现代科学是"一

---

① 中山秀太郎.技术史入门［M］.济南：山东教育出版社，2015：173-221.

般社会生产力"①，"生产力中也包括科学"②，现代生产是"科学的应用"③。"随着大工业的发展，现实财富的创造较少地取决于劳动时间和已耗费的劳动量，较多地取决于在劳动时间内的动因的力量，而这种动因自身——它们的巨大效率——又和生产它们所花费的直接劳动时间不成比例，相反地却取决于一般的科学水平和技术进步，或者说取决于科学在生产上的应用。"④ 马克思这一论述阐释了科学技术应用对生产率提高的贡献。在机械制造中，生产不再完全依靠工匠的个人技巧，而更需要那些虽然不直接参与生产但是能够进行设计和制造的工程技术人员。同时，机器劳动也推动了生产对技术的吸收和技术革新，推动了技术和科学的发展。

机器劳动极大地促进了劳动者的解放，但也带来了劳动者的异化。机器劳动替代手工劳动，首先替代的是人力不及、高难险重、有毒有害、简单重复和枯燥乏味的手工劳动。这些劳动不仅有损劳动者身心健康，而且由于工作条件艰苦，工人队伍的稳定性差，因此必须用机器劳动代替，将工人解放出来。但机器的大量运用、技术的专门化和工厂制度的实施，也造成了劳动者的异化。原因主要有两个。一是机器劳动引起了社会分工的大变革，劳动分工日益精细，工人从以前完成整件的工作而变为只做工作的一部分，同一个产品不同环节的劳动者"隔行如隔山"，造成对人的完整的体力和智力的肢解。马克思认为，"大工业的原则是，首先不管人的手怎样，把每一个生产过程本身分解成各个构成要素，从而创立了工艺学这门完全现代的科学。社会生产过程的五光十色的、似无联系的和已经固定化的形态，分解成为自然科学的自觉按计划的和为取得预期有用效果而系统分类的应用"⑤。"工艺学揭示了为数不多的重大的基本运动形式，不管所使用的工具多么复杂，人体的一切生产活动必然在这些形式中进行，正像力学不会由于机器异常

① 马克思，恩格斯．马克思恩格斯全集：第 26 卷：上 [M]．北京：人民出版社，1972：422.
② 马克思，恩格斯．马克思恩格斯全集：第 46 卷：下 [M]．北京：人民出版社，1980：211.
③ 马克思，恩格斯．马克思恩格斯全集：第 47 卷 [M]．北京：人民出版社，1979：说明页Ⅲ.
④ 马克思，恩格斯．马克思恩格斯全集：第 46 卷：下 [M]．北京：人民出版社，1980：217.
⑤ 马克思，恩格斯．马克思恩格斯文集：第 5 卷 [M]．北京：人民出版社，2009：559.

复杂，就看不出它们不过是简单机械力的不断重复一样"①，因此，机器劳动导致了生产线上个人的"原子化"生存，使个人的发展变得畸形、片面。二是工业革命和科技进步是无产阶级的生存状态日趋恶化的原因。马克思对此的剖析是："机器的采用加剧了社会内部的分工，简化了作坊内部工人的职能"②，"每一组都始终完成同一的、同样简单的职能"③，因此工人只需很短时间，无须接受大量培训，就能胜任看管机器的工作。劳动工具替代人的技能，造成人的技能的弱化，使得工人从属于机器，因而马克思说，"这种被动性的专业化，即专业化本身的消灭，是机器劳动的特点"④。工人每天从事单调机械的劳动，劳动过程变得更加枯燥无聊，劳动的人文意义、人性化特点、个性化特征等被忽视或消除。自由的有意识的活动是人类所特有的。自由自觉的劳动是马克思早期认为的人的类本质中核心的要素，但"异化劳动把自主活动、自由活动贬低为手段，异化劳动使人的类本质和现实的个人在身体和精神上双重对立"⑤。

四、机器劳动时代生产力三要素的关系

劳动工具成为生产力系统的中心。马克思认为，"在真正的工具从人那里转移到机构上以后，机器就代替了单纯的工具"⑥。"这种机械装置所代替的不是某种特殊工具，而是人的手本身。"⑦ 机器代替人手的实质就是代替人手操作工具的技能。马克思说："机器则代替工人而具有技能和力量，它本身就是能工巧匠，它通过在自身中发生作用的力学规律而具有自己的灵魂。"⑧ 机器代替人的技能，经历了"工作机—结合工作机—自动的

---

① 马克思，恩格斯．马克思恩格斯全集：第 23 卷［M］．北京：人民出版社，1972：533.

② 马克思，恩格斯．马克思恩格斯全集：第 4 卷［M］．北京：人民出版社，1958：170.

③ 马克思，恩格斯．马克思恩格斯全集：第 47 卷［M］．北京：人民出版社，1979：524.

④ 同③525.

⑤ 马克思．1844 年经济学哲学手稿［M］．3 版．北京：人民出版社，2000：88.

⑥ 马克思．资本论：第一卷［M］．2 版．北京：人民出版社，2004：430.

⑦ 同①422.

⑧ 马克思，恩格斯．马克思恩格斯全集：第 46 卷：下［M］．北京：人民出版社，1980：208.

机器体系—生产自动化"这一发展历程，意味着机器支配人这种关系的开始，也意味着机器劳动这种以人服侍机器为特征的活劳动的产生。生产自动化是机器本质的充分表现。机器代替人的技能之后，不再是人与劳动对象之间的中介。因此，机器是代替人的技能的替人装置，这是作为生产工具的机器的定义。

劳动者成为劳动工具的附庸。当劳动形态从手工劳动向机器劳动发展后，人机关系发生了根本性的变化。马克思清楚地指明了手工劳动与机器劳动中的人机关系的差异。他说，"在工场手工业和手工业中，是工人利用工具，在工厂中，是工人服侍机器。在前一种场合，劳动资料的运动从工人出发，在后一种场合，则是工人跟随劳动资料的运动"①。马克思把人对机器的从属关系概括为"服侍机器"，人或者是为机器服务，或者是组合机器。马克思强调，"使用劳动工具的技巧，也同劳动工具一起，从工人身上转到了机器上面"②。在大工业时代的生产一线，人将自己的劳动功能转移给机器的后果是：人在手工劳动中对工具的支配地位被颠覆了，人并不是一系列分散的技术物体（机器）的意向性根源。更确切地说，人仅仅执行技术物体自身具备的"意向"③，人在劳动中的中心地位消失，生产车间的劳动者不再是运用手工活操作手工工具的匠人，而是受工厂纪律约束的机器操作者，机器限制了一线劳动者的主观能动性。一线工人成为机器的附庸，这是机器劳动的本质。但"看管工作机"的附庸工作也并非全部是简单的传递、执行和标准化作业，部分技术劳动者在某种程度上发挥着作为机器的"智能附庸"的作用。

劳动对象受到劳动者控制。在机器劳动时代，金属工业、机械工业、化学工业并驾齐驱，交通运输业快速发展。铁路建设如火如荼，汽车等大量生产，作为工程材料的钢铁的需要量随之不断增加。煤炭取代木炭成为工业燃料。石油的大力开采，不仅满足了制药、油漆、铺装等方面与日俱

---

① 马克思，恩格斯 . 马克思恩格斯全集：第 23 卷［M］. 北京：人民出版社，1972：463.
② 同①460.
③ 斯蒂格勒 . 技术与时间 I：爱比米修斯的过失［M］. 南京：译林出版社，2019：73.

增的需求，而且满足了汽车工业、飞机工业的要求。通过开采矿石提炼金属并加以精炼的化工技术也得到发展。人类的劳动对象扩展到以天然气、石油、煤、铁等不可再生资源为主，人类对自然资源的需求量增加。随着机器对手工的逐步取代、先进技术的使用以及劳动效能的大幅度提高，人成为自然的"主宰"和"占有者"。在使用机器对自然进行开发利用的过程中，人类的社会生活受到实利主义、个人主义、消费主义的破坏，劳动成为人无限度地攫取财富、无节制地满足物欲的手段，各种物品被大量地生产出来，商品极大丰富。自然成为随取随用的资源储备库，技术掌控并占有自然的尺度缺失，自然对人的约束力降低。人类的生存面临环境污染、物种灭绝、人口爆炸、资源枯竭等多方面的威胁。劳动者、劳动工具与劳动对象处于不和谐且紧张的关系之中。

第三节　智能劳动

20世纪四五十年代，第三次科技革命兴起，其中最具划时代意义的是电子计算机的迅速发展和广泛运用，它使全球信息和资源交流变得更为迅速，人类社会开始进入信息时代。20世纪后期，以智能化为主要特征的第四次科技革命兴起。作为新的劳动形态，智能劳动通过人与智能机器的合作共事，扩大、延伸和部分地取代了人类专家在制造过程中的脑力劳动，改变了人类生活的方方面面。

一、智能劳动的含义

"智能劳动"目前还不是一个专有名词。根据有关智能制造（Intelligent Manufacturing，IM）定义的扩展性阐释，智能劳动是指从劳动目标出发，由人类专家和智能机器共同组成人机一体化智能系统，通过模仿人类大脑，完成"从感觉到记忆到思维的过程"与"行为和语言的表达过程"，实现拟人的智能化劳动，从而创造智能产品和其他产品的过程。智能劳动涉及生产劳动、生活劳动及服务性劳动的方方面面。

二、智能劳动的诞生、开发与应用历程

计算机和信息技术的发展是智能劳动的必要条件。1946 年美国宾夕法尼亚大学制造出世界上第一台使用电子管的通用计算机，世界进入了以信息机器——以电子计算机为标志之一的新技术革命时代。1947 年晶体管被发明并应用于电子计算机，使得计算机更加先进。20 世纪 60 年代大规模集成电路出现，小型计算机问世，微处理器被植入机器，使得机器智能化成为可能。1991 年欧洲原子核研究会（CERN）的研究员蒂姆·伯纳斯-李（Tim Berners-Lee）将全球第一个网站放在全球互联网上，直接推动了互联网的诞生。当前，伴随信息技术的发展，信息高速公路不断升级，来自世界各地的人以前所未有的速度生成和共享数据，为人工智能提供了"燃料"，加之大数据技术、云计算、深度学习技术等的完善，为人工智能的发展提供了必要条件。

人工智能的诞生可以回溯到 1637 年科学家、哲学家笛卡尔（Rene Descartes）的"机器将会思考和做出决定"的设想。他认为机器可以划分为两种，即执行一项特定的任务的机器和适应任何工作的机器。如今，它们分别被称为专业人工智能和通用人工智能。笛卡尔的想法为创造人工智能奠定了思想基础。1943 年神经学家麦卡洛克（Warren McCulloch）和数学家皮茨（Walter Pitts）合著了《神经活动中固有的思维逻辑运算》（*A Logical Calculus of the Ideas Immanent in Nervous Activity*）一书，建立了神经网络和数学模型，模仿人类的思维活动。人工神经网络的大门由此开启。1956 年一批年轻科学家首次提出了"人工智能"这一术语，标志着"人工智能"这门新兴学科的正式诞生。1982 年温格（Vernor S. Vinge）在美国人工智能协会年会上首次提出"技术奇异点"这一概念，其后又在论文

中声称未来某一天机器将变得比人类更聪明，甚至会取代人类，主宰人类世界。①

几十年来，人工智能的开发与应用进程不断推进，人工智能与人的智能的相似度进一步增加，也更具柔性、更加智能。首先是研究并赋予计算机强大的符号认知能力，这是机器实现智能劳动的关键。在计算机视觉系统的研发方面，2012 年斯坦福大学和谷歌公司的研究人员在一篇论文中特别指出计算机学会了识别猫。2015 年在一年一度的 ImageNet 挑战赛中研究人员宣称，从 2010 年至 2015 年，获胜算法的准确率从 71.8% 提高到了97.3%，计算机可以比人类更准确地识别视觉数据中的物体，在识图方面的表现优于人类。在语言智能机器的研发方面，1966 年第一个聊天机器人 ELIZA 诞生，ELIZA 代表了自然语言处理的早期实现，其目的是教会计算机采用人类语言与人们交流。ELIZA 只是通过文本进行交流，无法从与人类的对话中学习，但它是聊天机器人的直系祖先，为以后突破人类与机器之间的沟通障碍奠定了基础。目前智能机器已能够独立完成对语言的认知。如谷歌翻译是自然语言处理技术的智能产品，苹果的语音助手 Siri 是语音识别技术的智能产品。

机器学习被认为是实现人工智能的最佳途径。1969 年"反向传播算法"（Backprop）由明斯基（Marvin Minsky）和派珀特（Seymour Papert）提出，成为机器学习史上重要的算法之一，并在 20 世纪 80 年代成为主流。1988 年国际商业机器公司（IBM）研究人员发布了一种语言翻译统计方法，将概率原理引入机器学习的规则驱动领域。它解决了人类语言（法语和英语）之间自动翻译的难题，被认为是人工智能模仿人类大脑认知过程的巨大飞跃，并构成了机器学习的基础。1997 年是人工智能发展过程中具有标志性的年份，IBM 的超级计算机"深蓝"（Deep Blue）战胜国际象棋冠军卡斯帕罗夫（Garry Kasparov）。在这场人机大战中，"深蓝"处理信息的速度比人快，证明了人工智能是可以更有策略地思考的。2011 年 IBM 的

---

① 刘佩雯. 人工智能发展迄今为止的重要里程碑 [EB/OL].（2019-02-23）[2019-07-04].
https：//www.knowpia.cn/s/blog_0bf284b51ed95bb7.

认知计算引擎沃森（Watson）与电视游戏节目《危险边缘》（Jeopardy！）的冠军展开竞赛，它利用巨大的数据集，回答各种各样毫无条理的问题，在这种基于语言的创造性思维游戏中击败了人类，又一次向世界证明了人工智能的强大。2012 年，斯坦福大学和谷歌公司的研究人员在一篇论文中探讨了无监督学习。该论文描述的模型可以构建一个包含大约 10 亿个连接的人工网络，虽然这个网络的连接数量远低于人类大脑（人类大脑中的神经元之间的连接大约有 10 万亿个），但这是向构建"人工大脑"迈出的重要一步。2016 年人工智能程序"阿尔法围棋"（AlphaGo）击败了世界围棋冠军李世石。①

人工智能还被应用于自动驾驶。1986 年德国制造出一辆配备摄像头、智能传感器的自动驾驶汽车。1989 年，美国卡内基梅隆大学的研究人员研发出了一套名叫"ALVINN"的无人驾驶系统，并用在了一辆货车上，成功完成了 2797 英里（约 4501 千米）的自动驾驶，成为自动驾驶的先驱。美国国防高级研究计划局（DARPA）从 2005 年开始在莫哈维沙漠举办自动驾驶车辆比赛，以促进自主驾驶技术的发展。2007 年他们营造了一个模拟的城市环境用于比赛，这意味着自动驾驶车辆必须能够按照交通规则和道路情况行驶。2018 年是人工智能发展过程中的一个重要里程碑，谷歌公司研发的商业自动驾驶汽车在 100 平方英里（约 259 平方千米）范围内的学校和工作场所中行驶。自动驾驶汽车成为现实。

在人工智能的商业化应用方面，1980 年美国数字设备公司（DEC）部署了专家学习系统"Xcon"。到 1986 年，该公司每年可节省 4000 万美元。这代表着智能机器的商业化应用的开始。②

从目前的技术研究进展来看，与人类智能相当的人工智能还未真正出现。人工智能若想获得更进一步的发展，不仅要解决技术方面的问题，更要解决法律、伦理以及利益格局重组等方面的问题。同时，人们对于"人

---

① 刘佩雯. 人工智能发展迄今为止的重要里程碑［EB/OL］.（2019-02-23）［2019-07-04］. https://www.knowpia.cn/s/blog_0bf284b51ed95bb7.

② 同①.

可能被人工智能取代"发自内心的恐慌等多种因素也会对人工智能劳动研究产生深刻影响。

三、智能劳动的分类

约翰·塞尔曾将人工智能划分为弱人工智能和强人工智能，二者的本质区别就在于有没有意识，如果有意识、有自我、有创新思维等即为强人工智能。[①] 专家们普遍认为，目前智能技术处于从弱人工智能向强人工智能发展的阶段。

弱人工智能劳动。弱人工智能劳动所使用的劳动工具尚未真正拥有智能，没有主观体验和自主意识，不能真正地进行推理和解决问题，而仅仅是具备了人类的某些方面能力，尤其是擅长单个方面，局限于某个领域。从 20 世纪 50 年代以来，弱人工智能已经逐步应用于生产生活劳动。作为智能劳动工具代表的机器人，由美国最早投入实际应用。1958 年，尤尼梅森公司生产出一种能抓取物体的"尤尼梅特工具机械手"。1962 年，英国机械制造公司制造出"沃尔斯特兰工业机械手"，这代表着能模仿人类、自动进行作业的机器时代的来临。[②] 目前，弱人工智能工具的运用已经非常广泛。例如：在工业生产中，利用机器人生产线进行生产；在农业生产中，用无人机完成农药喷洒；在生活中，用智能手机购物，用智能家电完成家务劳动；在服务行业中，银行用人工智能系统组织运作、管理财产和进行金融投资等。

强人工智能劳动。强人工智能从根本上改变了机器劳动中机器代替人的技能的本质，使得机器掌握了"学习"这个能力，更加接近人的智能。计算机视觉技术、自然语言处理技术和语音识别技术，分别对应对图像的识别、对文本的编译与对人类语音的处理。这些技术突破让机器能够"听

[①] 舒跃育，汪李玲 . 人工智能发展处于弱人工智能阶段 ［EB/OL］. （2017-04-25）［2019-07-25］. http：//theory. gmw. cn/2017-04/25/content_24293687. htm.

[②] 中山秀太郎 . 技术史入门 ［M］. 济南：山东教育出版社，2015：222.

得懂，看得懂"，能够模拟人的学习和思考等高级智能过程，并将判断、推理、联想、决策、规划等高阶思维能力集成为系统控制中枢，让机器真正获得只有人类才具有的智能。社交技能是目前智能劳动中进展较缓慢的方面，目前的应用案例有：微软研发出全球第一个以培养情商为目标的人工智能系统——"小冰"。该系统拥有极强的语言能力、视觉感知能力以及 180 多项技能，成为在特定领域和场景下，和人一样进行自然语言对话的社交机器人。机器人的社交技能在劳动中也有实际应用。比如日本长崎的"奇怪的旅馆"，前台有三台机器人，可运用四种语言，接受客人的各种咨询。在行李员机器人身上输入房间号后，旅客就可以轻松地跟着机器人到达房门前，不用担心行李离开自己的视线。① 而"自适应机器人"在劳动中的应用，代表着强人工智能的前沿。人形水下机器人"海洋一号"（Ocean One）已经拥有先进的复合感知系统，体现了超凡的能力。近年来，协作式机器人被引入力觉检测，由于较为安全及通过拖拽示教就能完成基础工作任务而备受关注。王世全团队抓住了"误差容忍度高、抗干扰性强、工作能力智能可迁移"三个关键点，打造了第三代自适应机器人"拂晓"（Rizon）。它能够深度融合力觉及视觉能力，实现高性能的复杂力控，提供和人类相似的精巧操作以及手感，而且具有强大的稳定性和灵巧的智能。它既拥有强大的抗干扰能力，可以兼容不确定的环境，拥有对各类复杂环境物体进行识别定位以及进行决策学习和模仿学习的能力，又拥有智能可迁移能力，可以高效地转换不同产线、产品，或是仅用一条产线就可以处理同种类的不同产品。②

混合增强的人工智能劳动。浙江大学的吴飞教授在弱人工智能（语义相关的人工智能）、强人工智能（通用的人工智能或者跨域人工智能）之外，还提出了混合增强的人工智能，即人和人工智能相结合以完成劳动任

① Saku. 日本住宿新选择："奇怪的旅馆"究竟有多奇怪？［EB/OL］.（2017-01-18）［2019-07-25］. https：//www.japaholic.com/cn/article/341847/.
② 丁诗贝. 两年融资 1.5 亿，这家神秘的硅谷公司如何定义下一代机器人？［EB/OL］.（2019-04-11）［2019-07-25］. https：//www.sohu.com/a/307315198_465214.

务。例如达·芬奇手术机器人的工作原理就是，医生坐在机器后面操纵机器人用灵巧的手臂完成高端、复杂的外科手术。在这个过程中，如果缺少了医生或者这种高端、复杂的临床外科手术机械臂，就不能完成这样一个高难度的任务。①

此外，美国政府的一份报告，按照智能劳动的内容，提出了未来可能会普及的四类智能劳动：需要与人工智能系统一起工作以完成复杂任务的参与工作（如使用人工智能应用程序进行常规的病人检查）；开发工作，创建人工智能技术和应用程序（如数据库科学家和软件开发人员的工作）；监控、许可或维修人工智能系统的工作（如技术人员维护人工智能机器人）；响应人工智能驱动的范式转变的工作（例如律师围绕人工智能创建法律框架，城市规划者创建可容纳自主驾驶车辆的环境）。②

四、智能劳动的意义

当前，智能机器系统正在逐步推广使用，智能自动化生产体系将逐步代替技能自动化生产体系。机器的智能逐步接近人的智能，日渐成为人类社会主流的生产工具，机器劳动将升级为智能劳动，成为人类劳动的主要形态。机器劳动向智能劳动的迭代，将导致生产、消费、运输和交付体系等的重塑，对人类的生存习性、劳动习惯、劳动方法等带来颠覆性的影响。智能劳动水平是当前衡量一个国家创新能力和核心竞争力的标尺。我国国务院于 2017 年 7 月 8 日印发《新一代人工智能发展规划》，将发展人工智能作为国家战略，意在构筑我国人工智能发展的先发优势。

智能劳动能提高劳动效率，但也存在生产率悖论。在智能劳动时代，科学技术转化为直接生产力的速度加快，劳动者在一定时间内使用的生产

---

① 佚名.听浙大吴飞扒一扒人工智能的"古今中外"！［EB/OL］.（2017-11-30）［2019-07-25］.http://www.sohu.com/a/207621430_610479.

② 鲍达民.麦肯锡：AI 发展对中国经济可以带来 0.8 到 1.4 个百分点的 GDP 增长［EB/OL］.（2018-10-17）［2019-07-25］.http：//www.sohu.com/a/260010100_538978.

资料越来越多，而单位产品中包含的活劳动量减少，相应地带来成本的降低、经济效益的提升。此外，智能劳动能够有效提升管理效率，企业能够充分运用超大容量的数据，客观地分析运营情况，进行更多分析型的管理实践。麻省理工学院的一位教授举例说："机器人公司 Rethink Robotics 的一款名叫 Baxter 的机器人，每小时工作花费不到 4 美元，却能承担很多基本和常规的人力劳动。"① 当前智能劳动使得生产率水平处于历史新高，21 世纪前 10 年的生产率增长速度超过了 20 世纪 90 年代。据研究，人工智能领导的自动化可使我国生产力提高，根据采用速度，每年可使 GDP 提高 0.8—1.4 个百分点。② 但是，由于个人劳动生产率提高，智能生产线上直接参与生产过程的劳动者减少，特别是由于智能劳动对定式化工作的替代，原先承担这部分工作的普通劳动者会面临失业或收入下降。2014 年美国中等收入家庭和中等收入劳动者的收入均低于 1997 年的水平。经济合作与发展组织的统计数据也反映出类似情况。这就是智能劳动时代的一个悖论。有文章指出，在 20 世纪绝大多数时间里，生产率、就业率和收入中位数的发展趋势几乎是一致的，但到了 20 世纪 90 年代末期，这些发展趋势却开始呈现出不一致现象。由此看来，我们似乎生活在新的时代，技术所带来的影响也与过去不同，着手解决这一问题的办法是提出关键观点——没有哪条经济法则规定技术进步需要造福所有的人，甚至也没说需要造福大多数人。技术发展会把蛋糕做大，但在这个过程中有些人分得的蛋糕却更小了，这是完全有可能的。③

智能劳动能促进劳动者的进一步解放，但也让劳动者怀疑自我价值。智能机器或产品被投入各行各业，在更开放、更不确定的场景下，以更近似人类的方式工作，更加密切地与人类相处，通过各种触觉、视觉和听觉

① 佚名. 技术发展的未来图景：麻省理工学院教授 Erik Brynjolfsson 访谈录 [EB/OL]. （2014-02-13）[2019-07-25]. https://www.mckinsey.com.cn/技术发展的未来图景-麻省理工学院教授erik-brynjolfsson访谈录/.
② 鲍达民. 麦肯锡：AI 发展对中国经济可以带来 0.8 到 1.4 个百分点的 GDP 增长 [EB/OL]. （2018-10-17）[2019-07-25]. http://www.sohu.com/a/260010100_538978.
③ 同①.

传感器，模拟人的感知功能而进行劳动，因此，智能劳动是继机器劳动后，更高水平地将劳动者从枯燥、繁重、危险的劳动中解放出来的劳动形态。借助智能劳动，劳动者的身体和心理的压力均能得到一定程度的减轻。同时，智能劳动为个人独立存在创造了更多的条件，劳动的地点、时间、指挥命令等约束渐渐消失，劳动者更多地依赖于知识、技术和智慧，劳动方式逐渐自由化，人不一定被限定在现实工作场所进行分工协作，劳动者之间可以"隔空对话"；部分劳动者从固定职业者向自由劳动者转变，劳动者可以"多点执业"，劳动变得更加灵活。这种自由劳动者状态，在一定程度上实现了马克思的设想："在共产主义社会里，任何人都没有特殊的活动范围，而是都可以在任何部门内发展，社会调节着整个生产，因而使我有可能随自己的兴趣今天干这事，明天干那事，上午打猎，下午捕鱼，傍晚从事畜牧，晚饭后从事批判，这样就不会使我老是一个猎人、渔夫、牧人或批判者。"① 从马克思主义的观点来看："旧的生产方式必须彻底变革，特别是旧的分工必须消灭。代之而起的应该是这样的生产组织：在这个组织中，一方面，任何个人都不能把自己在生产劳动这个人类生存的自然条件中所应参加的部分推到别人身上；另一方面，生产劳动给每一个人提供全面发展和表现自己全部的即体力的和脑力的能力的机会，这样，生产劳动就不再是奴役人的手段，而成了解放人的手段。因此，生产劳动就从一种负担变成一种快乐。"② 随着机器的智能越来越接近人的智能，智能劳动覆盖的领域逐步扩展，机器能够替代的人的岗位越来越多，人的劳动方式会发生转变。一是原先机器劳动时代的"人听命于机器、受制于机器、服侍机器"转变为智能劳动时代的"人设计机器、主宰机器"，从机器劳动时代在生产现场付出体力、脑力转变为人将自己的智慧投注于机器智能的前端开发，劳动者面临着岗位要求转换、岗位升级等方面的挑战，部分从事定式化劳动的劳动者的生计空间被挤压；二是既有的流水线生产方式和分段式协作方式被重新架构，代之以由植入智能程序的智能机

---

① 马克思，恩格斯. 马克思恩格斯文集：第1卷［M］. 北京：人民出版社，2009：537.
② 马克思，恩格斯. 马克思恩格斯全集：第20卷［M］. 北京：人民出版社，1971：318.

器来完成生产线的全流程智能化管理，这对人类生产生活的传统秩序造成冲击，人在劳动现场不可或缺的地位被动摇。以智能化无人车间为例。在生产现场，各种自动机械用计算机进行控制，处在生产现场的人的工作仅仅是按动按钮、监视异常状况、维护机器，而且智能机器被赋予一定的思维能力，在一定程度上能够取代人类的思考和决策，因此，产品的现场生产会越来越简单便捷，处于生产进程中的一线劳动者会感到产品生产太容易，旧有的体脑结合、带有一定劳动强度的劳动生活将不复存在。在此情况下，劳动者会对"一分耕耘一分收获"的规律产生怀疑，感到人的劳动价值被颠覆。这将印证马克思的预言："我们的一切发现和进步，似乎结果是使物质力量具有理智生命，而人的生命则化为愚钝的物质力量。"①

因此，智能劳动需要基于人本原则，优先考虑劳动者和服务对象的尊严。国务院在《新一代人工智能发展规划》中提出，要"建立人工智能法律法规、伦理规范和政策体系，形成人工智能安全评估和管控能力"。耶鲁大学技术与伦理研究中心主任、黑斯廷斯中心高级顾问瓦拉赫（Wendell Wallach）探讨建构一种人工道德智能体，以使人工智能具有基本的道德敏感性，并逐步具备道德决策能力。他提出用一种审慎监管的方式——设置一条"红线"，在保障大众利益的前提下，确定智能劳动的禁区和机器决策的底线。②

五、智能劳动时代生产力三要素的关系

劳动者回归生产力系统的主体地位——劳动者处在智能劳动链条的顶端。在智能劳动中，人类将自己的直接劳动逐步转移给拟人化的生产工具，劳动者主要从事间接劳动，多数劳动者置身于直接的生产过程之外，但这并不表示人类脱离劳动过程。智能机器究其根本，是由人开发出的某

---

① 马克思，恩格斯. 马克思恩格斯全集：第 12 卷 [M]. 北京：人民出版社，1962：4.
② 沈峥嵘，蔡姝雯. 能诗会画又有情商 AI 人机交互：技术、应用与伦理 [N]. 新华日报，2019-06-05（11）.

种功能体，智能自动化生产体系的研制与集成是人的智慧的产物，表面上看，智能生产是处于后端的当代生产工具的各种要素在运动，实际上是人类将创造与设计的智能劳动前移了，即劳动者的劳动被前置到研发智能机器与编程等劳动中，而且对生产现场智能生产线的维护与管理也是人的智能劳动。总之，智能劳动是人遵循人的目的、运用智能的条件、以智慧支配智能机器而从事的劳动，实现这种支配的前提是掌握知识的人处在智能自动化生产链条的顶端，人的脑力劳动掌控生产，劳动者支配劳动工具，劳动者回归主体地位。例如，进行云计算的超算机，由于其拥有的"大脑"可以存储几百万甚至上千万人的大脑记忆数据，可以存储几百万甚至上千万个数学运算模型（即人脑的分析思路），甚至能根据这些数学模型演化生成新的数学模型（即超级智能），而且不存在生理性疲劳问题，所以它既不会"偷懒"，也不存在"大脑失忆"，但是它不会有意识地、主动地完成人类有目的的劳动，而至少需要人类给它一个启动指令或者引导程序，来引导它自主寻找相关数学模型和储备海量数据以进行高效计算。①陈永正分析了劳动形态的更迭过程，认为这是一个"否定之否定"：机器劳动时代，机器代替人的技能是对人手支配工具的否定，即机器否定人工；智能自动化生产体系否定机器，是对机器否定人的再否定，但不是对人手支配工具的简单回归，而是在高级阶段上通过智慧支配智能这种本质的展开，再次确立人的主体地位。②

智能机器作为人的外化功能体功能进一步增强。 在智能劳动中，劳动工具的物化表现为由所有承载智能技术的软件服务和硬件设备等信息装置组合成拟人化的"类人装置"，即能够用与人类智能相似的方式做出反应的智能机器。智能劳动中的机器不再单纯是一个工具化的物化技术设备，物质形态的生产工具必须与指挥机器的软件系统相结合，从而在一定程度

---

① Ldjdkj. 劳动的属性：人的劳动和"机器劳动"［EB/OL］.（2016-10-05）［2019-07-25］. https://bbs. pinggu. org/thread-4861692-1-1. html.
② 陈永正. 马克思的生产工具思想及其当代启示［J］. 南京政治学院学报，2015（5）：47-53，140.

上具有相应的思维能力，不再需要工人的辅助。① 智能劳动工具将人的智力活动和智能思维内化，模拟人的智能，因此，柔性化、信息化、智能化是智能劳动工具的新特征。无论智能机器的智能多么接近人的智能，它始终是劳动资料，是一种先进的生产工具，是生产中的物质要素。并非机器人在从事生产，而是人在使用机器人生产新产品。智能机器作为人的外化功能体，其功能较机器劳动时代的机器更加强大。

人机融合、人机一体。联合国教科文组织总干事阿祖莱（Audrey Azoulay）说："人工智能是人性的新前沿，人工智能的指导原则不是完全自主或取代人类智能。我们必须确保人工智能是以人性化的方式发展起来的。"② 人工智能不是人类智能的对立面，而是人的智能的一种发展方式，是人类智能在实践中分化的产物。大多数学者认为，在短时间内，人类的工作并不会被人工智能所取代，所以，与讨论人工智能是否有和人相同的智力、会不会取代人的劳动相比，讨论如何与人工智能协作才是更现实的话题。未来，人能够用正常、自然的语言与机器对话，而机器也能理解人的意思，人和机器是互补的。机器并不完美，在某些方面也不能很好地替代人类，人机合作、人机竞争可以获得比人和机器单打独斗时更好的业绩。例如，智能机器的运算速度每秒可达几百亿次，它们可以在极短的时间内完成几十万乃至上百万人的劳动任务。再拿游戏来说，世界上的最佳棋手并不是人，但也不是计算机，其实，它是由人类和计算机组成的一支联合团队，它既能打败下棋下得最好的计算机，也能打败下棋下得最好的人。这就是人机合作的一个缩影。有很多公司正在努力研发新的商业模式，用技术把人团结在一起，以解决之前没法解决的问题。③ 世界上的主要国家和地区均强调了

① 农华西.生产工具的发展与人的解放［J］.广西民族学院学报（哲学社会科学版），2004（S2）：79-81.
② 佚名.教科文组织举办首次推动人性化人工智能的全球会议［EB/OL］.（2019-02-25）［2019-07-24］.https://zh.unesco.org/news/jiao-ke-wen-zu-zhi-ju-ban-shou-ci-tui-dong-ren-xing-hua-ren-gong-zhi-neng-quan-qiu-hui-yi.
③ 佚名.技术发展的未来图景：麻省理工学院教授 Erik Brynjolfsson 访谈录［EB/OL］.（2014-02-13）［2019-07-25］.https://www.mckinsey.com.cn/技术发展的未来图景-麻省理工学院教授erik-brynjolfsson访谈录/.

人机合作在未来工业机器人的发展中的重要性。美国国家机器人计划旨在创造与人类操作员密切协作的下一代机器人，让机器人更聪明、更安全，成为人类的合作者（Co-robot），同时，提高工人的知识水平和工作能力，使其尽可能掌握完成核心关键任务的能力。欧洲提出了未来十年建设"欧洲机器人技术平台 EUROP"的战略规划，试图打造产业工人的合作者，进而振兴欧洲制造业，实现机器人与人共用工具、共享设备、共享工作空间，以助手或者补充性工具等更为自然和谐的方式为人类提供协助，达到机器人与人们的生活、行为、环境相适应以及与人类和谐共处的目的。① 因此，人类和智能机器不仅要致力于满足物质资料生产的需要，更要实现人机共融。劳动者必须重新构建与智能自动生产体系协作的方式，形成一种合作型的共生模式和命运共同体，共同制造产品，推动产业发展，使劳动生产率达到新高度，最终为人类的全面自由发展奠定坚实基础。

劳动对象拓展为"实体物质+信息数据"，人与自然和谐统一。智能劳动是基于网络物理系统的劳动。网络物理系统将通信的数字技术与软件、传感器和纳米技术等相结合。智能劳动时代的劳动对象，除了物质形态的劳动对象之外，还有海量的、具有高增长率的和多样化的"大数据"。"谷歌大脑之父"吴恩达将机器的学习比喻为一架火箭，人工神经网络是火箭的发动机，而大数据就是火箭的燃料，二者缺一不可，足见大数据之于人工智能的重要性。② 总体看来，在智能劳动时代，单纯依靠物质形态资源获得发展已经不再现实。"实体物质系统+健全的数字生态系统"，成为支持智能劳动的综合性生态系统。一方面，智能劳动在技术层面超越了机器劳动，具有更强的掌控自然和物质生产的能力；另一方面，劳动者可以借助云计算技术，统计与分析信息、大数据，基于"敬畏自然"的态度开展"绿色劳动"，实现对自然更加理智和科学的利用，避免过度消费劳动成果乃至浪费、破坏劳动成

---

① 朱巧玲，李敏.智能化背景下机器人和人的发展关系探讨［J］.改革与战略，2017（3）：12-16.
② 孟昊博.强人工智能时代什么时候来？如何到来？［EB/OL］.（2015-04-30）［2019-07-25］.http://www.enet.com.cn/article/2015/0430/A20150430000245.html.

果，智能时代的劳动由此呈现出人与自然和谐相处的特点。

综上，从生产力三要素关系视角进行对比可以发现：在手工劳动时代，劳动者是生产力系统的主体，劳动工具在形式上充当人的外化功能体，劳动对象既支撑着劳动又在一定程度上控制着劳动者；在机器劳动时代，劳动工具成为生产力系统的中心，劳动者成为劳动工具的附庸，劳动对象受到劳动者控制；在智能劳动时代，劳动者回归生产力系统的主体地位，处在智能劳动链条的顶端，智能机器作为人的外化功能体功能进一步增强，人机融合、人机一体，劳动对象拓展为"实体物质+信息数据"，人与自然和谐统一。可见，在三种劳动形态中，生产力系统的主体经历了"劳动者→劳动工具→劳动者"的转换与回归，劳动者的地位经历了"主体→附庸→主体"的转换与回归，劳动工具的地位经历了"外化功能体→生产力系统的中心→外化功能体的功能进一步增强，人机融合、人机一体"的转换与回归，劳动对象的地位经历了"劳动对象既支撑劳动又在一定程度上控制劳动者→劳动对象受到劳动者控制→人与自然和谐统一"的转换与回归。总之，在不同劳动形态中，生产力三要素所处的地位各不相同，三要素之间的关系也各不相同，总体体现为更高层次的回归。

第四节　迭代发展的劳动形态与劳动教育

劳动是人的基本机能与生存方式，是人认识世界和改造世界的社会活动。伴随着劳动工具的变迁，劳动经历了从手工劳动到机器劳动再到智能劳动的三种形态的迭代发展。当前，劳动形态呈现出持续迭代、新旧交融、多元并存的状态，这是新时代劳动场域的基本特征。

一、劳动形态的迭代发展

"迭代"一词出自计算机领域，迭代法是用计算机解决问题的一种基本方法。迭代法也称辗转法，是一种不断用变量的旧值递推新值的过程。跟迭代法相对应的是直接法（或者称为一次解法），即一次性解决问题。①迭代思维的运用过程往往是以某种现有的模型或想法为基础，然后针对问题或事件的相关状况加以改进，积累小步骤，为更大更好的未来突破铺平道路，最终实现创新。② 从劳动形态的更迭来看，高级形态的劳动方式和生活方式是从较低一级的劳动方式和生活方式发展而来的，但并非简单的新旧转换的过程，而是旧的劳动形态被淘汰或做适应性调整后，与新的劳动形态交融并存。

（一）新劳动形态在宣告形成之前，已经在前一个劳动形态中孕育发芽

在手工劳动时代，机器劳动的技术已经萌芽。这种萌芽体现于工具的发明之中。公元前 1 世纪左右，简单机械如车轮、杠杆、滑轮、螺旋等发明问世，人类从仅靠自身体力转向利用机械的力量。其后，人类又利用风力、水力等自然力，发明风车、水车。进入 14 世纪，人类发明了金属活字印刷术，有了对飞机的构想与设计、对螺旋桨的设计，发明了脚踏车床等各种加工机械，纺织机械、水泵水车、利用齿轮进行运动传递的动力车等方面的设计也相继问世。15—16 世纪，因海洋探险所需，造船技术有了很大的进步，与此同时，一批技术先驱涌现出来。手工劳动从仅仅凭借经验与技艺，逐步增加了科学的因素，为机器劳动形态的诞生打下了基础。③

在机器劳动时代，作为智能劳动工具的计算机的前身已经出现。1649年法国人帕斯卡（B. Pascal）将齿轮装置组合起来制成了计算机。1829 年巴贝奇（C. Babbage）制作出数字式计算机。随着电子学急速发展，1880年美国的霍列利希（H. Hollerith）发明了使用继电器进行卡片分类的自动统计机，1946 年宾夕法尼亚大学制造出世界上最早的电子计算机，④ 1956

---

① 李淑芬，李平，王育平，等．计算机软件技术基础［M］．北京：机械工业出版社，2009：8.
② 佚名．迭代式创新的奥秘是什么？［EB/OL］．（2017-03-10）［2019-07-04］．http：//www. sohu. com/a/128449583_473616.
③ 中山秀太郎．技术史入门［M］．济南：山东教育出版社，2015：22-97.
④ 同③212.

年晶体管计算机诞生。20 世纪 60 年代中期，大规模集成电路出现，每秒可运算千万次，能够满足一般数据处理和工业控制的需要。20 世纪 70 年代第四代大规模集成电路出现，1978 年计算机已经能够每秒运算 1.5 亿次。20 世纪 80 年代，智能计算机问世。

机器劳动迭代手工劳动，经过了比较长的一段时间，发展比较缓慢。而智能劳动迭代机器劳动将完全不同，将呈爆发式态势。专家们普遍认为，智能劳动的发展在很大程度上取决于技术突破，这个过程起初速度较慢，经过一定的技术培植期，一旦通过技术拐点，就会遵循指数型增长模式，呈现爆发性增长。

（二）新旧劳动形态的迭代催生新的职业形态

每一次劳动形态的升级，都会使部分岗位出现马克思所讲的"机器排挤人"的现象，会使人产生被机器替代的恐慌。但是马克思也曾指出："技术的变革造成的机器取代了人工，致使很多人面临生存问题，但同时也会催生新行业新领域新岗位。"① 如第一次工业革命时期，纺织机的发明造成纺织女工失业，蒸汽机的出现对传统运输业造成冲击，但是伴随着生产力的解放，钢铁冶炼、机器制造、设备维修等众多高技能的行业和岗位产生了。自动化生产线的投入运行降低了对活劳动的消耗量，人们担心生产自动化会导致对劳动者数量的需求降低，但实际情况是，自动化促进生产力向更高水平发展，在提高劳动效率的同时，开拓出了新的生产领域，促进了生产的深化，进一步扩大了就业。进入智能劳动时代，智能劳动使传统职业劳动内容发生变革。2013 年英国牛津大学教授弗雷（Carl B. Frey）和奥斯伯恩（Michael A. Osborne）发布了一份题为《就业的未来：工作对计算机化有多敏感？》（The Future of Employment：How Susceptible are Jobs to Computerisation？）的研究报告，预计未来 10 年或者 20 年，美国约 47% 的工作岗位有被机器人取代的风险，甚至一些具有创造性的专业岗

---

① 陈炳祥. 人工智能改变世界：工业 4.0 时代的商业新引擎 [M]. 北京：人民邮电出版社，2017：217.

位也不例外。而到 2033 年，许多常见职业将大概率会消失，其消失概率分别是：电话营销人员和保险业务人员 99%，运动赛事裁判 98%，收银员 97%，厨师 96%，服务员 94%，律师助理 94%，导游 91%，面包师 89%，公交司机 89%，建筑工人 88%，兽医助手 86%，安保人员 84%，档案管理员 76%。①但是，智能劳动生产一线的新兴职业需求会剧增。2019 年 4 月 1 日，我国人力资源社会保障部、市场监管总局、统计局正式向社会发布了 13 个新兴职业，分别是人工智能工程技术人员、物联网工程技术人员、大数据工程技术人员、云计算工程技术人员、数字化管理师、建筑信息模型技术员、电子竞技运营师、电子竞技员、无人机驾驶员、农业经理人、物联网安装调试员、工业机器人系统操作员、工业机器人系统运维员。

总体来看，劳动形态的更替会导致一些就业机会消失，但同时创造了新的更高层次的劳动力需求，催生出需要更高技能水平和素质的行业与岗位。人们将从传统就业领域转移到新的就业领域，且为了配合劳动形态的迭代和职业的更替，不断提升自身的能力和水平。

（三）新的劳动形态并不会完全取代旧的劳动形态，而是逐步替代、有限替代、交融并存

人类劳动形态的迭代，并非一蹴而就、全面替代。这一方面是由于技术的发展是渐进的，劳动形态的全面更替所需要的全面技术支撑不能在同一时间实现；另一方面是因为人类对劳动的需求是多样的，各种劳动形态各有其独特的存在价值，均有存在的空间。可以说，新的劳动形态对旧的劳动形态的取代是一个柔性转换、有限替代、交融并存的过程。

在机器劳动时代，虽然机器劳动占据主体地位，但其仍然需要与手工劳动相配合。如企业自动化生产流水线虽然包含相当数量的具有技术含量的劳动，但也包含简单劳动，例如产品搬运、车间清扫等。同样，智能劳

---

① 怡彭．躲开"人工智能"，或许是未来教育的重要"选题" [EB/OL]．（2017-06-22）[2019-07-04]．http：//www.360doc.com/content/17/0622/20/1609415_665609128.shtml．

动的诞生与发展，也不会将手工劳动、机器劳动全部排挤出局。关于智能劳动对现有劳动形式的替代，目前有以下几种代表性观点。一是智能劳动首先取代的是"易被结构化、定式化"的工作。麻省理工学院经济学家布林乔夫森（Erik Brynjolfsson）的研究表明，目的明确的信息处理工作和分析业务大多会被自动化，因此，即使是某些专业性较强的工作，若能够在一定程度上被定式化，就有被人工智能取代的可能。① 二是人工智能难以代替需要创新思维、高端技能的职业。《就业的未来：工作对计算机化有多敏感?》这一报告指出，在未来 20 年，需要创新思维、高端技能的职业难以被人工智能代替，包括艺术、传媒和司法等领域的职业。② 三是需要面对面、提供定制化和个性化服务的岗位与需要无意识的技能和直觉的手工劳动、体力劳动，暂时还不会被智能劳动所取代。摩根士丹利研究团队对未来 10 年或者 20 年 15 种职业被机器人替代的可能性进行了预测（见图1-1），其中，记者的失业概率为 11%，失业概率最低的是内科与外科医生和小学教师，只有 0.4%。有学者对建筑安装施工人员下属的 10 类职业所有的工作任务进行分析梳理，发现每一类职业中可被现有人工智能替代的工作任务所占比例不超过 30%，如"机械设备安装工"为 20%，"轨道交通信息员"为 30%。③ 由此可见，这些难以被替代的岗位由于涉及大量感应的工作，或者需要与不同人进行复杂沟通，超出了计算机的能力，因此社会对其仍保持较高需求。而且，从生产实际来看，智能劳动的价值创造离不开简单劳动的辅助。例如：网络营销属于智能产业，但物流环节的送货则是简单劳动；共享单车属于智能产业，但共享单车的检修、搬运却属于简单劳动。手工劳动、机器劳动虽在价值创造上与智能劳动相比具有一定差距，但智能劳动仍需要一定量的手工劳动、机器劳动与之配合。

① 怡彭. 躲开"人工智能"，或许是未来教育的重要"选题" [EB/OL]. （2017-06-22） [2019-07-04]. http://www.360doc.com/content/17/0622/20/1609415_665609128.shtml.
② 同①.
③ 徐坚. 人工智能对制造业的挑战：职业教育的视角 [J]. 当代职业教育，2017 (4)：4-10.

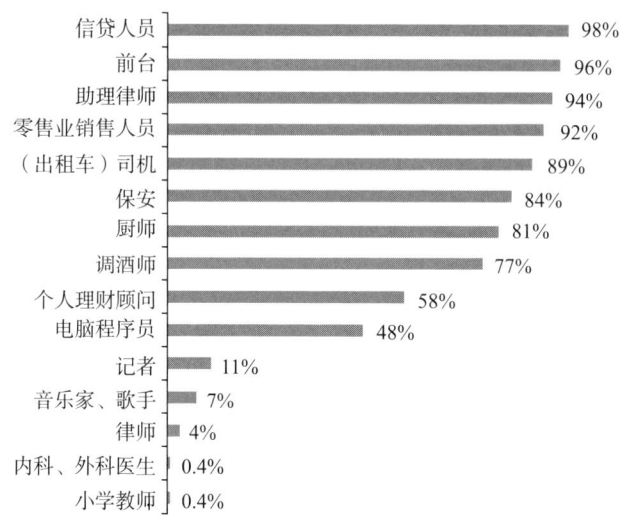

图 1-1 未来 10 年或者 20 年 15 种职业被机器人替代的可能性

20 世纪 90 年代以来，在技术创新和技术融合基础上，手工劳动、机器劳动、智能劳动三种劳动形态的"链状"结构发展为交叉融合结构，"融合"成为新时代劳动形态的典型特征，劳动形态之间的协同支撑成为现代产业的保障。如"机器劳动+智能劳动"，推动传统制造车间借助工业互联网、物联网改造升级，如阿里云 ET 工业大脑被应用到中策橡胶集团的生产车间，大大降低了加工环节的成本投入，并使产品合格率成功提升了 3%—5%。① 在"手工劳动+智能劳动"方面，发展的手工劳动将以集约化工业所不能的"在家干活"的工作方式，开创数字化生存的新格局。②

(四) 手工劳动形态的复兴

虽然随着智能技术的逐步成熟、信息技术的广泛应用，手工劳动逐步减少，但手工劳动并不是应被淘汰的落后劳动形态。在劳动形态的迭代过程中，复杂且带有创造性的某些手工劳动一直存在，并在近年间呈现出回

---

① 黎晓春. 现代产业体系与高等教育资源协同发展研究：以杭州市为例 [J]. 中国高校科技，2019 (5)：72-75.
② 吕品田. 手工劳动的当代诉求 [J]. 美术观察，2004 (2)：6-7.

归的态势。美国著名的未来学家托夫勒（Alvin Toffler）在他的《第三次浪潮》一书中描述，手工劳动在遭受 300 年歧视后，开始受人尊敬。①

手工劳动被重提有多个原因。首先，手工劳动承载着人类对自身的审视和对自我价值实现的期待，是人类体验自我、认可自我的一种独特方式，人类能够在手工劳动中看到自己，获得独特的心灵体验和心灵的满足，满足更高层次的需求。其次，机器劳动所承担的枯燥的、重复性的工作，对人性造成威胁，导致工人体能与智能的退化。而有趣的手工劳动不仅是一种乐趣，也是人的一种自我解放方式。再次，在人类的劳动史中，手工劳动具有独特优势。手工劳动融入了人类的智慧和情感，蕴含着特有的历史背景、制作过程中的创意、精益求精的技艺追求、工艺制成品的多样性等，这些是任何先进的技术都难以取代的。最后，生产自动化程度越高，单位成本就越低，而手工劳动和非自动化劳动的相对价格也就越高，这促使越来越多的人从经济角度出发，选择自己动手干活，实现"自给自足"。未来社会将会有越来越多的人树立"自产自销"的价值观，具备自力更生的能力、适应和克服困难的能力以及自己动手干活的能力。特别是在家庭劳动中，手工劳动的占比较大，人们会享受智能劳动与手工劳动互补的乐趣，人们为自己能干活而自豪。②

手工劳动是机器劳动、智能劳动的基础，机器劳动、智能劳动从手工劳动中发展而来，又为手工劳动提供了更加优越的技术条件，手工劳动与新的生产方式融合，取其优势为己所用，就能够在扬弃中获得新生。

二、不同劳动形态对劳动者的素质要求不同

各种劳动形态存在和持续的关键始终是人。在手工劳动中，人是劳动的主体，人操作着工具。在机器劳动中，虽然机器代替了一些劳动者，但"自然界没有制造出任何机器，没有制造出机车、铁路、电报、走锭精纺

---

① 转引自武志嵩.托夫勒：未来社会的手工劳动大有作为 [J].中国集体经济，1989（4）：48.
② 李佳蔚.浅议手工劳动的未来之路 [J].群文天地，2011（20）：105-106.

机等等。它们是人类劳动的产物，是变成了人类意志驾驭自然的器官或人类在自然界活动的器官的自然物质"①，而且机器不会主动劳动，机器运行需要人的现场控制。在智能劳动中，智能劳动系统能模拟人的智能，但自然科学家和工程师们还没有发明出可以脱离人而独立运行的人工智能系统，需要做到人机一体。

各种劳动形态对劳动者的素质要求是不同的。在手工劳动时代，人的身体是直接可以利用的器具，身体的功能被充分使用，劳动过程是劳动者自然力的简单支出，劳动者均是从事直接劳动的劳动力，体力劳动者处于中心地位。手工劳动对劳动者的素质要求以体力要求为主，要求劳动者具备较强的身体机能和简单的专门技艺。

在机器劳动时代，一方面，社会的专业分工越来越细，许多相对独立的生产环节分离出来，形成独立的行业。马克思在《资本论》中指出："随着劳动过程本身的协作性质的发展，生产劳动和它的承担者生产工人的概念也就必然扩大。为了从事生产劳动，现在不一定要亲自动手；只要成为总体工人的一个器官，完成他所属的某一职能就够了。"② 另一方面，那些分离出来的劳动职能和生产过程又以直接或间接的方式（主要是提供服务）参与生产过程，表现为整体的劳动。马克思指出，"把以脑力劳动为主和以体力劳动为主的各种劳动分离开来，分配给不同的人。……并不妨碍物质产品是所有这些人的共同劳动的产品，或者说，并不妨碍他们的共同劳动的产品体现在物质财富中"③。马克思提出了"总体工人"的概念，把许多不直接进入生产现场的"不一定亲自动手"的从事生产劳动的工人，也看作"总体工人"的一部分。其中最典型的是从事科技研究的人员和从事指挥与监督的劳动管理者，他们是直接生产不可或缺的要素。因此，机器劳动扩大了生产工人的范畴和生产劳动的范围，体力劳动者与智

---

① 马克思，恩格斯．马克思恩格斯全集：第 46 卷：下 [M]．北京：人民出版社，1980：219.

② 马克思．资本论：第一卷 [M]．2 版．北京：人民出版社，2004：582.

③ 马克思，恩格斯．马克思恩格斯全集：第 48 卷 [M]．北京：人民出版社，1985：63.

力劳动者在劳动中共同创造物质财富，其中直接从事生产的工人占劳动力的80%。① 机器劳动要求一部分劳动者具备能够承受高强度重复劳动的身体素质、遵守规则的劳动态度和从事工厂生产流程中某一部分固定工作的简单技艺，而要求另一部分劳动者掌握先进的科学技术，对劳动者的总体素质要求是"体力和脑力并举"。

在智能劳动时代，生产线通过大量的脑力劳动来维系，即由人预先编制的、发挥"大脑"作用的复杂的软件系统来组织、指挥机器进行产品生产。劳动方式从直接使用工具转为完成研发智能机器和编写程序的知识劳动以及生产过程中的系统操作与运维等工作。智能劳动系统不是一个纯粹的物化工具，人工智能在一定程度上替代了人类的体力付出，模拟了人的敏锐的感觉和思维能力，在人们的生产生活中居于越来越重要的地位，而操控人工智能成为以消耗智力为主的劳动，智力劳动者成为生产劳动者的主体。根据麦肯锡全球研究院对未来技能人才的需求判断，增长最强劲的需求将是对技术技能的需求。对领导和管理他人等社交和情感技能的需求将增加24%，对包括基本数据输入和处理在内的基本认知技能的需求将下降15%，对包括一般设备操作在内的体力和技能的需求也将下降14%，企业对高技能工人的争抢将会加剧。总体来看，劳动者的素养必须向智慧化方向发展，不仅要具备专业领域的技能，而且要具备各个行业智能劳动普遍需要并要求日渐提高的基本数字技能、编程、网络安全管理等通用性技能，要具备分析能力、沟通技巧、将数字信息应用于客户的能力，以及更好的管理和领导技能。②

三、新时代的劳动形态新旧交融、多元并存，对劳动者提出新要求

新时代的劳动形态处在进一步向智能劳动迭代的进程之中，呈现出新

---

① 逄锦聚，等．马克思劳动价值论的继承与发展［M］．北京：经济科学出版社，2005：224．
② 教育部规建中心．如何加快培养应用型紧缺人才？这个综合服务平台成立了［EB/OL］．(2019-08-07)［2019-08-09］．https://mp.weixin.qq.com/s/1fnoitmUaTGG3H1f_CeU0Q．

旧交融、多元并存的状态。不论处于哪种劳动形态，劳动者的劳动观、劳动品质、劳动能力等都是劳动的基础，也是影响社会发展的关键因素。

（一）劳动工具趋向"类人化"，需要重新确立人类在劳动中的存在价值

在手工劳动时代，劳动工具帮助人，人通过劳动，满足了基本生存需求——以食果腹、以衣遮体，人的主体价值得到充分彰显。在机器劳动时代，一方面，劳动工具代替人的技能，人是机器生产现场不可缺少的"智能附庸"，工人利用自身的感觉器官去观察加工对象，并在此基础上调整机器动作，从而使机器能够基于工人的感知功能提供的信息反馈发挥作用；另一方面，工人利用自己的大脑，构建机器设计与使用条件的关系、机器功能与任务目的的关系，依据生产条件的不断变化，灵活做出判断和决策，从而使机器得到正确和有效的使用。而到了智能劳动时代，智能劳动工具进入了模拟人的智能的阶段，人工智能与人的智能的相似度越来越高，所能取代的岗位越来越多。总体来看，当前伴随劳动形态的迭代、劳动工具对劳动者的替代度的逐渐提高及其"类人"的深度和广度的不断演进，人类面临在劳动中寻找自我价值定位的困惑。

"通过劳动创造新的自我"成为新时代劳动者的价值追求之一，人不同于其他生物的根本特征就在于人追求自我价值与生存意义。劳动是标志人的本性的活动，是人的生命活动，是人类社会独有的、自觉的对象化实践，人需要借助劳动实现自我价值和全面发展。在多元劳动形态并存的时代，人通过智能工具和科技劳动等控制生活，通过文学和艺术劳动等享受生活，通过历史、科学、宗教和哲学等方面的思辨性劳动理解生活，人自我存在的本质力量在对象化的活动中实现自我创造，在劳动中达到自我实现和心灵的满足，从而更加确证自我存在的价值。总之，当前多元劳动形态并存，人并不像商品那样是一个人工制造物，而是一个真正具有生命力的个体。只有从事越来越人性化和智能化的劳动，才能发挥"劳动创造人、劳动服务人、劳动发展人"的功能，让"劳动造就人"的价值观在更高层次得到回归。

"为了喜爱而从事劳动"成为新时代的职业取向。在机器劳动时代，劳动曾是一种充满痛苦、让人厌恶的行为，曾导致这样的劳动心态：工作时间应该尽量缩短，工作报酬应该尽量增加。当前，多元劳动形态并存，智能劳动成为主要劳动形态，机器能够模拟人的智能，人们可以有更多的精力和时间去从事自己喜欢的工作。从事自己喜爱的劳动，更有利于劳动者获得精神层面的休息、缓解压力，有利于劳动者工作满意度和幸福感的提升，有利于真正激发劳动者热爱劳动、崇尚劳动、尊重劳动的情感和辛勤劳动、诚实劳动、创造性劳动的态度。

（二）人的主要劳动内容趋向智慧劳动、创造劳动、情绪劳动，要求劳动者不仅具备专业技术能力，同时具备复合素质

当前，多元劳动形态并存，智能技术逐步成熟。随着人工智能模拟人的智能的进一步实现，人的主要劳动内容发生变化，相应带来对劳动者要求的变化。

第一，当前生产劳动逐渐转变为科学劳动，复杂脑力劳动日渐增多，科技劳动、管理劳动等智慧性劳动处于中心地位，受过专业训练的技术型工人和与生产直接相关的科技人员及负责成果转化的工程人员、生产管理者占比逐渐增大，从事知识生产和传播的劳动者占比加大，这要求劳动者具备在专业领域从事智慧劳动的能力。

第二，当前科学技术的发展速度加快，科学技术上的新发现和发明推广运用到生产中的周期缩短，因此新时代多元劳动形态下的工作内容是弹性的，工作性质和领域随着越来越多的领域实现了自动化而发生改变，特别是当前人工智能仍处在发展进程中，这要求劳动者不断学习和接受系统的训练以掌握智能劳动的新技术、智能机器的新的控制方法，实现熟练操作和使用。因此，终身学习和教育显得尤为重要，劳动者要不断提升学习力。

第三，当前智能劳动强势发展。智能劳动是由一系列重大技术创新构成的通用技术集群推动的，包括新一代互联网技术、新一代信息技术、先

进制造技术、生命科学技术、新材料技术以及可再生能源技术等。这些技术无不以创新为核心特征。创新构成核心驱动力量，创新是动力基础，人才是创新劳动的灵魂。未来劳动者必须提升思维能力、科研能力、设计创作能力、技术转化能力等。在勒鲁瓦-古兰（André Leroi-Gourhan）看来，人在发明工具的同时，也在技术中进行自我发明——自我实现技术化的外在化，实现人的自我创新①。而且从人工智能的发展来看，人所从事的开发工程与基于系统整体的复杂情况的决策，是机器替代不了的，而且会越来越重要，因此劳动者需要提升创造力。2017 年澳洲青年基金会（FYA）发布的报告《新基础：大数据显示就业新常态下年轻人所需技能》指出，3 年里企业技能需求变化为：在创造性解决问题的能力方面，解决问题能力提高 26%，创造能力提高 65%，审辩思维提高 158%；在数字技能方面，数字素养提高 212%。② 调查也揭示了当前劳动形态下与创造力相关的能力提升的必要性。富兰克林·欧林工程学院院长米勒（Richard Miller）认为，在创新经济时代，人生就是一个创新项目。工程师要将不存在的东西设想出来，并加以实现，这要求劳动者不断提升创造力。

第四，当前多元劳动形态迭代并存，生产性服务劳动、生活性服务劳动比重加大，第三产业比重加大趋势明显，人力资源不断从第一产业、第二产业向第三产业转移，从事经营管理、科学研究、文化教育等第三产业的劳动者与日俱增。服务性劳动和劳动中的人际交往都涉及情绪劳动，后者是一种要求员工在工作时展现某种特定情绪以达到其所在职位工作目标的劳动形式。美国著名心理咨询专家、莫诺心理诊所创办人之一辛德勒（John A. Schindler）于 2013 年出版了《情绪力》一书，率先倡导"情绪健康"这一理念，他还开设了"情绪力"培训课程，指导人们如何管理自己的情绪。当服务性劳动逐步成为劳动的主要内容时，自然要求劳动者具备情绪管理能力。

第五，当前多元劳动形态并存，机器劳动、智能劳动使人从体力劳

---

① 转引自斯蒂格勒. 技术与时间 I：爱比米修斯的过失［M］. 南京：译林出版社，2012：155.
② 转引自袁靖宇. 高校人才培养方案修订的若干问题［J］. 中国高教研究，2019（2）：6-9.

动、脑力劳动中部分地解放出来，人们获得了更多休闲的机会，有余力从事精神劳动、休闲劳动，劳动的内容转向基于信息化手段的探索性劳动、艺术性劳动，这就要求劳动者具备审美力。而且新时代的产品质量观也发生了变化，除了耐用性，美观和艺术化、个性化也是衡量产品质量的重要方面，这也要求劳动者具备审美力。马克思在《1844 年经济学哲学手稿》中提出了"美是人的本质力量对象化"的命题，美就是作为主体的人的自由自觉的特性在生产实践、精神创作和文化表达上的生动体现。这是人的生产与动物的"生产"相比所独具的"美的规律"，即"动物只是按照它所属的那个种的尺度和需要来建造，而人却懂得按照任何一个种的尺度来进行生产，并且懂得怎样处处都把内在的尺度运用到对象上去；因此，人也按照美的规律来建造"①。因此，当前劳动者只有统合劳动和审美的实践于一体，才能挖掘出知识技能背后的文化特性和美的意蕴，体会到人类文明的可贵，并在劳动中感受劳动最光荣、劳动最崇高、劳动最伟大、劳动最美丽等道理。因此，新时代必然倡导一种基于劳动的现代审美力的培育，让劳动者在劳动中发现美、欣赏美和创造美。

（三）劳动对象趋向虚拟化，但人仍然要掌握从事实体劳动的基本劳动能力

在手工劳动时代，人依赖从自然界直接获得的资料，劳动对象以可再生资源为主；在机器劳动时代，劳动对象向不可再生资源拓展，对自然过度入侵，导致自然界趋向"非自然化"；到了智能劳动时代，劳动对象不仅包括实体资源，还拓展到信息和数据资源，劳动者对自然资源的依赖度降低，部分人为了获取更高的资本回报，将虚拟经济作为劳动对象，通过互联网金融、智能财富管理来赢取物质资源，满足生活需要。

2018 年习近平总书记在广东考察期间，在视察格力电器股份有限公司时强调了实体经济的重要作用，指出实体经济是一国的立身之本、财富之源，经济发展任何时候都不能脱实向虚。在 21 世纪初，美国资本市场靠操

---

① 马克思，恩格斯 . 马克思恩格斯全集：第 42 卷［M］. 北京：人民出版社，1979：97.

纵数字资源、以钱生钱的虚拟经济"突飞猛进",超越实体经济,在虚拟经济中空转套利,导致 2008 年金融危机爆发,造成经济衰退。对此,美国政府呼吁人民重返真实的工作——那些比抽象的金融产品交易更可见的工作,发展以物质资料的生产经营活动为内容的实体经济,保持实体经济与虚拟经济的协调发展。振兴实体经济,既是经济发展的支点,也是经济政策制定的基点。因此,基于实体资源的手工劳动、机器劳动和智能劳动,始终要为经济社会发展提供物质基础。

新时代劳动教育应加强基本的纸艺、结艺、布艺等手工劳作的基本知识和技能学习,加强木工、电工、机械制造等基本知识和技能学习,提升学习者在智能生产线从事技术转化、机器调试、流程监控、安全维护等工作的知识水平和技术能力。普林斯顿大学经济学家布林德(Alan S. Blinder)认为,未来的劳动力市场不一定会按照对教育水平的要求来划分,未来工作的重要类型也许会是可以轻易地通过网线或无线连接传输而不会降低质量的工作,不能通过网线传输而必须亲自或在现场完成的工作。布林德指出,你不能在网上钉钉子,掌握一门手艺不是限制,而是解放。如果你掌握了一种不能外包给国外、用算法来做或被下载的技术,你肯定能找到工作,甚至成为某一领域的大师。① 因此,劳动者应掌握现场生产实际产品的能力。

(四)生产方式转换,要求劳动者具备跨界整合力、沟通协作力

劳动是社会性的活动,是人与人联系的媒介。马克思说:"为了进行生产,人们相互之间便发生一定的联系和关系;只有在这些社会联系和社会关系的范围内,才会有他们对自然界的影响,才会有生产。"② 当前,任何劳动者不仅仅是通过劳动来满足自己的需要,而且是用劳动满足别人的需要,自己的需要则通过别人的劳动来满足。

在多元劳动形态下,由于传统车间的智能化改造和工作岗位的重组,

---

① 转引自贝小戎. 手工劳动的复兴 [J]. 书城,2009(8):108-109.
② 马克思,恩格斯. 马克思恩格斯选集:第 1 卷 [M]. 3 版. 北京:人民出版社,2012:340.

人所从事的单纯作业总体会减少，生产系统的全系统运行维护和调整工作等兼容性业务会增加，劳动者不仅需要掌握专门的劳动技能，而且需要全面提升劳动项目管理与经营能力、合作能力、产品推广能力等。因此，未来的劳动力市场更青睐对某个领域有深入认识且在其他相关领域有相当知识，具备跨界整合能力的"一专多能"型专业人员。

同样，在智能劳动生产线上，需要掌控大局的工作比例会增加，劳动者要通晓智慧生产中此任务与彼任务之间的联系，在工作中更加需要与人交流、协调，需要提升统筹、沟通和协调能力。2017 年澳洲青年基金会发布的报告《新基础：大数据显示就业新常态下年轻人所需技能》指出，3 年里企业技能需求的变化为：在相互作用技能方面，沟通技能提高 12%，关系构建技能提高 15%，团队协作技能提高 19%，表达技能提高 25%。[1]因此，沟通与协作技能应是当前多元劳动形态下劳动者的必备素质。

四、新时代劳动形态新旧融合、多元并存对劳动教育的要求

手工劳动时代的劳动方法主要依靠劳动者口口相传、手把手地传授，例如一个工匠在手工作坊劳动过程中，靠师傅的传授和自身经验的积累学得一种专门手艺从而终生从事这种专门劳动。在机器劳动时代，劳动者要胜任岗位，就需要接受独立于劳动过程的专门教育、培养和训练。正像马克思指出的，"要改变一般的人的本性，使它获得一定劳动部门的技能和技巧，成为发达的和专门的劳动力，就要有一定的教育和训练"[2]。因而社会上出现了生产过程的参与者的教育与直接的社会生产劳动过程的分离，劳动者必须依靠科学与教育。当前多元劳动形态并存，全面提高劳动者素质，同样需要强调劳动教育。

① 袁靖宇 . 高校人才培养方案修订的若干问题 [J]. 中国高教研究，2019（2）：6-9.
② 马克思，恩格斯 . 马克思恩格斯全集：第 23 卷 [M]. 北京：人民出版社，1972：195.

（一）教育目的：立德树人

新时代我国的劳动教育是基于人、培养人、发展人的教育，最终目的是"立德树人"。其内涵包括以下三个方面。

一是劳动价值观的树立。这包括塑造正确的劳动价值观，懂得"美好生活靠劳动创造"等道理，感受到在劳动中的自我成长等；塑造正确的劳动过程观，懂得"一分耕耘一分收获""劳动来不得半点虚假""空谈误国，实干兴邦"等；塑造正确的劳动技能观，懂得"业精于勤荒于嬉"，理解劳动需要锲而不舍、精益求精、追求卓越、勇于创新等；塑造正确的劳动成果观，懂得赞赏别人的劳动成果、珍惜劳动成果等。

二是劳动习惯与品质的养成。要培养劳动的责任感、坚韧性、诚信度、创造性，其中包括培养职业劳动观、职业价值观，教育学生服务社会、服务他人、为职业做准备。黑格尔在论述劳动的实践教育目的时，也侧重于劳动习惯的培养。他说："通过劳动的实践教育首先在于使做事的需要和一般的勤劳习惯自然地产生；其次，在于限制人的活动，即一方面使其活动适应物质的性质，另一方面，而且是主要的，使能适应别人的任性；最后，在于通过这种训练而产生客观活动的习惯和普遍有效的技能的习惯。"① 劳动习惯与品质的培养主要通过思想教育、劳动法规学习与劳动体验。

三是劳动知识和技能的培养。借鉴罗米斯佐基（A. J. Romiszowski）的知能结构论，可以认为：劳动知识的教育是指传递信息，包括事实、程序、概念与原理四种类型；培养的技能则包括认知、动作、反应与交互四种类型，并且有再生性技能与创生性技能之别。② 劳动知识与技能的学习主要通过劳动实践锻炼与技术习得。

---

① 黑格尔. 法哲学原理［M］. 北京：商务印书馆，1961：209.
② 盛群力. 分类教学设计论：罗米索斯基论知能结构、学习模型与教学策略［J］. 远程教育杂志，2010（1）：25-35.

（二）教育内容：树立一种新旧兼容和不断发展的内容观

在多元劳动形态并存的背景下，劳动项目各有其教育价值。苏霍姆林斯基非常注意组织学生参加机械化的生产劳动，同时，对手工劳动甚至粗笨的体力劳动也极为重视。然而由此却招来了非难：在一个机械化的时代，儿童还用简单的工具进行手工劳动，似乎太不合时宜了。但是，苏霍姆林斯基却坚持：必须使手工劳动和机械化劳动相结合，既发展头脑，又发展双手（他特别注重发展双手，强调既发展右手，也发展左手）。他说，儿童的智慧在他的手指尖上。帕夫雷什的所有儿童还在上小学时就能开动专门为他们设计的许多机器。苏霍姆林斯基主张手工劳动与机械化劳动二者并重，这一原则起源于其精神上的导师马卡连柯，同时，也是在其"全面和谐发展"理论的基础上发展起来的。新时代劳动教育也应体现这种兼容的内容观，应是一定体力劳动基础上的体脑合一、身心合一、知行合一、学创合一的劳动教育。

新时代多元劳动形态并存，最有价值的劳动教育内容也在不断变化。企业和组织的运行方式呈现根本性的转变，这也相应带来劳动教育内容和重点的改变。面对人工智能、大数据、云计算、物联网、区块链、智能制造、虚拟现实等新兴领域，劳动教育内容也应不断迭代，与时俱进。应推出与新兴领域相匹配的劳动教育课程体系，确保劳动教育与现实社会生产生活实际合拍，确保学生通过劳动教育所获得的素养与技能有"用武之地"，使学生获得劳动的成就感。

（三）教育方法：坚持教育与生产劳动相结合

马克思认为，"生产劳动同智育和体育相结合，它不仅是提高社会生产的一种方法，而且是造就全面发展的人的唯一方法"[1]。马克思将教育和生产劳动相结合看作现代大生产和现代社会条件下，现代教育的组成部分

---

[1]　马克思，恩格斯．马克思恩格斯全集：第 23 卷 ［M］．北京：人民出版社，1972：530.

和基本特征，看作造就全面发展的人的重要条件。这种教育要使儿童和青少年了解生产中各个过程的基本原理，同时使他们获得运用各种最简单的生产工具的技能。① 劳动形态的发展，劳动者素质的提高，依赖于科研的进步和学校教育。只有自觉地运用教育与生产劳动相结合的方式，才能培养出全面发展的新时代劳动者。因此，劳动教育应构建教育与生产劳动互相促进的正向反馈系统：劳动形态升级促使更多劳动者接受更高水平的教育培训，这倒逼有关部门加大教育培训投入，提升培训质量，而劳动者经过劳动教育，不仅提升了素质，适应了新的生产力发展水平，而且会继续推动技术革新，促进新一轮的技术革命。只有全面发展的劳动者才能满足现代大生产的要求，才能更好更快地提高社会生产力。

---

① 马克思，恩格斯. 马克思恩格斯全集：第 16 卷 ［M］. 北京：人民出版社，1964：218.

第二章

劳动教育价值

　　2018 年 9 月 10 日，习近平总书记在全国教育大会上强调"教育是国之大计、党之大计"，"要努力构建德智体美劳全面培养的教育体系，形成更高水平的人才培养体系"。教育事业承载着培养社会主义建设者和接班人的重要使命，新时代加强劳动教育是继承和发展马克思主义劳动观、贯彻落实习近平新时代中国特色社会主义思想的重要体现，具有重要的时代价值和现实意义。

第一节　劳动创造人

　　马克思从一般劳动的角度阐释了劳动对于人在世界中存在的意义、劳动对于人类社会进步的价值意蕴。伴随着中国特色社会主义进入新时代，以习近平同志为核心的党中央站在新的历史高度，立足中国国情和发展实际，在继承和发展马克思主义劳动哲学的基础上，逐步形成了关于劳动、劳动教育的新思想。

一、马克思主义视域下的劳动观

　　关于劳动的论述是马克思主义经典论述的重要组成部分。马克思说："历史破天荒地第一次被安置在它的真正基础上；一个很明显而以前完全被人忽略的事实，即人们首先必须吃、喝、住、穿，就是说首先必须劳动，然后才能争取统治，从事政治、宗教和哲学等等，——这一很明显的事实在历史上应有的权威此时终于被承认了。"[①] 马克思认为劳动是社会发展的根源，是人生存的本性，只有劳动才能把人和物质资料相连接；只有通过劳动，人才能改造世界，自身的发展需要才能够得到满足。他从劳动与人类、劳动与社会发展、劳动与人的发展等方面对劳动的重要性做出经典论述。他在《1844 年经济学哲学手稿》中指出，"正是在改造对象世界的过程中，人才真正地证明自己是类存在物。这种生产是人的能动的类生活。通过这种生产，自然界才表现为他的作品和他的现实。因此，劳动的对象是人的类生活的对象化：人不仅像在意识中那样在精神上使自己二重化，而且能动地、现实地使自己二重化，从而在他所创造的世界中直观自身"[②]。这一阐述深刻说明是劳动将人与猿彻底地区别开来，在劳动的直接推动下，人类经历了从早期猿人到晚期智人的发展过程；劳动促使人类的脑容量不断增加，使人类体态特征愈来愈区别于猿而近似于现代人，而且使劳动工具日益改进和多样化，人类的智力由此得到发展，物质生活逐渐丰富起来。在《德意志意识形态》中，马克思和恩格斯指出："我们首先应当确定一切人类生存的第一个前提，也就是一切历史的第一个前提，这个前提是：人们为了能够'创造历史'，必须能够生活。但是为了生活，首先就需要吃喝住穿以及其他一些东西。因此第一个历史活动就是生产满足这些需要的资料，即生产物质生活本身，而且，这是人们从几千年前直

---

① 马克思，恩格斯. 马克思恩格斯全集：第 19 卷［M］. 北京：人民出版社，1963：123.
② 马克思，恩格斯. 马克思恩格斯文集：第 1 卷［M］. 北京：人民出版社，2009：163

到今天单是为了维持生活就必须每日每时从事的历史活动，是一切历史的基本条件。"① 在马克思看来，劳动是"一切历史的基本条件"，有了人类的劳动，有了满足人类生存所必需的前提，才产生了生活和历史。他进一步强调一个简单的事实："任何一个民族，如果停止劳动，不用说一年，就是几个星期，也要灭亡，这是每一个小孩都知道的。"②马克思从唯物主义立场出发，充分肯定了劳动对于人类文明和历史进步的重要意义。他还以异化劳动理论为基础，揭示了资本主义社会的异化扭曲人的本质。他认为，劳动异化折射出的恰恰是因私有制而导致的无产阶级和资产阶级的对立，未来的共产主义社会将消灭旧式的社会分工，消灭异化劳动，将人的本质重新还给人，从而实现人的自由全面发展。

二、习近平新时代中国特色社会主义思想视域下的劳动观

中国共产党的领导是中国特色社会主义最本质的特征。习近平新时代中国特色社会主义思想在充分继承马克思主义思想的基础上，进一步发展了马克思主义劳动观，开创了劳动思想的新境界。党的十八大以来，习近平总书记就劳动、劳动者、劳模精神等内容进行了深刻阐述。

2013 年 4 月 28 日，习近平总书记在全国总工会机关同全国劳动模范代表座谈时强调："劳动是财富的源泉，也是幸福的源泉。人世间的美好梦想，只有通过诚实劳动才能实现；发展中的各种难题，只有通过诚实劳动才能破解；生命里的一切辉煌，只有通过诚实劳动才能铸就。""必须牢固树立劳动最光荣、劳动最崇高、劳动最伟大、劳动最美丽的观念，让全体人民进一步焕发劳动热情、释放创造潜能，通过劳动创造更加美好的生活。"2014 年 4 月 30 日，习近平总书记在乌鲁木齐接见劳动模范和先进工作者、先进人物代表时指出："劳动是一切成功的必经之路。当前，全国各族人民正满怀信心为实现'两个一百年'奋斗目标而努力。实现我们确

---

① 马克思，恩格斯. 马克思恩格斯文集：第 1 卷 [M]. 北京：人民出版社，2009：531.
② 马克思，恩格斯. 马克思恩格斯文集：第 10 卷 [M]. 北京：人民出版社，2009：289.

立的奋斗目标，归根到底要靠辛勤劳动、诚实劳动、科学劳动。"2015 年
4 月 28 日，习近平总书记在庆祝"五一"国际劳动节暨表彰全国劳动模范
和先进工作者大会上强调："中国特色社会主义事业大厦是靠一砖一瓦砌
成的，人民的幸福是靠一点一滴创造得来的。""我们的根扎在劳动人民之
中。在我们社会主义国家，一切劳动，无论是体力劳动还是脑力劳动，都
值得尊重和鼓励；一切创造，无论是个人创造还是集体创造，也都值得尊
重和鼓励。""劳动者素质对一个国家、一个民族发展至关重要。劳动者的
知识和才能积累越多，创造能力就越大。提高包括广大劳动者在内的全民
族文明素质，是民族发展的长远大计。"

2016 年 4 月 26 日，习近平总书记在知识分子、劳动模范、青年代表
座谈会上指出："幸福不会从天降，美好生活靠劳动创造。""劳动模范是
劳动群众的杰出代表，是最美的劳动者。劳动模范身上体现的'爱岗敬
业、争创一流，艰苦奋斗、勇于创新，淡泊名利、甘于奉献'的劳模精
神，是伟大时代精神的生动体现。""人类是劳动创造的，社会是劳动创造
的。劳动没有高低贵贱之分，任何一份职业都很光荣。广大劳动群众要立
足本职岗位诚实劳动。无论从事什么劳动，都要干一行、爱一行、钻一
行。""梦想属于每一个人，广大劳动群众要敢想敢干、敢于追梦。说到
底，实现中华民族伟大复兴的中国梦，要靠各行各业人们的辛勤劳动。"

2017 年 6 月 23 日，习近平总书记在深度贫困地区脱贫攻坚座谈会上
强调："一个健康向上的民族，就应该鼓励劳动、鼓励就业、鼓励靠自己
的努力养活家庭，服务社会，贡献国家。要改进工作方式方法，改变简单
给钱、给物、给牛羊的做法，多采用生产奖补、劳务补助、以工代赈等机
制，不大包大揽，不包办代替，教育和引导广大群众用自己的辛勤劳动实
现脱贫致富。"

2017 年 10 月 18 日，习近平总书记在中国共产党第十九次全国代表大
会上的报告中指出："建设知识型、技能型、创新型劳动者大军，弘扬劳
模精神和工匠精神，营造劳动光荣的社会风尚和精益求精的敬业风气。"
"破除妨碍劳动力、人才社会性流动的体制机制弊端，使人人都有通过辛

勤劳动实现自身发展的机会。完善政府、工会、企业共同参与的协商协调机制，构建和谐劳动关系。"

2018 年 4 月 30 日，习近平总书记回信勉励中国劳动关系学院劳模本科班学员："社会主义是干出来的，新时代也是干出来的。希望你们珍惜荣誉、努力学习，在各自岗位上继续拼搏、再创佳绩，用你们的干劲、闯劲、钻劲鼓舞更多的人，激励广大劳动群众争做新时代的奋斗者。""我一直强调，劳动最光荣、劳动最崇高、劳动最伟大、劳动最美丽。全社会都应该尊敬劳动模范、弘扬劳模精神，让诚实劳动、勤勉工作蔚然成风。"

这些重要论述深刻阐释了劳动对实现个人幸福和伟大复兴中国梦的重大意义，是对马克思主义劳动哲学的继承和发展，是中国特色社会主义理论体系的重要组成部分。

改革开放四十多年来，我国经济社会发展取得了巨大成就，这种成就是改革红利、自然资源红利、人口红利、国际贸易投资环境红利等综合贡献的结果。当前，我国同时面临人口红利逐渐消失、资源和环境约束不断强化、投资和出口增速放缓、传统的发展动力不断减弱等发展瓶颈。转变发展方式、优化经济结构、转换增长动力，是我国突破瓶颈、跨越"中等收入陷阱"的唯一出路，为此，必须拥有一支爱劳动、能劳动、会劳动的劳动者大军，建设人力资源强国。随着互联网推动数字化的普及、人工智能时代的到来，新时代劳动的内容将会越来越丰富，劳动的形式将会越来越多元化，劳动者的流动性也会越来越强，劳动者的体力付出将会越来越少，智力付出会越来越多，劳动者的主体作用将会更加凸显，人才是发展的第一推动力将进一步得到印证。这些新变化为新时代劳动者在劳动创造中坚定理想信念、锤炼高尚品格、培育劳动情怀，自觉把人生理想、家庭幸福融入国家富强、民族复兴的伟业之中，建构个人与集体、小家与国家民族融合统一的发展共同体和命运共同体，最终在接力奋斗中实现中华民族伟大复兴的中国梦提出了新要求。

三、新时代加强劳动教育的重要意义

劳动作为人类最基本、最重要的存在方式，是完整的知识建构必不可少的统合要件，是个体发展智力、增长才干、形成健全人格、养成良好品德的根基，其本身就具有巨大的教育价值。正如苏霍姆林斯基坚持认为的，离开了劳动就没有真正的教育，"教育任务就是让劳动渗入我们所教育的人的精神生活中去，渗入集体生活中去，使得对劳动的热爱在少年早期和青年早期就成为他的重要兴趣之一"。[①] 陶行知也曾指出，"中国教育之通病是教用脑的人不用手，不教用手的人用脑，所以一无所能"，他强调要"谋手脑相长，以增进自立之能力，获得事物之真知及了解劳动者之甘苦"[②]。可以说，劳动是教育的根和魂，是实现人的全面发展的必要条件，加强劳动教育是重要的时代课题，具有深刻的理论内涵和伟大的现实意义。

新时代加强劳动教育，是坚持和发展马克思主义唯物史观、坚持和发展中国特色社会主义的必然要求。强调劳动价值和劳动教育，是马克思主义唯物史观的核心内容和本质规定。党的十八大以来，习近平总书记关于劳动的系列重要论述，在继承和发展马克思主义劳动思想的基础上，基于时代的历史维度与实践的发展向度，回应了新时代中国特色社会主义发展所面临的新使命和新课题，形成了"实干兴邦"的劳动实践观、"民族复兴"的劳动发展观、"崇尚劳动"的劳动价值观、"热爱劳动"的劳动教育观，构筑起以劳动支撑起中国特色社会主义伟大事业的实践路径。中国特色社会主义伟大事业需要依靠一代又一代中国人的辛勤劳动、接续奋斗来实现。新时代劳动教育，是马克思主义唯物史观和教育观在新时代创新发展的迫切需要。

---

① 苏霍姆林斯基. 帕夫雷什中学 ［M］. 北京：教育科学出版社，2009：362.
② 转引自刘猛. 劳动教育：从陶行知到毛泽东 ［J］. 江苏教育学院学报（社会科学版），2003（2）：18-21.

新时代加强劳动教育，是进一步丰富完善我国国民教育体系、推动中国特色社会主义教育事业健康可持续发展的必然要求。我们党历来高度重视劳动教育，伴随着中国特色社会主义进入新时代，在"以劳动托起中国梦"的感召下，我国对劳动教育日益重视。2020年3月20日，中共中央、国务院发布《关于全面加强新时代大中小学劳动教育的意见》，要求全党全社会必须高度重视劳动教育，采取有力措施，切实加强并且构建德智体美劳全面培养的教育体系。从世界发达国家的经验来看，劳动教育既是国民教育体系的重要组成部分，也是国民教育的重要内容，各国普遍形成了课程较为完善、资源较为丰富、模式较为多样、机制较为健全的劳动教育体系。从教育事业面临的形势来看，教育的环境和条件较之以往发生了很大的变化，出现了很多新情况。新的形势与任务要求我们把握劳动教育的基本内涵，明确劳动教育的总体目标，整体优化学校的课程设置，形成具有综合性、实践性、开放性、针对性的劳动教育课程体系，这是新时代丰富我国国民教育体系的应有之义，又是推动我国教育事业健康可持续发展的必由之路。

新时代加强劳动教育，是形成高水平人才培养体系、培育堪担时代大任的社会主义合格建设者和可靠接班人的必然要求。生产劳动同智育和体育相结合，不仅是提高社会生产力的一种方法，而且是造就全面发展的人的唯一方法。德育侧重于解决教育对象的世界观、人生观问题，体现"善"的要求；智育侧重开发智能，体现"真"的要求；体育促进身体发育和机能发展，体现"健"的要求；美育陶冶情操，塑造心灵，体现"美"的要求；劳动教育则侧重培养劳动观念，培育劳动技能，体现"实"的要求。将劳动教育与德智体美教育并列，既是对劳动教育本身的有效加强，也是完善人才培养目标、支持德智体美教育的重要途径。劳动教育有利于树德、增智、强体、育美、创新。新时代加强劳动教育，是中国特色社会主义教育制度的重要内容，直接决定社会主义建设者和接班人的劳动精神面貌、劳动价值取向和劳动技能水平。

新时代加强劳动教育，是针对一些青少年"不想劳动、不会劳动、不珍惜劳动成果"问题，纠正对劳动的错误认识的必然要求。幸福不会从天而降，梦想不会自动成真。无论机械化生产如何高度发达、人工智能技术如何完善，都无法改变"世界上没有坐享其成的好事，要幸福就要奋斗"的基本规律。新时代加强劳动教育，可以发挥劳动的独特育人价值，有利于不断强化新时代青少年的责任感、使命感和荣誉感，锻造辛勤劳动、诚实劳动、创造性劳动的劳动品格，感悟劳动带来的尊严感、崇高感和幸福感，为成长成才奠定坚实基础。

新时代加强劳动教育，是强国富民、建设高素质劳动者大军的必然要求。改革开放四十多年来，我国经济社会发展取得了巨大成就。当前，转变发展方式、优化经济结构、转换增长动力，是我国突破瓶颈、跨越"中等收入陷阱"的唯一出路，为此，必须拥有一支知识型、技能型、创新型劳动者大军，建设人力资源强国。新时代加强劳动教育，有利于培育一支高素质的产业工人队伍和大量的"能工巧匠""大国工匠"，为"中国速度"向"中国质量"转变、制造大国向制造强国转变、"中国制造"向"中国创造"转变、人口大国向人力资源强国转变提供人力支撑、智力支撑和创新支撑。

然而，不容忽视的是，一个时期以来，在观念上，劳动教育在学校中被弱化，在家庭中被软化，在社会中被淡化；在实践中，劳动教育存在诸多薄弱环节和问题，课程完善、资源丰富、模式多样、机制健全的劳动教育体系尚不完备。同时，由于我国传统文化观念中"万般皆下品，唯有读书高"等消极片面观念的影响，由于投机主义、享乐主义、拜金主义等思潮的冲击，也由于一些独生子女长期处于"饭来张口、衣来伸手"的成长环境等外部因素的影响，一些青少年"不想劳动、不会劳动、不珍惜劳动成果"的问题比较突出。劳动教育被置于边缘位置，一直没有取得与德智体美四育并举的地位，这与劳动教育在整个教育体系中的价值不明晰及其不能与德育、智育、体育、美育取得平等的地位有着重要关系。在应试教育的导向下，在家庭教育中，尤其是中小学阶段，家长热衷于给孩子报各种课外学习班，补习语数外，以在考试中得高分；为了考取特长生或获得加分,让孩子学习乐器;甚至连做志愿服务,都由家长事先联系,做完服务要求对方开证明、写感谢信,似乎一切教育都被赋予了功利化的色彩。在学校教育中,很多需要考试的课程会挤占原来设置的劳动教育课,劳动教育课时难以保障。在社会上,很多人还没有深刻认识到劳动教育的重要性,吸纳企业家、劳动模范、工匠能手等多元化的劳动教育师资队伍尚未形成。家庭、学校、社会作为劳动教育的重要实施主体,忽视了对受教育者影响最为深远的劳动教育,忽视了从小对受教育者劳动态度、劳动习惯、劳动品德和独立生活能力的培养,没有让受教育者认识到劳动就是奋斗、奋斗本身就是一种幸福。加强劳动教育成为迫切需要解决的时代课题。

第二节 劳动教育导向生活世界

劳动是人类最基本、最重要的实践活动,是人类生存发展的根本前提。强调劳动价值和劳动教育,是马克思主义一以贯之的基本观点,是马克思主义唯物史观的核心内容和本质规定。马克思主义劳动观反复强调,劳动创造世界,劳动创造历史,劳动创造了人本身;劳动是人类的本质特征和存在方式,是实现人自由全面发展的重要途径;教育与生产劳动相结合是社会主义教育的根本原则。马克思指出:"生产劳动同智育和体育相结合,它不仅是提高社会生产的一种方法,而且是造就全面发展的人的唯一方法。"①只有通过劳动才能使人获得全面的成长,人的全面发展不是一个静止的状态,而是不断延展的动态过程。社会主义的根本任务是通过改革为人的自由全面发展创造条件,进而实现对生活世界的认识与实践。

---

① 马克思,恩格斯. 马克思恩格斯全集:第 23 卷 [M]. 北京:人民出版社,1972:530.

一、劳动教育的内涵

习近平总书记指出，劳动是人类的本质活动，劳动光荣、创造伟大是对人类文明进步规律的重要诠释。培养什么人，是教育的首要问题。我国是中国共产党领导的社会主义国家，这就决定了我们的教育必须把培养社会主义建设者和接班人作为根本任务。1958 年，《中共中央、国务院关于教育工作的指示》中指出："党的教育工作方针，是教育为无产阶级的政治服务，教育与生产劳动相结合；……教育的目的，是培养有社会主义觉悟的有文化的劳动者。"2018 年，习近平总书记在全国教育大会上提出"培养德智体美劳全面发展的社会主义建设者和接班人"，这是教育的根本任务，也是教育现代化的方向和目标。

劳动教育的内容不同于一般意义上的教育内容。实施劳动教育的重点是在系统的文化知识学习之外，有目的、有计划地组织学生参加日常生活劳动、生产劳动和服务性劳动。因此，劳动教育不仅要深化认识、提升技能，而且是一种更高要求的社会实践，是了解与服务社会不可缺少的教育活动。因此，我们应当明确劳动教育的概念，避免造成认识上、实践中的泛化、窄化。

劳动教育是国民教育体系的重要内容，是学生成长的必要途径，具有树德、增智、强体、育美的综合育人价值。实施劳动教育的重点是在系统的文化知识学习之外，有目的、有计划地组织学生参加日常生活劳动、生产劳动和服务性劳动，让学生动手实践、出力流汗，接受锻炼、磨炼意志，培养学生正确的劳动价值观和良好的劳动品质。

我国教育学者黄济先生对劳动教育的主要内容提出了自己的观点。他认为，劳动教育应让学生了解劳动是人的本质特点，劳动创造人类历史和推动社会发展；让学生热爱劳动和劳动人民，克服轻视劳动和劳动人民的思想；让学生树立脑力劳动和体力劳动相结合的观点，认识劳动作为个人全面发展的基础，是人类社会走向理想目标的根基和动力；使学生认识劳动在社会主义社会已成为光荣豪迈的事业，将劳动从负担变为责任和快乐；使学生学会劳动和创造，以忠诚的态度从事劳动；教育学生深刻认识从事劳动是公民的神圣职责，严格遵守劳动纪律，忠诚地履行工作任务，认真做事，不苟且，不马虎。① 在这个意义上说，劳动教育是要使受教育者自觉劳动、诚实劳动，能够做到"勤于学习、学文化、学科学、学技能、学各方面知识，不断提高综合素质，练就过硬本领"②。1993 年中共中央、国务院颁布的《中国教育改革和发展纲要》中指出："加强劳动观点和劳动技能的教育，是实现学校培养目标的重要途径和内容。各级各类学校都要把劳动教育列入教学计划，逐步做到制度化、系列化。社会各方面要积极为学校进行劳动教育提供场所和条件。"2010 年发布的《国家中长期教育改革和发展规划纲要（2010—2020 年）》又再次重申，未来十年我国教育的战略主题是"坚持以人为本，全面实施素质教育"，要求"加强劳动教育，培养学生热爱劳动、热爱劳动人民的情感"。2020 年中共中央、国务院在《关于全面加强新时代大中小学劳动教育的意见》中明确提出要把握劳动教育的基本内涵，劳动教育是学生成长的必要途径，具有树德、增智、强体、育美的综合育人价值。要让学生动手实践、出力流汗，接受锻炼、磨炼意志，培养学生正确的劳动价值观和良好的劳动品质。

二、劳动教育的独特性

苏霍姆林斯基明确提出，教育的总目标在于培养未来的公民，培养劳动者，培养共产主义的建设者。③ 拉马赞诺夫在其发表的《劳动教育制度》一文中提出，劳动教育为人们的创作提供实践思维，实现劳动教育的目的，需要加强初始职业培训和职业指导；同时他认为劳动教育的目的就是

① 黄济. 关于劳动教育的认识和建议［J］. 江苏教育学院学报（社会科学版），2004（5）：17-22.
② 习近平. 在知识分子、劳动模范、青年代表座谈会上的讲话［EB/OL］. ［2019-10-20］. http://www.xinhuanet.com/politics/2016-04/30/c_1118776008.htm.
③ 王天一. 苏霍姆林斯基教育理论体系［M］. 2 版. 北京：人民教育出版社，2003：201-202.

使学生热爱劳动、尊重劳动人民，熟悉现代工业和农业生产、建筑、运输、服务业的基本知识。由此可见，劳动教育是实现人类可持续发展的重要内容。

当前，各国都非常重视对青少年学生劳动意识和能力的培养。日本的《教育法》已经明确将"关注职业和生活的关系，培养重视劳动的态度"作为教育的重要目标，把培养勤劳观、基本生存能力纳入教育方针，明确规定中学生每周要在学校农场、果园和家禽畜饲养场参加两小时全校性的生产劳动。2015 年，俄罗斯颁布了《劳动教育发展纲要》，突出强调了创新劳动教育活动形式和保障机制。

在科技革命不断发展、分工日益精细的社会主义条件下，劳动教育不同于其他四育，形成了独特的价值，具体表现在五个方面：一是技能性。劳动教育不是单一的理论教育，除了形成劳动认知、劳动态度，更重要的在于掌握基本的劳动技能和技巧，实现体力劳动和脑力劳动相结合。二是实践性。劳动教育主要是通过动手劳动或切身实践开展，通过实践可以让受教育者对劳动有直接的感官体验，从而获得直接经验，形成自我劳动认知，进而对未来职业的选择具有较强的自我意识和较高的适应能力。三是主体性。当前我们强调的劳动教育的对象是学生，实践的主体同样是学生，通过对大中小学生开展劳动教育，实现"德智体美劳"五育并举的全面育人目标。四是教育性。劳动教育，使学生能够理解和形成马克思主义劳动观，牢固树立劳动最光荣、劳动最崇高、劳动最伟大、劳动最美丽的观念；体会劳动创造美好生活，体认劳动不分贵贱，热爱劳动，形成良好的劳动习惯，从而为今后的生活、工作打下坚实的基础，实现思想与行动的统一，从而达到育人目的。五是长期性。劳动教育包括家庭、学校、社会三个方面，主要涵盖了基础劳动、劳动教学、社会公益劳动和自我服务性劳动。家庭要发挥在劳动教育中的基础作用，使学生通过日常生活中的家务劳动，掌握生活技能。学校承担劳动教育的主体责任，通过课堂劳动教学、课外劳动实践、勤工俭学、职业指导等途径，帮助学生形成正确的劳动认识，树立积极的劳动态度，从而培养热爱劳动、热爱劳动人民的思想感情，养成良好的劳动习惯，这将贯穿于一个人从出生到成年甚至更长时间的成长与发展过程。社会要发挥在劳动教育中的支持作用，利用社会资源搭建活动平台，让学生参与社区治理、开展公益劳动、参加志愿服务。

因此，劳动教育的独特性决定了其对于生活的独特意义，它贯穿于学生学习、生活以及未来的人生职业发展之中，是"五育"当中的其他四育所无法替代的。要充分发挥劳动教育的树德、增智、健体、育美作用，使之与其他四育相辅相成。五育并举，能有效实现综合育人的目的。德育与劳动教育有机结合有助于解决德育虚化问题，要在德育中引入社会公益性劳动，在生产劳动中渗透德育，端正学生生活态度和价值观，提高社会公德意识，增强社会责任感。智育与劳动教育相结合有助于学生从做中学、知行统一、学以致用，提高劳动的技术含量，培养其创造性劳动能力。体育与劳动教育相结合有助于磨练学生意志，培养其公平竞争和团队合作精神。美育与劳动教育相结合有助于培养学生创造美的能力，让学生懂得劳动最美丽、劳动者最可爱、劳动成果最珍贵。

三、劳动教育对生活世界的引导作用

恩格斯说："只是由于劳动，由于和日新月异的动作相适应，由于这样所引起的肌肉、韧带以及在更长时间内引起的骨骼的特别发展遗传下来，而且由于这些遗传下来的灵巧性以愈来愈新的方式运用于新的愈来愈复杂的动作，人的手才达到这样高度的完善，在这个基础上它才能仿佛凭着魔力似地产生了拉斐尔的绘画、托尔瓦德森的雕刻以及帕格尼尼的音乐。"[1] 从这段描述中可以清楚地看出，恩格斯非常强调劳动与人的能力发展的内在一致性，劳动发展的程度越高，人的发展就越全面。劳动带给人生活世界质的改变。只有通过劳动教育才能培养出满足社会进步要求的人

---

[1] 马克思，恩格斯. 马克思恩格斯全集：第 20 卷 [M]. 北京：人民出版社，1971：511.

才，通过劳动教育可以促进人类积极劳动，树立正确的劳动价值观。马克思提出："教育与生产劳动相结合不仅是提高社会生产的一种方法，更是造就全面发展的人的唯一方法。"① 劳动教育对于生活世界的引导作用主要表现为以下几个方面。

（一）劳动教育有利于建构起对生活世界的理解和判断

劳动创造了人，创造了社会。劳动是社会存在的基础，劳动的发展是社会发展的基础。劳动是生活的第一需要。生活世界不仅仅包括作为经验实在的客观生活世界，还包括作为纯粹先验现象的主观生活世界。俄国教育家乌申斯基指出劳动是促进人全面发展的源泉，劳动的作用不仅仅体现在人类的物质生活方面，还体现在人的精神生活方面。学校应该教育学生尊重劳动、热爱劳动，养成劳动的习惯，要让学生的脑力劳动与体力活动相互结合。劳动教育尤其要侧重培养劳动观念。劳动观念是指人们对劳动的根本看法和根本态度，包括人们对劳动的价值、目的等方面的认识以及对待劳动的态度，是世界观、价值观和人生观的重要组成部分。

习近平总书记多次强调"劳动最光荣、劳动最崇高、劳动最伟大、劳动最美丽"，这是对新时代劳动价值观的明确定位。落实这一定位，需结合唯物史观教育，引导青少年充分认识"人民创造历史，劳动开创未来。劳动是推动人类社会进步的根本力量"的真理性意义；深刻理解按劳分配是实现社会正义的基本原则，"全社会都要以辛勤劳动为荣、以好逸恶劳为耻"，鄙视"不劳而获""少劳多获"的投机思想；正确认识新时代劳动的复杂性与多样性，由衷认同"劳动没有高低贵贱之分，任何一份职业都很光荣"和"一切劳动，无论是体力劳动还是脑力劳动，都值得尊重和鼓励"的道理，切实改变轻视体力劳动和体力劳动者的错误心态；深入理解为什么"尊重劳动"为"四个尊重"之首，不能离开"尊重劳动"去谈时代精神。

---

① 转引自李小苹. 当前我国高校劳动教育问题研究［D］. 长春：东北师范大学，2010：3.

首先，我们辉煌的历史是劳动创造的，我们今天的成就也是劳动创造的，我们未来的美好生活依然要依靠劳动实现。对于个人而言，每个人生命里的一切成就与个人价值都需要通过劳动铸就，因此劳动是获得我们想要的一切的途径。

其次，我们要平等地对待一切劳动，不能片面地看待劳动。我们要牢记无论是以体力支出为主的劳动，还是以脑力支出为主的劳动，只要是有益于人民和社会的劳动都是平等的、光荣的，不应该抱有轻视体力劳动的观念。此外，我们要树立起尊重劳动的意识，包括尊重劳动人民以及珍惜和爱护劳动成果，要做到尊重劳动、尊重知识、尊重人才、尊重创造。

总体而言，以劳动为出发点，通过劳动教育，在对劳动的认识基础上启发学生对世界、价值、人生的思考，有利于加深学生对生活世界的理解，有利于学生形成正确的世界观、人生观和价值观。

（二）劳动教育有利于指导未来职业发展

思想是行动的先导。学生的世界观、人生观、价值观对他们的就业、择业有着重要影响。正确的世界观、人生观、价值观的形成离不开正确的劳动观念的形成和加强。因此，加强劳动教育，树立正确的劳动观念，能够帮助学生寻找世界存在的基础，找到衡量价值的标尺，明确实现自身人生理想与目标的途径，树立正确的职业理想，找准职业倾向，正确进行自我评估。

多元的劳动实践是学生确立就业目标的重要途径。劳动教育能够让学生在实践当中学习和积累社会知识，从而获得劳动技能、职业体验、社会经验，是学生实现自我认知的最好方法之一。只有在劳动实践中，学生才能正确认识自我，对自己的职业发展做出先期的判断，从而形成有效的就业认知，为自己的职业生涯做出良好规划。因此，在校期间应开展劳动教育，引导学生深入社会进行广泛的劳动实践，在实践中进行自我认知，结合自身专业和实践的基础进行职业规划，较早地确定就业目标，从而尽早进行职业准备。

（三）劳动教育有利于完善就业素质

当前大学毕业生的综合就业素质与用人单位的实际需求存在着一定的差距，毕业生的综合就业素质成为影响其能否顺利就业的重要因素。

大学生就业的本质是参与不同劳动分工，劳动教育能够促进大学生就业素质的提升。劳动教育对提升德智体美等各项教育的效果可以起到有力的支撑作用。一是劳动教育对德育具有直接促进的作用。晁乐红认为，大学生的德育要从劳动抓起，热爱劳动是形成其他优秀道德品质的基础和前提。① 楼锡锦则认为，加强劳动教育能够促进学生进行劳动实践，而这样的过程可以培养学生吃苦耐劳的精神，还有助于增强学生的创新能力。② 二是在智育方面，有部分学者认为，劳动教育可以提高学生参与劳动的积极性，使其在劳动过程当中认真学习相关技能知识，这是在课堂之外对智育的有益补充。三是在体育方面，劳动教育可以指导学生科学锻炼身体，增强体质和体力，为自我的各项发展提供坚实的基础。四是在美育方面，劳动教育能够引导学生形成对劳动的正确认识，使学生认识到劳动给人类提供物质和精神食粮，亦能够改变自然环境、美化生活空间等，因而劳动是美的，从而形成对劳动美的感受，形成对周围世界、他人劳动成果美的欣赏，达到美育的作用。③

鼓励学生积极参与劳动实践是我们进行劳动教育的目标，参与劳动实践也是开展劳动教育的必要环节，参与劳动实践对于就业能力的培养具有直接促进作用。正确认识劳动，就能够自发地热爱劳动，积极地参与各种形式的劳动。在这样的实践中，学生的自学能力、适应能力以及各种劳动技能都能够得到锻炼。各种职业能力的强化就能够弥补当前大学生就业素质当中存在的某些"短板"，完善整个素质结构，为促进就业奠定良好的

---

① 晁乐红. 劳动教育在当代高校德育中的重要地位 [J]. 黑龙江高教研究, 2003 (3)：149-151.
② 楼锡锦. 试论新时期大学生劳动教育的意义、内容及实施途径 [J]. 高等农业教育, 2000 (1)：57-59.
③ 于能泳. 劳动教育在人才培养中的现实意义 [J]. 新职教, 1999 (5)：12.

基础。同时，就业能力的提高能够帮助学生形成参与劳动的积极情绪。在积极情绪的影响下，学生也能够进一步调动劳动积极性，进行创造性和创新性劳动。

（四）劳动教育有利于提升职业道德水平

职业道德是指从事一定职业的人在职业生活中应当遵循的具有职业特征的道德要求和行为准则，涵盖了从业人员与服务对象、职业与职工、某个职业与其他职业之间的关系。当前，在社会主义市场经济条件下，我们要大力倡导以爱岗敬业、诚实守信、办事公道、服务群众、奉献社会为主要内容的职业道德。良好的职业道德是每一个员工都必须具备的基本品质。

劳动教育就是以学生为主体参加劳动实践，掌握生产技术，培养社会主义、共产主义劳动态度的教育活动。正确的劳动教育能让受教育者树立正确的劳动意识，在工作中始终约束和教育自己，通过劳动创造美好的生活。劳动教育能使学生具备科学的劳动观和优秀的道德品格，传承中华民族吃苦耐劳、团结协作和勇于奉献等传统美德，拥有良好的劳动能力，自觉加强自己的专业技能，树立专业自信。

习近平总书记在知识分子、劳动模范、青年代表座谈会上的讲话中指出："劳动模范身上体现的'爱岗敬业、争创一流，艰苦奋斗、勇于创新，淡泊名利、甘于奉献'的劳模精神，是伟大时代精神的生动体现。"劳动教育可以使学生以劳模为榜样，认真学习、领会和传承劳模精神，培养自身优良品质，能够在劳动中践行和贯彻劳模精神，使这种精神成为自身的一部分，坚决抵制半途而废、逃避责任、投机取巧、追名逐利等不良思想，树立正确的社会主义荣辱观和社会主义核心价值观。

第三节 劳动教育完善人格

2018 年 9 月 10 日召开的全国教育大会将劳动教育纳入培养社会主义建设者和接班人的培养活动之中，提出了德智体美劳"五育并举"的总体要求，丰富发展了党的教育方针，为构建全面培养的教育体系，形成更高水平的人才培养体系提出了新任务、新课题。认真贯彻新时代党的教育方针，要客观认识我国全面培养的教育体系的发展历程，深刻领会新时代劳动教育的重要内容和"五育并举"的时代价值，精准把握新时代背景下劳动教育与德育、智育、体育、美育的关系。

一、党的教育方针关于劳动教育的规定

新中国成立前夕，《中国人民政治协商会议共同纲领》将"爱劳动"列为国民五项公德之一。1950 年时任教育部副部长钱俊瑞在《当前教育建设的方针》中明确指出，"为工农服务，为生产建设服务，这就是当前实行新民主主义教育的中心方针"①。1955 年 4 月 12 日中共中央转发教育部党组《关于初中和高小毕业生从事生产劳动的宣传教育工作报告》，生产技术教育开始成为劳动教育的重要内容，并与德育、智育、体育、美育一起写进了《教育部颁发关于小学课外活动的规定的通知》中。

1959 年我国开始进入全面建设社会主义时期，教育事业发展得极为迅速。1957 年毛泽东同志在《关于正确处理人民内部矛盾的问题》中明确提出："我们的教育方针，应该使受教育者在德育、智育、体育几方面都得到发展，成为有社会主义觉悟的有文化的劳动者。"② 1957—1966 年我国的劳动教育在理念层面上表现出"把劳动教育视为阶级斗争的工具""把

① 何东昌. 中华人民共和国重要教育文献：1949~1975 [M]. 海口：海南出版社，1998：17.
② 同①725.

劳动教育作为解决教育经费问题的手段""把劳动教育看作解决理论脱离实际问题的根本途径"① 的特点。"文化大革命"期间，劳动教育的政治意义被过度拔高，甚至把学习与劳动对立起来，把脑力劳动与体力劳动对立起来，把知识分子与工农群众对立起来，使劳动教育不能按照正常的规律进行。

党的十一届三中全会以后，1981 年 6 月党的十一届六中全会通过了《关于建国以来党的若干历史问题的决议》，明确提出要"坚持德智体全面发展、又红又专、知识分子与工人农民相结合、脑力劳动与体力劳动相结合的教育方针"②。1986 年 10 月，时任国家教委副主任彭珮云在中学德育大纲研讨会上更明确地提出"把德育作为德、智、体、美、劳五育全面发展的一个有机组成部分，使五育互相配合，互相渗透"③，正式提出了五育全面发展的说法。但在 20 世纪 90 年代后，中央倾向于将劳动教育视为包含在广义的德育、智育和体育之内的要素，否定了独立提出其的必要性，1995 年颁布的《中华人民共和国教育法》正式确定"培养德、智、体等方面全面发展的社会主义的建设者和接班人"的说法。

进入 21 世纪，我国进入了全面建设小康社会、加快推进社会主义现代化的新的发展阶段，党的教育方针也做了相应的调整。2001 年国务院发布的《关于基础教育改革与发展的决定》将"坚持教育必须为社会主义现代化建设服务，为人民服务，必须与生产劳动和社会实践相结合，培养德智体美等全面发展的社会主义事业建设者和接班人"④ 作为 21 世纪基础教育改革与发展的基本方针。同时，这一表述也成为全面建设小康社会时期我国教育方针的新表述，正式写入党的十六大报告和经修订发布的《中华人民共和国教育法》中。

党的十八大以来，习近平总书记将"坚持社会公平正义，排除阻碍劳

---

① 李珂，曲霞．1949 年以来劳动教育在党的教育方针中的历史演变与省思［J］．教育学报，2018（5）：63-72．
② 何东昌．中华人民共和国重要教育文献：1998~2002［M］．海口：海南出版社，2003：1952．
③ 何东昌．中华人民共和国重要教育文献：1976~1990［M］．海口：海南出版社，1998：2519．
④ 同②887．

动者参与发展、分享发展成果的障碍，努力让劳动者实现体面劳动、全面发展"① 作为施政目标之一，对广大青少年培养深厚的劳动情怀抱有殷切期待，强调"要通过各种措施和方式，教育引导广大青少年牢固树立热爱劳动的思想、牢固养成热爱劳动的习惯，为祖国发展培养一代又一代勤于劳动、善于劳动的高素质劳动者"②。这些重要论述从劳动创造的功能角度强调了对青少年从小进行劳动教育的必要性。2015 年 7 月，教育部联合共青团中央、全国少工委印发了《关于加强中小学劳动教育的意见》，旨在通过劳动教育，提高广大中小学生的劳动素养，促进他们形成良好的劳动习惯和积极的劳动态度，树立正确的劳动价值观，培养他们勤奋学习、自觉劳动、勇于创造的精神，为他们终身发展和人生幸福奠定基础。2018 年 9 月 10 日习近平总书记在全国教育大会上指出："要努力构建德智体美劳全面培养的教育体系，形成更高水平的人才培养体系"，将劳动教育与德育、智育、体育、美育并举，再次彰显了劳动教育的时代价值，为新时代劳动教育充分发挥塑造健全人格、磨练顽强意志、锤炼高尚品格的重要作用，引导广大青少年投身实践、认识国情、了解社会、增长才干、掌握技能，进而形成尊重劳动、热爱劳动的真挚情感提供了重要指引。

新中国成立以来，从新民主主义向社会主义过渡时期、社会主义建设探索时期、改革开放以后、全面建设小康社会时期与中国特色社会主义新时代五个时期劳动教育的理念导向与实践形态不尽相同，但均表现出明显的外生性特点——以重要领导人讲话为推动力，以适应社会发展需要为取向，缺少内在生命力，致使劳动教育缺乏良性运行的长效机制。认真总结新中国成立以来我国劳动教育的经验和教训，对新时代加强劳动教育具有十分重要的意义。

---

① 习近平. 在同全国劳动模范代表座谈时的讲话［N］. 人民日报，2013-04-29（2）.
② 习近平. 在乌鲁木齐接见劳动模范和先进工作者、先进人物代表的讲话［N］. 人民日报，2014-05-01（1）.

二、劳动教育的价值导向

我党一直坚持劳动教育。新中国成立以来，我国的劳动教育既积累了丰富的经验，也出现过偏颇与失误。新时代全面加强劳动教育，不是向新中国成立初期劳动教育的简单"回归"，更不是要回到过去放弃课堂去学工、学农的模式，而是要从新时代劳动者在思想、心理、伦理、知识技能等方面应具有的品质入手，系统设计劳动教育内容，促进青少年人格完善。

（一）树立"四最"劳动价值观

"劳动最光荣、劳动最崇高、劳动最伟大、劳动最美丽"是习近平总书记对新时代劳动价值观的明确定位。这一定位是对马克思劳动创造世界、劳动创造历史、劳动创造人的劳动价值观的继承与发扬，也是对新形势下出现的种种拜金主义、享乐主义、投机主义思潮的纠正。要根据青少年发展的阶段性特点，循序渐进地教育引导青少年理解、体验劳动的永恒价值与时代新意，逐步树立"四最"劳动价值观，这是新时代全面加强劳动教育的第一要义。

（二）培育热爱劳动的情感态度

热爱劳动是立业为人的根本，更是实干兴邦的基石。培育热爱劳动的情感态度，一是要科学构建劳动实践体验课程体系，引导青少年在家务劳动中体验他人的关怀、在集体劳动和公益服务中体验造福他人的快乐、在生产劳动和专业实践中体验创造的愉悦，从而不断深化劳动情感体验。二是要加强辛勤劳动意识与态度的培养。一方面要注重培养青少年勤奋学习的态度，教育他们认识到学习是当下最主要的劳动，认真学习、刻苦学习，不仅是增进知识的过程，更是磨练意志、锤炼品行、提高自己的辛勤劳动过程；另一方面，要适当增加青少年从事体力劳动的机会，将青少年参加劳动锻炼的要求制度化，保持经常性和连续性，并作为青少年评奖评优的重要条件。三是要培养热爱劳动者的真挚情感。要教育引导青少年深刻认识到正是身边一个个普通劳动者用辛勤的汗水为他们建造了幸福成长的花园，尊重劳动者、珍惜普通劳动者的劳动成果是一个人的基本修养。

（三）培养诚实劳动的优良品德

诚实劳动是社会主义阶段提倡的基本劳动道德。培养诚实劳动品德的根本，是加强"诚信"这一社会主义核心价值观教育。首先，要发挥课堂主渠道的作用，将诚实守信、言行一致作为思想品德教育的重要内容。其次，要拓展诚实劳动教育实践平台，充分利用劳动教育实践基地、综合实践基地和其他社会资源，结合研学旅行、团日队日活动等方式，深化大中小学生对各行各业诚实劳动现状的感知、体验与反思。再次，加强诚信校园文化建设，打造诚信文化长廊，树立校园诚信榜样。最后，建立校园信用管理机制，将日常学习、家务劳动、校园劳动、公益服务、社会实践等方面的诚信状况列为大中小学生操行评定、评奖评优的重要内容。

（四）打下创造性劳动的良好基础

2016 年 4 月 26 日，习近平总书记主持召开知识分子、劳动模范、青年代表座谈会，并发表重要讲话。他指出："素质是立身之基，技能是立业之本。广大劳动群众要勤于学习，学文化、学科学、学技能、学各方面知识，不断提高综合素质，练就过硬本领。"新时代不仅需要辛勤劳动、诚实劳动，更需要创造性劳动。培养创造性劳动能力，一是要在中小学普通科学文化知识教育或大学专业理论教育中加强劳动教育，明确这些基本知识、基础理论在推进科技进步方面的重大作用。二是要着力加强现代化生产劳动技能训练。基础教育阶段要开足开好国家规定的综合实践活动课程、通用技术课程等，鼓励各地各校结合实际开设家政、烹饪、手工、园艺、非物质文化遗产等相关课程。大学阶段，应进一步加强毕业实习、专业实习、生产实习、服务学习等环节的劳动技能训练。三是要大力开展与劳动有关的兴趣小组、社团、俱乐部活动，加强创造性思维能力与动手操作能力的培养。

（五）养成勤于劳动的良好行为模式

勤于劳动是热爱劳动的情感、态度与习惯化为稳定的行为模式的表现。培养良好的劳动习惯，一是要培养自我服务的劳动习惯，培养青少年"自己的事情自己干""家里的事情主动干"的习惯。二是要培养良好的集体劳动习惯。要经常性组织校园劳动日、校园劳动周、班级大扫除等活动，培养青少年"他人的事帮着做""集体的事热心做"的良好习惯。三是要培养积极参加公益劳动的习惯。定期组织社区服务、援助劳动、公益远足等志愿性活动，通过填写公益劳动卡、评选"公益之星"等方式，培养青少年"公益的事争着做"的良好习惯。

三、劳动教育促进人的全面发展

劳动是培养人、塑造人的关键途径。劳动与教育密不可分，劳动教育与德育、智育、体育、美育相互交织、有机联系，是贯穿于一切教育形式的独特教育内容和形式。劳动教育是构建全面培养的教育体系不可或缺的一环，德智体美劳五育既有密切联系又有各自不同的功能。具体来看，在内容上，劳动教育是与德智体美四育并列的概念，有自身独特的教育任务和使命——涵养崇尚劳动、热爱劳动、珍惜劳动成果的情感，培养正确的劳动态度、劳动习惯，练就精湛的劳动技能，引导学生树立正确的劳动价值观等，可以概括为"关于劳动"的教育。在形式上，劳动教育自身可以作为一门独立的专业课程，通过劳动概论课让学生更加科学系统地理解劳动；通过设置劳动教育学分，鼓励学生参加内容丰富的劳动实践，在实践中深化对劳动的认知；也可通过在思想政治课、专业课、实习实训、志愿服务等与德智体美有关的育人环节中融入劳动教育的因素，使几者有机结合，从而落实上述劳动教育的内容，这些可以概括为"通过劳动"的教育。

　　然而，由于一个时期以来，"关于劳动"的教育被认为可以包含在广义的德育与智育的范围内，劳动教育一直没有取得与德智体美四育并举的地位。"通过劳动"的教育仅被视为完成四育任务的载体，难以做到和四育地位平等。因此，要落实习近平总书记提出的"构建德智体美劳全面培养的教育体系"的总要求，首先要着力解决劳动教育在整个教育体系中的性质和地位问题。

　　2018年9月10日，习近平总书记在全国教育大会上明确指出，"要努力构建德智体美劳全面培养的教育体系"，历史性地把劳动教育从传统意义上促进青少年全面发展的有效途径提升为重要的教育内容，更加科学精准地概括了国民教育的人才培养目标。对于作为全面培养的教育体系重要组成部分的劳动教育，我们既要看到其作为形式所具有的树德、增智、健体、育美的综合育人价值，更要看到其作为内容在国民素质养成中所具有的德智体美四育不可替代的独特价值。作为合格的社会主义建设者和接班人，每个人都应工作，都要劳动，具备基本的劳动知识能力以及正确的劳动价值观和态度是最基本、最重要的素质。2015年，中共中央、国务院印发了《关于构建和谐劳动关系的意见》，要求各级党委和政府"从夺取中国特色社会主义新胜利的全局和战略高度，深刻认识构建和谐劳动关系的重大意义，切实增强责任感和使命感，把构建和谐劳动关系作为一项紧迫任务，摆在更加突出的位置，采取有力措施抓实抓好"。从长远看，构建和谐劳动关系，不仅需要各级党委和政府制定规范、健全机制，更需要学校教育为学生提供相对系统而完整的劳动教育，使学生将来不仅能带着胜任工作的基本劳动知识与技能，而且能带着正确的劳动价值观、劳动伦理观和劳动权益意识步入职场。如果通过接受系统科学的劳动教育，学生在未来工作中，无论是作为资方还是劳方，都能在合法维护自己权益的同时积极承担劳动伦理责任，都能从社会分工的角度正确认识资方与劳方的角色和相互依存关系，那么劳动关系领域的冲突与矛盾必然会极大减少，从而为和谐劳动关系与社会主义和谐社会的构建奠定坚实的基础。因此，劳动教育理应成为国民教育体系中与德智体美四育并举的专门部分。

从劳动教育与其他教育的联系来看，劳动教育汲取德育、智育、体育、美育之精华，实际效果不断提升。劳动可以树德、增智、强体、育美。劳动教育通过对学生进行热爱劳动和劳动人民、珍惜劳动成果等劳动品德的教育，促进学生道德发展；通过对学生进行劳动技能的培育，让其发掘自身专业潜力，从而促进学生智力发展；通过在劳动实践中的磨练，促进学生身体素质的提高；通过让学生在劳动过程、劳动工具、劳动场域、劳动产品中感悟劳动美，引导学生树立正确的审美观。比如，针对当前小学生动手能力差、盲目攀比问题，可以尝试在小学开设小学生力所能及的手工课——针线活，通过让学生动手缝补，从小培养学生勤俭节约的美德，掌握使用针线的技能，磨炼毅力，在穿针引线中感悟劳动之美、节俭之美。从反面例子来看，当前大学毕业生中出现的"频繁跳槽""随意毁约""盲目追求高薪"等不良倾向，与其缺少吃苦耐劳的劳动品德、专业劳动能力欠缺、身体素质不强、劳动审美缺失有着重要关系。各级各类教育主体不仅要认识到全面培养的教育体系中劳动教育的短板问题，更要在解决问题上下功夫，要深入思考怎样在劳动教育的过程中锤炼学生的品格，砥砺青春。要结合实际制定切实可行的劳动教育实施规划，建立科学的评价监督机制，充分凸显劳动教育的价值，展现劳动教育的特有闪光点，彰显劳动教育对四育的促进作用。

同时德育、智育、体育、美育对促进劳动教育也起着至关重要的作用，涵养正确的劳动价值观、提升劳动技能、锻炼劳动能力、培养劳动者对美的认知都需要充分发挥德育、智育、体育和美育的功能。以大学阶段为例，大学育人的主要环节包括思想政治教育、专业教育、实习实训、创新创业教育、就业指导、社会实践、志愿服务等，它们是实现全员、全方位、全过程立德树人根本任务的重要抓手，也是德智体美四育在大学教育中的具体表现形式。它们本身都含有劳动教育的因素，虽然其关注点主要是对知识的学习、专业技能的掌握以及良好道德的培养，但都蕴含了劳动教育的重要意蕴，对劳动素养的提升和发挥劳动教育综合育人的功能起了极大的推动作用。例如，可以创新高校思政课讲课方式，聘请劳动模范担任授课老师，讲述奋斗故事，分享先进事迹，鼓励广大学生刻苦学习，将个人理想与国家发展相结合，为实现中华民族伟大复兴的中国梦而努力奋斗，这体现了德育中对劳动品德的培育；在文史类的专业课上，教师可以在讲授赞美劳动的诗歌、散文等文学作品时，把劳动教育渗透其中，让学生感受到劳动的魅力，体现智育对劳动情感的启迪；在体育课上，学生可以在体育运动中锻炼身体和毅力，也可以在体育比赛中学会怎样体面地"输"，为未来参加生产劳动练就强健的体格和恒久的耐力，这体现体育对劳动能力的重要支撑；在与美育相关的课程中，教师可以让学生通过艺术作品去发现身边人的劳动美，从而唤起对劳动的关注、对劳动的认同，体现美育对劳动美的熏陶和对劳动的崇尚。这些也都为劳动教育注入了源源不断的生命力，使全面培养的教育体系为社会提供的人才更富活力。

需要注意的是，五育在相互联系发生作用的同时，也各有侧重。德育侧重于对受教育者基本的世界观、人生观、价值观的培养，解决"怎么看世界"的问题；智育侧重于启发受教育者进行改造世界方法论的研究，解决"改造世界的能力"的问题；体育侧重于身体发育和发展，解决"以怎样的身体状态看世界、改造世界"的问题；美育注重对"看世界、改造世界"过程中心灵的塑造，解决"怎样内心愉悦美好地看世界、改造世界"的问题；而劳动教育侧重于用系统的科学知识与技能教育为学生的劳动态度、劳动习惯、劳动品德和劳动价值观培养奠定坚实的基础，解决"以怎样的态度和方式看世界、改造世界"的问题。它们共同构成了全面培养的教育体系。

教育培养的人应该是德智体美劳全面发展的人。习近平总书记在全国教育大会上指出，"要在学生中弘扬劳动精神，教育引导学生崇尚劳动、尊重劳动，懂得劳动最光荣、劳动最崇高、劳动最伟大、劳动最美丽的道理，长大后能够辛勤劳动、诚实劳动、创造性劳动"。只有将劳动教育与德智体美四育并举，充分发挥五育之间相互支撑的作用，才能够更好地倡导、弘扬劳动最光荣、劳动最崇高、劳动最伟大、劳动最美丽的价值观念。为全面贯彻党的教育方针，落实全国教育大会精神，中共中央、国务院 2020 年 3 月出台了《关于全面加强新时代大中小学劳动教育的意见》，把劳动教育纳入人才培养全过程，贯通大中小学各学段，贯穿家庭、学校、社会各方面，与德育、智育、体育、美育相融合，积极探索中国特色的劳动教育新模式，切实让学生树立正确的劳动价值观，坚定理想信念，练就过硬本领，崇尚劳动价值、追求劳动创造、尊重劳动主体，以辛勤劳动为荣、以好逸恶劳为耻，不断成长为有理想信念、有过硬本领、有责任担当的社会主义建设者和接班人，进一步营造劳动光荣的社会风尚和精益求精的敬业风气。

第三章

劳动教育历史发展

　　劳动教育是人类教育的重要组成部分，它随着教育的产生而产生，随着人类教育的发展而发展，在培养全面发展的人，进而推动人类社会进步的过程中发挥了不可替代的作用。马克思在《资本论》中指出，教育与生产劳动相结合"是提高社会生产的一种方法"和"造就全面发展的人的唯一方法"①。纵观劳动教育的发展历程，可以大致分为三个阶段，即古代劳动教育、近代劳动教育和现代劳动教育。每个阶段的劳动教育都是与当时人类社会的经济、政治、文化和科技发展紧密联系的，每个阶段的劳动教育都有自己的内涵与特点。

---

① 　马克思，恩格斯. 马克思恩格斯全集：第 23 卷 ［M］. 北京：人民出版社，1972：530.

第一节　古代劳动教育

一、劳动教育的概念与劳动教育的产生

（一）劳动教育的概念

劳动教育是一个复杂而多义的概念，对于它的界定，仁者见仁、智者见智。

《中国大百科全书（教育）》收录了四个与劳动教育相关的词条："劳动技术教育"、"综合技术教育"、"基本生产技术教育"和"劳动教育"。其中，劳动技术教育是"培养学生的劳动观点，形成劳动习惯，并使学生初步掌握一定劳动技术知识和技能的教育"①。综合技术教育是"同单一技术教育、专业技术教育或职业技术教育相对，一种使青少年认识并掌握现代生产的一般基本知识和技能的教育"②。基本生产技术教育则同综合技术教育的含义相近。总之，劳动教育是"使学生树立正确的劳动观点和劳动态度，热爱劳动和劳动人民，养成劳动习惯的教育，是德育的内容之一"③。

《中国百科大辞典》指出："劳动技术教育是全面发展教育的重要组成部分之一，由劳动教育和技术教育两方面组成，劳动教育是以劳动实践为主，结合进行思想教育。"④

《教育大百科全书》第四卷中有"生产劳动教育"这一概念，指出：

---

① 中国大百科全书总编辑委员会《教育》编辑委员会，中国大百科全书出版社编辑部. 中国大百科全书：教育［M］. 北京：中国大百科全书出版社，1985：217.
② 同①572
③ 同①218.
④ 中国百科大辞典编委会. 中国百科大辞典［M］. 北京：华夏出版社，1990：460.

"生产劳动教育（EWP）是一种学习方法，它一方面包括了知识增长和技能发展之间有组织的互动，另一方面则包括了生产劳动。"① 该书强调，在通识教育环境下，生产劳动教育常常指的是把生产劳动的要素纳入学生的活动项目。通常人们认为这种生产劳动关注的是对学校或周围环境有用的商品的实际生产或服务。但这种生产并不一定具有经济价值，这种生产活动可以在学校里进行，也可以在校外的农场或工厂里进行。

可见，持有不同立场、不同视角的学者，对劳动教育的认识和理解是不同的。但教育学界对于劳动教育也有共同的和基本的认识：第一，劳动教育在青少年教育阶段主要是一种教育活动，是一种培养人的活动，社会性、育人性是其主要性质；第二，劳动教育又具有生产性、经济性，它在一定范围内能够创造价值、生产产品；第三，劳动教育还具有闲暇性，具有强健体魄、焕发心智的作用；第四，从古至今，劳动教育表现出多种多样的形态，涵盖多种多样的活动，可以分为若干类型。

这是我们对劳动教育的内涵与形式的基本理解，也是我们论述劳动教育发展过程的基本视角。

（二）教育的起源与劳动教育的产生

关于教育的起源，有多种观点。劳动起源论者认为，教育起源于生产劳动，起源于劳动过程中社会生产需要和人的发展需要的辩证统一，其代表人物主要有苏联的麦丁斯基、凯洛夫等教育学家。凯洛夫指出"教育工作主要是在游戏和劳动过程中实现的"②，明确提出教育起源于劳动。麦丁斯基在其著作《世界教育史》中提出：只有从马克思的"劳动创造了人本身"这个论断出发，才能了解教育的起源——教育起源于人类特有的生产劳动。③ 马克思和恩格斯在批判资产阶级教育思想的同时，力图以历史唯

---

① 胡森，波斯尔斯韦特. 教育大百科全书：第四卷［M］. 重庆：西南师范大学出版社，2006：775.
② 凯洛夫，刚查洛夫，叶希波夫，等. 教育学［M］. 北京：人民教育出版社，1957：3.
③ 米丁斯基. 世界教育史［M］. 北京：生活·读书·新知三联书店，1950：5.

物主义的观点来阐明教育的起源。他们认为，教育从人类生产生活资料和生产资料的时候就开始了，同时认为教育是人类所特有的一种有意识、有目的的社会活动。

从这个意义上讲，教育起源于生产劳动，教育从一开始就与生产劳动融为一体。原始社会的教育就是生产劳动教育，主要是"生产"与"劳动"，教育是附带的，是为了维持生计、为了维持部落生存而进行的"劳动教育"，其与后来乃至当今我们所讨论的"劳动教育"有很大区别。

（三）学校的起源与劳动教育思想的古代萌芽

在原始社会末期，生产力得到了很大的发展，产生了剩余产品。剩余产品的出现为社会的分工提供了条件，社会分工又进一步促进了生产力的发展。逐渐地，社会分工从单纯的生产劳动领域扩大到了整个社会，出现了脑体分工，这使得一部分人从直接的生产劳动中脱离出来，专门从事社会管理和文化活动，作为文化重要组成部分的教育也逐渐演变为一种专门和固定的活动。在脑体分工的基础上，出现了阶级和国家，占统治地位的奴隶主阶级，借助于国家机器对被统治的奴隶阶级进行管理，巩固自身经济基础和社会秩序，维护本阶级的利益。而要做到这一切，统治阶级需要有自己的各种国家机关和力量，如政府、军队、监狱等，也就是社会的上层建筑，这其中还包括论证这种机关和力量的合理性的意识形态，这就需要大量的官员、军人和僧侣等。这些专业人员都须经过专门的培养和训练，这就产生了设立专门学校的需要。

学校的出现除了上述的社会经济和政治原因外，还有着文化发展方面的原因。这主要表现在两个方面。第一，到了奴隶制社会，人类已经积累了大量的生产劳动经验和社会生活经验，且其中不少已经在漫长的岁月中被系统化、抽象化，形成了分门类的知识和学问，如天文、地理、水文、医学、数学、建筑等，对这些知识和学问的掌握已不可能通过日常实践活动中的非正规教育来进行，客观上要求有专门的学校教育来传授这些知识和学问。第二，伴随着人们生产劳动和社会生活经验的丰富，以及经验向知识的演变，在原始社会末期，已经产生了原始的文字。从以上的阐述中不难看出，学校教育是社会、经济、政治和文化发展的必然结果，而不仅仅是奴隶主阶级为维护自己政权的需要而设立的。

然而，在古代学校教育中，特别是在早期，劳动教育基本上是不存在的。这是因为，一方面人类才初步积累了一定的物质财富和精神财富，刚刚有一部分人脱离生产劳动，没有开展劳动教育的条件；另一方面，学校也没有开展劳动教育的需求，它的主要任务是记录、传承和传播已有的知识、经验。在古希腊、古罗马时期的学校，如柏拉图的阿加德米学园、亚里士多德的吕克昂学园、西塞罗的修辞学校等，人们没有发现专门的劳动教育。中国夏、商、周朝的成均、序、庠、校等学校中同样没有劳动教育。学校里的劳动教育是近代以后的产物。

二、古代劳动教育思想

在古代，东西方都有比较明确地提出劳动教育思想的学者。在中国，主要有墨子、颜元等；在西方，主要有本尼迪克、莫尔（Thomas More）等人。

（一）墨家学派的劳动教育思想

墨子所创立的墨家学派在战国诸子百家中被公认为是可与儒家匹敌的"显学"。该学派建立了庞大的以"农与工肆之人"为主体、具有严密的组织纪律、近乎宗教集团的私人教育学术团体，是战国时期最引人瞩目的教育组织。墨子认为，教育可以"兴利除害"，对国家发展具有积极的作用。

墨子非常重视生产劳动和技艺教育。作为一位技艺高超的"工匠"，墨子直接从事生产，还要求弟子勤于生产，积极参加农业生产劳动，学会并掌握一定的生产技能和技术。对手工和工艺教育，他强调："凡天下群百工，轮、车、鞼、匏、陶、冶、梓、匠，使各从事其所能。"[①] 墨家关于

---

① 孙诒让. 墨子间诂 [M]. 北京：中华书局，2001：163-164.

生产技术和技能教育的内容，主要包括农业生产技术、机械原理及其应用、建筑技术、军事防御守备等。因此，墨家比较注重对自然科学、生产技能、军事知识等的训练，推崇生产劳动教育。

墨家在长期的生产劳动教育中积累了丰富的经验，他们把理想与现实结合起来，把知识与实际结合起来，把学习与实践结合起来，寓教于"事"，可以说是中国古代劳动教育的发端。特别是在比较轻视生产劳动和体力劳动、歧视劳动教育、百家争鸣的春秋战国时期，墨子的劳动教育思想无疑显示出独特的个性和强大的生命力。

（二）本尼迪克的劳动教育思想

对中世纪初期文化教育的任何研究，都离不开对基督教修行制度的考察。在西欧，奠定修道院制度基础的重要人物是意大利努西亚的本尼迪克。521 年，本尼迪克在意大利的蒙特·卡西诺建立了一座小修道院。523 年，他制定了一个包括序言和 73 项条例的修道院规章，被后世称为"本尼迪克法规"。这一法规使得修道院的生活组织化、制度化，为大部分修道院所接受。本尼迪克法规规定了西欧修道院运行的基本规则和其中的生活方式，包括礼拜仪式、诵读和劳动，对西欧修道院制度的发展有极大的影响。

本尼迪克告诫人们"懒惰是灵魂的敌人"，劳动不仅是要修士们依靠自己的双手生活，更重要的是，它是一种修道的手段。本尼迪克法规规定，修士们要在祈祷的间隙劳动，劳动时间为：夏天在晨祷（将近 6 点）和午祷（将近 15 点）之后，而冬天则在第三次祈祷（将近 9 点）和午祷之后。劳动并不是早期西多派理解的繁重劳动，而是一些轻松的园圃劳动，最常见的劳动其实是书写工作。本尼迪克开创的修道院模式并不是东方修道院式的苦修，他认为，东方修士远离现实社会、进行自我体罚是偏执、不切实际的行为，修士应该采取积极的修道方式，即劳动。①

---

① 王亚平.修道院的变迁［M］.北京：东方出版社，1998：14.

当时不仅修道院的僧侣、修女、生徒要抄写，而且主教、住持也亲自抄写，编撰书籍。大主教伊西多尔曾耗费十年，广泛收罗典籍，编著了一部二十卷本的百科全书式的著作——《词源学》。该书除了介绍教会史、圣经等宗教内容外，还包括"七艺"以及医学、法学、年代学、语言学、自然地理、农业等方面的知识。虽然这部书内容还比较浅显，知识零碎，但它仍不失为中世纪较早的一部原始形态的百科全书，对中世纪文化的整理与保存、僧俗知识的传播与扩散无疑有一定的积极意义。

集体抄写也是常见的现象。"当你进入修道院的走廊，就会看到十来个僧侣端坐在椅上，伏案仔细抄写，手工编排哲罗姆的《预言书》、圣格利哥里的全部著作……进而坎特伯雷大主教等人的全部著述。"① 传抄典籍数量之多也是令人叹服的。梅特兰在《黑暗的年代》一书中摘录了中世纪某修女誊写书籍的清单，上面列有以下内容：五本弥撒书，两本祷告书，一本福音书和使徒书，《圣经》（两卷本），《圣经》（三卷本），《圣格利哥里的道德书》（六卷本，第一和第二卷已遗失），古代学者的布道说教，奥古斯丁的《忏悔录》，奥古斯丁论诗篇（三卷），圣哲罗姆的使徒书（至164节），等等。②

如果按照西欧修道院制度奠基人本尼迪克的意图，修道院应该"本质上成为一个小世界。在这里，修士们过着艰辛发奋但没有过多负担的生活，其中有崇拜、在店铺和田地里卖力的劳动以及严肃的阅读"③。显然，本尼迪克把劳动作为修道院生活的一部分，人人都要参加生产劳动，劳动教育也就渗透其中了。

（三）莫尔的劳动教育思想

莫尔主张劳动教育，这是他主张在乌托邦实行普遍义务劳动思想的逻

---

① 克伯雷. 外国教育史料［M］. 武汉：华中师范大学出版社，1991：88.
② 徐辉. 基督教在西方教育发展中的历史作用：兼论宗教与教育的关系［J］. 教育史研究，2002（2）：42-49.
③ 雪莱. 基督教会史（第二版）［M］. 北京：北京大学出版社，2004：134.

辑结论。由于人人必须参加生产劳动，所以人人必须接受劳动教育。他写道："乌托邦人不分男女都以务农为业。他们无不从小学农，部分是在学校接受理论，部分是到城市附近农庄上作实习旅行，有如文娱活动。他们在农庄上不只是旁观者，而是每当有体力劳动的机会，从事实际操作。"① 他又写道："每人除我所说的都要务农外，还得自己各学一项专门手艺。这一般是毛织、麻纺、圬工、冶炼或木作。"② 在手工业方面，一般是"父业子承"，但如果有人"对家传以外的其他行业感到对他有吸引力，他可以寄养到操他所喜欢的那种行业的人家"③。此外，如果有人愿意多学一种，也可以获得允许。学会两种手艺之后，个人可根据自己的意愿和国家的需要，选择其中一种。

莫尔的劳动教育思想有深刻的时代烙印。在当时英国资本主义工业生产的基本形式仍然是分散的手工工场，而农业生产也十分落后的情况下，他的劳动教育不仅在内容方面与大机器无缘，而且在形式上也保留着落后的东西，手工业学习的家长制可谓最明显的表现。

同时，我们也必须看到，莫尔的劳动教育闪烁着空想社会主义的光辉。第一，莫尔的劳动教育是建立在没有剥削、人人劳动的社会主义劳动制度基础上的，因而，劳动教育和德、智、体等各方面教育一样，是所有青少年必须接受的。这样，莫尔就把普遍的劳动与普遍的教育紧密结合起来，使体力劳动不再仅仅是广大劳动人民子女的义务，也使接受教育不再只是少数剥削阶级子弟的权利。第二，正是由于上述情况，莫尔的多方面教育培养出来的人与人文主义教育培养出来的人大不相同。后者培养出来的是身体健康、知识广博、积极乐观、勇于进取的新兴资产阶级事业家，而前者培养出来的人则是"性情温和，聪明伶俐，生活从容。每当必要，他们都耐心参加体力劳动，否则不一定喜欢这种劳动。

---

① 莫尔. 乌托邦 [M]. 北京：商务印书馆，1959：55-56.
② 同①56.
③ 同①56.

对于从事智力探讨，他们从不知疲倦"①。这种人实际上是具有高尚道德、科学知识和劳动技能的，既能从事体力劳动，又能从事脑力劳动的全面发展的人。在莫尔幻想的乌托邦中，时常出现脑力劳动与体力劳动交替的情形。他写道：有些人"可以豁免（劳动），以便认真进行各科学术的研究。但是如果任何做学问的人辜负了寄托在他们身上的期望，就被调回去做工。相反，往往有这样的事，一个工人业余钻研学问，孜孜不倦，成绩显著，因而他可以摆脱自己的手艺，被指定做学问"②。这种试图消灭体力劳动和脑力劳动的对立、培养全面发展的人的初步设想，是莫尔劳动教育思想中最宝贵的地方。

莫尔的劳动教育思想以及把教育与生产劳动结合起来的思想萌芽，一直影响着后来的空想社会主义者。欧文则将其付诸实验，力图证明它既是提高社会生产的方法，又是培养全面发展的人的方法。

（四）颜元的劳动教育思想

在中国古代，颜元是少有的重视生产劳动、重视农业知识与技术的学习、注重劳动在培养人才中的作用的学者。首先，颜元高度评价了生产劳动的价值，认为人人应该劳动。他说："上至天子，下至庶人，皆有所事，夙夜勤劳。"③ 人人还应该乐于劳动，"甘恶衣粗食，甘艰苦劳动"④。他在制定的"习斋教条"中明确要求学生必须学习谷粮、水利等，并参加生产劳动。他说："凡为吾徒者，当立志学礼、乐、射、御、书、数及兵、农、钱、谷、水、火、工、虞。予虽未能，愿共学焉。"⑤ 他认为劳动具有德育的价值，他说："人心动物也，习于事则有所寄而不妄动，故吾儒时习时

---

① 华东师范大学教育系，杭州大学教育系. 西方古代教育论著选［M］. 北京：人民教育出版社，1985：270.

② 莫尔. 乌托邦［M］. 北京：商务印书馆，1959：58-59.

③ 颜元. 颜元集［M］. 北京：中华书局，1987：124.

④ 同③750.

⑤ 同③743.

行，皆所以治心。"① 同时，劳动还能使人勤勉，克服懒惰、疲沓。劳动教育还有强身健体的功能。颜元说："吾用力农事，不遑食寝，邪妄之念，亦自不起。"② 劳动使人"筋骨竦，气脉舒"，长此以往就"魂魄强"。尽管颜元把生产劳动视为人的生存之道、养生的途径、保持身体健康的措施，甚至可以作为一门学问来学习研究，但是，他始终认为"小人"学农、"士"学"君相、百官"，反映了其落后、封建的教育思想的局限。

三、古代劳动教育的形态与特点

总体上讲，古代劳动教育从产生起就是面向人民大众的教育、面向贫民子女的教育，带有明显的体力劳动倾向。劳动教育存在于普通教育之中，甚至存在于一般的社会生活之中，没有独立形态的劳动教育，更没有比较正规的学校劳动教育。劳动教育的主要目的是生产更多的物质产品，满足人们生存、生活的需要。当然，也包含满足身体锻炼和健康的需要，或许还有少量的休闲娱乐的因素。

第二节　近代劳动教育

一、近代学校劳动教育

随着社会的发展进步，随着工业革命与机器大工业生产的到来，劳动教育有了新的表现形态，产生了正规学校实施的劳动教育以及劳动教育课程。

---

① 颜元.颜元集［M］.北京：中华书局，1987：646.
② 同①624.

（一）洛克的劳动学校计划与劳动教育思想

1696 年 5 月，洛克（John Locke）应邀参加英国政府的"贸易与殖民地委员会"并担任委员。1697 年，他为该委员会拟定了《贫穷儿童学校计划》，建议每个教区建立一所劳动学校，强迫领取救济金的贫困家庭把13—14 岁的儿童送到学校学习，同时，儿童一律参加劳动，通过劳动来抵销自己的生活开支；教区的手工匠人可以根据需要从劳动学校中选雇学徒；那些在 14 岁前没有被雇佣的儿童则通过订立契约，交给该区拥有大量土地的绅士、地主和农民，收为学徒，直到 23 岁为止。① 关于参加劳动和接受劳动教育的意义，洛克认为，"主要目的在使他利用一种有用的和健康的体力运用，去从别种比较正经的思想和工作中得到消遣而已"②。他又说："至于其它手工技艺，则是从劳动获得的，要通过劳动去加以练习，其中许多不但能从练习增进我们的技巧，而且也能够促进我们的健康。"③洛克提出的劳动学校计划当时虽然没有被广泛实施，但对英国 18 世纪后期的教育产生了重要影响。英国的"产业学校"可以说是洛克劳动学校思想的实践。这些与"济贫区学徒制度"相联系而建立的贫苦儿童教育机构，连同"慈善学校""工读学校""乞儿学校"等都以贫苦儿童为对象，实施劳动教育。这一方面可以在城市工人子女中普及初等教育，另一方面可以传授少年儿童一些生活和生产技能。显然，洛克为劳动人民的子女设计了一种与绅士教育截然不同的教育，即劳动教育，主张为贫苦儿童设立劳动学校，使他们自食其力，同时也为其以后的劳动生涯奠定基础。

（二）贝勒斯的劳动学院与劳动教育思想

贝勒斯（John Bellers）是英国早期劳动教育思想的倡导者，他在《关于创办一所有用的手工业和农业的劳动学院的建议》中提出，必须对儿童

---

① 任钟印，李文奎. 外国教育通史：第三卷 [M]. 济南：山东教育出版社，1990：63.

② 洛克. 教育漫话 [M]. 北京：人民教育出版社，1985：201.

③ 同②200.

进行劳动教育，劳动能致富，不劳动者不得食。他敏锐地意识到时代的需要，提出了创办工业学校的主张。在他看来，"工业学校应使富人有利可图，使穷人能过上一种丰衣足食的生活，使青年能受到良好的教育"①。他主张在工业学校中把教学与体力劳动结合起来，不与体力劳动相结合的教育略胜于不学。

（三）卢梭的劳动教育思想

卢梭（Jean-Jacques Rousseau）的劳动教育思想主要体现在《爱弥儿》一书中。他在该书第三卷论述了少年时期的教育。他认为，少年时期的孩子，身体强壮起来，理性开始发达，对事物有了初步辨别的能力，并通过感官获得了一些经验，因此可以进行智育和劳动教育。

卢梭赋予劳动教育十分重要的意义。他认为劳动教育使儿童的身体和双手得到锻炼，变得柔和与灵巧。假如一名儿童不会用双手劳动，那么其长大后只能是一个靠人养活的寄生虫。他说："劳动是社会的人不可或免的责任。任何一个公民，无论他是贫或是富，是强或是弱，只要他不干活，就是一个流氓。"② 可见劳动教育在发展儿童智力、体力，培养对劳动者的感情方面具有重要作用。

如何进行劳动教育呢？卢梭要求爱弥儿在 12 岁以前学习农业，12 岁至 15 岁学习手工业，并提出选择手工业的标准：实用而有趣，符合学习者的性别和年龄特征，能发展智力和有益于健康。③

卢梭高度评价劳动教育对儿童智力发展的作用，他说："毫无疑问，一个人亲自这样取得的对事物的观念，当然是比从他人学来的观念清楚得多的；而且，除了不使他自己的理智养成迷信权威的习惯之外，还能够使自己更善于发现事物的关系，融会自己的思想和创制仪器，不至于别人说

---

① 任钟印，李文奎. 外国教育通史：第三卷［M］. 济南：山东教育出版社，1990：12.

② 卢梭. 爱弥儿：论教育：上卷［M］. 北京：商务印书馆，1978：262.

③ 同②262-270.

什么就相信什么。"① 他又说："如果不叫孩子去啃书本，而是叫他在工场干活，则他的手就会帮助他的心灵得到发展：他将变成一个哲学家。"② "如果到现在为止，我已经使人们懂得了我的意思，那大家就可以想象得出我是怎样在使我的学生养成锻炼身体和手工劳动的习惯的同时，在不知不觉中还培养了他爱反复思考的性情，……他必须像农民那样劳动，像哲学家那样思想，……教育的最大的秘诀是：使身体锻炼和思想锻炼互相调济。"③

卢梭还重视劳动教育在儿童道德发展中的积极作用。他说："我们不仅仅要学习做工人，我们还要学习做人；……我主张每个星期至少到师傅家里去学一个或两个整天，……要在他的家里吃饭，要照他的吩咐去做；……我们要一下就学会几种职业，而且要在学做手工活的同时又不忽略其他的学习，就必须采取这样的办法。"④ 这样，他把劳动教育与道德教育联系在了一起。

可见，卢梭从培养"自然人"与"自由人"的目的出发，强调劳动和劳动教育。他把劳动教育视为培养"新人"不可缺少的途径，希望少年儿童通过参加生产劳动，一方面获得劳动的知识与技能，另一方面培养对劳动和劳动人民的情感。这些思想不仅在当时是积极进步的，在当今也具有启发意义。

(四) 亚当·斯密的劳动教育思想

亚当·斯密（Adam Smith）是英国工场手工业向机械大工业过渡时期的著名经济学家，他在 1776 年出版的《国民财富的性质和原因的研究》中论述了劳动和劳动教育对经济发展的意义。亚当·斯密明确提出了劳动决定价值的观点。这是他对价值理论的最大贡献，也是劳动价值论的基本

---

① 卢梭. 爱弥儿：论教育：上卷［M］. 北京：商务印书馆，1978：231.
② 同①232.
③ 同①274.
④ 同①272.

观点。他指出："劳动是衡量一切商品交换价值的真实尺度。"① 他建议，应该向儿童传授机械的原理、知识，而不是让他们花许多时间去学习拉丁文。他认为，取消普通人民的子女有时在学校学习的但于他全无用处的一知半解的拉丁文课程，而代之以几何学及机械学的初步知识，这一阶级人民的文化教育也许就会达到所可能达到的最完善的程度。因此，他重视劳动者的价值和素质，认为提高劳动者的文化水平对经济发展有积极作用。

（五）傅立叶的劳动教育思想

作为法国著名的空想社会主义思想家，傅立叶（Charles Fourier）提出了建立一个以"法郎吉"为组成单位的理想社会。"法郎吉"一词来源于希腊语，意为"队伍"，表明这是一个和谐制度下的严密组织，是工农业结合和城乡结合的新型组织。在这里，教育，特别是劳动教育和儿童教育得到了普遍重视。

傅立叶高度评价了劳动与教育在未来社会的意义。他说："新的社会制度，保证参加生产者中的不甚富裕的人以充分的幸福，使他们永远地、热烈地喜爱自己的劳动。"② 因此，劳动是有吸引力的，是幸福和快乐的事情。这样的劳动，使劳动者由从事痛苦的事变成了从事快乐的事。同时，他主张把劳动与学习、劳动与科学、劳动与艺术、劳动与娱乐、劳动与休息结合起来，也就是把脑力劳动与体力劳动有机地结合起来，把劳逸结合起来，使人的身心得到全面发展。他说："协作教育的目的在于实现体力和智力的全面发展，使人们把全部精力，甚至于娱乐都用在生产劳动上。"③ 他认为儿童的主要爱好是"探索或操作一切，观察一切，经历一切，不断变换作业；生产劳动的嘈杂，对热闹喧嚷工作的爱好；摹拟或爱摹仿的癖性；小型生产活动，对小工厂的爱好；逐步由弱到强的训练"④。

---

① 斯密. 国民财富的性质和原因的研究：上卷［M］. 北京：商务印书馆，1972：26.
② 傅立叶. 傅立叶选集：第三卷［M］. 2 版. 北京：商务印书馆，1982：205.
③ 傅立叶. 傅立叶选集：第二卷［M］. 2 版. 北京：商务印书馆，1981：2.
④ 同③19.

他的这种思想在当时是具有创造性的，是进步的，尽管他的劳动教育带有理想的性质和休闲的性质。

（六）欧文的劳动教育思想

欧文（Robert Owen）是19世纪英国杰出的空想社会主义实践家，是西方教育史上第一个创立学前教育机构（托儿所、幼儿园）的教育理论家和实践者。为了普及教育，欧文主张建立国家教育制度，实行教育立法。他认为，教育下一代是最重大的议题，是每一个国家的最高利益所在，是世界各国政府的一项压倒一切的紧要任务。欧文十分重视教育在社会发展和人的成长中的作用。他认为，人的个性是由天性、环境和教育决定的，他特别强调后两者的作用。他说："人的性格毫无例外地总是由外力为他形成的。"① 他认为，在未来的社会（公社）中，教育是与生产劳动密切联系的，生产劳动本身就是一个教育因素。因此，在《新道德世界书》中，他把"公社成员"的成长过程划分为几个阶段：第一阶段是婴儿期，这时"用最有益于健康的食物哺育他们"；第二阶段是幼儿期，这时幼儿"将根据体力和才能在某些比较轻便的生活事务操作方面进行练习"；第三阶段是儿童期，主要任务是学习各科实际知识，开始参加家务劳动或修整花园；第四阶段是青少年时期，此时除了继续学习各种知识外，还要学习某种手工艺；第五阶段是青年时期，此时主要从事生产劳动。②

欧文较早地明确提出了体力劳动与脑力劳动相结合、生产劳动与教育相结合、培养全面发展的人的主张。欧文的教育与生产劳动相结合思想的产生是有一定背景的。他19岁任一家拥有1000多名工人的纺织厂的经理，看到童工的生活和劳动状况十分恶劣，于是着手进行改革。他规定儿童在10岁以前必须先入学受教育；10岁以后白天到工厂做工，夜晚到夜校学习，做到边参加劳动边读书。欧文希望把儿童培养成能独立地、合理地思考并积极从事社会活动的人才。

---

① 张焕庭. 西方资产阶级教育论著选［M］. 2版. 北京：人民教育出版社，1979：229.
② 同①245–249.

他指出，从原则上讲，人类劳动或人类所运用的体力与脑力的结合是自然的价值标准，要"为劳动阶级提供时间和条件，使他们受到充分的教育，从而很快地消除社会上的贫穷与愚昧现象"①。他又说："一切财富都来自劳动和知识。"② 如果要改善劳动者的整个社会状况，必须使劳动阶级子女受到良好教育并学会一种生产技能和手艺。所以，欧文主张生产劳动与教育相结合。他认为，"生产财富、教育人们获得真正知识、消灭恶劣的条件并代之以优良的条件，将是一切人在进入理性社会制度时的重大任务"③。他要求儿童出生后就开始接受良好的体、智、德、行等方面的教育，把他们培养成体、智、德、行"全面发展的有理性的男男女女"④。这里，欧文所说的劳动不是莫尔、卢梭或裴斯泰洛齐所说的手工劳动，而是大工业劳动，是以科学技术指导为基础的工业劳动。所以，欧文的实验是有价值的，它证明在现代生产劳动条件下，儿童完全能够做到一面学一面从事生产劳动，这是培养手脑并用人才的极为重要的一种途径。

马克思在吸取19世纪三大空想社会主义者有价值的思想材料时，总结了欧文关于教育与生产劳动相结合实验的经验，做出了如下论断："正如我们在罗伯特·欧文那里可以详细看到的那样，从工厂制度中萌发出了未来教育的幼芽，未来教育对所有已满一定年龄的儿童来说，就是生产劳动同智育和体育相结合，它不仅是提高社会生产的一种方法，而且也是造就全面发展的人的唯一方法。"⑤ 这个科学论断已成为马克思主义教育学说的一个重要组成部分。

（七）裴斯泰洛齐的劳动教育思想

裴斯泰洛齐（Johann Heinrich Pestalozzi）是具有世界影响力的瑞士平民主义教育家。他一生以"帮助穷人"为奋斗目标，先后于新庄、斯坦

---

① 欧文. 欧文选集：第一卷［M］. 2版. 北京：商务印书馆，1979：311.
② 欧文. 欧文选集：第二卷［M］. 2版. 北京：商务印书馆，1981：206.
③ 同②30.
④ 同②133.
⑤ 马克思，恩格斯. 马克思恩格斯全集：第23卷［M］. 北京：人民出版社，1972：530.

兹、布格多夫和伊弗东等地创办贫儿院和学校，深入开展平民教育实验，并在一系列的教育实践中逐步形成了完整的劳动教育思想，这一思想对于当时和现代社会都产生了重要的影响。

1. 劳动教育思想的形成

第一，工业革命的影响。在裴斯泰洛齐生活的时代，农场主在资本的驱使下改造既有的封建式土地利用方式。利润更高的养殖业或手工业成为土地资本的新宠，农民与土地渐行渐远，成为土地的弃儿。一部分离开土地的农民被动地成为手工业者，大部分农民因为缺乏耕种之外的求生技能而生活落魄，挣扎在温饱线上的平民子女难以受到最起码的教育。面对这一悲惨现实，裴斯泰洛齐毅然放弃了对经院神学的探究，开始将目光投向与贫民子女教育联系更为紧密的劳动教育实验。

第二，卢梭自然主义儿童观的影响。1762 年，卢梭的《爱弥儿》问世。这部充斥着自然主义思想的巨著重新界定了教育中的"儿童观"，一经刊印便迅速传播到整个欧洲，并引起强烈的反响，掀起了教育史上的"哥白尼式"的革命。这种重视自由、平等、博爱，以儿童为中心的教育观念引起了裴斯泰洛齐的极大关注。1763 年，裴斯泰洛齐中学毕业后进入苏黎世大学学习神学，看完《爱弥儿》之后便改变了当牧师的初衷。1766 年，裴斯泰洛齐放弃学业，开始迈上教育实践和理论探索之路。

第三，国民教育思潮的影响。进入 18 世纪，法国的启蒙思想家改革教育的呼声愈发强烈，拉夏洛泰、爱尔维修、狄德罗、孔多塞等纷纷提出了国民教育构想。拉夏洛泰在《国民教育》中猛烈抨击旧的教会学校，提出建立新式国民学校的主张。这一构想最早在普鲁士国王威廉一世的支持下成为现实。由此，一批新式学校逐渐萌生。1716—1717 年，普鲁士甚至做出了强迫初等教育的规定。这些新的变化从不同的维度刺激着裴斯泰洛齐，他渴望着能够在自己的家乡践行这些新的主张。

2. 劳动教育思想的主要内容

裴斯泰洛齐劳动教育思想的理论阐述集中于《林哈德与葛笃德》一书中，该书系其在新庄时期和斯坦兹时教育实践之文学化总结。概括而言，裴斯泰洛齐的劳动教育，包括了身体器官的训练、日常生活能力的训练，以及其他一切实践技能训练。

第一，身心和谐发展的教育目的。裴斯泰洛齐在《天鹅之歌》中对自己开展教育实验的目的做出了归纳："我的初等教育思想，在于依照自然法则，发展儿童道德、智慧和身体各方面的能力，而这些能力的发展，又必须照顾到它们的完全平衡。"① 裴斯泰洛齐的劳动教育实验就是要通过对儿童脑、口、手的训练，促使其成为有道德、有智慧、有劳动能力和身心健康的人，即实现儿童身心的和谐发展。这一教育目的，切合卢梭的自然主义教育思想，同时也是裴斯泰洛齐开展劳动教育的最终归宿。

第二，学习与劳动相结合的教学方法。裴斯泰洛齐强调，"发展人的内在力量，不得不利用社会与人生相结合的教育方法，即功课与劳作相结合的教法"②。这里的内在力量即人的潜能。裴斯泰洛齐依托自然主义法则，切实将人的劳动与社会的需要密切联系起来，并采用在劳动中学习的方法，使得教育者、学习者、教育内容和教育手段得到统一，进而实现育人效果最优化。因此，他认为，"当我们把学校与工场结合起来，并在真正的心理学的基础上办学的时候，新的一代必然会培养起来"③。学习与劳动相结合、学校与工场相结合是遵循自然法则培养人的重要方法和路径。

第三，教育心理化的基本原则。新庄时期，裴斯泰洛齐推进儿童参加劳动更多地是基于经济和物质利益的考量。儿童白天参加劳动，晚上学习一定的读、写、算知识，劳动与学习是分开进行的。斯坦兹时期，裴斯泰洛齐逐渐认识到教劳的统一性，试图寻找二者之间的内在联系。与此同时，更加深刻的是，他把教育与生产劳动相结合放在教育心理化的基本原则下来进行，他深信这必将在培养全面发展的个性中发挥真正的作用。

第四，注重技能培养的教育任务。在新庄和斯坦兹时期，裴斯泰洛齐更加注重儿童通过参加劳动而获得的谋生技能。裴斯泰洛齐指出，他在这

① 张焕庭. 西方资产阶级教育论著选［M］. 2 版. 北京：人民教育出版社，1979：206.
② 同①173.
③ 同①205.

一时期更加关注的是"以适应劳动和取得谋生本领来看待孩子们的勤劳，而较少从劳动所获方面考虑"①。在教育实验初期，劳动教育为儿童带来的收获偏重于初级基本技能，而通过劳动实现的道德、智力和心理的发展相对被忽视。以劳动为载体，培养儿童未来立足于社会所需的劳动技能，帮助儿童养成良好的劳动习惯和劳动品质，成为裴斯泰洛齐劳动教育的主要任务。

3. 历史评价

总的来讲，裴斯泰洛齐重视劳动人民子女的教育问题，其所创办的贫儿院和学校使得大批弱势儿童在实践中获得了劳动技能和一定的科学文化知识，有利于社会的稳定，符合社会发展的需要。与此同时，我们也要清晰地看到，裴斯泰洛齐所界定的劳动教育对于富人的孩子是全然不需要的。"贫民儿童"的生活使命就是从事劳动，因此他们就必须学习劳动。在他看来，一些阶级在生活中的使命仅仅是劳动，而另一些阶级则是享受由别人劳动创造的富裕生活。② 这一思想具有一定的阶级和时代局限性，需要我们辩证地看待。

（八）格龙维的劳动教育思想

格龙维（Nikolai Frederik Severin Grundtvig）是丹麦著名的诗人、哲学家、政治家和教育家。其构想的"民众高等教育"体系对现代高等教育的发展产生了重大影响，因此，他被誉为"民众高等学校之父"。在劳动教育领域，格龙维也提出了独到的见解。

1. 以生活为目的的劳动教育

格龙维所倡导的劳动教育具有"生活启导、民众启蒙"的意味，学校通过劳动教育教给学生的不是那种作为农民、市民从事某种职业的专门知

---

① 裴斯泰洛齐. 裴斯泰洛齐选集：第一卷 [M]. 北京：教育科学出版社，1994：329.
② 李申申. 简明外国教育史 [M]. 开封：河南大学出版社，1997：302.

识与技能，而是那种有利于公民更好地认识人生、更好地生活的知识①。格龙维认为，"人们对于真知、真理的理解，绝不源于对课堂教学科目的死记硬背。人们通过课堂教学，记住一些事实和理论，但它不能代替生活启导"②。为此，人们需要将学习与真正的劳动结合起来，并以此来激发自己发现劳动的旨趣，唤起自己对于生活的追求。

2. 室内学习和室外劳动相结合的教育方式

格龙维主张儿童在 14—16 岁开始接受中等教育，中等教育在学校中进行。同时，他也坚持，中学时期不宜将学生关在学校里，用课桌和书籍来约束他，而应当让他尽量到室外去，到自然界所创造的自有天地里去，学习农业或其他职业，参加有益身心的手工劳动。课堂上，教师可以系统地教授基础知识，但是教师总是基于自身的权威来支配学生，因而必须分解权力结构，室外劳动的方式既可以使儿童获得一定的知识，同时也有利于师生之间平等对话、达成共识，最终实现儿童身心健康发展。

3. 劳动教育是一种公民教育

整体来讲，格龙维所倡导的劳动教育要教给学生的不是作为农民、市民从事某种职业的专门知识与技术，而是那种有利于"公民"更好地认识人生、更好地生活的知识。在依照格龙维思想而创办民众高等学校时，弗洛（Christia Flor）也强调："我们的目的，是要建立这样一个学校：要使所有民众都获得有用而又有趣的知识和能力。这种教育不是为了掌握具体的操作技术，而是为了使他们作为民族之子和国家公民。"③ 1844 年创办的罗定民众高等学校开设了实验农场和菜园，以方便劳动教育的开展，其目的也是帮助学生成为身心俱佳的公民。

毫无疑问，格龙维的劳动教育思想内含鲜明的 18 世纪法国的国民教育思想和启蒙教育思想，主张打破阶级界限而推动不同阶层的人民享受到教

---

① 吴式颖，任钟印. 外国教育思想通史：第八卷：19 世纪的教育思想（下）[M]. 长沙：湖南教育出版社，2002：218.
② 同①207.
③ 同①217.

育的泽惠。劳动是人类社会生存和发展的基础，是每个人维持自我生存和自我发展的唯一手段，社会中每个个体的发展都离不开劳动。因而以劳动作为教育的载体，可以更好地打破阶级壁垒，实现其教育主张。直到今天，这一思想在斯堪的纳维亚地区依然广受赞誉。

(九) 马克思和恩格斯的劳动教育思想

1. 关于教育与生产劳动相结合

第一，马克思和恩格斯都很重视教劳结合，都把教劳结合看作无产阶级革命教育和社会主义教育必须坚持的一个基本原则。比如，马克思、恩格斯在其制定的关于国际共产主义运动的第一个纲领性文献——《共产党宣言》中，就强调无产阶级在夺取政权之后，必须"把教育同物质生产结合起来"。

第二，关于"教劳结合"的基本含义。马克思主义经典作家们所说的教劳结合，都是相对于教劳分离而言的。其基本含义明确包括生产劳动同教育相结合、教育与生产劳动相结合两方面。也就是说，马克思主义经典作家认为，既应实行生产劳动同教育相结合，又应实行教育同生产劳动相结合。

这里所说的教育和劳动这两个概念，各有其明确的含义。所谓劳动，明确是指社会物质生产劳动；所谓教育，明确是指独立于生产劳动过程之外的那种以学校教学为主的教育。

马克思主义的教劳结合原理，以克服劳心与劳力分离为根本目的。所以，马克思把教劳结合看作造就全面发展的人的唯一方式。

第三，关于教劳结合的意义。马克思曾经提出过两个基本命题：一是在《哥达纲领批判》中指出，"生产劳动和教育的早期结合是改造现代社会的最强有力的手段之一"[①]；二是在《资本论》中强调，教劳结合"是提高社会生产的一种方法"和"造就全面发展的人的唯一方法"[②]。

---

① 马克思，恩格斯. 马克思恩格斯文集：第 3 卷 [M]. 北京：人民出版社，2009：449.
② 马克思，恩格斯. 马克思恩格斯全集：第 23 卷 [M]. 北京：人民出版社，1972：530.

由此可以清楚地看出，马克思是从有利于促进社会发展和人的脑体劳动相结合这两方面来看待教劳结合的重大意义的。

2. 关于综合技术教育

第一，综合技术教育的含义与意义。综合技术教育这个概念，是马克思首先明确提出的。在马克思以前的思想家中，没有人明确提出过这个概念。马克思是在 1866 年《临时中央委员会就若干问题给代表的指示》中最早明确提出综合技术教育这个概念的。他在这封信中把综合技术教育定义为："要使儿童和少年了解生产各个过程的基本原理，同时使他们获得运用各种生产的最简单的工具的技能。"①

1869 年，马克思在关于现代社会中的普及教育的发言中，明确指出综合技术教育"旨在弥补分工所造成的缺陷，因为分工妨碍学徒获得本行业务的牢固知识"②。

在《资本论》中，马克思又把综合技术教育称为工艺学，认为无产阶级在取得政权之后，"必将在人民的学校中实行实践的和理论的工艺教育"③。他还比较系统地论证了在现代社会条件下，实施综合技术教育的必要性和可能性。概括地说，马克思认为：现代机器大工业生产，由于是对科学的应用，其技术基础经常处于变革之中，从而引起工人劳动职能的不断变动。只有让劳动者接受综合技术教育，懂得各种基本生产过程的基本原理和工艺技术，其才能与这种劳动的不断变动相适应。反过来，由于各种生产技术，无论看起来多么复杂，都是对科学的应用，因此，可以依靠现代科学把它分解为若干基本运动形式，通过进行综合技术教育，让劳动者在较短的时间内掌握多种生产技术。

总之，马克思的综合技术教育思想是根据现代机器大工业生产的客观需要与可能提出来的。马克思认为综合技术教育是消除脑力劳动和体力劳动分离与固定分工（即把人长期固定在某种职业或专业方面的分工），促

---

① 马克思，恩格斯. 马克思恩格斯全集：第 16 卷 ［M］. 北京：人民出版社，1964：218.
② 同①655.
③ 华东师范大学教育系. 马克思恩格斯论教育 ［M］. 2 版. 北京：人民教育出版社，1986：234.

进人的全面发展的重要手段。因此，它应当成为无产阶级教育的一项重要内容。

第二，关于职业技术教育、综合技术教育与普通教育的联系与区别。先说三者的区别。职业技术教育是一种单一的定向性教育，它以培养具有某种专业技术的初、中级技术人才为主要任务；综合技术教育是非定向性的，以使受教育者能对现代生产劳动职能的迅速变化有较强的适应性为主要任务，并且通常是在普通中学中实施的；而普通教育则是以学习普通文化知识为主的教育。

再说三者之间的联系。先就普通教育与综合技术教育的关系而言，前者是后者的基础，在现代普通教育的数、理、化、生等学科的教学中，可以部分地实施综合技术教育。再就综合技术教育与职业技术教育的关系而言，二者可以互为条件：一方面，综合技术教育可以为职业技术教育打下良好的基础，防止职业技术教育单一、片面化倾向；另一方面，职业技术教育进行得好，又可以包含许多综合技术教育的因素。两者都是技术教育，只有侧重点的不同，并无根本性的区别。

第三，关于马克思主义的综合技术教育原理与现代教育的关系。其一，当代社会生产正在日益朝着技术密集型和劳动智能化的方向发展，因此，一方面并不特别需要像马克思所说的那样，要求每一个生产者学会使用各种生产工具的最一般技能；但另一方面，又如列宁所说，必须使生产者能够从理论上和实践上熟悉各个主要生产部门。当前，世界上发达国家的中等教育，都在朝着普通教育综合化和职业教育普通化的方向发展，这种客观趋势越来越证明了马克思主义综合技术教育原理的生命力。

其二，就我国教育实际而言，当前大力发展职业技术教育固然势在必行，但用战略眼光来看，进行过窄的专业技术训练，并不适应当代生产与技术的不断革新和劳动职能的不断变动。最好是在职业技术教育中扩大普通学科的范围和增加综合技术教育的因素，因为只有这样，才能使学生做到一专多能，具有比较广博的普通文化基础知识，也就才能对生产与技术的不断变革有较强的适应能力。而且，从对人的教育角度来说，这也是培养新一代德智体美劳全面发展的社会主义建设者和接班人所必需的。

(十) 兰克尔、伍德沃德的机械学校与手工教育思想

美国近代手工教育和劳动教育的两位主要倡导人是兰克尔（John D. Runkle）和伍德沃德（Calvin M. Woodward）。

兰克尔对美国教育与生产实际脱节以及没有传授给学生实际的技能深感不满。他说："到目前为止，美国学校培养的技术人员并无实际的技能。……他们没有实才实学，尤其是没有掌握制造方面的基本技能。"[1] 他认为，手工或工艺教育是在大工业发展背景下维持通才教育和技术教育平衡的一种新的教育形式，而且有助于培养学生在工业社会中的生存能力。因而，1876 年 4 月 17 日，兰克尔创办了麻省理工学院附属的"机械工艺学校"，实施手工教育，培养学生的生产技能。

伍德沃德提出了"无直接或最近职业目标"的工场教学理论。他说："现在不仅要求人类掌握知识，而且更要求人类掌握技术，人类活动各方面的技术。"[2] 他警告说，企图根除"教育上狭隘的实用主义目标，常常导致走向另一极端，从而排除了学校教育另一重要功能——学习各种技术"[3]。伍德沃德主张开设广泛的通才教育课程。他说："职业是众多的，而技术却寥寥无几。"1879 年 6 月 6 日，他创办了华盛顿大学附属的手工教育学校。该校提供普通教育和手工劳动教育相并行的三年中等教育。学校不仅开设数学、绘画、科学、语言、历史、文学等课程，而且还传授木工、刨工、制模工、金工、锻工、焊接工等技术。课程的目标是通才性质的，而不是职业的；学校工作的重心是教育，而不是生产出售的产品（即技术工人所制造的东西）；学生在学校主要学习基本原理，而不是某一特定技术。1880 年 9 月该校首次招生，共招到 50 名学生。1883 年 6 月，当

---

① 日本世界教育史研究会. 六国技术教育史 [M]. 北京：教育科学出版社，1984：281.

② CREMIN L A. The transformation of the school [M]. New York：Alfred A. Knopf，1961：26.

③ 同②27.

首届学生毕业时，新入学人数一下上升到 176 名。① 与手工教育运动密切相关的是校办工厂和实验室的兴起。为了给手工教育提供基地，进步主义学校创办了木工场、电工场、机械工场、科学实验室以及烹饪室、缝纫室、绘画美工部、印刷厂等。手工教育课程进入中等学校，对改变学生呆读死记的学习方法、激发学生的学习兴趣、培养学生的动手能力有很大帮助，同时亦有利于学生未来的职业选择，赢得了人们的普遍欢迎。

第一次世界大战前，美国中小学虽然在它们的传统功能外增加了其他功能，如技术培训、健康计划、体检、农业科技展览以及其他社会服务，但学校的基本任务仍未改变。学校仍是教育儿童的场所，有权决定学校的教学内容。儿童来到实施文化教育、道德熏陶的教育机关——学校，学校也尽到了教育的责任。

（十一）凯兴斯泰纳的劳作学校与公民教育思想

凯兴斯泰纳（Georg Kerschensteiner）是德国著名教育家，是当时欧美公民教育和劳作教育思潮的主要代表，他的劳动教育思想主要体现在《劳作学校要义》（1935 年商务印书馆出版的中文版的译名为"工作学校要义"）中，其中不少观点至今仍发人深省。

1. 主要教育活动及著述

凯兴斯泰纳一生从事教育活动，形成了自己独特的劳动教育体系，即以性格陶冶为主的劳作教育体系，适应了当时德国资产阶级培养大批生产上有技术、政治上能服从资产阶级利益的工人的需求。

1895—1919 年，凯兴斯泰纳在任慕尼黑市教育局长期间，对该市的国民学校和补习学校进行改革，提倡公民教育，把国民学校改为劳作学校。在他的倡议下，1912 年全德教师大会首次通过决议，把手工课列为国民学校的独立科目。1919 年 8 月，德意志共和国的新宪法明确规定公民科和劳作科为小学的必修科，即法定的正式课程。这是西方历史上首次以发布政

---

① CREMIN L A. The transformation of the school [M]. New York：Alfred A. Knopf, 1961：28.

策的形式，把劳动教育正式纳入中小学课程，开启了现代劳动教育的先河。

凯兴斯泰纳的主要教育著作有《德国青年的公民教育》、《公民教育要义》、《劳作学校要义》、《性格与性格教育》、《陶冶过程的基本原理》和《教育原理》。

2. 公民教育理论

第一，公民教育的内涵。

凯兴斯泰纳指出，现有国家在一定条件下可以按照自己的目的和任务去规定公立学校的目的和任务。他指出："国家公立学校的目的——也就是一切教育的目的——是教育有用的国家公民。"① 什么是国家公民呢？他认为"国家公民"必须具备两个基本素质：一是具有从事某种职业的本领，能够在国家组织中从事一种工作；二是具有国家意识和国民品格，愿意为国家效力。这两者缺一不可。

第二，公民教育的对象。

关于公民教育的对象，凯兴斯泰纳的思想前后有些变化。在 1901 年的《德国青年的公民教育》中，他明确地说："公民教育的对象是制造业中14—20 岁的人口。"② 但在该书的第四版序言中他做了修正，强调"所有阶级都需要这样一种（公民）教育——不仅是劳动群众，而且也包括我们称之为富有的和有教养的阶级"③。

第三，公民教育的内容。

凯兴斯泰纳认为，实施公民教育的最佳方法是建立"劳作学校"，实行劳作教育。根据公民教育的目标，劳作学校的教育内容包括以下三点，它们既是凯兴斯泰纳公民教育的内容，也是其教育实验的重要方面。

一是职业熏陶。职业熏陶就是就业前的预备教育。凯兴斯泰纳十分重

---

① 李明德，金锵. 教育名著评介：外国卷 [M]. 福州：福建教育出版社，1992：274.
② 任钟印，吴式颖，黄学溥，等. 世界教育名著通览 [M]. 武汉：湖北教育出版社，1994：1048.
③ 王天一，单中惠. 外国教育家评传：第二卷 [M]. 上海：上海教育出版社，1992：597.

视职业教育，他认为应该将学校办成"学生将来职业的预备场所"，把广大劳动人民子女训练成为有知识、有创新精神的工人。他建议对大多数人实施以"身体工作"为主的职业预备教育，在国民学校的1—8年级开设独立的劳作科，编写相关教材，设置专门的劳作场所，开展职业预备教育。职业熏陶或预备教育的目的不只是操作一定职业的工具、机械和原料，真正目的在于发展从事任何一种体力职业所必需的"智能"，培养对体力工作的兴趣、劳作的严谨态度等，同时，把劳作与学习联系起来。

二是职业训练的"伦理化"。它要求学生尽早意识到要在国家组织中从事任何一种技术简单、报酬低的工作，这也是个人对国家应尽的义务。凯兴斯泰纳所提出的"伦理化"主要是指对学生进行职业道德教育，开展精神陶冶，使他们理解个人工作的社会意义，提高工作的自觉性，提高对职业的认识，把任何职业都视作个人对社会团体须尽的义务。

三是使国民学校成为"伦理的工作团体"。凯兴斯泰纳指出，德国以前的学校缺乏团体精神、主动工作的意愿和积极劳动的精神，偏重"书本教学""口头宣讲"，他认为学校的"工作团体"具有很大的教育力量，可以使儿童在自己所属的团体中形成"社会参与"意识及相应的本领。他建议让学生自己组成小团体（如文学团体、生活团体、艺术团体、游戏团体等），同时按照团体工作的原则改良中小学的班级和各科教学。

3. "劳作学校"理论

凯兴斯泰纳的"劳作学校"理论，有教育史学者称之为"公民的劳作学校论"[1]，即通过"劳作学校"的教育方式，实现职业教育与普通教育的融合，培养满足国家政治与经济需要的新式公民。具体来看，其"劳作学校"理论主要包括以下内容。

第一，劳作与劳作学校的定义。《劳作学校要义》中篇幅最长的一章论述了"怎样才能算是含有教育意义的劳作"。凯兴斯泰纳认为，"劳作"是劳作学校的核心，是劳作教育的基本理论问题。"劳作"的德语是"Ar-

---

① 姜琦. 现代西洋教育史［M］. 上海：商务印书馆，1935：248.

beit"（也译为工作或劳动），原指雇工劳动，包含吃苦耐劳的意思，后来被运用到精神领域，称"精神工作或劳动"。在欧美劳动教育思想中，对劳作或工作的定义也有广义和狭义的区别。狭义一般指手工劳动，广义指"身体工作"和"精神工作"中的全部活动。凯兴斯泰纳认为，一种纯粹机械的、与精神工作不相连的体力工作，是没有陶冶价值和教育意义的，不能算是"教育学上的工作"。教育工作（也就是劳动教育）必须是在工作之先，有一定精神上的思考。凯兴斯泰纳的"劳作"概念显然是广义的。劳作学校是培养国民或公民的学校，它从国家公民教育的目的引出学校的任务、组织原则和行为准则。①

第二，劳作学校的任务："性格陶冶"。性格陶冶是教育的主要问题，凯兴斯泰纳的"性格"概念含义很广，这里主要论述性格的心理方面。他认为有四种"心理的力量"需要通过教育去培养：意志力、判断力、灵活性和坚韧性。"性格陶冶"绝不是把知识收藏在记忆中，而必须在人的精神生活中"做进去一个文化价值"。陶冶或精神的锻造是由应付环境的价值经验所得的精神的态度或品格，劳作学校就是实现这种文化价值的内在陶冶价值的有效工具。因此，从这个意义上，他把劳作学校又称为性格陶冶的学校。可见，"公民教育是他的教育理想和办教育的指导思想；劳作学校则是他对学校组织的一种设想和实施公民教育的机构"②。

第三，劳作学校课程体系。凯兴斯泰纳认为国民学校改革的核心是学校的课程改革，他专门设计了不同于传统"书本学校"的课程体系。一是把手工劳动作为独立的学校课程，二是改革各门传统的学科内容，三是重视体育课程。他说："在一个组织完善的公立学校中，必须把劳作教育当作一个独立科目。"③ 由于普通教师不具备技术能力，所以劳作学校应聘请有技术的工匠担任高级中学的教师，技术中学的教师应由专门技术学校毕业的人担任。

---

① 李明德，金锵. 教育名著评介：外国卷 [M]. 福州：福建教育出版社，1992：267.
② 吴式颖，姜文闵. 外国教育史话 [M]. 南京：江苏人民出版社，1982：157.
③ 克申什太奈. 工作学校要义 [M]. 上海：商务印书馆，1935：94.

第四，"劳作学校"教学实施：实践教学与团体劳作。从培养国家有用的公民出发，凯兴斯泰纳认为"劳作学校"要实现培养学生职业技能和公民道德两大任务，必须设置独立的劳作教学课，实施团体劳作，并在劳作中陶冶儿童的性格。同时为了对传统学校中片面的"书本教学"进行改造，凯兴斯泰纳强调"劳作学校"应摈弃"知识宣讲的老法子"。① 他认为，在"劳作学校"中，教师应按照职业的种类对学生实施分组教学，注重让学生通过实际观察和亲身体验的方式获取经验和知识，积极发展学生的活动与实践能力。

此外，凯兴斯泰纳还在慕尼黑市创办了一些补习学校，招收企业工人，实施2—3年的补习教育，要求企业主允许本企业工人每周用空闲时间学习8—10小时，同时对工人进行公民教育，使其安心地为企业主进行生产，给企业主创造更多的利润。在凯兴斯泰纳的影响以及资产阶级的赏识下，德国各地都设立了劳作学校，形成一种新的教育运动。凯兴斯泰纳的"劳作学校"理论极大地推动了20世纪初德国职业教育的发展。

二、近代劳动教育的特点

第一，独立性。近代劳动教育最大、最鲜明的特征是出现了学校中的劳动教育和专门的劳动教育课程，即独立形态的劳动教育，这是劳动教育的新形态。

第二，阶级性。一般而言，在工业革命初期，近代西方的教育家、思想家、慈善家等主要是从经济的角度来提出和论述对人民大众的子弟进行劳动教育的意义及作用的。无论是英国、法国早期的义务教育法和工厂法中关于少年儿童必须一边学习、一边劳动的规定，还是洛克的劳动学校计划、贝勒斯的劳动学院、卢梭自然教育中的劳动教育，都体现了有偿性、生产性的特点。而且，这一思想主线一直贯穿在西方教育家的劳动教育思

---

① 单中惠. 西方教育思想史 [M]. 太原：山西人民出版社，1996：582.

想中。当时的"慈善学校""工读学校""乞儿学校""学徒学校"等都是其典型代表。在洛克、卢梭的思想中，对资产阶级子弟而言，劳动教育还包含强健身体、焕发心智、了解自然、自食其力的作用，体现了鲜明的等级性、阶级性。

第三，社会性。随着社会的发展，有的思想家注意到劳动教育对青少年成长的影响，特别是在人的全面发展中的作用，提出了劳动教育的社会性问题。傅立叶主张在"法郎吉"中，儿童的劳动与学校、学习、技术相结合，从而促进人的智力与体力的全面发展，培养对社会有用的人。欧文大声呼吁，一切财富都来自知识和劳动，要改善劳动者的整个社会状况，必须使劳动阶级子女受到良好教育并学会一种生产技能和手艺。因此，欧文主张生产劳动与教育相结合，认为这是造就人类社会全面发展的人的唯一方法。

第四，育人性。马克思和恩格斯非常重视劳动教育，高度评价了劳动教育的育人意义。凯兴斯泰纳在公民教育与劳作学校中同样重视劳动教育的育人性，但是带有浓厚的种族主义和蔑视工人阶级的色彩，曲解了劳动教育育人性的本质和原意。

第五，谋生性。早期的教育家（如卢梭、洛克等）从生产产品的角度论述劳动教育的意义。后期的教育家等人则从谋生的手段、职业的要求，甚至大工业生产的需要出发，论述劳动教育的作用。

第三节 现代劳动教育

一、现代劳动教育思想

（一）德可罗利的"生活学校"与手工劳动教育思想

德可罗利（Ovide Decroly）是比利时教育家、心理学家和医生，他写下了上百篇论述儿童心理和教育的著作，是欧洲新教育的主要倡导者，曾被称为"教育学史上最革命的人物之一"。1907 年，德可罗利在布鲁塞尔市郊创办"生活学校"（亦称为"隐修学校"）。在这所"生活学校"里，德可罗利尝试了用一系列教育方法进行教育实验，由此产生了著名的"德可罗利教学法"。他确立了教育实验的宗旨是以儿童兴趣为中心，让儿童"为未来现代社会生活作准备"①。这也成为德可罗利劳动教育思想的渊源。

1. "生活学校"与手工活动

"生活学校"的教学活动是在教室里进行的，但教室不仅仅是讲课与听课的场所，也是工场、活动室和实验室。在课堂上，学生活动是主体，并辅之以视听教育，游戏和手工作业也受到重视。为了便于学生的活动与交流，教室里的课桌布置成马蹄铁的形状，而不是按传统学校那样前后排列。从踏进"生活学校"校门之日起，所有的学生都要定期参加各种集体的戏剧活动，制作各种墙壁张贴画，并参加各种会议。儿童甚至在自己的印刷车间印刷"校园新闻"。这些活动虽不是被有意地设计成教学活动，但是起到了教学的效果。

2. "生活学校"中手工劳动的组织

德可罗利认为"生活学校"的教育必须选择适当的学习材料，组织适合儿童身体和心理特征的课程，使儿童通过学习，"懂得自己的人格、自我、自我需要、信仰、目的和理想；懂得自己所生活、依赖的及活动在其中的自然环境和社会环境"②，为未来生活做好准备。因此，他打破传统学校中呆板的、不符合儿童身心特征的分科体系，根据"兴趣中心"的原则，把课程分为关于个人的知识和关于环境的知识两大类，将儿童生活的四种兴趣与社会、学校、家庭、自然界等各方面联系起来，组成以某一个或几个兴趣为中心的教学单元，实施单元教学。德可罗利将儿童的兴趣分配到小学的五个年级：一年级，儿童和他的有机体；二年级，儿童和动物；三年级，儿童和无生命界；四年级，儿童和菜蔬；五年级，儿童和人

---

① 王天一，单中惠. 外国教育家评传：第二卷［M］. 上海：上海教育出版社，1992：596.

② 同①597.

的环境。例如，为三四年级学生编制的以单一兴趣为中心的课程，由儿童在教师的指导下根据下列需要来制定：饮食，卫生，衣着，居处；种植与耕地；制造布帛、衣服和用品；制造工具，采石开矿，建造房舍；防御敌人及防治传染疾病；修桥补路，制造火车、轮船；等等。①

3. 劳动教育思想的出发点：儿童兴趣

德可罗利指出，在儿童教育过程中应以培养个性为中心，以儿童自我发展为原则，他主张"自由教育"，提出了"从儿童出发"的观点。根据对儿童认识特点的理解，他提出了整体化综合教学和兴趣中心的教学理论。他强调儿童逻辑不同于成人逻辑，不是对事物某一方面的了解，而是对事物整体的认识，因此学校教学应该根据儿童逻辑使儿童掌握周围世界，尽可能地以兴趣为中心来实现教学的综合作用，满足儿童的基本要求，即饮食、安全、与他人的合作与团结、共同劳动和休息、自我完善等。其中共同劳动和休息是其劳动教育思想的体现。德可罗利提出了三段教学法：观察、联想和表达。基于这样的综合兴趣和教学方法，德可罗利认为"学校应是一个简化的社会，除了让儿童广泛地接触自然以外，还要通过各种方式让他们认识社会。学校应该是实验室、活动室、工作室，而不仅仅是听课室"②，要通过兴趣与学校的综合活动来发展儿童的劳动能力。

4. 劳动教育的途径：从游戏到职业

学校进行综合生活教育是德可罗利的主张，德可罗利提出，在综合生活教育中，要加强儿童对社会职业的参与。德可罗利指出，如果教育可以组织儿童参与各种成人职业，那用来进行单纯教学的时间就可以大大减少。被忽视的人类的基本技术，才是文明国家所要求课程的关键。他提到，"农业或商业不是凝固不变的，教育并没有更多的理由依然故我。经验表明，物理的和社会的环境，生活的需要和条件，都在变；因此，就必

---

① 王天一，单中惠. 外国教育家评传：第二卷［M］. 上海：上海教育出版社，1992：599.
② 德可乐利. 新教育法［M］. 上海：中华书局，1932：38.

须适应这些新的因素"①。从这个角度来看，学校教育也应该与社会职业相一致。在兴趣与职业中间，游戏成为德可罗利的研究重点。德可罗利指出，游戏的重要性在于它为严肃活动做了充分准备，可以成为职业之间的过渡和衔接。因此，从兴趣出发，以游戏形式激发儿童对职业的兴趣，可以使游戏成为兴趣到职业的过渡。虽然德可罗利并未专门阐述他的劳动教育思想，但是我们也不难发现，劳动教育贯穿在其教育思想中，其思想也对西方教育产生深远影响。

（二）克鲁普斯卡娅的劳动教育思想

克鲁普斯卡娅是著名教育家，是新生的苏维埃国家教育部门的主要负责人之一。她高度评价了马克思、恩格斯和列宁关于教育和生产劳动相结合的思想，撰写了《国民教育和民主主义》一书。该书的主线就是论证教育与生产劳动相结合的原理以及综合技术教育。在《国民教育和民主主义》第一部分（前 8 节），克鲁普斯卡娅考察了教育与生产劳动相结合思想的产生及演变，特别是资产阶级教育家关于劳动教育的思想和实践；在第二部分（9—12 节），她分析了这一思想变成欧美各国国民教育指导方针和具体实践的社会条件、劳动学校的社会意义及发展远景。②

1. 详细介绍马克思和恩格斯著作中的教育思想，特别是马克思在《资本论》中阐述的教育观点

克鲁普斯卡娅强调马克思认为儿童参加生产劳动是进步现象，高度评价了马克思提出的通过与生产劳动相结合的智育、体育和技术教育，来发展生产、培养全面发展的人的可能性和必要性的论述。她不仅论述了马克思、恩格斯的教育思想与资产阶级民主主义思想的联系，而且说明了它们之间的差别。她写道："贝勒斯、卢梭、裴斯泰洛齐、欧文、拉瓦锡对生产劳动在国民教育中的作用的见解的直接继承者是工人阶级，……工人阶

---

① 转引自洪丕熙. 德可罗利的教育学说及其影响 [J]. 外国教育资料，1983（5）：1-11.

② 李明德，金锵. 教育名著评介：外国卷 [M]. 福州：福建教育出版社，1992：287.

级从这些见解中汲取了一切健康的、重要的东西，但是工人阶级的主要功绩还在于指出了这些见解与工业发展要求的密切联系，指出了工业发展不可避免地要导致教育与儿童的全面生产劳动的必要结合，这种结合将会为消除社会上目前还存在的劳动分工做好准备。"①

2. 把 19 世纪末 20 世纪初西方国家出现的对学生进行一定的劳动技能训练、注意儿童个性发展的新型学校称为劳动学校

克鲁普斯卡娅认为，由读书学校向劳动学校转变，是学校发展的必然趋势，将教育与生产劳动相结合不仅是改造社会强有力的工具，也是培养全面发展的人的唯一方法。② 所以，要让孩子从小就习惯于一个简单的、可胜任的工作类型，学习如何使用不同的工具工作。因为孩子可以在劳动中提高创造力，养成顽强的毅力。

3. 揭露了资产阶级劳动学校的阶级本质

克鲁普斯卡娅认为，资产阶级的劳动学校并不是工人阶级的理想学校，即使是最先进的美国学校，也 "并非完美无缺——美国学校的教学内容无疑打上了资产阶级意识形态的烙印，向青年一代灌输的观点，往往与工人民主制度的观点很少有一致性的地方"③。对西欧各国当时兴起的新学校和凯兴斯泰纳倡导的劳作学校，她提出了尖锐的批评。她指出，"只要学校掌握在资产阶级手里，那么劳动学校就是损害工人阶级利益的一种工具，只有工人阶级才能使劳动学校变成改造现代社会的工具"④。

克鲁普斯卡娅大力肯定劳动的重大教育意义，坚持教育必须与生产劳动相结合，坚持综合技术教育，这些思想具有普遍的指导意义，对后来教育发展起了积极作用。

（三）马卡连柯的劳动教育思想

马卡连柯是 20 世纪苏联著名的教育实践家和富于创新精神的教育理论

---

① 李明德，赵荣昌. 外国教育家评传：第三卷 [M]. 上海：上海教育出版社，1992：487.
② 克鲁普斯卡雅. 克鲁普斯卡雅教育文选：下卷 [M]. 北京：人民教育出版社，1988：27.
③ 同①488.
④ 同①489.

家，由于在教育工作和文学活动中取得了卓越成就，1939 年他荣获苏维埃"劳动红旗"勋章。他高度重视劳动在教育教学过程中的重要作用，始终坚持教育和生产劳动相结合这一原则，他所创立的著名儿童教育机构，如高尔基工学团、捷尔任斯基公社，成功地将大批的流浪儿童培养成为具有一定劳动能力的社会主义新公民。

1. 劳动教育的意义

为了把流浪儿童和少年违法者培养成为有理想、热爱生活、热爱劳动的新人，马卡连柯不遗余力地组织他们参加生产劳动。他指出："劳动才能使人对人有正确的道德态度——对一切劳动者保持亲属般的爱护和友谊，对懒惰分子和躲避劳动的人表示愤慨和谴责。"① 马卡连柯认为，学生的劳动以及其他活动，比如在农村、工厂、企业和生产部门的劳动和自我服务等工作，将有效地影响他们的观点和行为，在劳动中教育儿童是影响他们性格的最好手段。在《教育诗篇》《塔上旗》等著作中，马卡连柯详细论述了少年儿童教育与生产劳动相结合的成功案例及其意义。在强调劳动教育对儿童品德培养的重要作用的同时，马卡连柯还提出了劳动教育对培养学生的组织能力、管理能力和发展智力的重要作用。

2. 劳动教育的内容

马卡连柯十分强调运用实际的生产与生活来教育、锻炼学员。在他和工学团的同事们看来，生活是最好的教科书。学员们的是非观念、荣誉感、责任心、遵守纪律的习惯，以及劳动的观点与习惯，主要是通过实际的生活与劳动锻炼形成的。他说："公社社员的教育，不是用某种宣传或者教训的方法来达成，而只有从集体本身的生活、工作和志向来达成。"② 因此，在高尔基工学团和捷尔任斯基公社，除了学习文化以外，马卡连柯还带领学员们打扫卫生、自我服务，同时，组建木工厂、铁工厂、制鞋厂、面包房，建立农场、养殖场，甚至开展大规模的农田建设等，引导学员参加生产劳动和国家建设。

---

① 吴式颖. 马卡连柯教育文集：下卷 [M]. 北京：人民教育出版社，1985：181.
② 李明德，金锵. 教育名著评介：外国卷 [M]. 福州：福建教育出版社，1992：417.

3. 劳动教育的实施：与生产实践相结合

马卡连柯在组建高尔基工学团初期，主要是组织儿童从事自我服务性劳动，后来才组建了手工作坊、农场和养殖场。在早期，马卡连柯主要是希望通过生产劳动以及活动来建立集体，改造儿童的种种恶习，强调劳动的教育意义。但随着工学团集体的不断巩固与发展，实践使他认识到，"在任何情况下，劳动如果没有与其并行的知识教育——没有与其并行的政治和社会教育，就不会带来教育的好处，会成为不起作用的一种过程"①。同时，对于如何使生产劳动与文化教育相结合，马卡连柯在工学团的工作中逐渐明确了思路。他认为，将教学与生产劳动机械地联系起来是荒谬的，教学与劳动应该并行、相互渗透。显然，马卡连柯的劳动教育要求教学与生产劳动有机地结合，而不是机械地结合。学生生产劳动的目的必须服从于学校的教育目的。所以，工学团实行的是半工半读制度，学员们半天学习、半天做工。

总之，马卡连柯劳动教育思想的核心是创造一个良好的教育环境，通过生产劳动来组织集体，利用集体来教育学员。

(四) 杜威的手工教育与劳动教育思想

约翰·杜威（John Dewey）是美国实用主义哲学家、社会学家以及人类历史上最具影响的教育家之一。他立足于现代社会讨论教育问题，积极吸收人类文化的多方面成果，建立起一座宏伟的教育理论大厦，为后人留下了一份丰富的教育思想遗产。

对于任何一种理论来说，它的形成都是受一些社会因素的影响。同样，杜威的教育思想不是凭空产生的，也是时代的产物。正如马克思所指出的："任何真正的哲学都是自己时代精神的精华。"② 杜威生活和工作的年代，大体处在美国南北战争和第二次世界大战之间，正是美国历史上的大转折时期。可以说，杜威的民主主义教育思想就是对美国社会生活的反

---

① 吴式颖. 马卡连柯教育文集：下卷 ［M］. 北京：人民教育出版社，1985：13.
② 马克思，恩格斯. 马克思恩格斯全集：第 1 卷 ［M］. 北京：人民出版社，1956：121.

映，并随着美国社会生活的发展而发展。杜威对他所处的时代进行了深入的思索，充分意识到美国历史上的大转折对教育提出的新挑战和新要求。他的教育理论是顺应时代的产物，他的手工教育与劳动教育思想主要是基于他的教育本质论，充分体现在他的"做中学"原则上。

1. 手工教育与劳动教育的根源：经验与兴趣

为有用劳动做准备的教育和为闲暇生活做准备的教育（也称为实用和文化的对立）在教育史上源远流长。劳动和闲暇的对立可以追溯到古希腊时期。古希腊时期有两种人——奴隶和贵族。奴隶只能过欲望和劳动的生活，他们只能从事劳动，不能享受闲暇。贵族却可以依靠别人的劳动成果，过一种闲暇的生活。今天，古希腊时期的奴隶制度早已消亡，但劳动和闲暇的二元对立依然存在。杜威受达尔文生物进化论思想的影响，在反对传统二元论哲学思想的基础上，提出了人是自然的组成部分，有机体经常谋求对环境的适应，个人是通过参加社会活动而得到发展的，强调人与环境相互依赖、相互作用。经验和兴趣是儿童与社会环境互动的根源。杜威提出，儿童的能力、兴趣、需要和习惯都建立在其原始本能之上，儿童身上存在着四种本能——语言和社交的本能、研究和探索的本能、制作的本能、艺术的本能，其中最重要的是制作的本能。① 制作强调的是通过一系列的学校作业进行制造与改造，这也成了杜威手工教育与劳动教育的来源。

2. 手工教育与劳动教育的基本原则："做中学"

杜威提出学校即社会，认为学校是一个小型的社会，在这个小社会里应该具备反映大社会的各种类型的作业，以便儿童能与社会进行互动，掌握一些基本技能。杜威还提到儿童身体的许多部分，特别是双手，可以看作一种通过尝试和思维来学得用法的工具。通过双手来参与学校社会生活，得到个人发展的劳动教育思想，应用在他的教学思想上，便是"做中学"。"做中学"是杜威实用主义教育思想在课程领域里的集中反映，是实

---

① 戴本博，单中惠. 外国教育通史：第五卷 ［M］. 济南：山东教育出版社，1993：294.

用主义课程理论的指导性原则，也是其重要的手工教育基本原则与途径。其基本思想可以概括为：学校应让儿童在手工训练、工场作业以及家庭技艺等实际活动中，通过积极主动的手脑并用的"探索-验证"性活动，掌握应获得的知识、技能和技巧，并形成社会上所需要的态度和习惯，从而为进一步理解自然和社会、掌握系统的科学知识打下基础。这是儿童改造旧经验、获取新经验，实现生长的最好途径。只有如此，获得的经验才最有意义。在这一过程中，要防止向学生提供机械的、杂乱的、没有联系的活动和刻意追求精密仪器与实验室的极端做法，并保证学习本身对学生来说是愉快的生活过程。也就是让学生在感兴趣的情境与活动中，通过积极主动的"探索-验证"性活动不断改造旧经验，获取关于自然和社会的新认识。

3. 手工教育与劳动教育课程：主张儿童、知识与社会相统一

杜威指出，学校课程的主要内容应该是各种不同形式的主动作业，如园艺、纺织、木工、烹饪等手工训练活动。学校的课程应该以儿童的主动作业为中心，同时再补充以与各种作业相平行的理智活动，如社会研究、自然科学、思想交流。杜威把他的"做中学"这一思想贯彻到了课程的各个方面，由此便产生了在课程设计上主张儿童、知识与社会相统一，课程结构上强调活动课程与学科课程相结合，课程实施上强调课程设计与教学相统一，课程评价上注重内在价值与工具价值相统一等观点。这些观点相互联系、相互支持，共同构成了一个完整的"做中学"课程理论体系。

在"做中学"的课程理论体系上，他根据教育即生活、学校即社会、"做中学"的含义以及"做""学""经验"三者要统一等观点，提出了与之相适应的课程设计思想，即主张儿童、知识与社会的统一。具体来说，"做"是一种理智的活动，具有知识没有的内在价值，强调儿童自身的主动性；"学"强调学习要从学生已有的生活经验入手，并且重视间接经验的传授；"经验"则强调儿童不仅要从传统的教育中获取历史事件中积累的精华，更要主动地到生活中获取经验，并运用经验改造社会。对于课程设计来说，儿童是必不可少的主体，没有这个主体，课程设计也便没有了作用者，课程设计最主要的目的是使儿童获取知识，而获取知识的目的也就是作用于儿童所生活的社会，这便是"做"最基本的目的。因此，在课程设计这一平面上，儿童、知识和社会是互相依存、互相联系、缺一不可的统一体。儿童、知识与社会相统一的课程理念充分体现了"做中学"的原则，强调儿童的动手性、操作性，"做中学"也是杜威手工教育与劳动教育的重要实施途径与方法。

4. 手工教育与劳动教育的落脚点：职业教育

此外，杜威还从实用主义经验论、机能心理学和民主主义思想出发，论述了其职业教育思想。他指出，在现代科学技术和工业发展的时代，需要重视职业教育。他提到，"所谓适当的职业，不过是说一个人的能力倾向得到适当的运用，工作时能最少摩擦，得到最大的满足"[①]。杜威所认为的职业是指任何形式的连续不断的活动，既包括体力劳动和有收益的工作，也包括专业性和事务性的工作，还包括任何一种艺术能力、特殊的科学能力以及必需的公民道德品质的发展。在进行职业教育时，"通过作业进行的训练，是唯一适当的职业训练"[②]。通过作业对儿童进行间接的职业训练，根据的是儿童目前的需要、经验与兴趣，指向未来可能要从事的职业。为了更好地创造条件实施职业教育，杜威还提到应该把职业教育与普通课程构成一个完整的学校教育体系，这样在一定程度上有助于消除知识与行动、理论与实践的分离现象。同时他主张的通过主动的活动来进行职业教育实际上也就是以儿童已有的生活经验为基础的学校课程内容与手工教育、劳动教育密不可分，因此杜威的手工教育和劳动教育的出发点与归宿实际是职业教育。

（五）蔡元培的劳动教育思想

作为中国近现代著名的民主革命家和教育家，蔡元培首次提出了"军国民教育、实利主义教育、公民道德教育、世界观教育、美感教育皆今日

---

① 戴本博，单中惠. 外国教育通史：第五卷［M］. 济南：山东教育出版社，1993：314.
② 同①315.

之教育所不可偏废"的教育思想，主张"五育"并举。劳动教育包含在这"五育"之中。

1. 重视劳动与劳动教育的意义

首先，蔡元培批判了旧中国落后的旧式教育。他说："吾国之旧教育以养成科名仕宦之才为目的。科名仕宦，必经考试，考试必有诗文，欲做诗文，必不可不识古字，读古书，记古代琐事……，其他若自然现象，社会状况，虽为儿童所亟欲了解者，均不得阑入教科，以其于应试无关也。"① 显然，蔡元培对旧中国旧式教育读死书、死读书以及繁复的科举考试是坚决反对的。蔡元培重视劳动教育和平民教育，他在北京大学曾办校役班，在上海与友人筹备劳动大学。蔡元培认为，"劳动是人生一桩最要紧的事体"，"使人之精神有张有弛"，应"养成勤劳之习惯"。② 他甚至说："劳动神圣，教育普及，真是取之左右逢其源了。"③ 1927 年，蔡元培等人在上海筹备设立劳动大学，招收中学、小学的毕业生。劳动大学的办学方针为："希望学生成为劳心而又劳力的完全劳动者；学生一面研究学艺，一面必须实行体力的工作，以养成劳动的技能习惯，以及尊重劳动的精神"。④ 劳动大学"系以劳动为立脚点，以劳动为基础，不论何院、何科，都须劳动"。1928 年，在大学院拟定的中华民国教育宗旨中，蔡元培提出了"养成劳动习惯，增高生产技能"⑤ 的要求。

关于劳动教育的意义，蔡元培认为："是故研究教育事业，必须脑力、劳力同时互用，否则不能有良好结果。……进一层言，脑力与劳动同时并进之好处，非独养成身体发达之平均，而最大关键，乃在打破劳动阶级与智识阶级之界限。"⑥ 他进而强调："于是有第二之隶属政治者，曰实利主义之教育，以人民生计为普通教育之中坚。其主张最力者，至以普通学

---

① 蔡元培. 蔡元培教育文选 [M]. 北京：人民教育出版社，1980：48.
② 同①74.
③ 同①94.
④ 同①95.
⑤ 高平叔. 蔡元培教育论集 [M]. 长沙：湖南教育出版社，1987：462.
⑥ 同⑤428.

术，悉寓于树艺、烹饪、裁缝及金、木、土工之中。此其说创于美洲，而近亦盛行于欧陆。我国地宝不发，实业界之组织尚幼稚，人民失业者至多，而国甚贫。实利主义之教育，固亦当务之急者也。"①

　2. 倡导"即工即学"与"工学结合"

　　在劳动教育实施途径方面，蔡元培提出了"即工即学"与"工学结合"的主张。他说："近人盛倡勤工俭学，主张一边读书，一边做工。我意校中工作，可以学生自为。成天读书，于卫生上也有妨碍。……托尔斯泰主张劳动主义，他自制衣履，自作农工，反对太严格的分工。吾愿学生于此加以注意。"② 他还提出不仅要使用这种新方法，而且要不断改进这种方法。蔡元培说："旧的方法不能满足人类的需要，于是世界上有了一种新的方法。这种新方法的原则，是出力少而生产多……。这种方法，也是永远在进步的。要学习这种新方法，而且要不断的加以改良，所以要劳动教育。……但是工场的学徒，从前不施以任何教育，这是因为方法简单，容易学得；现在有了机械，方法复杂，不是从前那样的教法可以学到，所以必须施行教育。"③

　　他的工学结合思想还集中表现在他对留法勤工俭学运动的积极倡导和对少年中国学会所组织的"工学互助团"的热情支持上。1915 年 6 月，蔡元培和李石曾、吴玉章创立了"勤工俭学会"，明确提出了"勤于工作而俭以求学如是，以工兼学之制，试之有效"④。正是这种华工教育，开启了半工半读的教育制度，为脑力劳动与体力劳动的结合、为中国知识分子与工人的结合、为教育和生产劳动的结合，开辟了道路。蔡元培认为工是人的天责，学是工的预备。他在《工学互助团的大希望》一文中写道："人不是为生而工，是为工而生的。"⑤ 这里的"工"既包括"工作"，也含有"劳动"的意思。

---

① 蔡元培. 蔡元培全集：第二卷（1910—1916）[M]. 北京：中华书局，1984：131.
② 蔡元培. 蔡元培教育文选 [M]. 北京：人民教育出版社，1980：132.
③ 高平叔. 蔡元培教育论集 [M]. 长沙：湖南教育出版社，1987：469.
④ 同③80.
⑤ 同③95.

此外，蔡元培深受杜威手工劳动和从做中学思想的影响，认为以记诵为主的课堂教学违背学生天性，放弃实用知识的学习大为不妥，于是大力提倡手工活动与教育相结合。他指出："夫人类自有生以后，即不能遁乎厚生利用之范围。以记诵为常课而屏除致用各科者，诚与人性相违。且教科过重抽象，则神经受过度之刺激，而且启情窦早开之弊。故普通教育中多列手工诸科，不得不视为至当。即如德佛伊氏（今译杜威）一派，欲以烹饪、裁缝及金工诸工为一切科学之导线者，其理论之直当，所不待言。"①

3. 推崇"劳工神圣"的思想

蔡元培对普通百姓抱有深厚的感情，对劳动人民十分尊重。他说："我说的劳工，不但是金工、木工等等，凡用自己的劳力作成有益他人的事业，不管他用的是体力，是脑力，都是劳工。所以，农是种植的工，商是转运的工，学校职员、著述家、发明家，是教育的工，我们都是劳工。我们要自己认识劳工的价值。劳工神圣。"② 他坚定地预言："此后的世界，全是劳工的世界呵！"尽管蔡元培这里所提的"劳工"并不是一个严格意义上的科学概念，但这个口号的提出，反映了当时历史条件下，蔡元培对工人阶级和劳动人民的新认识。他肯定劳工的价值，指出唯劳工最伟大、最有前途，这无疑是正确的、积极的。"劳工神圣"这一口号在客观上也有利于知识分子与工人群众的结合，因而很快成为当时青年学生和许多报刊的用语。在劳工神圣思想的指引下，蔡元培希望知识分子参加劳动，劳动大众学习文化。因此，在大学院成立之初，蔡元培就提出三条教育方针，其中第二条是"养成全国人民劳动的习惯，使劳心者亦出其力以分工农之劳，而劳力者亦可减少工作时间，而得研求学识机会，人人皆须致力于生产事业，人人皆得领略优美的文化"③。

---

① 蔡元培.蔡元培全集：第二卷（1910—1916）[M].北京：中华书局，1984：411.
② 蔡元培.蔡元培教育文选 [M].北京：人民教育出版社，1980：57.
③ 同②184.

（六）陶行知的劳动教育思想

陶行知生活教育理论的核心内容为"生活即教育，社会即学校，教学做合一"，强调在做中教、在做中学，"教学做合一"。可见，连接生活与教育的纽带是"做"和"活动"，表现为"劳力"与"劳心"的结合。纵观陶行知生活教育理论，劳动教育思想在某种程度上是其生活教育理论的核心。陶行知的劳动教育思想集中体现在以下几个方面。

1. 劳动教育的基础："在劳力上劳心，用心以制力"

"在劳力上劳心"是陶行知劳动教育思想的理论基础。他向来主张在劳力上劳心，他说："惟独贯彻在劳力上劳心的教育，才能造就在劳力上劳心的人类；也惟独在劳力上劳心的人类，才能征服自然势力，创造大同社会。"[①] 他指出："中国有两种病。一种是'软手软脚病'，一种是'笨头笨脑病'。害'软手软脚病'的人，便是读书人，他的脑袋一定靠不住，是呆头呆脑的。而一般工人农民都是害的'笨头笨脑病'，所以都是粗手粗脚。一个人要贡献社会，一定要手与脑缔结大联盟。然后，可以创造，可以发明，可以建设国家。"[②] 他还把"会烧饭菜""会种园""会修理"等列入十六项常能。这些对于我们今天的劳动教育是很有启发的。我们培养的人应该是脑袋指挥双手、双手锻炼脑袋的手脑健全的人。

陶行知认为，在传统教育中，劳心者与劳力者是分离的，因而造成了"田呆子"（劳力者）和"书呆子"（劳心者）两个极端。当时的学校里存在许多劳心而不劳力、读书而不做工的"书呆子"，"教书的人是'教死书''死教书''教书死'；读书的人是'读死书''死读书''读书死'"。而社会上的"田呆子"只知道"做死工""死做工""做工死"。[③] 这种传统的教育方式已经严重威胁到国家的安全。而要挽救危亡，必须做

---

① 陶行知.陶行知全集：第一卷［M］.成都：四川教育出版社，1991：130.
② 陶行知.陶行知全集：第二卷［M］.长沙：湖南教育出版社，1985：605.
③ 同②597.

到两条："教劳心者劳力，教读书的人做工；教劳力者劳心，教做工的人读书。"① 陶行知说："在劳力上劳心，是一切发明之母。事事在劳力上劳心，便可得事物之真理。"② 这也就是说，不仅要有物质生产的劳动，更要有精神生产的劳动，要在物质生产劳动的基础上进行精神生产的劳动，这才是陶行知所倡导的劳动教育。

2. 劳动教育的逻辑："行—知—行"

陶行知将自己的名字由"知行"改为"行知"，强调了"行是知之始"，强调通过实践活动获取真知，进而反哺课堂文化教育。他在《行是知之始》一文中指出，"我们拿'行是知之始'来说明知识的来源，并不是否认闻知和说知，乃是承认亲知为一切知识之根本。闻知与说知必须安根于亲知里面方能发生效力"③，阐述了实践出真知与间接读书获取知识的区别。他还指出，"我们对一群毫无机器工厂劳动经验的青年演讲八小时工作的道理，无异耳边风"④。在陶行知看来，劳动是获取真知的重要途径，劳动教育也只有寓于生产实践才能具有长久生命力。

3. 劳动教育的载体

在陶行知看来，"生活教育是生活所原有，生活所自营，生活所必需的教育"⑤。他打破了学校教育的局限，极大地丰富了劳动教育载体。他在《生活即教育》中提到："我们此地的教育，是生活的教育，是提供给人生需要的教育。人生需要什么，我们就教什么。人生需要面包，我们就得受面包教育；人生需要恋爱，我们就得过恋爱生活，也就是恋爱的教育。照此类推，照加上去：是那样的生活，就是那样的教育。"⑥他在《古庙敲钟录》中设想一种融"工场、学堂、社会"为一体的全新办学形式，进一步阐释了教育蕴含于生活里的所有劳动中，劳动教育与生活教育的内涵具有

---

① 陶行知. 陶行知全集：第二卷［M］. 长沙：湖南教育出版社，1985：598.
② 陶行知. 陶行知全集：第一卷［M］. 成都：四川教育出版社，1991：129.
③ 同①153.
④ 同①153.
⑤ 同①633.
⑥ 同①181.

高度一致性。

(七) 吴玉章的劳动教育思想

吴玉章主要是从青少年的成长，从青少年的思想政治教育，特别是从培养新民主主义和社会主义事业的接班人的角度来思考劳动教育的。

1. 高度重视劳动和劳动教育的作用

吴玉章说："劳动是人类赖以生存和发展的永久的必需的条件，人类生活中的一切财富，整个人类历史以至人类本身，都是劳动创造出来的。"① 他在担任延安大学校长时制定的教育方针中指出，"本校实行教育与生产相结合，以有组织的劳动，培养学员的建设精神、劳动习惯与劳动观点"②，而且强调，"劳动教育应该是教育中不可缺少的、经常的重要内容之一"③。他批判了阶级社会中把体力劳动和脑力劳动对立起来的错误做法，认为"劳心者治人，劳力者治于人"以及"万般皆下品，唯有读书高"等观点都是错误的。在他看来，社会主义制度下劳动是"光荣的事业、荣耀的事情"，全体社会成员都应该参加劳动。因此，吴玉章认为中小学的劳动教育应贯穿全部教育过程中，以此培养受教育者的社会主义劳动观念。不仅如此，劳动教育还是新教育与旧教育的本质区别之一。他说："从理论上说来和从现实生活方面说来，劳动教育应该是我们工作中的一个带有根本性的问题。我们的教育事业，既然是劳动人民为实施总任务而进行的斗争的一部分，就必须贯穿着劳动教育的精神。……也是我们的人民教育与剥削阶级所垄断的旧教育的根本区别之一。"④

2. 设计了劳动教育的机构与内容

还在延安大学时，吴玉章就十分重视生产劳动。为此，他在学校成立了生产委员会，制订了生产计划；建立了延安大学工业合作社、制鞋厂、

① 吴玉章. 吴玉章文集 [M]. 重庆：重庆出版社，1987：464.
② 程文. 吴玉章教育思想与实践 [M]. 重庆：重庆大学出版社，1992：102.
③ 同①465.
④ 吴玉章. 吴玉章教育文集 [M]. 成都：四川教育出版社，1989：300.

木工厂、豆腐坊、烧炭队等；师生签署了生产公约，包括努力生产、掌握技术、抓紧时间、发扬互助、爱护工具、学习修理等内容，开展了大生产运动。①

3. 提出了劳动与知识学习相互促进的辩证观点

从哲学认识论的角度看，任何知识都来源于人类的社会实践。生产劳动是人类最基本的实践活动。吴玉章对劳动与知识学习的关系有超乎常人的认识，强调"学生们在学校中所学得普通基础知识，是参加劳动的一种必要准备，更重要的是在劳动生产和阶级斗争的实践中学习，不断提高知识"②，如果学生不积极参与生产劳动和其他社会实践，所学得的知识仅仅是一些抽象的符号，学生自己也会变成"书呆子"。为此，吴玉章特别指出，实践劳动本身就是学习，而且是更重要的学习。

4. 明确提出了劳动教育的目标

一是树立正确的劳动观。学校应该使学生懂得劳动的伟大意义及其在社会主义建设中的作用。吴玉章认为，"社会主义和劳动是分不开的，社会主义是依靠我国全体劳动人民的英勇劳动，努力提高劳动生产率的结果。……要教育他们热爱劳动和养成艰苦朴素的作风。通过各种有益的活动，使少年儿童树立起正确的劳动观点，养成良好的劳动习惯，使他们了解到劳动是光荣的，伟大的，劳动改造世界。任何伟大的事情都得付出巨大的劳动，未来的共产主义社会需要新的一代用辛勤的劳动去建立"③。

二是培养对劳动及劳动人民的深厚感情。吴玉章认为，通过使学生认识劳动人民在历史上的作用和我国劳动人民的历史任务，能够培养学生尊重劳动人民成果的品质。除此之外，让学生经常接触劳动人民，参加具体的生产劳动，体验因自己劳动创造而获得劳动成果的欢悦，可以使学生对劳动的情感得到升华。

三是养成良好的劳动习惯。好习惯是良师益友，劳动习惯的养成离不

---

① 程文. 吴玉章教育思想与实践 [M]. 重庆：重庆大学出版社，1992：107-112.
② 吴玉章. 吴玉章文集 [M]. 重庆：重庆出版社，1987：467.
③ 吴玉章. 吴玉章教育文集 [M]. 成都：四川教育出版社，1989：98.

开具体、经常性的劳动实践。为此，吴玉章要求通过各种形式的劳动，养成学生认真有恒地从事劳动的习惯。

四是掌握一定的劳动技能。吴玉章认为，我们的教育就应该使青少年个个都是有知识的，同时又都是善于劳动的。要善于劳动，就必须掌握必要的劳动技能。

五是培养劳动纪律。吴玉章强调："在进行劳动教育时，还要培养学生自觉遵守纪律的精神。这不仅是为了良好的进行教学的重要条件，更主要的是使学生养成严格要求自己遵守纪律、服从集体的思想和习惯，而为未来参加劳动作好准备。"①

5. 比较详细地阐述了劳动教育的途径和方法

吴玉章把劳动教育视为青少年整个教育中不可缺少的重要内容之一，要求通过各种途径、采取多种方法实施劳动教育。综合吴玉章的有关论述，实施劳动教育主要有四条途径。

一是正规的课堂教学。课堂教学历来被看作传授知识、进行智育的有效途径，但吴玉章另辟蹊径地指出，"要有意识地通过各科正课的教学来进行劳动教育，加强教学内容的思想性和政治性，说明各知识和实际生产劳动的联系，唤起学生成为劳动后备军的强烈愿望"②。显然，吴玉章要求教师在课堂教学中有效地进行劳动教育，这是他关于劳动教育途径思考的一大显著特征。

二是督促学生参加日常劳动和社会公益劳动。劳动教育要经常化，日常的家务劳动便是很好的劳动教育。无论是中小学生还是大学生都应力所能及地做些家务劳动。

三是勤工俭学。他说："凡人只要有志求学，勤工俭学的事是无一人办不到的。因为他生产消费都出在他一身，并无须仰给他人。这等人正是自立自强，甚是可敬。"他还进一步举例说："你看历来自费生的成绩比官

---

① 吴玉章. 吴玉章文集 [M]. 重庆：重庆出版社，1987：466.
② 同①.

费生好，苦学生的成绩比纨绔子弟好。"① 这说明勤工俭学不仅无碍于学习，还能更好地促进学习。

四是参加具体的生产劳动。我国中小学教育担负着为高一级学校输送合格新生和培养劳动后备力量的双重任务。为此，吴玉章要求教育工作者注意抓紧对小学和初中高年级即将毕业的学生进行劳动教育和国家需要的教育，让学生懂得体力劳动和智力劳动都是同样光荣和重要的事情，克服认识上的偏见。此外，结合教学内容，让学生深入生产劳动第一线参观、了解实际情况，参与一定量的生产劳动，也是劳动教育不可或缺的重要环节。

（八）晏阳初的劳动教育思想

作为享誉世界的平民教育家、乡村改造运动的倡导者与实践家，晏阳初把自己毕生的精力献给了中国和世界的平民教育事业与乡村建设事业，在中国乃至世界现代教育史上留下了浓墨重彩的一笔。他的劳动教育思想体现在平民教育理论与实践之中。

1. 注重教育与生产劳动相结合，走知识分子与工农相结合的道路

晏阳初非常重视国民的文化素质，他说："一个共和国的基础稳固不稳固，全看国民有知识没有。"② 然而，当时中国的绝大多数老百姓没有知识，没有文化。1918 年，晏阳初从耶鲁大学毕业后，毅然奔赴欧洲战场，参加为华工服务的工作。在与华工朝夕相处中，他"发现了苦力之苦，也发现了苦力之力"③。他说："通过这些苦力，我开始认识到真正的中国。……我立志，回国以后，不做官，也不发财，抛弃一切荣华富贵，把我的终生献给劳苦大众，为教育劳苦大众，始终不渝!"④ 1920 年，他从美国回国，先后到华中、华北和华西地区 19 个省份进行调研，宣传"除

---

① 吴玉章. 吴玉章文集 [M]. 重庆：重庆出版社，1987：33.
② 晏阳初. 晏阳初教育论著选 [M]. 北京：人民教育出版社，1993：1.
③ 晏阳初. 晏阳初文集 [M]. 成都：四川教育出版社，1990：301.
④ 宋恩荣，熊贤君. 晏阳初教育思想研究 [M]. 沈阳：辽宁教育出版社，1994：2.

文盲，作新民"的平民教育，推动城市平民识字运动。在晏阳初的倡议下，1923 年中华平民教育促进会（简称"平教会"）成立。1929 年平教会在河北定县成立"定县实验区"。晏阳初认为，中国农村的主要问题，集中表现为愚、贫、弱、私，即文盲、贫困、疾病、恶政。针对四大问题，他全身心投入到乡村改造中。晏阳初不仅身体力行，而且号召知识分子从象牙塔走出来，从书本中走出来，深入民间。当时一批又一批大学生、教授、学者和医生纷纷从城市来到农村，参加"定县实验"，走上了知识分子与工农大众相结合的道路。

2. 劳动教育的功能："担负民族再造"的重大使命

晏阳初认为，当时中国的生死问题，不是别的，是民族衰老、民族堕落、民族涣散，根本上是"人"的问题。为了彻底解决这个难题，晏阳初提出了"农村运动"，即乡村改造运动，在农村大力实施"实验的改造民族生活的教育"①。这种教育以培养民族的新生命、振拔民族的新人格、促进民族的新团结为目标，以适应实际生活、改良实际生活、创造实际生活为内容。如何才能实现这种新教育呢？开展农村新的生产劳动教育不失为一种选择。正如晏阳初指出的，这"绝不是在书本上言语上的教育可以做得来的，教者与学者，都要在实际生活上去实地历练才成。举两个例来说：比如教农村青年选择良种，驱除病虫，其方法不重在教室内黑板的讲演，而重在田地里的实际工作。其目的不光在增加生产，而要在输入科学知识，造成科学头脑，这正是在改良实际生活的实验中，培养民族的新生命，振拔民族的新人格。又如在农村里提倡办合作社，其目的不仅在增加农民的收入，而要在培养他们的合作精神、合作习惯、合作技能，以促进民族的新组织新团结"②。

3. 劳动教育的重点是实施生计教育

在《中华平民教育促进会宣言》中，晏阳初写道："解决生计，消弭乱机，奠定国本。"平民教育共分三步："第一步是识字教育，第二步是公

---

① 晏阳初. 晏阳初教育论著选［M］. 北京：人民教育出版社，1993：63.
② 同①.

民教育，第三步是生计教育。"① 为了达此目的，晏阳初强调，在开展平民教育时必须大力"实施生计教育，辅导、指导、改善平民生活。在城市中如关于工业、工艺等，在乡村里如关于农业、农艺等"②。这里，生计教育包含许多劳动教育的内容。比如，"在乡村，如办：（一）农家改进社，（二）农事表扬证等，以改进农民的生活及改良我们中国固有的农艺。在城市中，如办：（一）平民银行，（二）平民工厂，以改进我们中国固有的工艺"③。在《中华平民教育促进会定县实验工作报告》中，晏阳初详细论证了农村劳动教育的形式与内容。第一，生计巡回训练实验学校。学校"以生活的秩序，为教育的秩序，顺一年时序之先后，施以适合的教育，授以切实的技术。第一期在春季，第二期在夏季，第三期在冬季。……训练科目：分为植物生产、动物生产、农村经济、农村工艺四类"④。第二，表证农家。工作的大概步骤是，凡本部交动物植物予其表证，同时给予各种表格，教其使用方法，彼等须将表证经过情形，随时照实填写，并将经验心得教授其他农民。第三，实施推广训练。晏阳初强调，此种训练，乃用表证农家，将其在生计部指导下所获得的知识与技能、表证经验及结果传授给一般农民。⑤

4. 劳动教育的目的是培养有知识、有生产力、有公共心的人

晏阳初认为，平民教育的根本目的是"教人做人，做整个的人"。具体包括三部分：第一要有智识力，第二要有生产力，第三要有公共心。"总之，平民教育是养成有知识力、有生产力和有公德心的整个人。"⑥ 他批评了以前国人的一个通病：没有读书以前，愿意做工，愿意劳动，一旦成为文人，就不愿参加生产劳动了。还有部分人，终日埋头窗下，只求书本知识，成为寄生虫式的书呆子。于是，他提出，"平民教育于实施文字

---

① 晏阳初. 晏阳初教育论著选［M］. 北京：人民教育出版社，1993：28.
② 同①23.
③ 同①25.
④ 同①87.
⑤ 宋恩荣，熊贤君. 晏阳初教育思想研究［M］. 沈阳：辽宁教育出版社，1994：135.
⑥ 同①34.

教育外，使人人备具生产的技能，造成能自立的国民。倘全国人民均有生产能力，国民生计，必皆富足"①。在晏阳初论述创办乡村建设学院的"六大目标"时，他仍然把"劳动者的体力"作为第一目标。他认为，推行省政建设，改造乡村，身体得是一副钢筋铁骨。他说："一个人非讲求体力不可，体力不好，则容易悲观、消极。单求体力还不行，我们还要能够劳动，千万不要以为劳动有损于你们人格，有损于你们的体面。"②

5. 劳动教育的原则是"所学即为所用，所用即为所学"

晏阳初认为，广大平民的劳动教育要以平民的需求为导向，需要什么就学习什么，而且要用经济、简单、适宜的方式进行。他指出，"我们研究的一切设施与方法，都必须把握四大原则：其一，力求简单。其二，力求经济。其三，力求实际。其四，是否有基础性"③。因此，晏阳初提出，在定县要从农业生产、农村经济、农村工业等各方面着手，以达到农村经济建设的目标。在农业生产方面注意训练农民能接受最低限度的现代农业知识与技术，如选种、园艺、畜牧等工作，使他们应用农业科学提高生产。在农村经济方面，教育农民利用合作方式，组织自助社、合作社、合作社联合会等经济组织，使农民在破产的情况下能得到相当的补助。在农村工业方面，除改良农民手工业之外，并提倡其他副业，以增加经济收入。④

(九) 凯洛夫的劳动教育思想

凯洛夫十分重视苏联学生的劳动教育。他指出，"在苏维埃人身上应当培养起来的重要品质之一是共产主义劳动态度，它具体表现在对劳动的尊重和热爱上，表现在对事业的自觉的创造性的态度上，表现在高度的劳动纪律和劳动修养上。……只有在综合技术教育和劳动教育实施得最完善

---

① 晏阳初. 晏阳初教育论著选 [M]. 北京：人民教育出版社，1993：33.
② 宋恩荣，熊贤君. 晏阳初教育思想研究 [M]. 沈阳：辽宁教育出版社，1994：192.
③ 同①56.
④ 同①51.

的学校里，只有在实现了教学与生产劳动相结合的原则的学校里，才能够顺利地解决培养学生共产主义劳动态度的任务"①。

1. 劳动教育的性质和意义

他十分深刻地指出，"在社会主义取得了胜利的国家里，劳动者掌握了政权，国家的经济基础是生产资料公有制。在这样的国家里，第一次出现了人们的共产主义劳动态度。这种新的道德品质，对于提高劳动生产率是很有帮助的"②。而这种复杂的道德品质，不是一下子就能够在儿童身上培养起来的。从形成勤勉可靠和最简单的劳动习惯，到培养义务感和高度的劳动修养，学生需要走过一条漫长的道路。他指出，"正是在劳动过程中，苏维埃学生的劳动技能和技巧培养起来了，他们对劳动的兴趣和爱好培养起来了，劳动是光荣而荣耀的事情这种观点也形成了，尊重劳动者而鄙视不愿劳动的人的感情也培养起来了"③。

2. 劳动教育的内容和方法

怎样培养共产主义劳动态度呢？凯洛夫提出了如下基本内容和方法，就是学习、公益工作和日常生活中的劳动。他认为，"学生的学习是他们的基本形式的活动，这种活动是一种极其紧张的智力劳动，需要有坚强的意志力。教师可以利用学科的内容来形成学生的共产主义劳动观点。学生的公益工作是他们的一种有组织的活动，它的目的是使学生积极而量力地参加经济和文化的建设。公益工作包括学生所进行的生产劳动和社会工作两个方面。苏维埃学生的生产劳动和社会工作的形式如同生活本身那样是多种多样的"④。

凯洛夫认为，一至四年级的学生可以在学校实验园地工作，如消灭农业害虫，栽培树苗，打扫并布置自己的教室，制作直观教具。此外他们还可以进行一定的社会工作，如担任卫生员、事务员、班级图书管理员。五

---

① 凯洛夫，刚查洛夫，叶希波夫，等. 教育学 [M]. 北京：人民教育出版社，1957：286.
② 同①.
③ 同①.
④ 同①288.

至七年级的学生可以制作和修理教具，帮助本校图书馆修补和装订书籍，修理学校的家具，整理和绿化学校庭院。他们还可以在校外进行公益工作，在集体农庄劳动，保护护田林带，绿化街道。高年级学生的公益工作尤其多样化。八至十年级的学生可以积极参加国家的生活。他们可以在企业、集体农庄的田间进行工作，可以参加建筑房屋和体育场的工作，可以为农村装设电力设备和无线电，可以在居民中间进行群众性的文化工作和宣传鼓动工作，还可以参加选举活动。① 显然，凯洛夫认为"公益劳动"的种类是多种多样的，但最主要的是让学生进行工业和农业生产劳动，积极投入到劳动集体的生活中去。

3. 劳动教育的组织

如何组织学生的公益工作？凯洛夫明确提出，"对组织学生公益工作的一个最重要的要求，就是公益工作要服从于学校的教导任务。应当把劳动跟对学生进行的广泛的教养以及道德教育和政治教育结合起来"②。同时，对学生进行的劳动教育应当具有明显而有益的效果，即让学生成为对祖国更有用的人。学生从事劳动应当量力而行，即劳动应适合他们的体力和智力。另一个重要要求就是工作的进行要具有系统性。优良学校的教师集体都能够根据学校的经济环境和当前任务，学生的年龄特征、知识水平和实际技能，各年级教学大纲的内容来制定出一套实施公益劳动的办法。③

凯洛夫的劳动教育思想具有鲜明的社会主义特点，不是为劳动而劳动，不是为了休闲，不是为了单纯的身体健康。他从培养苏维埃共产主义接班人的角度论述劳动教育的性质，从劳动教育与道德教育、政治教育相结合的角度分析劳动教育的意义，并对社会主义社会开展劳动教育的内容与方法，以及如何组织开展都做了精辟的论述，具有开创性意义。

---

① 凯洛夫，刚查洛夫，叶希波夫，等．教育学［M］．北京：人民教育出版社，1957：289.
② 同①291.
③ 同①292.

（十）苏霍姆林斯基的劳动教育思想

苏霍姆林斯基是苏联著名的教育理论家、实践家和改革家。他在教育生涯中，始终坚持并注重学生的全面和谐发展，强调全面和谐发展必须以劳动教育为基础，劳动教育是苏霍姆林斯基教育体系的核心。

从思想渊源看，苏霍姆林斯基继承和发展了列宁、马卡连柯关于劳动与教育相结合的思想。他认为没有劳动的教育至少是片面的教育，劳动教育在个性全面和谐发展教育中占有重要的地位，是它的有机组成部分。在论述劳动教育时，苏霍姆林斯基没有重复前人关于是否需要开展劳动教育、劳动教育的价值与途径等论述，更没有局限于教学如何与生产劳动相结合。他指出，劳动教育既能更多地创造社会财富，使社会变得更加美好，又能改善人的精神面貌，使他们的精神生活更加充实。

1. 劳动与劳动教育的意义

苏霍姆林斯基十分重视劳动的巨大意义和重要作用。他指出，人通过劳动创造的社会财富越多，对世界本质的认识就越深，对社会的贡献就越大，自己的内心就越感到满足。精神上越感到满足，劳动便越成为一种自我需要，人就越愿为社会做出无私的贡献，使世界变得更美好。

关于劳动教育的意义，苏霍姆林斯基是把它放到学生个性全面和谐发展中来论述的。他认为，社会主义教育的目标就是培养"个性全面和谐发展的人"，要培养这样的人，就必须对学生进行智育、德育、体育、美育和劳动教育。不言而喻，劳动教育在人的全面发展中占有举足轻重的地位，具体说，它有助于学生形成良好的道德品质和行为习惯，有助于发展学生的智力，有益于学生的健康。

揭示劳动教育与智育的相互关系，是苏霍姆林斯基劳动教育思想的核心贡献。他提出了创造性劳动以及手脑并用等教育性原则，提倡劳动教育与智育的有机结合，要求青少年在劳动中思考、在思考中劳动。苏霍姆林斯基指出劳动中的创造是青少年智力发展的强烈刺激因素，创造性的思维能帮助青少年思考和掌握那些在大多数情况下不被发现、不能直接观察到的现象。他提出，不能简单地认为劳动是对课堂知识的巩固和检验，而是要通过劳动发展人的智力，培养人的创造力。为了使劳动和智力发展统一起来，为了把有趣的创造与双手的劳动结合起来，他在帕夫雷什中学设置了少年植物栽培小组、园艺小组、养蜂小组、机械师小组、电工小组、无线电技师小组、车工小组、畜牧家小组、花卉栽培小组。每个小组都是智力生活和劳动创造的中心，其可贵之处在于使每一个少年都成为劳动者、思想家和探索者，让他们体会到劳动的快乐，并在创造中认识世界、认识自己。

2. 劳动教育的目的

苏霍姆林斯基明确提出，在苏维埃学校实施劳动教育必须实现两个最基本、最主要的目的，即劳动的社会目的和劳动的思想（教育）目的。所谓劳动的社会目的，即劳动必须为社会创造财富，体现经济价值；如果劳动不能创造社会财富，不能生产实际的物质产品，那么，这种劳动只能被视为无效劳动。无效劳动是没有任何教育价值和教育意义的，他严肃谴责了这种无效劳动。所谓劳动的思想（教育）目的，指劳动教育可以改变学生的思想面貌，丰富、充实学生的精神生活，提高学生的道德素养和审美情操，培养学生的劳动态度和劳动习惯。苏霍姆林斯基认为，这才是劳动教育的根本目的，也是劳动教育的价值和意义所在。[1]

如何才能实现劳动教育的社会目的呢？苏霍姆林斯基认为，首先，劳动者必须具备为社会创造物质财富和精神财富的愿望与能力，把劳动看成对从世代长辈那里所继承的物质财富和精神财富的报答。其次，必须注重劳动的社会效益和经济效益，每次劳动，包括自我服务，都应该为增进社会福利、促进社会发展做出贡献。[2]

3. 劳动教育的任务："创造性劳动"

"创造性劳动"是苏霍姆林斯基劳动教育思想的关键。他敏锐地感到，

---

① 王吉吉. 苏霍姆林斯基劳动教育对个性全面和谐发展的作用研究［D］. 哈尔滨：哈尔滨师范大学，2017：18.

② 李明德，赵荣昌. 外国教育家评传：第三卷［M］. 上海：上海教育出版社，1992：688.

当今社会，科学技术迅速发展，已逐渐成为社会的直接生产力。创造性劳动不仅促进国家繁荣、社会进步，而且促进人的个性发展，提高人的道德修养。他的"创造性劳动"包括以下几方面内容。第一，用足够的知识、智慧和精练的才干去丰富劳动内容，完善劳动过程，使劳动充满丰富的智力活动。他认为，体力劳动特别是那些极为单调而繁重的体力劳动，需要更多地依靠智慧，要与智力相结合。在科技发展和知识激增的今天，"只有当劳动能使个人和集体的智力生活得到丰富，智力兴趣、创造兴趣得到多种内容的充实，道德更加完美以及美感得到提高的时候，它才能成为教育的力量"①。这样的劳动才能产生好的成果，产生新构思、新方案和新产品。第二，用新技术取代传统劳动方式，用机械化代替纯体力劳动，以减轻劳动强度，提高劳动效益。他说，只有重视科学技术的成就，并不断将它应用于生产实践和科学实验，使科学和技术渗透在日常的劳动活动中，才能生产大批的高质量的产品。第三，要既动手又动脑，手脑并用，通过劳动使学生在精神方面得到提高。苏霍姆林斯基说："手使脑得到发展，使之更明智，脑使手得到发展，使手成为从事创造活动的聪明工具，成为思想的工具和镜子。"② 苏霍姆林斯基关于"创造性劳动"的思想是他的个性全面和谐发展理论乃至整个教育理论中最新颖也最富有现实意义的部分。③

4. 劳动教育的原则和方法

关于开展劳动教育、综合技术教育的原则与方法，苏霍姆林斯基提出了许多富有启发性的意见。第一，劳动教育必须与促进个性全面和谐发展的教育（德育、智育、美育、体育）相结合。第二，坚持劳动的崇高道德性及其明确的公益目的性。他认为，共产主义劳动的基础不仅仅在技术，重点在培养人，在培养共产主义劳动者的思想和志向。因此，学校的劳动教育必须力求通过激发那种为社会带来利益的愿望，激励学生去劳动。劳

---

① 张庆远 . 苏霍姆林斯基的德育理论与实践［M］. 成都：四川人民出版社，1992：205.
② 李明德，赵荣昌 . 外国教育家评传：第三卷［M］. 上海：上海教育出版社，1992：691.
③ 李真 . 苏霍姆林斯基劳动教育思想初探［D］. 济南：山东师范大学，2006：35.

动必须同学生多方面的精神生活相结合。第三，劳动和劳动教育的类型要多样化。苏霍姆林斯基认为，儿童的天性是喜欢各种类型的劳动，因此，在劳动教育中应经常变换劳动形式、劳动内容和劳动工具，充分发挥学生的主动性。第四，强调劳动教育的创造性和手脑并用。第五，注重劳动的普遍性、经常性和连续性。苏霍姆林斯基认为，只有那些需要经常对它进行思考和操心的长时期的劳动，如培育优良品种和果树栽培等，才能发挥学生的积极性，锻炼他们的意志。第六，儿童劳动的量力性。苏霍姆林斯基认为，所谓"儿童劳动的量力性"不仅指体力负担要符合儿童的身体状况，而且要把体力劳动和脑力劳动恰当地交替进行，劳动教育的类型要多样化。他认为，儿童在任何劳动中产生疲劳感是正常的，决不能使儿童的体力和神经系统过度疲劳。①

5. 苏霍姆林斯基劳动教育思想的启示

第一，高度重视劳动和劳动教育在人的个性全面和谐发展中的作用。苏霍姆林斯基的个性全面和谐发展理论包括三个方面的内容。首先，全面和谐发展是指多方面的发展，就是通过教育，使学生在身体、品德、智力、劳动和审美方面都得到发展。其次，学生身心两个方面都要同时得到发展，而且还要手脑并用、脑体结合。最后，学生只有在德、智、体、美、劳多方面达到一定的发展深度和发展广度，形成统一体，才能是全面发展。他说："要实现全面发展，就要使智育、德育、体育、劳动教育和审美教育深入地相互渗透和相互交织，使这几方面的教育呈现为一个统一的完整过程。"②

第二，强调通过劳动培养学生集体。苏霍姆林斯基认为，劳动是使集体的思想、情感相一致和结合起来的有效途径，只有在具有崇高理想和需要坚强意志的艰苦劳动中，才能培养为人民服务、为社会进步贡献力量的集体；只有在为人民幸福从事的集体劳动中，才能真正培养共产主义集体。

第三，注重科学技术在劳动教育中的应用。现代科学技术的大发展对

① 单中惠. 西方教育思想史 [M]. 太原：山西人民出版社，1996：858.

② 苏霍姆林斯基. 帕夫雷什中学 [M]. 北京：教育科学出版社，1983：9.

人的个性全面和谐发展提出了新要求，同时也对劳动教育的形式和内容提出了新要求。劳动教育必须与时俱进，既要利用高科技的成果，适应高科技的要求，更要改变现代劳动教育的理念，注意采用新的劳动教育方式。

二、现代劳动教育思想的特征

进入现代社会，学校劳动教育变得更全面、更系统。主要表现在：第一，劳动教育的育人功能显著增强。现代社会对人的素质，特别是青少年的综合素养提出了更高的要求。青少年处于生长发育期，开展适合他们年龄的劳动教育，能够培养其责任心、意志力，也会带给青少年收获劳动成果的喜悦，帮助他们增强自信心。劳动能培养青少年尊重劳动、热爱劳动、尊重劳动人民的品质，树立劳动光荣、不劳为耻的思想观念。劳动是创造的基础，劳动过程中需要运用各种知识，可以使学生把课堂上学到的书本知识和实际联系起来，帮助他们增强对书本知识的理解，同时促进脑力劳动和体力劳动的结合，成为全面发展的新人。

第二，劳动教育的任务明显增多。一是帮助学生树立正确的劳动观念：人类的历史首先是生产发展的历史，是劳动人民创造的历史。劳动创造世界，劳动是人类生活的本质。不劳动，人类就不能生存、繁衍和发展；不劳动，社会就不能进步、繁荣和昌盛。辛勤的劳动是国家富强、人民富裕的根本保证。二是使他们懂得劳动的伟大意义，认识劳动是公民的神圣权利和义务；懂得轻视体力劳动和体力劳动者，是数千年来剥削阶级思想的残余；了解把脑力劳动同体力劳动相结合的重要意义。三是培养学生热爱劳动和劳动人民的情感；养成劳动的习惯，形成以劳动为荣、以懒惰为耻的品质；抵制好逸恶劳、贪图享受、不劳而获、奢侈浪费等恶习。四是帮助学生认识学习是学生的主要劳动，教育学生从小勤奋学习，正确对待升学和就业，将来担负起艰巨的劳动任务。

第三，劳动教育的形式日益多样化。现代劳动教育可以采用自我服务性劳动、手工劳动、社会公益劳动、生产劳动等形式。

第四，劳动教育的内容制度化、规范化。从制度层面看，劳动教育的内容进入了课程计划、课程标准，劳动教育内容的性质与价值更加明确，劳动教育内容的合法性和有效性得到了保障。从课程内容的组织与实施的角度看，劳动教育的内容更加科学化、综合化和规范化，实施更加严谨、灵活、适应学生身心特征。

三、现代劳动教育发展的若干启示

第一，全面、准确、科学地认识青少年劳动教育的本质。纵观劳动教育的历史发展过程，不难看出，劳动教育的根本目的是培养适应现代生产和现代生活的人，实质是教育与生产劳动相结合、与社会生活相结合。通过现代劳动教育，培养适应现代科技、现代生产的"自然人"，培养适应现代社会、现代生活的"社会人"，培养有劳动能力、自食其力、有尊严的人。

第二，全面、准确、科学地认识劳动对青少年的价值与意义。劳动教育思想史告诉我们，一般劳动并不具有教育的功能，劳动教育中的劳动活动是对一般劳动的"课程化和育人化"改造，它在目的要求、活动对象、组织形式方面都发生了深刻的变化。劳动教育的目的在于育人，即学生的个性全面发展，劳动的对象一般不是原始的自然，而主要是被人改造后的自然，学生要在教师有意识的指导和帮助下进行劳动。劳动产品虽然也会有物质产品，但更关键的是精神产品，即对学生的精神改造和天赋的发挥。这些变化的实质是对一般劳动的再改造：集中、利用和发扬它本质的积极的方面，即自觉自由地创造这一方面，扬弃它非本质的消极的方面，即那种为生活所迫、强制和奴役人的因素。因此，我们不能认为凡是参加劳动就自然而然地受到教育了，教育者必须对学生参加的劳动活动进行"课程化和育人化"改造，使得学生参加的劳动不再是纯粹的劳动，而是实现教育目的的过程和手段。[①]

---

① 林建华. 论苏霍姆林斯基的劳动教育观 [J]. 青年与社会，2013（9）：90-93.

第三，全面、准确、科学地认识青少年劳动教育与德、智、体、美等教育的关系。劳动教育必须与学校德、智、体、美等教育相结合，劳动教育是融合在学校教育之中的，它是学校整体教育的重要组成部分，并不是外加的。劳动教育不是教育的一个单独组成部分，而是劳动与教育的内在统一，是以劳动贯穿全部教育的过程。劳动以外的教育和没有劳动的教育是不存在的，也是不可能存在的。学生的学习即劳动，而且是这一阶段的主要劳动，因此，劳动教育不能游离于学校教育之外。我们既反对轻视、忽视劳动教育，更反对另外设计一套与学校教育相脱离的劳动教育。

第四，全面、准确、科学地认识青少年劳动教育的时代性。教育必须与新时代同步，与以新产业、高科技特别是信息技术、人工智能为基础的劳动相结合。还在改革开放初期，邓小平同志就指出，"为了培养社会主义建设需要的合格的人才，我们必须认真研究在新的条件下如何更好地贯彻教育与生产劳动相结合的方针"[①]。新时代以信息化、智能化为核心的经济建设，要求现代的劳动者在掌握一定的生产经验的同时，更要掌握先进的科学知识。邓小平同志说："劳动者只有具备较高的科学文化水平，丰富的生产经验，先进的劳动技能，才能在现代化的生产中发挥更大的作用。"[②] 显然，现代劳动教育，或者说现代教育与生产劳动相结合，首先应适应现代国民经济生产的需要，与国家经济发展保持同步。实践证明，科学技术无论在教育与生产劳动相结合，还是在劳动与教育的结合中，都有举足轻重的作用。离开了科学技术，青少年无法掌握生产劳动的原理，就不可能使教育的发展与国民经济相适应。但是，这里的科学技术是结合的关键点、中介所在，而非本质。在教育实践过程中，只抓科学技术教育，就以为贯彻了教劳结合，只会带来误导。总之，现代科学技术的发展必然要求教育与生产劳动相结合，但教育与生产劳动相结合的内容、方法必须不断发展，以适应快速发展的科技。因此，开展现代劳动教育必须与时俱进。

---

① 邓小平. 邓小平同志论教育 [M]. 北京：人民教育出版社，1990：109.
② 同①85.

第四章

劳动教育目标

劳动是人类最长久、最普遍、最基本的实践①。劳动是人类生存的基础和手段，是人类创造并积累物质财富和精神财富的过程，是人类自我创造、自我完善的过程。一个有进取心的民族，必然是崇尚劳动的民族；一个崇尚劳动的民族，才是有希望的民族。在优秀人才的品德和能力谱系里，必然包含劳动素养这个重要指标。马克思指出："生产劳动同智育和体育相结合，它不仅是提高社会生产的一种方法，而且是造就全面发展的人的唯一方法。"② 苏霍姆林斯基指出，"儿童的智慧出在他的手指头上"③。学生在实践中学得越多，感悟得越深刻，就越能做到知行合一。劳动教育必须成为学生的必修课，学生应成为劳动精神的弘扬者、引领者。

---

① 实践是人们能动地改造和探索客观现实世界的社会性活动，它反映着客观世界，是认识的基础，也是检验真理的唯一标准。实践分为生产实践、社会实践、科学实践，只有生产实践属于劳动范畴。
② 马克思，恩格斯．马克思恩格斯全集：第23卷［M］．北京：人民出版社，1972：530.
③ 苏霍姆林斯基．苏霍姆林斯基选集（五卷本）：第2卷［M］．北京：教育科学出版社，2001：633.

劳动教育是家庭、学校、社会对年轻一代参加社会生产和服务的实际训练，是促进青少年全面健康发展的重要途径。重视劳动教育是世界各国的普遍做法，如芬兰的手工教育已经开展了一个多世纪，早在1866年就作为普通民众学校的必修课被写入国家法案①。自马克思创造性地提出通过教劳结合克服体脑分离的思想以来，社会主义国家普遍重视劳动教育的价值，强调开展体脑结合的劳动教育，培养社会主义的合格建设者和可靠接班人。

我国拥有世界上最大规模的劳动者队伍（77471万人，2019年）②，国民生产总值稳居世界第二位（990865亿元，2019年），人均GDP高于中等偏上收入国家平均水平（突破1万美元，2019年）。③ 正是劳动者的奋斗，使中国在世界经济体系中占有了举足轻重的地位。

新中国成立以来，我国开展了具有中国特色的劳动教育实践。习近平总书记指出，"人民创造历史，劳动开创未来"。在2018年召开的全国教育大会上，习近平总书记指出：要努力构建德智体美劳全面培养的教育体系，形成更高水平的人才培养体系；要在学生中弘扬劳动精神，教育引导学生崇尚劳动、尊重劳动，懂得劳动最光荣、劳动最崇高、劳动最伟大、劳动最美丽的道理，长大后能够辛勤劳动、诚实劳动、创造性劳动。这为我们把握新时代劳动教育的精神实质，开展好适应新时代需要的劳动教育提供了思想指南和行动纲领。劳动教育的最终目的是让青少年有幸福生活的能力，劳动教育的目标就是培育劳动观念、端正劳动态度、养成劳动习惯、增强劳动情感、增长劳动知识、提升劳动技能。2015年，教育部、共青团中央、全国少工委联合颁布的《关于加强中小学劳动教育的意见》指出，要通过劳动教育，提高广大中小学生的劳动素养，促进他们形成良好的劳动习惯和积极的劳动态度，使他们明白"生活靠劳动创造，人生也靠劳动创造"的道理，培养他们勤奋学习、自觉劳动、勇于创造的精神，为

---

① 康建朝. 跨越一个半世纪的手工教育 ［N］. 中国教育报，2019-12-20（5）.

② 张毅. 就业形势总体稳定　预期目标较好完成 ［N］. 经济日报，2020-01-19（6）.

③ 赵同录. 发展质量不断提升　转型升级成效明显 ［N］. 经济日报，2020-01-19（6）.

他们终身发展和人生幸福奠定基础。2020 年，中共中央、国务院印发《关于全面加强新时代大中小学劳动教育的意见》，其中强调劳动教育是中国特色社会主义教育制度的重要内容，要求把劳动教育纳入人才培养全过程，贯通大中小学各学段，贯穿家庭、学校、社会各方面；对加强新时代劳动教育进行了整体设计，明确了劳动教育总体目标。按照这个总要求，参考国际流行的教育目标分类理论（美国心理学家布鲁姆把教育目标分为认知领域目标、情感领域目标和动作技能领域目标），本研究从认知、情感、动作技能三个方面分析了劳动教育目标。具体而言，劳动知识侧重认知领域，劳动态度、价值观侧重情感领域，劳动技能侧重动作技能领域。新时代劳动教育的目标就是培育劳动观念、端正劳动态度、养成劳动习惯、增强劳动情感、增长劳动知识、提升劳动技能，培养具有劳动知识、劳动技术素养、劳动精神、劳模精神、工匠精神，能够辛勤劳动、诚实劳动、创造性劳动的社会主义建设者和接班人①。

第一节 培育科学的劳动价值观

价值观是人们关于什么是价值、怎样评判价值、如何创造价值等问题的根本观点，是基于人的一定的思维感官所做出的认知、理解、判断或抉择，也就是人认识事物、辨别是非的一种思维或价值取向。劳动价值观是人们对劳动的根本看法和态度，是人生观、价值观、世界观的重要组成部分，让学生形成正确的劳动价值观是劳动教育的核心目标。正确的劳动观念是学生形成正确的劳动意识的前提。人的价值实现与其劳动价值观密切相关。马克思主义劳动观是界定和认识劳动教育的基石，劳动价值观是马克思的基本观点。马克思认为，劳动不仅是谋生的手段，也是通向客观世界与主观世界的媒介，更是实现人性至美至善、使人彻底自由的必由之

---

① 徐长发. 新时代劳动教育再发展的逻辑 [J]. 教育研究，2018（11）：12-17.

路。恩格斯明确提出并全面论证了劳动创造人的原理，在《劳动在从猿到人的转变中的作用》中他指出："政治经济学家说：劳动是一切财富的源泉。其实，劳动和自然界在一起才是一切财富的源泉，自然界为劳动提供材料，劳动把材料转变为财富。但是劳动的作用还远不止于此。劳动是整个人类生活的第一个基本条件，而且达到这样的程度，以致我们在某种意义上不得不说：劳动创造了人本身。"① 劳动是从猿到人这一进化过程中的决定力量，人的创造性劳动使人与动物区分开来。

劳动教育的目的就是让学生了解劳动在人类日常生活中的重要作用，让"劳动最光荣、劳动最崇高、劳动最伟大、劳动最美丽"的观念深入人心，让学生形成"不劳动者不得食"的理念，摒弃好逸恶劳、好吃懒做、投机取巧、坐享其成、不劳而获等错误观念。劳动教育有助于学生理解劳动创造价值：劳动不仅是物质财富的源泉，也是精神财富的源泉，劳动是财富之父，土地是财富之母。劳动在创造社会财富方面的巨大的、不可替代的作用，揭示和确证了劳动是人类存在、发展的动力和条件。"劳动""抽象劳动"这些作为现代经济学的起点的范畴的产生，是与以追求货币为目的的雇佣劳动制度的产生相联系的，它打开了现代劳动分工体系的形成和发展之门。今天人们生产产品、创造价值的劳动，不再是以生产简单工具和简单日常用品为基础的、只需要很简单的工艺流程就可以完成的简单劳动，而是需要许多现代化的机器设备等资本要素的社会化大生产条件下的复杂劳动，生产和消费之间的链条也大大拉长了。但即使是最复杂的生产工具和机器设备，如果向前层层推移，最终都归结于人类的活劳动，劳动在社会生产过程中仍然起着重要的、不可替代的作用。

劳动教育有助于青少年懂得劳动意义。劳动是人们改变物质对象，使之满足自身需要的有目的的活动，是人类生存和发展的最基本条件。马克思指出："任何一个民族，如果停止劳动，不用说一年，就是几个星期，也要灭亡，这是每一个小孩都知道的。"② 远离劳动，也必然造成人的退

① 马克思，恩格斯．马克思恩格斯选集：第3卷［M］．3版．北京：人民出版社，2012：988.
② 马克思，恩格斯．马克思恩格斯全集：第32卷［M］．北京：人民出版社，1974：541.

化，这种退化不只反映在体质上，还反映在品质与意志上。自古圣贤多磨难，是故孟子说："天将降大任于是人也，必先苦其心志，劳其筋骨，饿其体肤，空乏其身，行拂乱其所为，所以动心忍性，曾益其所不能。"（《孟子·告子下》）。一个没有经过劳动磨炼的人，是难以懂得生活真味的，也注定无法担当"大任"。劳动使人理解生活的本质，劳动培养人的意志与毅力，甚至使人感受到整个人生的意义。劳动还能让人快乐，给人带来一种精神的享受。复杂劳动与简单劳动的协同是时代的基本事实，这个基本事实可以归结为马克思主义劳动价值论的公理性假设，可以归结为复杂劳动与简单劳动协同创造价值。要通过劳动教育让青少年懂得，幸福生活建基于辛勤劳动之上。

劳动教育有助于青少年形成正确的劳动价值取向，明白劳动不仅创造了世界，而且"劳动创造了人本身"，劳动培养造就人才。劳动教育的核心是有效实施中国特色社会主义劳动价值观教育。习近平总书记指出"劳动是人类的本质活动，劳动光荣、创造伟大是对人类文明进步规律的重要诠释"，他把劳动与开创中国特色社会主义新时代联系起来，明确提出"社会主义是干出来的，新时代也是干出来的"，实现了劳动"事实"与劳动"价值"的高度统一，形成了"实干兴邦"的劳动实践观、"民族复兴"的劳动发展观、"崇尚劳动"的劳动价值观、"热爱劳动"的劳动教育观，构筑起以劳动支撑中国特色社会主义伟大事业的实践路径[1]，为大中小学提出了加强劳动教育的重要任务和课题。新时代的劳动理念认知表现为尊重劳动、崇尚劳动、热爱劳动，劳动行为实践表现为劳动者辛勤劳动、诚实劳动、创造性劳动，二者共同构成劳动精神的内涵。

一、懂得劳动最光荣

光荣意为荣誉、荣耀。西汉桓宽在《盐铁论·散不足》中说："虽无

---

[1] 刘向兵. 针对网络原住民的劳育新在哪？[N]. 中国教育报，2018-12-20（7）.

哀戚之心，而厚葬重币者则称以为孝。显名立于世，光荣著于俗。"唐代诗人皎然在《送乌程李明府得陟状赴京》中说："仲容纶綍贵，南巷有光荣。"明代方孝孺在《送伴读朱君之庆府序》中说："与贤者同志则光荣；与愚者同事则污辱。"光荣的反义词是可耻、羞耻、耻辱。

劳动最光荣，是劳动推动历史前进、拉动社会发展、实现时代进步。亚当·斯密在《国民财富的性质和原因的研究》的开篇指出："劳动是国民财富的源泉。"劳动光荣，不劳而获、坐享其成可耻，当寄生虫、"啃老族"可鄙，这在古今中外都是人们认可的道理。劳动是社会实践的重要形式，是创造物质财富的根本途径，社会发展需要劳动实践。劳动创造了社会财富，劳动创造了幸福，劳动创造了社会的和谐美，劳动创造了人类，劳动实现了人的价值特别是人的社会价值。劳动使人民群众成为历史的主体，人民群众通过劳动创造了巨大的物质财富、精神财富，他们是社会变革的决定力量。

"职业无贵贱，工作有分工，劳动最光荣"体现了深刻的哲学思想，渗透着"不劳动者不得食"的理念，反映了多劳多得、少劳少得的公平分配的社会体制特点。按劳分配是由社会主义的客观经济条件所决定的，是社会主义特有的经济规律，是社会主义社会分配个人消费品的一项原则。我国社会主义初级阶段坚持按劳分配为主体、多种分配方式并存的分配制度。在社会主义制度下，一切有劳动能力的社会成员都必须参加劳动，凭劳动获得个人消费资料，这充分体现了"劳动光荣，懒惰可耻"的思想。习近平总书记多次强调"劳动没有高低贵贱之分，任何一份职业都很光荣"，"努力让劳动者实现体面劳动、全面发展"，"让劳动光荣、创造伟大成为铿锵的时代强音"。人类的天性是崇尚劳动的，劳动是保证自己和他人生存的基本条件。劳动教育要从小抓起，让工作无贵贱、行业无尊卑、劳动最光荣的观念深入每个学生的心灵。

二、懂得劳动最崇高

崇高意指高尚、高大，地位特殊、优越。《国语·楚语》云："不闻其以土木之崇高彤镂为美，而以金石匏竹之昌大嚣庶为乐。"崇高的反义词是低劣、低微、卑下、卑微、卑鄙。高尚的需要使人崇高，卑劣的需要使人沉沦。

劳动不仅生产人们社会生活所必需的产品，而且使人与人之间建立起社会关系。劳动不仅创造了人本身，而且创造了幸福生活。真正的幸福是实现自我价值，"燃烧自己，照亮他人"，为人所需，为民服务。德语"Beruf"（职业）一词，意即天职或上帝的召唤。每个人从事的职业，从"天职"的意义上看都是神圣的。

中国社会现代"劳动"观念的觉醒，大致以留学欧洲的蔡元培所提出的"劳工神圣"的口号为标志①，"劳动"第一次真正进入了中国人的社会公共生活视野，不少知识分子和底层劳动群众开始用"劳动"的眼光重新审视自己的社会作用，并以"劳动"建立起身份认同。陈独秀、李大钊等围绕"劳动"展开深入研究，马克思主义劳动观逐渐成为阐释"劳工神圣"口号的核心理论资源，对劳工、劳动地位的推崇是更具有实际意义的民主启蒙。正是"劳工神圣"理念的广泛传播，为民主思想的发展提供了现实的有效途径；也正是基于劳动的意义，人与人之间才真正具有了现实的平等基础。习近平总书记特别强调，"劳动是推动人类社会进步的根本力量"，"劳动是财富的源泉，也是幸福的源泉"。人世间的美好梦想，只有通过诚实劳动才能实现；发展中的各种难题，只有通过诚实劳动才能破解；生命里的一切辉煌，只有通过诚实劳动才能铸就。劳动最崇高，是劳动使人类得以生存和繁衍。劳动使人神圣，劳动是我们生存于世界的最为神圣的活动，因此，高尔基指出"只有人的劳动才是神圣的"。要通过劳动教育，使中华民族勤劳节俭、自强不息的优秀美德世代相传，使劳动从谋生手段上升为生活的第一需要；要通过创造性劳动，激发青少年的崇高精神。

---

① 刘向兵. 劳动的名义 [M]. 北京：中国工人出版社，2018：87—88.

三、懂得劳动最伟大

伟大，表示十分崇高卓越。伟大的反义词为渺小。

劳动最平凡，平凡孕育着伟大。劳动使人类得以繁衍生息，编织了五彩斑斓的世界，创造了人类社会的灿烂文化。从这个意义上看，劳动是个人全面发展的基础，劳动造福人类。中国特色社会主义事业大厦是靠一砖一瓦砌成的，人民的幸福是靠一点一滴创造得来的。在抗击新冠肺炎疫情的斗争中，城乡社区防控和患者救治是疫情防控的两个关键，"防"和"救"同样重要，科学防治的作用更加凸显。李兰娟、钟南山等专家在这次抗击疫情的斗争中做出巨大贡献，成为万人瞩目的英雄。一线的医务工作者承受了难以想象的身体和心理压力，习近平总书记称赞白衣执甲、逆行出征的医护人员是"最大的功臣"[①]。广大社区工作者、疾控工作者、公安民警凸显了自身的价值，他们是负有重大责任的人，是新时代最可爱的人。国家要调整收入分配机制，提高各个层次劳动者的收入，落实先进模范人物的相关待遇和礼遇，为青少年树立正确的人生导向。各行各业为国出力、为民发声的人都应该成为明星，都应该成为年轻人的偶像。要引导青少年形成正确的"梦想"，"追星当追袁隆平，偶像无愧钟南山"，形成尊重劳动、崇尚科学的社会氛围。要通过生动的劳动教育使广大青少年崇尚劳动模范，学习劳模精神，以辛勤劳动为荣，以好逸恶劳为耻，弘扬劳动精神，树立辛勤劳动、诚实劳动、创造性劳动的理念，体验劳动的力量，感受劳动的快乐，成为国家的建设者、创造者，让劳动光荣、创造伟大成为铿锵有力的时代强音。

---

① 新华视点. 习近平总书记武汉之行传递战"疫"新信号［EB/OL］.（2020-03-11）［2020-03-20］. http://www.xinhuanet.com/2020-03/11/c_1125693204.htm.

四、懂得劳动最美丽

美丽原意为漂亮、好看，即在形式、比例、布局、风度、颜色或声音上接近完美或理想境界，使各种感官极为愉悦。《荀子·非相》云："今世俗之乱君，乡曲之儇子，莫不美丽姚冶，奇衣妇饰，血气态度拟于女子。"曹植在《七启》中提到："昔枚乘作《七发》，傅毅作《七激》，张衡作《七辩》，崔骃作《七依》，辞各美丽，余有慕之焉。"美丽也有出色、完美的意思，其反义词是丑陋、丑恶。

世界不缺少美而缺乏发现美的眼睛。美既是主观的也是客观的，美是主观与客观的统一体。世界上最美好的东西都是由劳动创造的，劳动是幸福的源泉。劳动创造了美，劳动是脑力劳动和体力劳动的完美结合。马克思在其早期著作《1844 年经济学哲学手稿》中深刻阐释了劳动美的基本原理。他从人的劳动实践活动这一视角做出如下判断："动物只是按照它所属的那个种的尺度和需要来建造，而人却懂得按照任何一个种的尺度来进行生产，并且懂得怎样处处都把内在的尺度运用到对象上去；因此，人也按照美的规律来生产。"① 这就从本质层面深刻揭示了人的劳动实践活动不仅创造了人民需要的产品，而且能够按照美的规律创造美的产品。马克思的观点不仅厘清了动物劳动与人类劳动的本质区别，也证明了劳动美是人类特有的、合目的性合规律性的劳动实践的产物。劳动者在创造美的事物的同时，其自身也被美所塑造，劳动美的外延合乎逻辑地从劳动产品之美向劳动者内在之美延伸。劳动和科学是世界上最伟大的两种力量，因为劳动创造财富，科学改变世界。劳动永远是人类生活的基础，是创造人类文化和幸福的基础。"民生在勤，勤则不匮。"人世间的一切美好生活都是由劳动创造的，从来都没有不劳而获、坐享其成的幸福。芬兰教育家乌诺·齐格纽斯（Uno Cygnaeus）早在 1860 年就提出"孩子和青年应该充分熟悉

① 马克思，恩格斯．马克思恩格斯全集：第 42 卷［M］．北京：人民出版社，1982：97．

并了解劳作不是一种枷锁和负担，而是一种美和光荣、一种幸福、一种对世俗生活的美好祝愿"①。俄国教育家乌申斯基曾经说过："劳动是人类存在的基础和手段，是一个人在体格、智慧和道德上臻于完美的源泉。"② 苏霍姆林斯基指出："人通过劳动来认识世界，创造了美，从而就为自身奠定了对劳动、创造、认识的美感。劳动创造美这是教育的一个完整的领域。"③ 五彩斑斓的世界靠劳动来创造，一切美好生活靠奋斗来获得。中华民族是勤于劳动、善于创造的民族。正是因为劳动创造，我们拥有了辉煌的历史；也正是因为劳动创造，我们拥有了今天的美丽国家。

劳动最美丽，是劳动成就了我们一个个梦想；是劳动让我们丰衣足食；是劳动让我们变得更美。要让全体人民进一步焕发劳动热情、释放创造潜能，通过劳动创造更加美好的生活。要通过劳动教育使青少年树立"劳动最美丽"的劳动价值观，见证、感悟普通劳动者的大美，明白"不劳动可耻、不劳动低劣、不劳动渺小、不劳动丑陋"的道理。习近平总书记在 2019 年新年贺词中为快递小哥深情点赞。在庆祝中华人民共和国成立 70 周年的群众游行中，快递小哥的身影出现在"美好生活"方阵，成为今日中国发展画卷中的一道亮丽风景。对快递小哥的礼赞，折射出社会对劳动和奋斗的崇尚。要通过劳动教育使青少年树立"劳动者最美，奋斗者最幸福"的理念，以自己的汗水和智慧创造美好的生活，为美丽中国的建设贡献力量。

劳动最光荣、劳动最崇高、劳动最伟大、劳动最美丽的价值观是学生得以成人、社会得以发展的基础，体现了劳动的时代意蕴；同时，这也赋予了新时代的劳动教育以新使命。

---

① 康建朝. 跨越一个半世纪的手工教育 [N]. 中国教育报，2019-12-20 (5).
② 陈忠. 名师寄语学子 [M]. 北京：北京教育出版社，2013：80-81.
③ 苏霍姆林斯基. 苏霍姆林斯基选集（五卷本）：第 3 卷 [M]. 北京：教育科学出版社，2001：821.

第二节 形成正确的劳动态度

劳动即教育，劳动的缺失即教育的缺失。劳动观念不同，人生处境也会不同。劳动是人与世界的充分接触，我们不能把世界只装在脑袋里，也要装在身体里，由此而成为一个完整的人。劳动课不仅致力于观念培育，而且使人从劳动中体验生活的乐趣，培育一种现代新生活方式。目前学生对劳动教育中"劳动"概念的理解过于窄化。有数据表明，64.7%的中小学生认为所谓劳动教育就是社会实践活动，而社会实践活动就是春游、秋游和参观；70%的学生认为劳动技术就是信息技术；6.8%的学生愿意将来做一个有技术的工人或农民，随着学段的升高，这个比例还呈下降趋势。[①]面对这样的现实，要改变以往对"劳动"概念的理解过于窄化的现象，更新观念，不能把劳动简单理解为洗衣、做饭、打扫卫生。劳动体现于教育，它是对知识的躬身修行；体现于社会生产，它是创造真实价值的手段。劳动，用更多的词汇描述它，可以是做事、操作、实践，即用人的全部感官去认知和学习。劳动教育贵在让学生用身体丈量物理和心灵的世界，学其事，明其理，大力培植热爱劳动、热爱创造的真挚感情。

一、崇尚劳动

崇尚劳动是对劳动的一种认识，即认为劳动分工无贵贱，劳动价值有大小，美好的生活是通过劳动得来的。世界上没有一种真正具有价值的东西，可以不经过艰苦辛勤的劳动而得到。"崇尚劳动"体现了一个时代、一个社会的劳动文化和文明水准，蕴含着对劳动的崇高性的高度认同和自我内化。"崇尚劳动"不仅体现着学生的劳动态度，而且会影响学生对职

---

① 凌宗伟. 谈劳动教育的前提是如何理解"劳动"［EB/OL］.（2019-06-25）［2020-03-20］. http：//www.jyb.cn/rmtzgjsb/201906/t20190625_244385.html.

业劳动的认识和职业选择。

　　崇尚劳动的反义词是鄙薄劳动。我国几千年来形成的"万般皆下品，唯有读书高"的历史观念，孔子站在"学也，禄在其中矣"的士大夫立场而轻视稼穑之事的观念，以及隋唐以来"学而优则仕"的科举选人机制，导致"劳心者治人，劳力者治于人"的鄙视劳动的思想长期存在。林语堂说过，中国的历代文人只观钓鱼，从不动手钓鱼，就如孔子不问稼穑，原因是文人不出汗，出汗非文人。而现代社会需要培养手脑并用、"允文允武"、全面发展的人才。建设富强民主文明和谐的社会主义现代化国家，根本上靠劳动、靠劳动者创造。无论时代条件如何变化，我们党始终把工人阶级作为国家的领导阶级，把工人阶级和广大劳动群众作为国家的主人，努力提高劳动者待遇，大力表彰劳动模范，不断赋予劳动新的时代意义。新时代的劳动教育始终都要引导学生崇尚劳动、尊重劳动者，牢固树立历史由人民创造的观念，始终重视工人阶级和广大劳动群众的主力军作用，通过劳动播种希望、收获果实。

二、尊重劳动

　　"尊重劳动"是对待劳动的基本态度，包含对劳动者的尊重、对劳动资料的节俭、对劳动过程的体贴、对劳动成果的爱惜等。[1] 李大钊说过："我觉得人生求乐的方法，最好莫过于尊重劳动。一切乐境，都可由劳动得来，一切苦境，都可由劳动解脱。"[2] 作为人类的本质活动，一切劳动，无论是体力劳动还是脑力劳动，都值得尊重；作为人类文明进步的阶梯，一切创造，无论是个人创造还是集体创造，都值得鼓励。

　　尊重劳动的反义词是歧视劳动，或表现为歧视普通劳动者。以崇尚现代文明为由来摒弃劳动、远离劳动的人，崇拜衣着光鲜的白领阶层，却瞧不起体力劳动者，存在鄙视普通劳动者的不良心理。国家主席刘少奇与掏

---

① 顾建军. 劳动教育要抓住灵魂科学实施［N］. 中国教育报，2018-11-28（9）.
② 李大钊. 李大钊选集［M］. 北京：人民出版社，1959：60.

粪工人时传祥的故事，说明在社会主义制度下，社会分工无高低贵贱之分，劳动者都是社会财富的创造者。即使在实行资本主义制度的德国，做技工也不低人一等，他们在社会上同样享有其他从事"高等职业"的人所拥有的声誉和尊重。在德国人看来，每个人所做的事情不过是分工不同而已，不存在尊卑贵贱之分。尊重劳动从尊重劳动者开始，普通劳动者永远是组成社会大厦的主体，要引导学生尊重劳动者的主体地位，不仅要尊重大国工匠、劳动模范，更要尊重普通劳动者。要理性看待智力劳动与体力劳动、复杂劳动与简单劳动的差别，尊重任何合理合法的劳动，在劳动实践中发展自己、创造财富、收获幸福。

三、热爱劳动

热爱劳动是对劳动的情感，从小事做起、热爱劳动一直是中华民族的传统美德。让青少年适当地参加劳动益处很多：可以培养学生的社会责任感，还可以让学生养成艰苦奋斗的好品质。高尔基说过："热爱劳动吧。没有一种力量能像劳动，即集体、友爱、自由的劳动的力量那样使人成为伟大和聪明的人。"[1]

热爱劳动的反义词是逃避劳动，好逸恶劳。教育部于2019年发布的一项对32个省份1.5万名大中小学生进行的问卷调查结果表明，近一年内，有七成以上学生没参观过工厂生产线，近五成学生没参观过农场和林场；近五年内，近1/3的学生未接触农业活动或场所，近1/2的学生未接触工业活动或场所。[2] 中国青少年研究中心做过的一项调查显示，当下，能够做到自我服务性劳动的学生不足半数，而喜欢劳动、经常做家务的孩子仅占约两成。[3] 当今中国家庭中独生子女居多，家长大多宠爱孩子，较少让

① 云舒. 决定成败的智慧名言7009条［M］. 北京：百花洲文艺出版社，2004：176.
② 柴葳. 奔着最要紧的问题开方抓药：教育部主题教育推动解决热点难点问题系列报道之一［N］. 中国教育报，2019-08-28（1）.
③ 张敏. 中小学生劳动教育的短板当补齐［J］. 甘肃教育，2018（1）：7.

孩子做家务。小学生自理能力的缺失与劳动意识的淡薄是显而易见的，这种不会劳动、轻视劳动的现象反映的正是当今中小学教育的短板——劳动教育的严重缺失，这着实令人担忧。毋庸讳言，人的天性中有好逸恶劳的成分，因此，必须从小培养爱劳动的习惯，"少成若天性，习惯如自然"，心理学上的"动力定型"也是这个道理。要让学生进行"名人与劳动"讲故事比赛，讲讲"朱德的扁担"，讲讲邓小平同志做钳工的故事，学习"自己动手，丰衣足食"的延安精神；学习"爱岗敬业、争创一流、艰苦奋斗、勇于创新、淡泊名利、甘于奉献"的劳模精神，以劳模为楷模，学会自己的事自己做、别人的事帮着做、公益的事争着做。

四、珍惜劳动成果

多难兴邦，殷忧启圣。知稼穑艰辛是孩子不可或缺的人生课程。旧中国十年九旱，人们长期为吃饭问题所困扰。古人把挥霍无度看作罪行，"今商王受无道，暴殄天物，害虐烝民"（《尚书·武成》）。周公告诫后代为君要"先知稼穑之艰难"。《悯农》诗句"锄禾日当午，汗滴禾下土。谁知盘中餐，粒粒皆辛苦"，反映了对劳动者、劳动过程、劳动产品的尊重。"历览前贤国与家，成由勤俭破由奢。""勤俭，治家之本。""一粥一饭，当思来处不易；半丝半缕，恒念物力维艰。"我们享受的每一份服务，我们使用的每一件物品，都凝聚着人们辛勤劳动的汗水。勤俭节约、艰苦奋斗的品格流淌在中华民族的血液里，成为中华民族的传统美德，也是我们党的优良传统和政治本色。尽管改革开放让很多人富了起来，但我们依然要保持勤俭节约、艰苦奋斗的品格，抵制铺张浪费，反对"衣来伸手饭来张口"。"纸上得来终觉浅，绝知此事要躬行"，要想让青少年真正珍惜劳动成果，就必须让他亲身参与劳动——不是作秀，而是要真正劳作——只有自己劳动了，才会明白劳动苦累、成果珍贵。

珍惜劳动成果的反义词是铺张浪费。毛泽东同志那句"贪污和浪费是极大的犯罪"① 振聋发聩，这句话在过去、今天和将来都很值得深思，永远不会过时。要引导学生明白"奢靡之始，危亡之渐"的道理，不忘"由俭入奢易，由奢入俭难"的古训。个人的堕落、事业的颓败、国家的衰亡，大都是从奢靡之风泛滥开始的。教育学生以勤俭节约为荣，以奢侈腐化为耻，认识到暴殄天物、浪费粮食是最大的不文明和不道德，把勤俭节约作为传家宝，积极投入节俭养德全民节约行动，从"光盘行动"开始，抵制"舌尖上的浪费"。

五、辩证理解劳动既是权利也是义务

卢梭指出，劳动是社会中每个人不可避免的义务。我国宪法规定，劳动、受教育既是公民的权利又是公民的义务。其他国家也有相似的规定，如日本宪法规定劳动、教育、纳税是国民的三项义务，"所有国民拥有劳动的权利，负有劳动的义务"。

在我国，每一个劳动者都是社会主义国家的主人。劳动者的主人翁地位是通过实现劳动者的权利与履行劳动者的义务体现出来的。在社会主义制度下，劳动者的权利与义务相互依存、不可分离，是统一的。权利的实现要以义务的履行为条件。没有权利就无所谓义务，没有义务就没有权利。劳动者在享有法律规定的权利的同时，还必须履行法律规定的义务。只有坚持权利和义务的统一，才能充分体现劳动者的主人翁地位。在社会主义制度下，由于生产资料公有制的建立，全体人民的根本利益一致，每个劳动者都是社会主义国家的主人。劳动者的主人翁地位，使劳动者的权利和义务得到了统一。在社会主义社会，主人翁的权利与义务涉及政治、经济等各个方面，但作为劳动者，其最基本的权利是劳动权利，其最基本的义务也是劳动义务。

《中华人民共和国劳动法》规定了劳动者所享有的基本权利：平等就

---

① 毛泽东.毛泽东选集：第1卷［M］.2版.北京：人民出版社，1991：134.

业和选择职业的权利、取得劳动报酬的权利、休息休假的权利、获得劳动安全卫生保护的权利、接受职业技能培训的权利、享受社会保险和福利的权利、提请劳动争议处理的权利以及法律规定的其他劳动权利。保障劳动者所享有的权利，是保障和落实劳动者主人翁地位的前提；是充分发挥劳动者积极性、创造力、智慧，使他们成为社会主义建设主力军的保证。同时，劳动者也有一定的义务，包括完成劳动任务、提高职业技能、执行劳动安全卫生规程、遵守劳动纪律和职业道德。劳动教育要让学生懂得权利和义务的辩证统一关系。

第三节　培养优良的劳动品德

劳动教育要让学生实实在在地干活，实实在在地出力流汗。劳动固然重要，但更重要的是以什么样的态度和方式去劳动，劳动教育其实也是人格教育。要在劳动锻炼中传习艰苦劳动、辛勤劳动、诚实劳动的中华民族传统美德。但时代在前进，技术在进步，现在的青少年不需要经历"穷"和"苦"的煎熬，他们享有先进的信息技术、充裕的物质资源。技术的进步使得劳动自动化程度高了，体力劳动量轻了，劳动机会少了，一些不珍惜劳动成果、轻视劳动、不想劳动、不会劳动的现象也出现了。在新时代，辛勤劳动、诚实劳动、创造性劳动构成劳动品德的新内涵。辛勤劳动是诚实劳动、创造性劳动的前提和基础；诚实劳动是辛勤劳动的表现，也是创造性劳动的前提；创造性劳动是辛勤劳动、诚实劳动的发展，是劳动智能化的时代特征，也是现代劳动的本质要求。辛勤劳动、诚实劳动、创造性劳动是各行各业、所有工作岗位都需要的品德。要通过多种形式的劳动教育，让辛勤劳动、诚实劳动、创造性劳动在大中小学生中蔚然成风，潜移默化培养学生艰苦朴素、勤俭节约、自力更生的优良品德。

一、能够辛勤劳动

中国自古有"一勤天下无难事"的说法。勤劳是中国人民的优良品质。改革开放以来，中国的发展速度和取得的发展成就令世人惊叹，中国人的勤奋为世人所称道。勤劳是中国人所传承下来的一种宝贵品质，也是我们全民族所倡导的一种精神和力量。劳动创造了璀璨的物质文明与精神文明，劳动更创造了人类自身。毛泽东同志指出，"社会主义制度的建立给我们开辟了一条到达理想境界的道路，而理想境界的实现还要靠我们的辛勤劳动"①。习近平总书记在党的十九大报告中指出，要"使人人都有通过辛勤劳动实现自身发展的机会"。

与辛勤劳动相对的是好逸恶劳、不劳而获。中央明确提出"以辛勤劳动为荣，以好逸恶劳为耻"。苏霍姆林斯基认为"怠惰是一种灾难和恶习"②。一屋不扫何以扫天下？劳动教育就是要让青少年以"四体不勤，五谷不分"为耻，以不知"车、铣、刨、磨、钻、镗"为羞，树立辛勤劳动的观念。

中华民族有勤于劳动、善于创造的传统。不同的时代，都有大量的劳动模范涌现。③ 主人翁的责任感、忘我的劳动热情、无私的奉献精神、良好的职业道德和爱岗敬业精神是劳模精神的重要体现。任何时代的劳模都是时代先锋和民族楷模。劳动模范是我国工人阶级中一个闪光的群体，享有崇高声誉，备受人民尊敬。劳模精神在不同时代被赋予不同的内涵。"宁愿一人脏，换来万家净"的时传祥、"宁可少活二十年，拼命也要拿下大油田"的王进喜等使"艰苦奋斗、无私奉献"的劳动价值观广泛传播；

---

① 毛泽东. 毛泽东文集：第 7 卷 [M]. 北京：人民出版社，1999：226.

② 苏霍姆林斯基. 苏霍姆林斯基选集（五卷本）：第 3 卷 [M]. 北京：教育科学出版社，2001：819.

③ 据统计，自 1950 年至 2015 年，中共中央、国务院先后召开了 15 次全国劳模表彰大会，累计表彰先进集体 10667 个、先进个人 31515 人次。至新中国成立 70 周年时，全国总工会共颁发全国五一劳动奖状 9661 个、全国五一劳动奖章 32443 个、全国工人先锋号荣誉称号 12351 个。

以"杂交水稻之父"袁隆平、数学家陈景润、"当代毕昇"王选等为代表的知识分子劳模激励人们开展创造性劳动。劳模引领社会大众投身社会主义事业建设的导向作用始终不变,劳模精神始终是推动社会前行的"精神力量"。要在家庭、学校和社会上营造劳动教育氛围,善用勤于劳动、善于创造的感人故事激励学生,让学生认识到劳动的重要性,还要通过劳动和创造播种希望、收获果实的生动故事激励学生,让学生充分认识到劳动对个人和社会的价值,让劳动创造价值、实现梦想的理想信念根植于学生的内心。

二、能够诚实劳动

"人而无信,不知其可也。"(《论语·为政》)诚实,就是忠诚正直、言行一致、表里如一。守信,就是遵守诺言、不虚伪欺诈。无论是古代社会还是当今社会,一个不讲诚信的人是无法在社会上立足的。不投机取巧、不要奸溜滑、遵守劳动纪律的诚实劳动是我们所积极倡导和弘扬的;反之,投机取巧、要奸溜滑与社会主义主流价值观相违背,要予以抵制和反对。不诚实的劳动是一种消极的劳动,不但不会创造价值,反而会妨碍社会的发展,损害广大人民群众的切身利益,于人、于国皆为害。

以诚实劳动铸就大美中国梦。习近平总书记指出:人世间的美好梦想,只有通过诚实劳动实现;发展中的各种难题,只有通过诚实劳动才能破解;生命里的一切辉煌,只有通过诚实劳动才能铸就。① 可以说,尊重劳动、倡导劳动,是社会主义先进性的显著标志;勤奋劳动、诚实劳动、创造性劳动,是社会主义国家劳动者的鲜明特征。劳动者的拼搏与汗水,是中国人编梦、织梦并屡屡成真的真谛。诚实劳动彰显人生价值。在实现中国梦的路上,时传祥、王进喜、向秀丽、张秉贵等劳模激励了一个时代的劳动者。今天,"蓝领专家"孔祥瑞、"工人发明家"包起帆、"华夏第

---

① 佚名. 习近平:美好梦想只有通过诚实劳动实现 [EB/OL]. (2013-04-29) [2020-03-20]. http://news.china.com.cn/2013-04/29/content_28690737.htm.

一炼钢工"郑久强等新一代劳模，正在寻梦与筑梦的路上大步前行。

与诚实劳动相对的是弄虚作假、投机取巧。投机取巧、弄虚作假，骗得了一时骗不了一世，而坑蒙拐骗"以害人始，必将以害己终"。劳动教育要引导青少年用自己的劳动换取价值。我们的社会需要诚实劳动，诚实劳动是生命之本，更是社会之根本。只有诚实劳动，才会有精彩人生和永久的辉煌。

三、能够创造性劳动

创造性是指个体生产新奇独特的、有社会价值的产品的能力或特性，也称创造力。新奇独特意味着能别出心裁地做出前人未曾做过的事，有社会价值意味着创造的结果或产品具有实用价值、学术价值、道德价值或审美价值等。创造性有两种表现形式：一是发明，二是发现。发明是制造新事物，如瓦特发明蒸汽机、鲁班发明锯子。发现是找出本来就存在但尚未被人了解的事物和规律，如门捷列夫发现元素周期律、马克思发现剩余价值规律等。人类社会的进步有赖于创造性劳动。在人类历史上，工具让人拥有了改变世界的能力。当前，人工智能的发展使得自动化逐步颠覆劳动力市场。人工智能可以替代一些传统的人力劳动工作，替代更多危险、高体力和智力消耗的劳动，代替人类完成重复、单调、枯燥的劳作，人工智能还将创造一些新工作岗位。人工智能极大地改变了人类的劳动方式和生活方式，改变了工作场景，改变了人们工作的种类以及所需要的工作技能，让"解放劳动力"的人类理想逐步变成现实，但它同时也给现阶段靠劳动生存的人们带来威胁。根据麦肯锡报告，自动化能够完全取代的职业其实很少，但是对所有的行业都会多多少少产生影响，最容易实现自动化的行业是制造业、零售业、餐饮住宿业，最难实现自动化的工作是管理培训、决策、规划和创意等知识型工作。① 根据牛津大学的预测，目前美国

---

① Chan J. 麦肯锡出了份很"囧"的报告，教你进哪行才不容易被机器抢掉工作［EB/OL］. （2016-07-28）［2019-11-08］. https：//www.tmtpost.com/2421621.html.

有 47%的工作处于将被机器人替代的"高危"工作行列，而未来 800 多种工作中 5%的工作将会被机器替代。几乎所有工作都可能实现自动化，最先被替代的是标准化、程序化或模糊技术能处理的普通劳动，而具有创造性、较强灵活性、需要根据情境变化实施方案的工作，以及带有情感色彩的工作或艺术创造类别的工作会借助人工智能改进，但其最核心的经验、技艺内容依然很难被机器代替。同时，一些新的岗位也会产生，如需要更多综合知识技能的岗位、与人工智能相关的岗位、与创意创造有关的岗位等。在未来世界的劳动中，创意、创造、知识将会成为主宰。[①] 建立在现代科学技术基础之上的劳动形态日益多样，单纯的体力劳动日益被复杂的脑力劳动所替代，简单重复的劳动会不断被复杂创新的劳动所替代。创造性劳动是有思想的劳动、高效益的劳动。创新的劳动是不可复制的，具有"原创性"。创造性劳动建立在开放性思维和挑战性实践的基础之上，其所创造的价值较一般劳动更大。进行创造性劳动的人及创造性劳动的成果理应更受到社会的尊重。

与创造性劳动相对的是简单重复的劳动。要培养一个合格的劳动者，除了要让他经常参加简单重复性劳动，形成良好的劳动习惯外，还要让他学会开展创造性劳动。劳动教育的目的并不仅仅在于"苦其心志，劳其筋骨"，更要让学生在劳动中获得启发、学会创新。当前，社会发展速度越来越快，劳动的方式、工具也在快速迭代。就拿干农活来说，现代化农业早已不需要劳动者"面朝黄土背朝天"，劳动环境好了，劳动效率也更高；工厂里越来越多的机器人代替了人类，一些危险性高的工作已不需要人来亲手操作。但是，这并没有改变劳动的价值，而是将更多的体力劳动、重复性劳动转化成脑力劳动、创造性劳动。因此，开设劳动课也好，培养学生的劳动习惯也好，都要着眼于未来的社会发展需要，鼓励学生通过奇思妙想、发明创造来提升效率。一些学校将劳动课与科技课、手工课和发明兴趣小组结合起来，值得借鉴。[②] 职业学校的劳动教育课更应当提高技术

---

① 刘向兵 . 劳动的名义 [M]. 北京：中国工人出版社，2018：52.

② 张涨 . 新一代劳动者要学会创造性劳动 [N]. 广州日报，2018-09-14（2）.

含量，有一定的挑战性。大学的劳动教育要体现创造性的智力劳动所具有的特点。

四、养成良好劳动习惯

劳动是人的生存本能，没有劳动习惯、不会劳动的人是难以通过未来的生存考验的。习近平总书记指出，要教育孩子们从小热爱劳动、热爱创造，通过劳动和创造播种希望、收获果实，也通过劳动和创造磨炼意志、提高自己。儿童高尚的心灵是在劳动中培养起来的，要使儿童从小就参加劳动，使劳动成为儿童的习惯。有研究表明：从小热爱劳动的人，成年后的生活比不爱劳动的人更充实、完美，事业也更容易成功。劳动对孩子的身心发展、良好性格养成意义重大。良好的劳动习惯不仅是一个好公民必须具备的，也是成为一个幸福劳动者所需要的。

习惯成自然。"蓬生麻中，不扶而直；白沙在涅，与之俱黑。"孩子的可塑性很强，周边环境对孩子劳动习惯的养成影响很大，要持之以恒抓孩子的劳动习惯养成教育。有人曾提出，要成为某个领域的专家，需要一万小时的锤炼，这是任何人从平凡的人变成世界级大师的必要条件，这就是"一万小时定律"，或称"十年法则"①。无数事实证明，一个人只要不是太笨、太不开窍，有这一万个小时的苦练打底，即使成不了大师、巨匠，至少也会成为本行业的一个具有丰富经验的专家、一个对社会有用的人。在影响成功的诸多要素中，唯一能为我们所掌控的，恐怕也就是这一万个小时了。

① 一万小时定律是美国作家科伊尔（D. Coyle）的《一万小时天才理论》和格拉德威尔（M. Gladwell）《异类：不一样的成功启示录》中共同指出的定律：人们眼中的天才之所以卓越非凡，并非天资超人，而是付出了持续不断的努力。一万小时的锤炼是任何平凡的人变成世界级大师的必要条件。他将此称为"一万小时定律"。换言之，如果每天工作八个小时，一周工作五天，那么成为一个领域的专家至少需要五年。英国神经学家列维亭（D. Levitin）认为，人脑确实需要这么长的时间，去理解和吸收一种知识或者技能，然后才能达到大师级水平。顶尖的运动员、音乐家、棋手，需要花一万小时，才能让一项技艺臻完美。早在 20 世纪 90 年代，诺贝尔经济学奖获得者、科学家西蒙（H. A. Simon）就和埃里克森一起提出了"十年法则"。他们指出：要在任何领域成为大师，一般需要十年的艰苦努力。这不难让人联想到中国人的古话"十年磨一剑"，其实说的是同样的道理。

与良好的劳动习惯相对立的是不好的劳动习惯，即三天打鱼两天晒网，结果一事无成。良好劳动习惯的特点是始终如一、坚持不懈，不能人前人后不一样，在家在校不一样，毕业前后不一样。父母是孩子最好的老师，要为孩子树立热爱劳动的良好榜样，通过自己的一言一行为孩子做出良好的示范。父母要让孩子参与家务劳动，强化孩子的责任感，丰富其生活知识，磨炼其意志。学校是孩子生活和学习的重要场所，要把劳动作为培养孩子成才的重要内容，促进孩子全面发展。人的成长离不开社会，社会要经常开展一些面向孩子的公益活动，方便孩子参与，让孩子在互动中感受劳动的乐趣。学校要为学生创造一个热爱劳动的氛围，形成大中小幼相互衔接的劳动教育体系。在劳动教育过程中首先要从他们感兴趣的劳动开始，让青少年感受到参加劳动是生活的需要，并在劳动中获得成就感，慢慢培养爱劳动的习惯。让青少年从小养成热爱劳动、热爱创造的习惯，就等于给了他们一件安身立命的法宝，给他们安上了放飞梦想的翅膀。青少年是社会的未来，是未来祖国建设的主力军，帮助他们养成劳动习惯，就是为祖国建设培养合格的劳动者。

第四节　掌握劳动知识技能

知识是人类对物质世界和精神世界进行探索的结果的总和，知识有诸多分类方法。[①] 技能是个体运用已有的知识经验，通过后天学习和练习而形成的一定的动作方式或智力活动方式，技能也有多种分类[②]方法。经合

---

① 韦氏词典将知识定义为通过实践、研究或调查获得的关于事物的事实和状态的认识，是对科学、技术或艺术的理解，是人类获得的关于真理或原理的认识的总和，是人类积累的关于自然和社会的认识和经验的总和。经合组织把知识分为知事、知因、知窍、知人。达文波特（T. H. Davenport）和普鲁萨克（L. Prusak）整合了知识的形态、组成元素、主要作用和存储主体，认为知识是一种包含了结构化的经验、价值观、语境信息、专家见解和直觉等要素的动态的混合体。
② 根据技能的性质和特点，可以把技能分成智力技能和操作技能，也可分为生活技能、通用技能和专业技能。

组织（OECD）早在 1996 年的年度报告《以知识为基础的经济》中就指出，体现于人力资本和技术中的知识是经济发展的核心。新技术是提高生产率和改进就业的推动力，利用新技术会使制造业和服务行业劳动力的"技能基础"普遍改善。同时，随着全球化的深入推进，跨境流动就业已成为普遍趋势，这就要求提高劳动者综合素质，使劳动者不仅能够在国内就业，而且能走出国门参与国际经济合作。据统计，2006—2016 年，我国累计有 929.42 万名劳动者走出国门，在全球各地展现中国劳动者的风采。① 因此，新时代的劳动教育要注重学生劳动技能的培养，教导学生既能脑力劳动又能体力劳动，既能简单劳动又能复杂劳动，既能重复性劳动又能创造性劳动，做到手脑并用、知行合一，提高适应社会能力，实现更高质量更充分的发展。

专栏 4-1　OECD 关于知识的分类

经合组织（OECD）在 1996 年的年度报告《以知识为基础的经济》中将知识分为四大类：（1）知道是什么的知识（know-what），主要是叙述事实方面的知识；（2）知道为什么的知识（know-why），主要是自然原理和规律方面的知识；（3）知道怎么做的知识（know-how），主要是指某些技能和能力；（4）知道是谁的知识（know- who），涉及谁知道和谁知道如何做某些事的知识。

一、普通中小学生掌握基本劳动能力

中小学是劳动教育的主阵地，中小学阶段的学生可塑性最强，中小学要确立适宜和互相衔接的劳动教育目标。小学低年级应注重围绕劳动意识的启蒙，让学生学习日常生活自理，感知劳动乐趣，知道人人都要劳动。

---

① 刘向兵. 劳动的名义 [M]. 北京：中国工人出版社，2018：23.

小学中高年级应注重围绕卫生、劳动习惯养成，让学生做好个人清洁卫生工作，主动分担家务，适当参加校内外公益劳动，学会与他人合作劳动，体会到劳动光荣。初中应注重围绕增加劳动知识、技能，加强家政学习，开展社区服务和适当的生产劳动，使学生初步养成认真负责、吃苦耐劳的品质和职业意识。普通高中应注重围绕丰富职业体验、开展服务性劳动、参加生产劳动，使学生熟练掌握一定的劳动技能，理解劳动创造价值，具有劳动自立意识和主动服务他人、服务社会的情怀。

中小学劳动教育的基本任务是在教育过程中培养学生热爱劳动和热爱劳动人民的良好思想品德，帮助学生掌握基本的劳动技能，提高学生的劳动素养，使学生既能动脑又能动手，手脑并用，全面发展，达到以劳树德、以劳增智、以劳强体、以劳益美、以劳育美的目的。要通过劳动教育，增进学生对自然的了解与认识，使学生逐步形成关爱自然、保护环境的思想意识和能力。要引导学生主动积极地服务社会，增进对社会的了解与认识，增强社会实践能力，并形成社会责任感和义务感。要帮助学生逐步掌握基本的生活技能和劳动技术，使其具有自我认识能力，形成负责任的生活态度。要促进学生发展主动获得知识和信息的能力，养成主动地获得信息的学习习惯和主动探究的态度，发展信息素养、探究能力和创造精神。

专栏 4-2 韩国中小学劳动教育的经验①

韩国的劳动教育注重从学前抓起，重视培养孩子正确的劳动价值观念和良好的行为习惯，韩国人亦称其为"勤劳精神涵养教育"。在初等和中等教育阶段，韩国则通过在学生中开设实科课程及技术、家庭课程，从家庭生活及技术世界两个维度出发，帮助学生积累包括劳动体验在内的多样化的实践经验，培养学生关于职业的正确价值观以及解决实际问题、探索职业前途的能力。

---

① 参考：佚名. 国外的孩子都在上些什么"劳动课"？［EB/OL］.（2020-04-02）［2020-04-22］. https://www.sohu.com/a/384985267_120619975.

二、职业学校学生掌握专业劳动能力

职业教育的目的是培养具有一定文化水平和专业知识技能的应用型劳动者。与普通教育和成人教育相比，职业教育侧重于实践技能和实际工作能力的培养。职业教育既需要学生掌握学习技能，知道怎么做，也需要学生了解基本的科学文化知识，知道为什么。过于强调理论学习，难免有"去职业化"之虞；反之，过度重视"技能化"也容易导致职业教育窄化为"就业培训"，缺乏长远发展的后劲。因此，职业教育要注重平衡技能学习和文化知识学习。

职业教育是培养技能的教育，有开展劳动教育的适合平台和有利条件，但技能教育并不是天然的劳动教育，当劳动成为学生的精神需求和兴趣时才有价值。德技并修是职业教育中开展劳动教育的基本要义。职业学校劳动教育的目标是培养学生的劳动精神、劳模精神和工匠精神，引导学生掌握专业化的劳动知识技能，成为高素质技术技能人才。要实现这一点，重点是要结合专业人才培养，增强学生职业荣誉感，提高学生的职业技能水平，培育学生精益求精的工匠精神和爱岗敬业的劳动态度。

三、高等学校学生掌握创造性劳动能力

大学生是知识劳动者，是新型劳动者，是善于学习新知识、掌握新技术、创新能力强的劳动者。要以劳动提升大学生的实践能力和创新能力。

高等学校劳动教育的目标是围绕创新创业，结合学科和专业积极开展实习实训、专业服务、社会实践、勤工助学等，重视新知识、新技术、新工艺、新方法的应用，创造性地解决实际问题，使学生增强诚实劳动意识，积累职业经验，提升就业创业能力，树立正确择业观，具有到艰苦地区和行业工作的奋斗精神，懂得空谈误国、实干兴邦的深刻道理。高等学校要通过理论学习、调查考察、社会实践、勤工俭学和公益劳动等形式培

养学生的劳动技能。劳动教育有助于培养行胜于言、脚踏实地等品质，有助于大学生修德、笃实、团结等品质的养成。

高等学校学生应掌握创造性劳动能力，提升社会综合实践能力。高等学校要因地制宜，根据不同专业、不同年级设置不同课程，从低年级到高年级，劳动教育理论不断深化，社会实践的次数逐步增多、形式日益多样化。高等学校学生要在具体劳动的锻炼中，注重借助现代化技术手段，与所学专业知识相结合，改进工作方式，进行更多的创造性劳动。高等学校要大力培养高素质创新型人才，促进"中国制造"向"中国智造"的转变。

第五节　接受必需的职业启蒙

劳动教育是对所有学生的职业启蒙教育，是现代职业教育体系之根①，是学生未来人生的奠基石。要把青少年变成职场人士，把普通人变成优秀专业人才，必须进行长期的职业预备教育。日本的职业启蒙已经从小学前移到幼儿园，以促使孩子从小思考自己将来可能的发展方向。日本的幼儿园和小学经常开展职业体验活动，如在社会课的学习中，小学生通过参观、调查等形式了解相关专业，选择感兴趣的课题开展学习活动，达到促进思考未来的目的。青少年阶段是进行职业启蒙的黄金期，这一阶段要让青少年通过劳动教育了解社会，接触多种职业，进行体验式学习，这是提高青少年学生发现问题与解决问题能力的最佳时机。

一、加强对学生职业认知、职业情感、职业体验、职业选择的教育

《国家职业教育改革实施方案》指出，"鼓励中等职业学校联合中小学

---

① 陈鹏. 职业启蒙教育，现代职业教育体系之根［N］. 中国教育报，2015-06-25（9）.

开展劳动和职业启蒙教育，将动手实践内容纳入中小学相关课程和学生综合素质评价"。职业启蒙教育不是面向就业的职业教育，而是开启学生职业兴趣、职业情感、职业理想，培养学生职业倾向、职业意识及初步的职业技能的教育。职业启蒙教育应贯穿人生发展的每个阶段，从小开展职业启蒙教育，会使人们对未来世界有所了解，认识职业的性质，养成良好的职业态度，发展自身的兴趣和特长，为适应职业环境和职业素养的养成奠定坚实的基础。

德国把劳动教育视为学生职业生活的重要准备和基础。早在 20 世纪七八十年代，德国就明确了以劳动课等形式对学生进行职业启蒙教育，劳动课被确认为中学课程不可或缺的组成部分。德国的劳动课要求学生不仅了解劳动在人类生产和生活中的作用，掌握某项生产劳动技能，还要了解生产过程，了解劳动与生态环境保护、劳动与社会的关系。1993 年，德国将劳动课列入初中必修课程，进一步确认了劳动技术教育作为职业启蒙教育在学校教育体系中的地位。美国在 1989 年发布的《国家职业发展指导方针》对中小学生的职业能力做出具体要求，包括理解和使用职业信息的技能、对职业决策的理解、对职业和性别角色变换的认识等。美国还通过具体的课程与活动实施职业启蒙教育。[1]

开展职业启蒙教育，对改变人们的职业认知、培养孩子的职业兴趣、促进其进行职业选择具有重要的作用。职业启蒙教育不是对学生进行过早分流，也不是刻意培养学生某方面的职业技能，而是通过初步的职业体验让学生了解这个世界上存在哪些职业以及这些职业的相关要求是什么，并让学生随着年龄的增长，逐步发现和培养自己的职业兴趣，为未来的专业或职业选择奠定基础。职业启蒙教育可以促进学生平等对待每一种职业，树立正确的职业观念，在今后的学习生活中不断评估自身能力与职业要求的契合度，从而选择适合自身兴趣与能力的教育类型、专业方向和发展路径。

---

① 沈有禄. 中小学劳动和职业启蒙教育如何开展［N］. 中国教育报，2019-03-19（9）.

职业启蒙课程改革以国际上流行的"普职融合"理念为基本取向,旨在为学生提供多样化的选择路径,将职业教育从"就业导向"转向"职业发展导向",促进学生职业生涯的可持续发展。如果说这是从职业教育内部展现的"普职融合"的趋势的话,那么在普通教育中渗透职业生涯教育也是很有必要的。事实上,在普通基础教育中进行职业启蒙教育在民间已经有了经典的案例。华西实验学校就是在基础教育中践行职业启蒙教育的典型。①

专栏 4-3 凯兴斯泰纳的"劳作学校"思想

凯兴斯泰纳主张在国民学校里开设劳作课,课程的目的不在于介绍劳动本身和特定职业所需的材料,而在于养成和唤起"公正的劳动方法""严谨的劳动习惯""真正的劳动热情",即完成职业教育的"预备教育"任务。这里的"预备教育"即在基础教育阶段进行的职业启蒙教育。这种职业启蒙教育并不是培养学生面向未来岗位的职业技能,而是提供一定的职业理想、情感和态度教育。美国职业生涯规划大师舒伯将人的职业生涯发展分为五个阶段,其中第一阶段为 0—14 岁,主要对应基础教育阶段。他认为,这一时期儿童的主要任务是发展自我形象,发展对工作世界的态度,了解工作的意义。基于此,基础教育的重要功能之一就是要引导儿童完成这些任务,即对他们进行职业启蒙教育。

二、开展职业准备教育

职业是指参与社会分工,用专业的技能和知识创造物质或精神财富,获取合理报酬,丰富社会物质或精神生活的工作。从社会角度看,职业是

---

① 陈鹏. 职业启蒙教育,现代职业教育体系之根 [N]. 中国教育报,2016-06-25 (9).

劳动者获得的社会角色，劳动者为社会承担一定的义务和责任，并获得相应的报酬。从国民经济活动所需要的人力资源角度来看，职业是指不同性质、不同内容、不同形式、不同操作的专门劳动岗位。职业即职场上的专门行业，是对劳动的分类，是社会分工的产物。澳大利亚很早就认识到，通过劳动教育培养学生具备终身学习、未来职业发展和适应社会生活方面的技能，是一个国家提升竞争力的重要基础，因此澳大利亚非常重视训练学生的职业技能。澳大利亚劳动教育的最大特色是注重职业性劳动教育，为学生以后的职业生活打下知识技能基础，而不是让学生单纯地为了学会技能而劳动。①

开展职业准备教育要注意如下几点。第一，要使学生了解职业是社会分工的必然结果，在分工体系的每一个环节上，劳动对象、劳动工具以及劳动的付出形式都各有特殊性，这种特殊性决定了各种职业之间的区别。第二，要使学生了解到随着现代社会发展和分工细化，越来越多的职业、工种和岗位正在产生，同时一些传统职业、工种也在消失。如 2015 年颁布的《中华人民共和国职业分类大典》将职业划分为 8 个大类、75 个中类、434 个小类、1481 个职业。与 1999 年版相比，它保留了 8 个大类，增加了 9 个中类和 21 个小类，减少了 547 个职业。第三，要使学生理解"职位"（professional position）、"工作"（job）、"职业"（occupation）和"职业生涯"（career）的关系。职业是指人们在社会生活中所从事的能获得物质报酬并能满足自己精神需求的、在社会分工中需要专门技能的工作；工作是由一系列相似的职位所组成的一个特定的专业领域；职位是和分配给个人的一系列具体任务直接相关的，是执行一定职务的位置；职业生涯是个人在人生中所经历的一系列职位和角色，它们和个人的职业发展过程相联系。第四，要让学生认识到"三百六十行，行行出状元"，每个行业都有价值，每个职业都有尊严，每个岗位都是体面的工作。第五，要使学生理解学业、专业、职业和事业的关系。专业是学科门类，专业学习是职业生

---

① 方勇. 澳大利亚：职业倾向性课程的劳动教育［J］. 教育文摘，2019（4）：54-55.

涯的起步。学业是职业和事业发展的准备。职业是工作门类，是生存和提升价值的平台。事业是实现理想的途径。引导学生树立正确的学生观、职业观和事业观，着力培养学生职业认知、引发职业兴趣、导入职业规划、做好职业选择。要让学生明确职业目标，激发其成就动机，增强其自我效能，让学生相信自己所从事的事业是神圣的。

雨果说："未来将属于两种人：思想的人和劳动的人。"实际上，这两种人是一种人，因为思想能够创造未来，勤劳可以改变命运。苏霍姆林斯基说过："劳动以外的教育和没有劳动的教育是不存在也不可能存在的。"①要教导学生把劳动看作造就新人和培养审美意识的最伟大的学校。通过劳动教育，使学生理解和形成马克思主义劳动观，牢固树立劳动最光荣、劳动最崇高、劳动最伟大、劳动最美丽的观念；体会劳动创造美好生活，体认劳动不分贵贱，热爱劳动，尊重普通劳动者，培养勤俭、奋斗、创新、奉献的劳动精神；具备满足生存发展需要的基本劳动能力，形成良好的劳动习惯。任何忽视劳动的教育都是畸形的教育，要使学生尽早参与劳动，在劳动中发现和促进学生个性发展，彰显劳动的崇高道德性和公益目的，注重劳动教育的普遍性、经常性、连贯性、多样化，注意劳动的适宜性，使劳动有一定难度和创造性。这样目标明确的劳动教育有助于青少年树立正确的劳动观点，懂得劳动的教育意义和社会意义，培养热爱劳动和热爱劳动人民的情感，养成劳动的习惯，形成以劳动为荣、以懒惰为耻的品质，抵制好逸恶劳、贪图享受、不劳而获、奢侈浪费等恶习的影响，成为有用之才。

---

① 柏拉图，等. 教育的艺术［M］. 汕头：汕头大学出版社，2009：127.

第五章

劳动教育内容

　　2018年9月，习近平总书记在全国教育大会上提出"培养德智体美劳全面发展的社会主义建设者和接班人"，强调"要在学生中弘扬劳动精神，教育引导学生崇尚劳动、尊重劳动，懂得劳动最光荣、劳动最崇高、劳动最伟大、劳动最美丽的道理，长大后能够辛勤劳动、诚实劳动、创造性劳动"。这对于把握新时代劳动教育的内涵具有重要意义。

　　劳动教育理论的源头，可追溯到马克思主义的相关论述。其主要观点体现在：现代学校教育和教学同现代机器大工业的生产劳动相结合，通过这样的教育和结合，不仅能使受教育者掌握现代社会所必需的基本的综合技术素养，而且能使他们的情操受到陶冶，在知识和技能方面得到充实和提高，从而促进人的智力和体力的和谐发展。① 我国1985年发布的《中共中央关于教育体制改革的决定》就明确提出"教育必须为社会主义建设服务"。党的十八大以来，习近平总书记阐述了

---

① 李珂. 嬗变与审视：劳动教育的历史逻辑与现实重构［M］. 北京：社会科学文献出版社，2019：68.

"实干兴邦"的劳动实践观、"民族复兴"的劳动发展观、"崇尚劳动"的劳动价值观、"热爱劳动"的劳动教育观等系列观点，提倡"在全社会大力弘扬劳模精神、劳动精神，引导广大人民群众树立辛勤劳动、诚实劳动、创造性劳动的理念，让劳动光荣、创造伟大成为铿锵的时代强音，让劳动最光荣、劳动最崇高、劳动最伟大、劳动最美丽蔚然成风"①。

从社会发展观来看，劳动教育是以促进学生形成劳动价值观（即确立正确的劳动观点、积极的劳动态度，热爱劳动和劳动人民等）和养成劳动素养（有一定的劳动知识与技能、形成良好的劳动习惯等）为目的的教育活动。② 劳动教育在不同的社会发展阶段呈现出不同的特征，但不同社会阶段的劳动教育都是国民教育体系的重要内容，是学生成长的必要途径，具有树德、增智、强体、育美的综合育人价值。为了实现育人目标，在系统的文化知识学习之外，应积极开展劳动教育，有目的、有计划地组织学生"参加日常生活劳动、生产劳动和服务性劳动"，从而培养学生正确的劳动价值观和良好的劳动品质。

第一节　劳动教育内容的演进

劳动教育内容是劳动教育的载体，是判断一个时代劳动教育发展阶段性特征的重要指标。对我国劳动教育内容的演变过程进行梳理，有助于从更宏观的角度来理解、实施和创新劳动教育。

---

① 张烁. 庆祝"五一"国际劳动节暨表彰全国劳动模范和先进工作者大会隆重举行［N］. 人民日报，2015-04-29（1）.
② 檀传宝. 劳动教育的概念理解：如何认识劳动教育概念的基本内涵与基本特征［J］. 中国教育学刊，2019（2）：82-84.

一、新中国成立初期的劳动教育内容

新中国成立初期，社会经济、生产力水平比较低，劳动教育服务于生产建设。1950 年，教育部副部长钱俊瑞在《当前教育建设的方针》中明确指出："为工农服务，为生产建设服务，这就是当前实行新民主主义教育的中心方针。"① 劳动教育与生产相结合，侧重于向学生传授生产技巧和新技术，从而满足基本生活需求、保证社会稳定和发展生产力。

效仿苏联的做法，1954 年发布的《中国共产党中央委员会宣传部关于高小和初中毕业生从事劳动生产宣传提纲》，关注培养学生的劳动能力和劳动技巧，开始通过课程规范劳动教育内容。文件要求在小学增设"手工劳动课"，学生学习细木工、泥工、制作模型、编制图表等内容，提高学生动手能力；在中小学增设"教学工厂实习""农业生产基本知识及实习"等课程内容，开设劳作课，提高学生的劳动实践能力。② 1958 年后，我国增加了劳动教育实践环节，倡导教师、学校和家长共同创设劳动环境，内容以手工课程、设计板报、打扫环境卫生、参观工厂和农场等实践活动为主，旨在让学生从中体会劳动的乐趣和为他人服务的快乐，认识劳动的可贵，培养学生良好的品性和品德。

这一阶段的劳动教育内容，突出强调做到教学与生活、教学与生产、教学与劳动相结合，以实现改造学生思想的目的，引导学生及早树立劳动观点和养成热爱劳动的习惯。③ 1958 年发布的《中共中央、国务院关于教育工作的指示》明确提出"教育为无产阶级的政治服务，教育与生产劳动相结合"的教育方针；把生产劳动列为正式课程，要求每个学生必须依照规定参加一定时间的劳动。小学阶段开设生产常识、手工、劳动课等；中

---

① 何东昌. 中华人民共和国重要教育文献：1949~1975 [M]. 海口：海南出版社，1998：17.
② 陈彤彤. 建国以来劳动教育的历史演变与反思 [D]. 海口：海南师范大学，2015：12.
③ 新知识出版社. 我们是怎样进行劳动教育的 [M]. 上海：新知识出版社，1954.

学开设生产知识课和劳动课，生产知识以农业科学技术知识为主。① "初中、高中各个年级均开设该类课程，并由原来的每周 2 课时增加到 12 课时，全年累计达 404 课时。另外，劳动课程划分为生产劳动和体力劳动两个分支，每年 20—34 节不等。"②

二、改革开放以来至 21 世纪初的劳动教育内容

1981 年 6 月中国共产党第十一届六中全会通过《中国共产党中央委员会关于建国以来党的若干历史问题的决议》，明确提出 "要坚决扫除长期间存在而在 '文化大革命' 期间登峰造极的那种轻视教育科学文化和歧视知识分子的完全错误的观念"，要 "坚持德智体全面发展、又红又专、知识分子与工人农民相结合、脑力劳动与体力劳动相结合的教育方针"。1985 年《中共中央关于教育体制改革的决定》提出 "教育必须为社会主义建设服务"，取代了 "教育必须为无产阶级政治服务" 的教育方针，劳动教育的地位得到进一步提升。

1978 年教育部颁布了修订后的全日制中学、小学暂行工作条例。1982 年教育部颁布了《关于普通中学开设劳动技术教育课的试行意见》，规定：中学劳动技术教育课，初中每学年 2 周，每天按 4 课时安排，三年共计 144 课时；高中每学年 4 周，每天按 6 课时安排，三年制的共计 432 课时。该文件还对劳动技术教育课的成绩考核提出了明确的要求："每个学生都要写劳动小结，学校应建立劳动档案。学年末要根据学生的劳动态度、劳动纪律及掌握知识和技能的情况评定成绩。成绩可分为优、良、及格、不及格四等，计入学生成绩册。劳动态度和表现应作为学生操行评语的重要内容之一。劳动态度和表现不好的学生不能评选为三好学生。"③

1990 年 3 月 8 日，国家教委在《现行普通高中教学计划的调整意见》

---

① 刘世峰. 中国教劳结合研究 [M]. 北京：教育科学出版社，1996：120.
② 劳凯声. 教育与生产劳动相结合问题新探索 [M]. 长沙：湖南教育出版社，1998：133.
③ 何东昌. 中华人民共和国重要教育文献：1976~1990 [M]. 海口：海南出版社，1998：2046.

中规定开设政治、语文、数学、外语、劳动技术等 11 门必修课程。1995
年，教育"必须与生产劳动相结合"被正式写入《中华人民共和国教育
法》。1998 年，教育部办公厅出台《关于加强普通中学劳动技术教育管理
的若干意见》，在明确中学劳动技术教育的组织领导责任和师资队伍建设
要求的同时，明确要求"各级教育督导部门，在进行教育督导评估时，要
把劳动技术教育纳入督导评估内容的指标体系"，"把是否开设劳动技术
课，是否重视劳动技术教育，作为评选教育先进单位和先进学校的重要内
容之一；并作为考核教育部门、学校、领导干部的重要内容之一"。

　　进入 21 世纪，党中央、国务院根据社会主义现代化建设的新要求，通
过制定颁发系列文件，赋予劳动教育新的内涵。2001 年国务院颁布的《关
于基础教育改革与发展的决定》提出："坚持教育必须为社会主义现代化
建设服务，为人民服务，必须与生产劳动和社会实践相结合，培养德智体
美等全面发展的社会主义事业建设者和接班人"；"小学从行为习惯养成入
手"，"进行爱祖国、爱人民、爱劳动、爱科学、爱社会主义教育，联系实
际对学生进行热爱家乡、热爱集体以及社会、生活常识教育"；"中小学都
要积极开展科学技术普及活动。加强劳动教育，积极组织中小学生参加力
所能及的社会公益劳动，培养学生热爱劳动、热爱劳动人民的情感，掌握
一定的劳动技能"。同年，《基础教育课程改革纲要（试行）》设置以
"信息技术教育、研究性学习、社区服务与社会实践以及劳动与技术教育"
为核心的综合实践活动课程，把信息技术和职业技能融入劳动教育，加快
现代教育同现代生产的结合进程，帮助学生适应社会的快速发展。

三、党的十八大以来的劳动教育内容

　　党的十八大以来，习近平总书记将"坚持社会公平正义，排除阻碍劳
动者参与发展、分享发展成果的障碍，努力让劳动者实现体面劳动、全面
发展"作为施政目标之一，将"人民日益增长的美好生活需要和不平衡不
充分的发展之间的矛盾"视为中国特色社会主义进入新时代后我国社会的

主要矛盾，强调"坚持以人民为中心的发展思想，不断促进人的全面发展、全体人民共同富裕"。① 2015 年 7 月，教育部联合共青团中央、全国少工委印发了《关于加强中小学劳动教育的意见》，明确要求："通过劳动教育，提高广大中小学生的劳动素养，促进他们形成良好的劳动习惯和积极的劳动态度，使他们明白'生活靠劳动创造，人生也靠劳动创造'的道理，培养他们勤奋学习、自觉劳动、勇于创造的精神，为他们终身发展和人生幸福奠定基础。"2015 年 12 月 27 日，第十二届全国人大常委会第十八次会议表决通过了关于修改《中华人民共和国教育法》《中华人民共和国高等教育法》的相关决定，与劳动教育相关的"为人民服务""社会实践""社会责任感"等被纳入这两部法律，劳动教育的价值和使命得到凸显。

为把我国建设为世界制造强国，国家提出了"中国制造 2025"战略，而制造业水平的提高和规模的扩大，将促进劳动教育标准的提高。劳动课程将成为培养学生创新意识、创新思维、创新能力、创新人格的重要途径。诚如徐长发先生所言，知识经济时代的劳动教育，要关注创意经济、互联网思维、创客思维、大数据、云计算服务、个性化学习、个性化定制生产等的发展趋势；劳动教育要与时俱进，认真吸纳各类新创意的思想营养，以丰富和完善劳动教育的课程体系。②

2018 年 9 月，习近平总书记在全国教育大会上明确提出将劳动教育纳入社会主义建设者和接班人培养的总体要求，构建德智体美劳全面培养的教育体系。2020 年 3 月，中共中央、国务院颁布《关于全面加强新时代大中小学劳动教育的意见》，要求构建新时代中国特色社会主义劳动教育体系。文件要求："根据教育目标，针对不同学段、类型学生特点，以日常生活劳动、生产劳动和服务性劳动为主要内容开展劳动教育。结合产业新业态、劳动新形态，注重选择新型服务性劳动的内容。""小学低年级要注

---

① 李珂，曲霞.1949 年以来劳动教育在党的教育方针中的历史演变与省思 [J]. 教育学报，2018（5）：63-72.
② 徐长发. 劳动教育是人生第一教育 [N]. 中国教育报，2015-05-06（7）.

重围绕劳动意识的启蒙，让学生学习日常生活自理，感知劳动乐趣，知道人人都要劳动。小学中高年级要注重围绕卫生、劳动习惯养成，让学生做好个人清洁卫生，主动分担家务，适当参加校内外公益劳动，学会与他人合作劳动，体会到劳动光荣。初中要注重围绕增加劳动知识、技能，加强家政学习，开展社区服务，适当参加生产劳动，使学生初步养成认真负责、吃苦耐劳的品质和职业意识。普通高中要注重围绕丰富职业体验，开展服务性劳动、参加生产劳动，使学生熟练掌握一定劳动技能，理解劳动创造价值，具有劳动自立意识和主动服务他人、服务社会的情怀。中等职业学校重点是结合专业人才培养，增强学生职业荣誉感，提高职业技能水平，培育学生精益求精的工匠精神和爱岗敬业的劳动态度。高等学校要注重围绕创新创业，结合学科和专业积极开展实习实训、专业服务、社会实践、勤工助学等，重视新知识、新技术、新工艺、新方法应用，创造性地解决实际问题，使学生增强诚实劳动意识，积累职业经验，提升就业创业能力，树立正确择业观，具有到艰苦地区和行业工作的奋斗精神，懂得空谈误国、实干兴邦的深刻道理；注重培育公共服务意识，使学生具有面对重大疫情、灾害等危机主动作为的奉献精神。"

第二节　劳动教育内容的类型划分

劳动教育是素质教育的一个重要组成部分，不能和生活脱节，必须紧密联系生活，以个体的生活经历和体验为教育的起点，引导学生从生活中汲取教育的养料。①劳动教育来源于劳动生活，也是对劳动生活方式的总结。在某种劳动条件下，劳动生活方式的结构包括：（1）劳动条件和工作环境，包括劳动的物质环境和地理环境、劳动的社会性、劳动方式、劳动对象、劳动组织、劳动时间和劳动空间以及劳动强度；（2）劳动主体，包

---

① 张茂坤，张可艾. 劳动教育生活化：倒逼机制下大学生劳动观养成的破窗效应对策 [J]. 江苏教育研究，2015（12）：7-9.

括劳动心理、劳动价值和劳动态度；（3）劳动行为的具体模式，包括劳动职业的内容和特征以及不同的劳动习惯和风格。① 依据这一劳动生活方式的结构，劳动教育内容可划分为生活劳动教育、生产劳动教育和服务性劳动教育三种主要类型。

一、生活劳动教育

《孟子·梁惠王上》指出："不违农时，谷不可胜食也；数罟不入洿池，鱼鳖不可胜食也；斧斤以时入山林，材木不可胜用也。"显然，劳动教育源自生活，并与生活融为一体。运用马克思主义理论分析，所谓劳动是指人们运用一定的生产工具，作用于劳动对象，创造物质财富和精神财富的有目的的活动。劳动是人类社会存在和发展的最基本的条件，劳动在人类形成过程中起了决定性的作用。猿是经过长期劳动才进化成能制造工具的人。在不同社会制度下，劳动具有不同的地位与作用。劳动是人类生存的基本手段，生活劳动教育旨在传授给学生最基本的生活技能。

（一）生活劳动教育的内涵

自亚里士多德以来，许多哲学家把劳动仅仅看作人同自然的关系，看作满足人的物质生活需要、维持肉体生存的手段。然而，在社会实践中，劳动不仅指物质生活资料的生产，而且意味着人获取生活资料后如何有价值地生存。劳动不仅创造世界，同时也是人的自我生成的方式。当许多不同的个体一起参与劳动，就形成了一个生活世界。在生活劳动中，人们逐渐懂得按照不同的标准（程序）来进行生产以及把这些标准（程序）传递给别人。这些生活劳动的标准（程序）对于人类自身的生存和社会发展具有重要的保障与推动作用。

随着时代的发展，生活劳动经验转变成知识，劳动与教育结合上升为

---

① 王鹏飞. 从社会主义核心价值观看绿色劳动生活方式 [J]. 学理论，2019（3）：17-18.

理论与实践相结合的重要内容，劳动在培养学生社会实践能力和使之适应现代社会生活方面发挥了重要作用。2019 年 6 月中共中央、国务院印发的《关于深化教育教学改革全面提高义务教育质量的意见》指出要坚持"五育"并举，全面发展素质教育，并明确要充分发挥劳动综合育人功能。儿童只有在劳动中才能获得生活体验，以劳树德、以劳增智、以劳强体、以劳育美，从而成长为全面发展的人。

生活劳动教育的起点就是儿童的起居饮食、家务劳动和学校生活。中国古代对此就极为重视。朱熹主张培养儿童的洒扫应对能力，朱柏庐在《治家格言》的开篇即提出"黎明即起，洒扫庭除"的要求。通过生活劳动，让孩子懂得自己的事自己干，不依赖父母和他人，养成勤俭节约和勤劳朴实的生活习惯，进而形成较强的生活适应能力。生活琐事虽小，但却是人生不可缺少的内容。个体应从小养成自我穿戴、洗洗缝缝、打扫房间、整理床铺等生活能力，在家帮助父母料理家务（如烧菜煮饭），在学校做好美化教室、绿化校园等工作，以此来养成勤劳俭朴的生活习惯和生活适应能力。① 学校在假期组织的社会实践活动，也是培养学生独立生活能力和共同生活习惯的有效方式。简要地说，在"认识自我、实现自我"的过程中，人需要接受生存方式的培训，开展生活能力的实践，即接受生活劳动教育。

（二）生活劳动教育的类型

自然经济时期的劳动，其性质是维持人的物质生存需要的必要劳动，生产能力和成果能否满足生存需要是生活的主要矛盾，生活的主要目的和意义是维持生存，生产与生活、生产意义和生活意义具有简单的、直接的同一性。生活劳动方式也是人们生活的方式。在人类社会原始和野蛮的时代，劳动工具和特征经常被用来表达人类原始生活方式的特征。在封建社会，生产力水平相对较低，人们不得不在作为生存手段的劳动上花费大量

---

① 黄济. 关于劳动教育的认识和建议 [J]. 江苏教育学院学报（社会科学版），2004（5）：17-22.

时间。近代以来，由于生产力的快速发展和科技革命的推动，人们的劳动时间缩短，闲暇时间增加，使其他生活方式与工作分离，生活方式也越来越丰富。①

不同的劳动方式，造就不同的生活方式，儿童应为长大后的生活做准备。从这个层面来理解，生活劳动教育的内容可划分为三个方面。（1）劳动习惯教育。学校设置相应的劳动任务，鼓励学生主动参与学校服务和部分管理工作；在课程中提高动手内容的比例，使学生能够持续将动脑与动手相结合；建立相关实验室和实习基地，给学生提供开展劳动的机会。学校应通过多样化、实践性的教学，让学生有意识地主动地参与劳动、理解劳动、投身劳动和热爱劳动，培养良好的劳动习惯。（2）劳动技能教育。中小学设置基本技能类的劳动教育内容，如手工、园艺、非物质文化遗产方面的课程，培养学生必要的生活和生产技能、初步的职业意识和创新意识及解决实际问题的能力。（3）劳动精神教育。学校应将劳动教育融入校训、校歌、生活常识、家政知识等方面的教育之中，以多种形式、多种方式对学生进行劳动思想熏陶，塑造学生正确的劳动价值观。学校可举办"劳模大讲堂""大国工匠进校园""大国工匠报告会"等向劳动模范学习的活动，促进学生树立"劳动最光荣、劳动最崇高、劳动最伟大"的劳动价值观。

二、生产劳动教育

生产劳动作为生产实践活动的一种基本形式，是人通过有目的的活动改造自然对象并在这一活动中改造人自身的过程。与其他生产实践形式相比，生产劳动更具有目的性和指向性。② 人在生产劳动过程中学会使用工具来改变自然对象、提高生产力，培养与人相处等社会生存能力，不断创

---

① 王鹏飞.从社会主义核心价值观看绿色劳动生活方式［J］.学理论，2019（3）：17-18.
② 叶华光.从生产劳动的德育价值看我国的生活德育：基于学校德育的视角［J］.教育与教学研究，2012（12）：55-59.

造物质财富和精神财富以满足自身需求，不断形成新的社会制度推动社会向更高层次发展。在日新月异的大变革时代，"教育与生产劳动相结合"是我国教育的重要内容之一。

（一）生产劳动教育的内涵

生产劳动理论是马克思主义政治经济学的重要内容。对于生产劳动的内涵，马克思主义政治经济学主要从两个方面进行了阐述。一是从产品的视角阐述，即在劳动过程中"劳动资料和劳动对象表现为生产资料，劳动本身则表现为生产劳动"①，呈现出的是"物质生产领域生产的物质产品"，其特征是一般的物质性（理论研究者习惯上称为"一般性"）。二是从人与人之间的关系角度阐述，即"生产劳动是直接使资本增值的劳动或生产剩余价值的劳动"②，呈现出的是"在资本使用中的资产剩余价值"，其特征是社会性（与"一般性"相对应的"特殊性"）。生产劳动的这两种属性就像硬币的一体两面，不可分割。生产劳动的物质性是社会性的基础，社会性是物质性的升华。没有生产劳动的物质性就没有生产劳动的社会性，没有生产产品或使用价值的劳动，现代社会也就无从谈起。

在培育新时代社会主义人才过程中开展生产劳动，就要促使"教育与生产劳动相结合"。如何理解"教育与生产劳动相结合"呢？其第一层内涵应是"生产财富、生产价值"的劳动的目的是满足人民日益增长的美好生活需要，通过教育与生产劳动的结合为全面建成小康社会目标服务。生产劳动应服从新时代中国特色社会主义建设目标，通过"教育与生产相结合"来培养建设新时代中国特色社会主义所需要的具备现代素质的人才。

"教育与生产劳动相结合"的第二层内涵应是通过劳动过程认识和评价自我、他人和社会，确立劳动改变生活的积极人生观。在现代化生产中，学生在体验场所通过劳动掌握科学技术知识，通过劳动学会竞争与合作，形成科学道德和技术价值合一的观念。

---

① 马克思. 资本论：第1卷 ［M］. 北京：人民出版社，2004：211.
② 马克思，恩格斯. 马克思恩格斯文集：第8卷 ［M］. 北京：人民出版社，2009：520.

"教育与生产劳动相结合" 的第三层内涵应是通过教育与劳动相结合实现人的自由全面发展。正如恩格斯所指出的, "当社会成为全部生产资料的主人, ……生产劳动就不再是奴役人的手段, 而成了解放人的手段, 因此, 生产劳动就从一种负担变成一种快乐。"①

"教育与生产劳动相结合", 赋予了生产劳动教育基本内涵。生产劳动教育是人通过劳动维持生存并改变自身的教育; 是人在参与由社会分工所决定、符合一定社会生产目的、与财富和价值的创造直接或间接相关的各类劳动中, 在不断提升生活层次的过程中关注自我、反思自我、完善自我, 不断接受社会生产中的新知识、新技能和新思维的教育。

(二) 生产劳动教育的类型

生产劳动是不以一切社会形式转移的人类生存条件, 是使用价值的创造者。这种理解凸显出生产劳动的自然属性, 其至少包含三层意思: (1) 生产劳动是人与自然间的交换过程; (2) 这种交换过程是有效用的; (3) 这种交换过程是不受社会存在形式影响的, 表现为一种自然的必然性。② 如果没有内含教学和教育的生产劳动, 现代社会将难以达到应有的发展高度。只有生产劳动与教育相结合, 才是促进人全面发展的有效途径。1995 年, "教育必须与生产劳动相结合" 方针被正式写入《中华人民共和国教育法》。虽实际条件并不理想, 但我国中小学在实施综合技术教育的过程中还是摸索出了一些有效的方法和途径。农村中小学较多地开展农业劳动, 城市中小学则多开展工业劳动。有的学校会组织学生去农场和工厂参加劳动。有的学校甚至建起小型的工厂 (车间) 和农场 (实验园), 可以根据教育教学需要来安排生产劳动的项目、内容和时间, 使生产劳动教育实现经常化和制度化, 使生产劳动与教育教学有计划地和紧密地结合起来, 有利于加强对生产劳动教育的管理和领导。

不同时代人类的生产活动及其他实践活动的范围和性质不同, 人们所

---

① 马克思, 恩格斯 . 马克思恩格斯选集: 第 3 卷 [M]. 北京: 人民出版社, 1995: 644.

② 冯韧 . 关于生产劳动的内涵和外延的再探索 [J]. 大连干部学刊, 2002 (4): 4-6.

凭借的知识和积累的经验不同，社会发展给予个人的精神财富的内容不同，因而教育的性质也不同。现代大生产的特征是生产越来越趋向知识密集型、科学密集型，因而要求劳动者掌握广泛的普通文化知识、系统的科学基础知识与综合技术知识。受教育者只有通过教育才能提高智力，特别是提升创新精神和能力，从而不断适应社会生产发展、产业升级的需求。由此，生产劳动教育可划分为以下三种类型。（1）科学意识教育。适应社会大生产的、与工业劳动技能相关的科学劳动教育，要求在物理、化学、生物等学科教学中加大动手操作技能、职业技能等的培养力度；通过科学技术活动和实践，培养学生的基础性科学素养与科学意识。（2）科学知识教育。学校为学生提供现代信息技术、人工智能等方面的科学技术知识，促使学生尊重科学、理解科学、投入科学研究，用科学的方式解决遇到的问题，掌握开展生产活动的科学方法和科学思维能力。（3）科学精神教育。学校应提供与产业升级和生产活动能力提高相关的创新劳动知识及其应用机会，支持学生把科学融入学习和生活中，体会、探究科学知识和科学方法所蕴含的核心理念与基本价值；在各类相关教材和活动中体现科学家追求真理的精神和献身科学的事业心，促使学生树立科学精神，坚定为建设科技强国而学习的信念。

三、服务性劳动教育

劳动不仅仅是满足人类生存需要的生产活动，而且是表现人类生命活动意义的特有方式。人不仅通过劳动满足自己的生存需要，而且通过劳动实现自己的生存意义和价值。[①] 人能在劳动中体悟到与人合作、甘于奉献的乐趣。

（一）服务性劳动教育的内涵

黄炎培认为："各级教育，应于训练上一律励行劳动化，使青年心理

---

① 杨魁森. 劳动与生活［J］. 社会科学战线，2010（8）：44-50.

上确立尊重职业之基础，且使获得较正确之人生观。"① 实践出真知，劳动长才干。劳动教育最本质的意义是培育受教育者尊重劳动的价值观并提升对劳动的内在热情和劳动创造的积极性。因此，它不仅有利于受教育者的身心健康发展和意志品质磨炼，而且能塑造其艰苦奋斗的精神及自强自立的人格。新时代应有新作为。习近平总书记指出："伟大梦想不是等得来、喊得来的，而是拼出来、干出来的。我们现在所处的，……是一个愈进愈难、愈进愈险而又不进则退、非进不可的时候。"② 这对作为未来建设者和接班人的学生提出了更高要求，新时代的劳动者"不仅要有力量，还要有智慧、有技术，能发明、会创新，以实际行动奏响时代主旋律"③。强化劳动教育，以立德树人引领劳动教育和有关的实践活动，不仅能使学生感受到并相信劳动是推动历史进步的根本力量，更好地发扬艰苦奋斗精神，而且有利于学生形成正确的价值观，在社会公益实践中尽可能实现人生理想。

服务性劳动至少具有三重功用属性。④ 一是劳动的价值性。劳动本来是人的本质、力量和价值的确证。劳动是每个人生存发展的根本手段，是衡量人的聪明才智、地位成就的根本标准。劳动不仅仅是谋生的手段，而且是"生活的第一需要"，劳动就是人的生活，劳动与生活结为一体。二是劳动的自主性。劳动作为人的类特性，是一种自由自觉的活动，但这种劳动只有建立在自主的基础上才有可能。只有当人能够自由地支配自己的劳动和劳动产品，把劳动当作自己本质力量的确证和创造过程时，劳动才能真正成为自由自觉的活动，人也才能产生对劳动的热情和兴趣。三是劳动的全面性。由于劳动不仅是物质生产活动，不仅是维持生活的手段，劳动的内容和形式可以更为丰富。超出自然需要限度的劳动，就不仅仅是生产劳动，而表现出活动的全

---

① 黄炎培. 黄炎培教育文集：第 3 卷［M］. 北京：中国文史出版社，1994：124.
② 习近平. 在庆祝改革开放 40 周年大会上的讲话［EB/OL］.［2018 - 12 - 18］（2019 - 12 - 18）. http://www.xinhuanet.com/2018-12/18/c_1123872025.htm.
③ 习近平. 在同全国劳动模范代表座谈时的讲话［N］. 人民日报，2013 - 04 - 29 （2）.
④ 杨魁森. 劳动与生活［J］. 社会科学战线，2010 （8）：44 - 50.

面性。凡是从人的多方面需要出发所进行的创造性、对象化活动，都是劳动。而且，由于社会分工不再具有强制性，人的兴趣和能力能够得到全面发展，人可以按照自己的需要和特长去选择多种形式的劳动，使劳动更适合人的个性。

服务性劳动教育具有三重属性。[①] 第一，服务性劳动教育具有普通教育的特征，亦即其旨在落实全面发展的教育方针，具有普通教育的属性。第二，服务性劳动教育具有价值教育的属性，亦即其努力帮助学生确立正确的劳动观点、积极的劳动态度，努力帮助他们形成尊重与热爱劳动过程、成果和劳动主体（即劳动人民）的价值观。第三，服务性劳动教育具有强烈的时代特征与社会属性。劳动教育应依据劳动形态的演进而发展，创造条件让学生参加服务形态的劳动、创造性劳动等，这是当代劳动教育的新方向。服务性劳动教育的这些特征，从内在特性上揭示了其具有的重要内涵——公益性，尤其是劳动教育在伴随社会发展而演进的过程中，劳动主体参加服务形态的劳动带有鲜明的利他性。因此，服务性劳动教育是推动学生接触社会、深入生活、参加各种形式的公益劳动，用自己所学到的知识提供服务，不断提高实践能力与道德素养，培育为人民服务、为公众谋利益的良好思想品德的教育。

（二）服务性劳动教育的类型

劳动教育本身不仅仅是人对自然进行改造和适应的目的性行为，更是人作为有机体的活力和积极性的表征。弗洛姆（E. Fromm）说："劳动是人的自我表现，是他的个人的体力和智力的表现。在这一真实的活动过程中，人使自己得到了发展，变成为人的自身；劳动不仅是达到目的即产品的手段，而且就是目的本身，是人的能力的一种有意义的表现；因而劳动

---

① 檀传宝. 劳动教育的概念理解：如何认识劳动教育概念的基本内涵与基本特征 [J]. 中国教育学刊，2019（2）：82-84.

就是享受。"①因此，劳动教育要回归共同体，个体应通过劳动实践在共同体中贡献自己、成就自己。社会公益劳动就是最重要的途径之一。

在社会公益劳动中，教育者通过采取不同的劳动形式，拓展多样化的劳动内容，设置适切的劳动任务，为儿童打造公共生活，培育儿童的合作能力、对话能力以及协商能力，使儿童学会交往、学会言说以及学会行动，引导儿童产生公共生活意识，使其逐步确立走进公共生活的信念，进而真正走进公共生活。同时，在劳动教育中，教育者要通过劳动，引导儿童在集体中建构多样的关系，使得儿童能够利用他者的眼光来看待自我，而且能够理解哪些事是可以做的，哪些事是不可以做的，哪些事是必须做的。儿童能否善于给自我提出要求，能否在此基础上感受到对他者的义务、责任，能否感受到自我应当负有的使命，这些都将取决于儿童能够在多大程度上以他者、集体以及社会的眼光来看待自我。②

很显然，服务性劳动在育人过程中具有重要的功能。第一，服务性劳动是开展素质教育的有效载体。通过公益劳动课，学生在劳动过程中体验到了协作的快乐和品行的升华，了解了社会，增长了知识、技能，养成了正确的社会意识和人生观。第二，参与服务性劳动是学生成长成才的需要。学校开设公益劳动课，引导学生积极参加公益劳动，能够激发他们的探索潜能，使他们学到从书本上学不到的知识，同时锻炼他们的体魄，以促进他们的身心健康和谐发展。第三，开展服务性劳动是深化思想政治教育的需要。学校可以结合本校和所在地域的特点，把公益劳动课设计得丰富多彩，使之成为学生接受劳动锻炼的课堂和参加社会实践的基地。基于以上认识，服务性劳动教育可划分为几大类：（1）校内公益活动。校内组织的各项劳动，如校园卫生保洁和绿化美化及与劳动有关的兴趣小组、社团、俱乐部的活动，可以培养学生提供服务、主动参与公共活动的习惯。（2）社会公益劳动。学校可定期安排学生参加农业生产、工业体验、商业

---

① 转引自刁兴美．生产性活动的现实展开：弗洛姆对马克思劳动观的解读［J］．理论界，2017（9）：9-16.
② 赵荣辉．论劳动教育的实践取向［J］．教育学报，2017（1）：16-22.

和服务业实习等义务劳动实践，利用劳动教育实践基地、综合实践基地和其他社会资源，与研学旅行、团队日活动和社会实践活动等相结合，培养学生的活动组织能力和奉献精神。（3）国家公益行动。鼓励和支持学生以不同的形式参与救助受灾群众、救济贫困人士、扶助残障人士等活动，支持大学生参与"下基层、进农村"的锻炼，组团开展"支边教育"等教育扶贫活动，促使学生在真实的生活中培育新时代的世界观和价值观，自觉融入建设现代化强国的热潮之中。

第三节　新时代劳动教育内容的发展趋势

习近平总书记一直高度重视劳动教育。他在全国教育大会上提出"培养德智体美劳全面发展的社会主义建设者和接班人"，要求在学生中弘扬劳动精神，教育引导学生崇尚劳动、尊重劳动，懂得劳动最光荣、劳动最崇高、劳动最伟大、劳动最美丽的道理，长大后能够辛勤劳动、诚实劳动、创造性劳动。[①] 新时代要全面建成小康社会，进而建成富强民主文明和谐美丽的社会主义现代化国家，根本上要靠劳动，要靠劳动者。劳动教育内容是中国特色社会主义劳动教育体系的核心组成部分，直接决定着社会主义建设者和接班人的劳动精神面貌、劳动价值取向和劳动技能水平。因此，劳动教育内容将呈现出一些新的发展趋势。

一、教育方针始终是劳动教育内容设置的指南

劳动教育内容紧跟时代发展步伐，把握时代发展脉搏，不断更新发展。从新中国成立初期培养"有社会主义觉悟的有文化的劳动者"到改革开放初期培养社会所需的综合性人才，再到新时代培养德智体美劳全面发

---

① 本报评论员．全面夯实劳动教育锻造时代新人［N］．中国教育报，2020-03-28（1）.

展的社会主义建设者和接班人，它们回应了"培养什么人、怎样培养人、为谁培养人"的根本性问题。

新时代劳动教育内容围绕党的教育方针进行设置，围绕"培养什么人、怎样培养人、为谁培养人"来建构。因此，各级各类学校的劳动教育内容都需要突出体现"坚持马克思主义指导地位，贯彻新时代中国特色社会主义思想，坚持社会主义办学方向，落实立德树人的根本任务，坚持教育为人民服务、为中国共产党治国理政服务、为巩固和发展中国特色社会主义制度服务、为改革开放和社会主义现代化建设服务，扎根中国大地，同生产劳动和社会实践相结合"的指导思想。

二、劳动教育内容体系趋向融合贯通

20世纪80年代以来，我国劳动教育主要侧重于促进学生掌握现代的基本科学技术知识和学会现代生产的基本技能，重视"生产劳动""综合技术教育""思想政治"。随着我国社会发展程度越来越高，劳动教育日益关注尊重人的主体性、自觉性、能动性、实践性。2019年6月23日，中共中央、国务院颁布的《关于深化教育教学改革全面提高义务教育质量的意见》提出"充分发挥劳动综合育人功能，制定劳动教育指导纲要，加强学生生活实践、劳动技术和职业体验教育"，基本勾勒出新时代的劳动教育框架。2020年3月20日，党中央、国务院颁布的《关于全面加强新时代大中小学劳动教育的意见》中提出，大中小学要建立起一套完备的劳动教育体系，实现大中小学各学段贯通，贯穿学校、家庭与社会等方面，与德育、智育、体育、美育相融合，建立独立的大中小学劳动教育必修课课程体系。

从内部看，中小学国家课程方案和职业院校、普通高等学校人才培养方案中的劳动教育内容要相互衔接，形成具有综合性、实践性、开放性、针对性的劳动教育课程体系。根据各学段特点，在大中小学设立劳动教育必修课程，系统加强劳动教育，强化劳动教育的持续性和发展性。劳动教育在各学段之间是一贯的，可衔接，可打通。中小学劳动教育课每周不少于 1 课时，学校要对学生每天的课外校外劳动时间做出规定。职业院校以实习实训课为主要载体开展劳动教育，其中劳动精神、劳模精神、工匠精神专题教育不少于 16 学时。普通高等学校要明确劳动教育主要依托课程，其中本科阶段不少于 32 学时。

从外部看，劳动教育内容除了做到纵向课程体系贯通，还需要结合学科、专业特点与其他课程有机融合，创新劳动教育校本化、本土化的实践方式。例如，苏州科技城实验小学校开发的校本财商课程，旨在提升儿童的公民素养和财经素养，分自我探索、权利责任、储蓄消费、计划预算、儿童创业五大板块实施教学，使学生在学习理财本领的同时对自己和他人、社会的关系形成正确的理解，主动承担团队的责任，为自己的选择负责。随着财商课程的实施，校园虚拟货币——蝌蚪币诞生了。学生们通过自身的进步获取蝌蚪币，用蝌蚪币在校园中学习理财、获得奖励、获取机会、自主创业。此时，校园就成了一个小社会，这里有银行、超市、邮局、拍卖行、电影院等，而这些场所的工作人员就是学生。他们在自己的岗位上提供服务、锻炼能力、收获喜悦。学生在该课程的学习过程中，运用不同的学科知识，在校园的各个场所中体验"社会生活"，从而学会学习、学会生活。①

三、各类劳动教育内容将形成辩证统一的共生共荣关系

在新时代，劳动教育已被纳入我国人才培养全过程。"五育"并举，将更有力地促进学生形成正确的世界观、人生观、价值观。劳动教育内容的三种类型——生活劳动教育、生产劳动教育和服务性劳动教育之间的关系是辩证统一的关系，而不是相互割裂、非此即彼的关系。《关于全面加强新时代大中小学劳动教育的意见》将劳动教育的基本内容明确界定为

---

① 刘琴，茅剑英. 以"劳动"为内容的生活教育体系构建 [J]. 中国德育，2019（17）：59-62.

"日常生活劳动、生产劳动和服务性劳动"，同时分学段提出教育内容要点，大中小学各学段各有侧重。这有助于教育工作者和学生理解和形成马克思主义劳动观，培养学生勤俭、奋斗、创新、奉献的劳动精神，使学生形成良好的劳动习惯。

依据马克思主义劳动观，劳动分为生产劳动和非生产劳动，相应地，劳动教育分为生产劳动教育和非生产劳动教育。其中，非生产劳动教育分为日常生活劳动教育和服务性劳动教育（对应前文划分的生活劳动教育和服务性劳动教育）。前者注重在学生个人生活自理中强化劳动自立意识，体验持家之道，这也是学生健康发展、适应社会生活的重要基础；后者具有较强的时代特点，注重利用知识、技能、工具、设备等为他人和社会提供服务，特别是在公益劳动、志愿服务中强化社会责任，培养良好的社会公德。三类劳动教育内容不同，各学段可以有所侧重，但从总体上看，三者都很重要，不能偏废。①

四、劳动教育内容成为新时代技术创新的一面镜子

随着"五育"并举政策的落实，劳动教育内容将越来越丰富。新时代的劳动教育内容既要包括既有的生产和生活中的一些实践活动，更要及时纳入人工智能、信息通信技术等方面的内容。通过对新技术的接触和使用，使学生掌握参与和创新新时代劳动的实践方式及方法。在高速发展的知识经济时代，社会生产的新工艺和新技术一诞生，就应通过现代信息技术纳入劳动教育内容体系。新时代的劳动教育内容不仅要激发学生对现代新技术和新生活的兴趣，更要有效拓展学生的科学视野和社会视野。

---

① 佚名. 构建新时代中国特色社会主义劳动教育体系：教育部有关负责人就《中共中央 国务院关于全面加强新时代大中小学劳动教育的意见》答记者问［EB/OL］.（2020-03-27）［2020-03-31］. http://www.gov.cn/zhengce/2020-03/27/content_5496170.htm.

第六章

劳动教育形式

　　劳动创造人，劳动创造美好生活。人只有积极参与劳动，体验劳动过程，在劳动中发现自我、发掘自身潜质、发展自身能力，在劳动中建立与外部世界的关系，才有可能更好地认识世界、改造世界，进而创造美好人生。习近平总书记指出"生活靠劳动创造，人生也靠劳动创造"，"少年儿童从小就要立志向、有梦想，爱学习、爱劳动、爱祖国"，并希望广大中小学生"从小就要树立劳动光荣的观念，自己的事自己做，他人的事帮着做，公益的事争着做"。劳动对人的发展及创造美好生活的意义不言而喻。鼓励中小学生爱劳动，在中小学生中开展劳动教育已成为当下我国教育改革发展的重要内容。

　　2015年，教育部、共青团中央、全国少工委颁布的《关于加强中小学劳动教育的意见》指出，"劳动教育是全面贯彻党的教育方针的基本要求，是实施素质教育的重要内容，是培育和践行社会主义核心价值观的有效途径"。文件指出，要抓好劳动教育的关键环节，分别是落实相关课程、开展校内劳动、组织校外劳动和鼓励家务劳动。文件还就这四个关键环节给出了建议：要根据《义务教育课程设置实验方案》和《普通高中课程方案（实验）》，将国家规定的综合实践活动课程、通用技术课程作为实施劳动教育的重要渠道，开足开好；要在学校日常运行中渗透劳动教育，积极组织学生参与校园卫生保洁和绿化美化，普及校园种植；要将校外劳动纳入学校的教育工作计划，小学、初中、高中每个学段都要安排一定时间的农业生产、工业体验、商业和服务业实习等劳动实践；教育学生自己事情自己做，家里事情帮着做，弘扬优良家风，参与孝亲、敬老、爱幼等方面的劳动。这些关键环节在一定意义上也可以视为开展劳动教育的重要形式，即可以通过劳动教育相关课程、校内劳动、校外劳动以及家务劳动等形式深入推进劳动教育。

第一节　劳动教育相关课程

课程是实施劳动教育的重要形式，通过设置劳动教育相关课程，教授学生劳动知识、劳动技能，培养其劳动意识、劳动精神等。世界上有很多国家都在中小学阶段以课程形式开展劳动教育。

一、国外相关经验

在 20 世纪 90 年代中后期，俄罗斯根据《普通基础教育国家教育标准（草案）》，工艺学科设置技术、劳动训练和绘画等课程。其中，必修科目为结构材料和机器部件的制作加工、电子学（无线电技术）、情报信息技术、制图技术、家政艺术、裁剪缝纫和食品制作、建筑修理装修、材料的艺术加工劳动、技术制作、社会劳动和职业自我选择、生产和环境保护、家庭经济学和企业管理基础、技术创作等；辅修科目为艺术劳动、家政（女生）、家政（男生）、家庭女主人、家庭男主人、木材加工、缝纫、食品加工制作、金属加工工艺、电器安装、建筑修理工作、艺术设计、艺术装潢、植物栽培、产品的加工工艺、畜牧业产品的加工、建筑、机器人技术、日常生活技能、无线电技术、企业家管理、汽车驾驶与维修、农场业技术、家庭经济学、民间工艺与装饰品创作技术、专业培训课程及其他。理论课课时数占必修课课时总数的30%，实践课课时数占必修课课时总数的70%。①

澳大利亚非常重视实用型人才的培养，各级学校普遍开设劳动技术课。小学阶段设置的课程主要有英语、文学阅读、社会研究、数学、科学、个人修养、生理卫生和体育、艺术和手工艺、音乐等。劳动课的开设情况因州而异，有的州开设手工课，有的州开设科学与技术课。手工课一般包括手工制作和简单的木工活与铁工活，学生们学习如何剪裁、制图、下料与制作简单的木器和铁器，重点培养学生生活中必需的劳动能力。初中7—10年级教学大纲规定的必修课为英语、数学、社会研究、科学、个人修养、外语、卫生和体育、艺术、手工、音乐等。学校根据当地需要和自身条件，开设一些选修课。与劳动相关的选修课有商业原理、速记、打字、农村簿记、家政、木工、金工、技术制图、农业机械、畜牧业、农业等。到了高中，学生们可选择的科目范围更大。有的学校除设置英语、数学为必修课外，其余课程全部为选修。与劳动相关的选修课有会计、家政、速写、商业知识、实用数学、农业、农业机械、牧草与牧羊技术、工程制图、秘书学基础、办公室实践、高级打印与文书、高级技术工艺、新闻媒介、社会通信等。②

芬兰于2016年实施新的国家课程，更加注重学生横贯能力的培养。横贯能力与我国近年来提出的核心素养类似，它是在21世纪新的经济、社会、科技、文化等对人提出挑战的背景下提出的，旨在培养适应未来挑战的公民，培养学生适应可持续生活方式的能力。横贯能力具体包括：（1）思考与学习的能力；（2）文化意识、互动与表达能力；（3）照顾自

---

① 汝骈. 俄罗斯中小学的劳动教育与综合技术教育［J］. 苏州教育学院学报，2002（1）：96-99.
② 方勇. 澳大利亚：劳动教育提升学生未来职场竞争力［N］. 光明日报，2019-01-10（14）.

己、进行日常生活管理与保护自身安全的能力；（4）多元识读；（5）信息素养；（6）职业与创业素养；（7）参与、影响并为可持续未来负责的能力。这些横贯能力被整合到劳动教育相关的学科课程和综合课程之中。其中，手工课是芬兰义务教育阶段的必修课程，主要包括两大门类：一类为包括针织、缝纫、布艺等在内的"轻手工"课程，另一类为包括木工、金属技工、电子等在内的使用机械设备的"重手工"课程。家政课是芬兰政府规定的 7—9 年级学生的必修课程，每周至少 1 小时。不同主题下的具体课程目标可涉及如下三个方面：（1）与食品相关的知识、技能和饮食文化；（2）生活起居和与他人共同生活；（3）家庭消费和理财能力。学校还根据新的课程标准的要求，开设综合课程。每所学校每学年需保证开设一门综合课程，每周至少 1 课时。由于该类课程要求贴近实践、贴近社会，以问题或现象为导向，能够较好地反映劳动教育的特点。①

可见，开设劳动教育相关课程，以课程的方式让学生掌握劳动知识和技能、养成劳动的意识及尊重劳动的精神显得特别重要，是中小学生劳动教育的重要形式。

二、国内相关实践经验

我国对劳动教育的课程设置也有规定。比如，2001 年教育部颁布的《义务教育课程设置实验方案》中增设了综合实践活动，内容主要包括信息技术教育、研究性学习、社区服务与社会实践以及劳动与技术教育等，要求学生通过亲身实践，发展收集与处理信息的能力、综合运用知识解决问题的能力以及交流与合作的能力，增强社会责任感，并逐步形成创新精神与实践能力。2015 年教育部、共青团中央、全国少工委颁布的《关于加强中小学劳动教育的意见》明确规定："义务教育阶段三到九年级切实开设综合实践活动中的劳动与技术教育课，普通高中阶段严格执行通用技术

---

① 滕珺，王岩. 创新性与传统相结合的芬兰劳动教育［N］. 光明日报，2019-01-10（14）.

课程标准，课时可视情况相对集中。各地各校可结合实际在地方和学校课程中加强劳动教育，开设家政、烹饪、手工、园艺、非物质文化遗产等相关课程。在德育、语文、历史等学科教学中加大劳动观念和态度的培养，在物理、化学、生物等学科教学中加大动手操作和劳动技能、职业技能的培养，在其他学科教学和少先队活动课中也应有机融入劳动教育内容。"在国家政策文件的引领规范下，各地也都推出劳动教育课程设置方面的相关规定。

北京市在推进中小学劳动教育过程中，注重在中小学课程中融入劳动教育。2015 年 7 月正式施行的《北京市实施教育部〈义务教育课程设置实验方案〉的课程计划（修订）》提出，"综合实践活动课程是国家和北京市规定的必修课，包括学科实践活动、信息技术、劳技、研究性学习、社区服务和社会实践等。旨在使学生通过亲身实践，综合培养人文、科学素养，培育和践行社会主义核心价值观，提高综合运用知识解决问题的能力、交流与合作的能力、创新意识与实践能力。要让学生有适当的劳动体验，通过出出力、流流汗，培养学生正确的劳动价值观"。

各地在开发劳动教育相关课程的同时，也积极与地方实践相结合，充分调动社会各方力量，推动本地区劳动教育创新发展。浙江省教育厅 2015 年发布的《关于深化义务教育课程改革的指导意见》指出：积极探索综合实践活动校本化实施的有效途径，建立学生参加社会实践活动的有效机制，确保课程计划内三四年级每学年不少于 5 天、五至九年级每学年不少于 10 天的社会实践活动时间。把各学科课程的社会实践要求与综合实践活动有机整合，以主题模块的形式，组织多种多样的科普活动、拓展训练和公益性劳动，努力提高学生的动手实践能力，培养学生的劳动观念、集体观念、责任意识和创新意识。

山东省教育厅 2019 年发布的《关于加强中小学生劳动教育开好综合实践活动课程的指导意见》规定，开足开齐开好综合实践活动课程，将其作为劳动教育的主要课程载体。义务教育段学生应围绕家务劳动、劳动技术、社会服务、职业体验、考察探究和专题活动等，重在培养基本劳动情感，养成劳动习惯，增强基本劳动能力。小学 1—2 年级学生每学期分别至少完成 1 个主题活动，3—9 年级学生每学期分别至少完成 2 个主题活动。普通高中学生应围绕党团活动、学生发展指导、社会实践、研究性学习、研学旅行等，重在提升劳动能力，涵养劳动品质。高一年级学生开展学生发展指导教育，高二年级和高三年级上学期学生开展社会实践、研究性学习、研学旅行等主题活动，每一个主题活动要尽可能兼顾多种活动方式，整合实施。

2019 年《广州市教育局关于加强中小学（幼儿园）劳动教育的指导意见》指出，幼儿园要根据《幼儿园教育指导纲要（试行）》，充分尊重幼儿生长发育的规律，重在培养幼儿良好的盥洗、排泄等生活习惯和生活自理能力。中小学校要根据《义务教育课程设置实验方案》和《普通高中课程方案（2017 年版）》，将国家规定的综合实践活动课程、通用技术课程作为实施劳动教育的重要渠道，开足开好综合实践活动课程，小学 1—2 年级平均每周不少于 1 课时，小学 3—6 年级和初中平均每周不少于 2 课时，高中执行课程方案相关要求和完成规定学分。中小学要落实劳动教育课程时间，平均每周不少于 1 课时。学校要充分结合当地资源，开发开设家政、烹饪、手工、园艺、非物质文化遗产等劳动实践类拓展课程，部署推进 STEM、创客教育有关工作。鼓励有条件的学校开设创客空间，鼓励学生基于兴趣，以项目学习的方式，在研究真实问题、技术制作和艺术创作过程中，进行创意制造实践。

课程是学校进行劳动教育的重要载体和形式，很多学校依据国家政策要求，积极创造条件，丰富学校劳动教育课程体系，创新开展学校劳动教育。例如，江苏省新海高级中学依托学校课程，因地因校制宜，建设了学科专用教室、创新实验室，完善了学校图书资料、实验仪器等硬件设施，为劳动教育的开展构建了多种学习平台。学校以课程建设为抓手，形成了富有特色的劳动教育。例如，生物课上，教师在学生中开展花草、树木、景观带等绿地的认养活动；将闲置的土地开辟为实验田，以班级为单位种植农作物，建成"秋华园"，作为师生的"开心农场"；让学生制订种植计划、学习种植方法，最后用收获的果实做出可口的饭菜，体会劳动的无穷快乐。物理课上，教师引领学生"在学中做，在做中学"，使教学释放出无穷的生命力，有效地提升了学生的劳动技能，使学生形成了良好的劳动品质。化学课上，教师从调动学生兴趣入手，让劳动成为激发学生潜能的"教练"，使学生不断积累学习化学的亲身体验和实践经验。该校实施江苏省首批中小学课程基地高峰建设项目，先后建成生物课程基地、生命化语文课程基地、环境化学实践课程基地、高中物理现代光学实践课程基地、数学课程基地等5项课程的基地。学校的"选课走班下的教学评价体系重建""排球博物馆：提升学生体育核心素养"项目获江苏省基础教育前瞻性教学改革实验项目立项。该校借助基地、项目建设，构建学生的学习体验中心，鼓励学生的创造精神，也为学生搭建了接受劳动教育的有效平台。①

再比如，山东省广饶县王道小学扎根于乡土文化，挖掘乡村资源，弘扬本村劳动创业、劳动致富的创业精神，以劳动教育为核心，开发了具有乡土特色的"田园牧歌"课程。该课程由"乡音"课程、"乡情"课程和"乡事"课程三部分组成。"乡音"课程的主题是记住乡音记住根。乡音，是人在大地上劳作时留下的最美的原生态声音。让孩子们从"乡音"课程中倾听劳动的声音，感悟劳动的气息，这是开发者开发这门课程时的初衷。"乡情"课程的主题是留住乡情留住魂。乡情，是走不完的羊肠小道，是放牧牛羊的河滩；是看不够的绿树群山，是儿时戏水的河边；是离不开的爹娘乡亲，是梦回萦绕的"祖根"。留住乡情，就留住了自己的故乡魂。乡情是儿童最初的家国情怀。"乡事"课程的主题是锁住乡事锁住本。乡事，就是故乡之事、乡土之事、农业之事、劳动之事。"纸上得来终觉浅，绝知此事要躬行。"为了深化劳动教育，培养学生的劳动能力，王道小学研发了适合高年级学生的"乡事"课程。该课程按照二十四节气安排课时，让孩子们在土地上经历一轮完整的劳作，对劳动进行真实的体验与

感知。①

　　课程无疑是学校开展劳动教育的重要形式，因此，学校在开展劳动教育时，要充分体现课程的实践化导向。劳动本身也是一种实践活动，需要每个人亲身参与、亲自体验，在参与中感悟，在体验中进行创新与创造。若学校仅仅是为了应付政策要求，只是在纸面上安排一些劳动教育课程，而没有让学生实质性地参与劳动、体验劳动，真正在劳动中锤炼意志品质，提高技术本领，那么这种课程也就没有体现劳动教育应有的价值与意义。因此，为了凸显课程的实践化导向，每所学校在劳动教育课程中要真正让学生学会劳动，形成劳动意识，掌握劳动技能，尊重劳动成果，养成劳动精神，成为真正的建设社会主义事业的劳动者。正如钱旭红等人所言："把每件小事做到最好、追求极致，这是劳动本身所承载的教育。""之所以不少发达国家都在学校课程中嵌入劳动，因为劳动教育的本意是注重过程、感悟过程、在过程中得到启发和升华，传递的是一分耕耘一分收获的价值观。而且，专注过程、追求极致很可能会产生新的创意和新的技术。"②

第二节　校内劳动

　　《关于加强中小学劳动教育的意见》指出："要在学校日常运行中渗透劳动教育，积极组织学生参与校园卫生保洁和绿化美化，普及校园种植。开辟专门区域种植花草树木或农作物，让班级、学生认领绿植或'责任田'，予以精心呵护，有条件的学校可适当开展养殖。大力开展与劳动有关的兴趣小组、社团、俱乐部活动，进行手工制作、电器维修、班务整理、室内装饰、勤工俭学等实践活动。广泛组织以劳动教育为主题的班团

---

① 李玉玺，王海荣.＂田园牧歌＂唱响劳动教育主旋律［N］.中国教育报，2019-03-20（9）.
② 钱旭红，樊丽萍.加强劳动教育，根除＂丧文化＂滋生温床［N］.文汇报，2019-03-22（5）.

队会、劳模报告会、手工劳技展演，提高学生劳动意识。"可见，校内劳动可以有多种形式，关键是学校要创造条件，灵活运用校园绿化事务、"责任田"承包、实践活动、劳动教育主题班会等形式。当然，学校开展的校内劳动也不仅仅是指体力活动，正如苏联教育家苏霍姆林斯基所指出的，劳动不是指单调重复的体力活动。学校所开展的劳动教育，必须与学生的智力发展联系起来，使劳动成为学生认识事物、探索世界的重要学习途径，而不是简单机械的锻炼身体的方式。

开展校内劳动，一方面需要营造劳动环境，让学生在环境中接受真正有效的劳动教育；另一方面，需要明确劳动任务，让学生真正知道自己该做什么、不该做什么；此外，还需要注重教育评价，通过评价把劳动教育做实做细。

一、营造劳动环境

学校是育人的机构和场所，但劳动教育在一些学校没有得到足够的重视，一些学校没有营造良好的劳动教育环境，使得校内劳动教育有名无实，没有能够得到有效开展。在国家大力倡导并重视劳动教育的今天，学校无疑需要重新关注劳动教育，重新定位劳动教育，营造良好的育人环境，为校内劳动教育的有效开展创造条件，保证校内有劳动场所、劳动教育师资、劳动项目、劳动教育经费、劳动教育内容，让学生能接受真正有效的劳动教育。例如，有些学校非常重视劳动环境的营造，为学生开展校内劳动创造了良好的条件。湖南省江华瑶族自治县喇叭口完全小学充分利用校园荒地，创建学农基地，串起德智体美劳全面发展的教育"链"，学生在种菜、养猪、管理板栗树的过程中享受劳动的快乐，在劳动中成长。学校有板栗种植基地 7300 多平方米、鱼养殖基地 800 多平方米、生猪养殖基地 200 多平方米、蔬菜种植基地 1900 多平方米。蔬菜基地平均分给每个班级，一个班级负责一块地，按照班级管理、学生参与、教师指导的原则，每周组织学生学习翻土、施肥、种菜、收菜等。有的学校利用校园闲置空地，开辟了"开心农场"，让各班学生认领"责任田"，种植花草树木和农作物。学生在翻土、播种、施肥、除草、采摘、品尝的过程中，一步步体验付出和收获的喜悦。① 济南育才中学通过班级内植物种植、班务整理、班级环境布置、班外宣传阵地更新、卫生值日等工作渗透劳动教育，让学生在劳动中学会承担责任。学校也在精心设计的各项活动中融入劳动教育。从 2012 年开始，学校坚持开展"樱桃节"活动。整个活动期间，学生承包校内九棵樱桃树，给树浇水、施肥、除草，并写观察日记。樱桃成熟后，学生会分享自己的劳动成果，体会劳动的快乐。② 苏霍姆林斯基也非常重视教育与劳动的结合，注重为学生营造良好的劳动教育环境。苏霍姆林斯基在帕夫雷什中学任教时，带领学校教师为各个年龄阶段的学生从事各种各样的生产劳动提供物质条件。学生可以从事的生产劳动项目有机械设计和模型制作、树木和农作物栽培、研究内燃机制造、木材加工、养兔、养蜂、养牛、养猪等。③

二、明确劳动任务

校内劳动是学校劳动教育的一种形式。为了发挥劳动教育对学生成长的促进作用，学校需要在劳动教育过程中明确校内劳动的任务。因为若是没有明确相关劳动任务，学生会在劳动过程中不知所措，也不清楚开展劳动教育的目的。例如，有的学校为了让学生养成卫生习惯，每天组织学生代表检查学生宿舍、教室、停车区和清洁区，定期开展文明宿舍、文明班级评比活动，并把评比结果与学生品德考核挂钩，督促学生养成日常劳动习惯，教育学生学会珍惜自己的劳动成果，学会爱护幽雅的校园环境，等等。为了进一步提升劳动境界，学校进一步提出"心地不扫空扫地"，以

---

① 陈文波，贾伟. 大连沙河口：铸造劳动教育的样本 [EB/OL]. (2018-11-12) [2019-12-23]. http://paper.people.com.cn/mszk/html/2018-11/12/content_1892770.htm.
② 张涛. 劳动教育在基础教育阶段的实施途径探索 [J]. 中国德育，2018 (24)：9-10.
③ 胡君进，檀传宝. 劳动、劳动集体与劳动教育：重思马卡连柯、苏霍姆林斯基劳动教育思想的内容与特点 [J]. 国家教育行政学院学报，2018 (12)：40-45.

此来鼓励学生升华劳动观念，将劳动教育与德育、智育、美育、体育紧密结合，并作为社会主义核心价值观教育的重要内容，引导学生关注时事和民生。[①] 有的学校把劳动教育贯彻到学生每一天的校园生活中。每学年开学时，学校将整个教学楼进行区片划分，每个班级分到属于本班的责任区域。从开学第一天起，学生每天固定在早读前、大课间、午休后、放学后打扫卫生区。他们的每一天从劳动开始，以劳动结束。[②]

三、注重教育评价

教育评价既有检验、监测功能，也有鞭策和改进功能。劳动教育中的评价环节可以体现学校对劳动教育的重视，发现学生在劳动过程中的不足，进而帮助学生改变不良的劳动行为，所以重视劳动教育中的评价环节，有助于把劳动教育做实、做细。劳动教育评价有助于学生在劳动教育过程中获得更好的劳动体验与感悟，有助于进一步提升学生的劳动技能，有助于促进学生劳动意识、劳动精神的形成。例如，有的地区在全区开展"自我劳动好少年""家庭劳动好少年""学校劳动好少年"评选活动。有的学校为了激发学生自觉劳动的积极性，将学校劳动工作的落实、管理、评价等工作都交由学生来完成。大队干部根据值周生统计的卫生情况，每两周评选一次"干净流动锦旗"获得者，并在升旗仪式上颁发锦旗。由于学校良好的劳动氛围，"干净流动锦旗"成为每个学生最为重视的一项集体荣誉。[③] 有的学校要求每个孩子制作劳动视频以供抽检和分享。每个孩子的劳动作业将得到一个整体评价，其中平时检测总分为70分，视频汇报总分为40分，社会实践和义工活动总分为5分，最终结果将记入《小学生素质综合评价手册》，并纳入期末"三好学生""优秀少先队员"评比中。若学生的劳动作业成绩为不合格，则其没有参评资格。同时，学校开展

---

① 韩金山. 到劳动中释放潜能 [N]. 中国教育报，2018-12-20（7）.
② 翁文千，李建华. 劳动是教育的密码 [N]. 中国教师报，2018-12-05（6）.
③ 同②.

"我是劳动小标兵""我是劳动小能手"系列评比活动，在校园橱窗、各个班级群对评选结果进行展示等。①

当然，开展校内劳动不能"三天打鱼两天晒网"，需要学校有计划、有组织、常态化、规范化地将此项活动开展下去。只有长期坚持，才可能让学生深刻地理解劳动，才可能让其更多地参与劳动、体验劳动，进而掌握劳动本领。例如，湖南民族职业学院附属小学开展劳动教育伊始，在楼顶开辟菜园，让学生轮流体验劳作的乐趣；开展"周末我当家""食堂我当家""我是小交警"系列活动；在不同年级开展缝衣服比赛、穿戴比赛、钉纽扣比赛等。15 年过去了，该校的劳动教育从没间断，还有了新的内容和内涵。根据不同年龄阶段学生的特点和需求，学校开设了一系列劳动教育课程，一、二年级引入陶艺课，三、四年级设置了电工、木工、缝纫、刺绣等课程，五、六年级有厨艺课。这些劳动实践课进课表，进课堂，有专门的教室、专业的教师，并形成了自己的体系。②

第三节　校外劳动

《关于加强中小学劳动教育的意见》指出："要将校外劳动纳入学校的教育工作计划，小学、初中、高中每个学段都要安排一定时间的农业生产、工业体验、商业和服务业实习等劳动实践。充分利用劳动教育实践基地、综合实践基地和其他社会资源，结合研学旅行、团日队日活动和社会实践活动，加强城乡学生交流，组织学生学工学农。城镇学校可结合实际情况组织学生参加公益劳动与志愿服务，农村学校可结合实际情况在农忙时节组织学生帮助家长进行适当的农业生产劳动。"校外劳动是校内劳动的重要补充。校外是一个广阔的天地，校外是一个大课堂，校外也是一个

---

① 阳锡叶，刘秋泉，陈文静，等. 湖南民族职院附小 15 年坚持劳动教育：孩子在劳动中悄然改变［N］. 中国教育报，2019-04-02（7）.
② 同①.

丰富多彩的世界。学校仅靠校内的资源条件难以满足学生接受劳动教育的需求，需要充分利用校外大环境、大课堂、大世界这些丰富的资源，让学生更多地走进自然、亲近自然，走进社会、接触社会，通过体验农业生产活动、工业商业和服务业的实习实践活动，去更多地参与不一样的劳动，体验不一样的教育。在这个大环境、大课堂、大世界中，学生可以去感受农业生产劳动的每一个环节，感受农民劳动的辛苦与不易，学会一些基本的农业劳动技能，懂得珍惜劳动果实，学会尊重劳动成果；可以去感受工业生产劳动过程的现代性，理解知识的生产、科技的进步与现代劳动之间的关系，学习现代社会的劳动知识、技能与精神。

开展校外劳动既要重视让学生去农村体验农业生产劳动，也需要让学生去工厂体验工业生产劳动，还需要让学生去商业和服务业领域体验实习实践活动，从而丰富学生在劳动教育过程中的体验与感受，增强劳动教育的实效性。

一、去农村体验农业生产劳动

农村是个广阔的天地，农村的生产、生活都很值得中小学生去体验、感受。由于当前我国东部以及中部发展情况较好的地区农村农业生产活动基本上是机械化的操作，手工式的生产劳动较少，因此，这些地区的学生就很难体验生产过程中的每一个环节。因此，应鼓励广大中小学生去中西部一些偏远落后地区的农村去感受、体验那里的劳动。学校可以安排一周左右的时间，让学生在农忙时节去体验和感受农业生产活动。学生可以在播种的时节体验播种、浇水、施肥；可以在收麦子的时节体验用镰刀收割麦子、脱粒等；可以在秋收时节体验采收玉米、花生、黄豆、棉花等。学生在落后地区的农村参加劳动，一方面能够直接体验劳动过程，感受劳动的辛苦，了解劳动的基本环节及相关知识；另一方面也能帮助一些农村家庭减轻劳动负担，尤其是那些缺乏劳动力的家庭。除了让学生体验农业生产劳动过程之外，还可以让学生感受一下农村的艰苦生活，真正知道劳动果实获得不易，感受农民生活的朴素与朴实，这是学生在学校难以获得的知识、体验与感悟，有助于进一步增进学生对农业、农村、农民的认识，增强其劳动意识，激发学生好好学习、增长知识和技能的动力。

二、去工厂体验工业生产劳动

工业生产劳动有别于农业生产劳动，前者是一种机械化、程序化、标准化的流水线式的劳动过程。工业生产劳动过程是对农业生产劳动成果或自然资源再加工、再生产、再制作的过程。例如：学生进入食品加工厂，感受从原材料进厂到其进入流水线环节，再到成品的完整过程，了解不同食品的生产过程以及食品安全的保障等知识。学生进入服装加工厂，感受和体验不同服装的设计、制作过程，了解每件衣服精细化的制作过程。学生进入工艺品加工厂，感受原材料成为艺术品的完整过程，感受工人师傅的工匠精神与负责任的态度。学生在工厂体验工业生产劳动的同时，也能够体验和感受工人师傅的生活状况，了解不一样的生活。总之，工业生产劳动是我国现代化进程中非常重要的一种劳动形式，没有大规模的工业化生产就没有我国现代化的发展过程，也不可能实现我国社会突飞猛进的发展。创造条件让学生感受和体验工业生产劳动过程，可以让学生了解我国工业生产发展过程，了解科学技术是第一生产力的深刻内涵，了解工人工作的不容易，了解并尊重工人的劳动成果，亲身体验科学技术创新、劳模精神、工匠精神等。

三、去商业和服务业体验实习实践活动

商业和服务业是社会发展进程中非常重要的实践活动，社会越发达，商业和服务业发展水平越高、越繁荣。中小学生很有必要在商业和服务业领域参与实习和实践活动。例如，学生可以进入商品零售市场，真正去体验和感受产品是如何流通的，学习与人沟通交往、推销产品、尊重顾客，

感受开展商业活动的辛苦与不易。学生可以进入酒店承担服务工作，如打扫酒店卫生、为顾客推荐菜品等。让中小学生提前进入商业和服务业领域从事与年龄相称的力所能及的劳动，对其更好地认识商品交易活动、人与人的交往交流活动都有积极的促进作用，也对其在上学期间积极进行自我职业生涯规划、认识自我职业兴趣、发现自我职业发展潜能具有积极意义，同时也有利于改变学生因不了解某些劳动而产生歧视、逃避劳动的心态甚至是眼高手低的习惯。

开展校外劳动须将校外劳动纳入学校整体教育工作计划，做到有序有效地推进。《广州市教育局关于加强中小学（幼儿园）劳动教育的指导意见》指出，要将校外劳动纳入学校的教育工作计划，小学、初中、高中每个学段都要安排一定时间的农业生产、工业体验、商业和服务业实习等劳动实践，要在手工技艺体验、农业劳动实践、工业劳动实践、职业生活体验、社区服务实践等方面为学生提供劳动教育实践机会。充分利用劳动教育实践基地、综合实践基地和其他社会资源，结合研学旅行、团队活动和社会实践活动，加强城乡学生交流，组织学生学工学农。城镇学校可结合实际情况组织学生参加公益劳动与志愿服务，农村学校可结合实际情况在农忙时节组织学生承担适当的农业生产劳动。这就要求学校积极创造条件，为学生学农、学工、学商等提供便利，让每个学生都能够有机会参与到学农、学工、学商等活动中来；开展多样化的校外劳动，让具有不同职业兴趣的学生真正感受到不同职业所对应的劳动的内涵，为学生更好地规划自我职业生涯打好基础、做好铺垫。例如，北京理工大学附属中学每年都会组织学生开展为期一周的学农活动，通过开设农业与生产、农业与生活、农业与创意、农业与文化等课程，让学生进一步认识和体验农业生产，培养学生的自立自理能力、动手能力，增强学生的合作意识、集体观念及人际交往能力等。

第四节　家务劳动

《关于加强中小学劳动教育的意见》指出："教育学生自己事情自己做，家里事情帮着做，弘扬优良家风，参与孝亲、敬老、爱幼等方面的劳动。学校应安排适量的劳动家庭作业，针对学生的年龄特点和个性差异布置洗碗、洗衣、扫地、整理等力所能及的家务。要密切家校联系，转变家长对孩子参与劳动的观念，使他们懂得劳动在孩子学习、生活和未来长远发展中的积极意义和作用，让家长成为孩子家务劳动的指导者和协助者，形成劳动教育合力。"《广州市教育局关于加强中小学（幼儿园）劳动教育的指导意见》规定："学校要密切家校联系，转变家长对孩子参与劳动的观念。教育学生自己事情自己做，家里事情一起做，弘扬优良家风，参与孝亲、敬老、爱幼等方面的劳动。学校应安排适量的劳动家庭作业，针对学生的年龄特点和个性差异，布置洗碗、洗衣、扫地、整理等力所能及的日常家务劳动。使学生养成家务劳动的习惯，习得基本的生活技能、生活经验、生活知识，逐步形成自理能力，为步入社会打下一定基础。"现在的孩子大多是独生子女，很多父母对孩子疼爱有加，甚至是娇生惯养，导致很多孩子成为"温室里的花朵"，只知一味地索取，而没有机会去亲身体验风吹雨打，去主动参与事务；再加上学业负担重、学习压力大，不少孩子在家就是"小皇帝"，"饭来张口、衣来伸手"，很少或几乎不做家务，且认为不做家务无足轻重、无伤大雅。因此，要让孩子积极主动参与家务劳动，不仅要改变其劳动观念，也需要在行动中落实，让他们意识到家庭是由每一个人组成的，每个人都应该为家付出、负责，都需要为家尽一份力、尽一份责。

家长在引领孩子进行家务劳动时，要注意以下几点：首先，家长应根据孩子的身心发育特点，有针对性地布置任务；其次，家长不能把家务劳动简单化；最后，家长需要深度挖掘家务劳动的育人价值。

一、根据孩子的身心发育特点有针对性地布置任务

朱熹曾专门为儿童编写了一本《童蒙须知》，要求儿童从整理衣服冠履、洒扫涓洁做起，衣服帽子要保持洁净，要折叠整齐，不能散乱无序，自己居住的地方要勤洒扫，书桌要勤拂拭，笔墨纸砚要放在固定的地方，等等。孩子处于不同的年龄段时，有不同的身心发育特点，认知水平与理解能力也有差别，所能够做的家务也有所不同，因此，家长应该根据孩子的身心发育特点有针对性地给其布置家务劳动任务。一份美国孩子的家务劳动清单值得借鉴。该清单规定，家长可以给 9—24 个月的孩子一些简单易行的指示，比如让宝宝自己把脏的尿不湿扔到垃圾箱里。家长可以让 2—3 岁的孩子在指示下把垃圾扔进垃圾箱，或当家长请求帮助时帮忙拿取东西；帮妈妈把衣服挂上衣架；使用马桶；刷牙；浇花（父母给孩子适量的水）；晚上睡前整理自己的玩具。3—4 岁的儿童应做到：更好地使用马桶；洗手；更仔细地刷牙；认真地浇花；收拾自己的玩具；喂宠物；到大门口取回地上的报纸；睡前帮妈妈铺床，如拿枕头、被子等；饭后自己把盘碗放到厨房水池里；帮助妈妈把叠好的干净衣服放回衣柜；把自己的脏衣服放到装脏衣服的篮子里。4—5 岁的儿童不仅要熟练掌握前几个阶段要求的家务技能，并能做到：独立从信箱里取回信件；自己铺床；准备餐桌（从帮家长拿刀叉开始，慢慢学会帮忙摆盘子），饭后把脏的餐具放回厨房；把洗好烘干的衣服叠好放回衣柜（家长应教会孩子如何正确叠不同的衣服）；自己准备第二天要穿的衣服。5—6 岁的儿童不仅要熟练掌握前几个阶段要求的家务技能，并能做到：帮忙擦桌子；换床单、铺床（从帮妈妈把脏床单拿走，并拿干净的床单开始）；自己准备第二天去幼儿园要用的书包和要穿的鞋（以及第二天上学要用的其他东西）；收拾房间（会把乱放的东西捡起来并放回原处）。6—7 岁的儿童不仅要熟练掌握前几个阶段要求的家务技能，并能在父母的帮助下洗碗盘，能独立打扫自己的房间。7—12 岁的儿童不仅要熟练掌握前几个阶段要求的家务技能，并能做到：做

简单的饭；帮忙洗车；吸地擦地；清理洗手间、厕所；扫树叶，扫雪；会用洗衣机；把垃圾箱搬到门口街上（有垃圾车来收）。13 岁以上的儿童不仅要熟练掌握前几个阶段要求的家务技能，并能做到：换灯泡；换吸尘器里的垃圾袋；擦玻璃（里外两面）；清理冰箱；清理炉台和烤箱；做饭；列出要买的东西的清单；洗衣服（全过程，包括洗衣、烘干衣物、叠衣以及放回衣柜）；修理草坪。

二、家长不能把家务劳动简单化

孩子的成长需要家长的陪伴，孩子参与家务劳动同样需要家长的陪伴与指导，家长不能把家务活儿推给孩子后就不管了。有的家长可能让孩子去刷锅、洗碗、打扫卫生，自己却在打麻将、玩手机等，这样无疑会让孩子觉得做家务是个负担，不能体验到劳动的快乐。这样的劳动教育不能培养孩子良好的劳动意识，这样的家长也忽视了家务劳动的育人价值。所以，在引导孩子从事家务劳动的过程中，一方面，家长要更多参与、陪伴、指导孩子，与孩子共同进行家务劳动。如开展家中大扫除时，父母与孩子要各司其职，共同做好卫生工作。此外，父母还需要告诉孩子打扫卫生的基本规范、要求以及一些细节，比如，告诉孩子拖把怎么用、怎么清洗、怎么脱水、怎么晾干等。这样的指导和交流能使孩子获得一些基本的劳动知识，学会一些劳动技能，也能体验到父母做家务的辛苦，增强自己以后做家务的动力。另一方面，家长要多鼓励孩子，起到榜样带头作用。孩子有时觉得做家务是浪费时间，认为家务劳动都很简单，自己都会，根本不需去学习，这就需要父母给予孩子正确的引导。家长在自己努力做好家务劳动的同时，应鼓励孩子多参与一些家务劳动，要精心设计激励办法，多注意孩子劳动的细节，及时肯定孩子，让孩子有成就感。要让孩子认识到家务劳动不仅仅是一件需要投入时间去做的事情，还要让孩子懂得家庭是由每一位成员组成的，家庭的事情需要大家的共同参与，每个成员都要负起责任，每个成员都要为家庭的和谐与舒适付出自己的劳动，多一分劳动、多一分付出，就会多一点舒适、多一些温馨、多一些幸福。要让孩子意识到，做家务不仅可以长知识、长技能，也可以收获成长与幸福。家务劳动具有重要的育人价值，能够促进孩子更好地成长。

三、家长需要深度挖掘家务劳动的育人价值

家庭是孩子的港湾，父母是孩子成长中最亲近的老师，家务劳动具有重要的育人价值。孩子劳动知识与技能的获得、劳动习惯的养成、劳动精神的形成、对劳动成果的尊重等，都离不开家庭劳动教育。而要想发挥家务劳动的育人价值，需要父母真正重视孩子的家务劳动，抛弃只要成绩、不要劳动的错误观念，纠正让孩子一味接受、不去付出的做法，让孩子经常参与家务劳动，引导孩子自己规划设计家务劳动，鼓励孩子创造性完成家务劳动。要让孩子掌握劳动的技能技巧，掌握与人合作的方式方法，体验劳动创造美好生活与人生的快乐，进一步增强孩子自立、自理的意识与能力，让孩子在实践中、在劳动中成长与发展。好的家庭、好的家务劳动会让孩子更加具有独立自主意识、自信自强意识、合作探究意识，也能够使其更加积极地面对生活、面对世界、面对人生，使孩子具有良好的素养与过硬的生活本领，从而更好地走进社会、融入社会，迎接一个又一个挑战，实现自我完善与超越。

家庭中的劳动教育要在日常生活中开展，家长要帮助孩子在持续的家务劳动中升华自己的劳动意识、养成劳动习惯、形成劳动精神。没有长期持续的家务劳动以及劳动教育，孩子是很难形成良好的素养与品质的。因此，家长要尽可能开拓思维、创新方式、创造条件，给孩子营造一个良好的家庭劳动教育环境与氛围，让孩子在家里愿意劳动、乐于劳动、善于劳动，充分发挥家庭教育的功能，使孩子充满自信地接受学校与社会中的挑战，进而成功地融入学校与社会。

第七章
劳动教育方法

　　习近平总书记在全国教育大会上强调，要在学生中弘扬劳动精神，教育引导学生崇尚劳动、尊重劳动，懂得劳动最光荣、劳动最崇高、劳动最伟大、劳动最美丽的道理，长大后能够辛勤劳动、诚实劳动、创造性劳动。把劳动教育纳入党的教育方针，这是对党的教育方针的丰富和发展，是新时代弘扬劳动精神、倡导劳动教育思想的集中体现，是对马克思主义教育思想的继承与发展，也是对新时代教育任务进行的新部署。而要完成上述教育使命，我们必须重视对劳动教育方法的研究。毛泽东同志指出："我们不但要提出任务，而且要解决完成任务的方法问题。"① 劳动教育方法，关系到劳动教育目标的实现、劳动教育任务的完成和劳动教育效果的好坏，因此，它在劳动教育理论体系和实践体系中具有十分重要的地位。

---

① 毛泽东. 毛泽东选集：第 1 卷［M］. 2 版. 北京：人民出版社，1991：139.

第一节　选择劳动教育方法的依据

劳动是人类最基本的实践活动，是人类生存和发展的基本条件。劳动的主体是"人"，劳动是"人"的"实践"活动，主体性、实践性、创新性是劳动的基本特征。面向学生开展的劳动教育应该是传授劳动知识和劳动技能、培养劳动情感、培育劳动态度、塑造劳动价值观的过程。选择适切的劳动教育方法是根本。

第一，劳动教育方法要和劳动教育内容相匹配。内容决定方法，方法为内容服务。劳动教育既是一项教育内容，又是一种教育形式。作为教育内容，劳动教育可以理解为"关于劳动"的教育，是与德育、智育、体育、美育相似的概念；作为教育形式，劳动教育是"通过劳动"所开展的教育，即让学生通过劳动实践，全面发展自己德智体美各方面的素质。新时代应强调劳动教育在人的全面发展中具有的重要作用，强调不能把劳动教育作为载体和附庸而忽视劳动教育本身的教育意义。它与德育、智育、体育、美育具有同等重要的地位。作为教育内容的劳动教育，包括"劳动知识、劳动技能、劳动情感、劳动过程"四个要素，四者之间蕴含着理解知识、操纵技能、保持热情到完成任务的逻辑关系。（1）人在拥有了知识，明了了事物的前因后果后，即明了了人与自我的关系、人与自然的关系、人与社会的关系之后，才可将知识付诸行动。（2）人仅仅拥有知识，而没有行动的热情和兴趣也是不行的，其行动必须有持续的情感支持与激励，有对事物的好奇心和征服欲，有对社会的责任感和同理心。（3）人单有知识和情感也是不够的，还必须有将知识付诸行动的技术和能力，这样才能做成事情，劳动才有成果。（4）从劳动过程看，对劳动的体认、监控、保持、创造都非常重要。一般来说，劳动包括重复性劳动和创造性劳动。但即使是面对机械的重复性劳动，个体也能实现"熟能生巧"甚至产生默会性知识，认知结构在不知不觉中发生变化。因此，不管是重复性劳动还是创造性劳动，两者在本质上都是与既有事物有本质区别的新事物、新产品、新成果、新收获、新关系、新感知等的生成与"创新"的过程。劳动教育方法的选择应该围绕这四个要素展开，其研究也必须基于对劳动教育内容的这四个要素的思考。

第二，劳动教育方法要贯穿在劳动教育的实现途径之中。途径与方法，犹如一枚硬币的两面，不可分离。劳动教育的实现途径主要包括劳动教育活动、劳动教育课程以及二者的融合这三种形式。劳动教育活动主要包括家庭场域中的劳动活动、学校场域中的劳动活动和社会场域中的劳动活动，强调通过具体的"劳动"对学生进行教育，强调让学生从做中学，让学生通过生产劳动的实际锻炼眼、耳、口、手等协调活动，全面发展学生的德智体美劳各方面的素质。劳动教育课程强调学校及相关教育者通过有目的、有计划、有组织的教育教学活动，向学生系统地、进阶地传授劳动知识和劳动技能，培养学生正确的劳动价值观和劳动习惯，培育学生的劳动精神，实现对学生"知、情、意、行"的教育，促使学生成为德智体美劳全面发展的社会主义建设者和接班人。按照中央文件精神，大中小学各学段都要设立劳动教育必修课程，系统地加强劳动教育。目前，国家规定了各个学段劳动教育必修课程的课时和学分，其形式主要有国家劳动教育课程、区域劳动教育课程以及劳动教育校本课程等。劳动教育活动与劳动教育课程的融合主要体现在劳动教育项目课程中。

综合劳动教育的内容、特征以及实现途径，本章主要介绍四种常用的劳动教育方法，即讲授法、"从做中学"方法、情境体验法和探究法。

第二节　讲授法

何为讲授法？讲授法也称口述教学法，它是教师通过口头语言向学生传授知识、达到明理目的的教育教学方法。讲授法在我国传统教育中是最主要的教育方式。讲授法具有直接、高效、省时的优点，是传承已久并一直使用的一种最主要的授课方法，也是我国劳动教育过程中不可或缺的教育教学方法之一。特别是劳动知识和劳动技能的传授，离不开讲授法。

一、讲授法的理论渊源①

讲授法的理论依据是布鲁纳的学科基本结构理论、奥苏伯尔的有意义言语接受学习理论以及信息加工心理学的研究成果。

布鲁纳是最早提出学科基本结构的重要学者之一。他强调，掌握某一学术领域的基本观念，不但包括掌握一般原理，而且还包括培养学生对待学习和调查研究、对待推测和预感、对待独立解决难题的可能性的态度。②他认为，仅仅传递知识内容是不够的，重要的是引导学生自己去重新组织或转换人类已经发现的知识，并获得新的领悟知识。这一理论对丰富讲授法内涵并引导劳动实践和创新具有重要意义。

奥苏伯尔的有意义接受学习理论认为，学习是认知结构的组织和重新组织的过程，即把有内在逻辑结构的材料与学生已有认知结构联系起来，使新旧知识发生相互作用，让新材料在学生头脑里获得实际的意义，这才是学习的实质。教师对学生进行教育时，应注重新旧知识的联系，密切联系学生的先前经验。在劳动教育中，学生已经具有的对劳动工具、劳动材料、劳动工艺等的认知是教师进行新的劳动教育的前提。

当代信息加工心理学关于记忆的研究成果，对于讲授法的运用更具指导意义。它强调教师有必要根据班级学生的不同需要、学生掌握的不同先前知识和图式，进行整体设计，通过不同的方式来呈现自己的教学内容，使之适合更多学生的需求。教师在讲授时以不同的方式呈现同一教学内容，不但能使新知识的学习对于更多的学生产生积极的意义，而且也能使新知识更容易被学生识记和提取。

---

① 本部分内容参考了刘小天的《讲授法的理论基础及有效性探究》一文，该文的具体信息参见：刘小天. 讲授法的理论基础及有效性探究 [J]. 现代教育科学，2015（2）：46-47.
② 布鲁纳. 教育过程 [M]. 北京：文化教育出版社，1982：38.

二、讲授法在劳动教育中的适切性及其运用

讲授法是适用于任何一种教育教学过程的方法。劳动教育同样离不开讲授法。一方面，开展劳动教育，需要向学生讲清楚事物的属性及其之间的内在联系，使得学生明确劳动主体、劳动客体、劳动对象、劳动工具等的属性以及相互之间的关系。另一方面，讲授内容——既包括书本上的陈述性知识，也包括操作过程中的程序性知识——能使学生习得技能理论以供劳动实践所用，为学生生成有意义的程序化的劳动过程提供指引。总体来说，讲授法可以使学生理解并学习怎样处理好在劳动过程中与自我的关系、与自然的关系以及与社会的关系。

教授劳动教育课程的教师在运用讲授法时应该注意以下三点。

一是要系统地讲授劳动的本体性知识。劳动的本体性知识即有关劳动的本质的知识。教师要通过向学生讲授人类社会的发展历程，帮助学生理解劳动是人的本质。首先，劳动是人类的本质活动，它使人类获得了自己的本质，人是劳动的主体。其次，劳动是人从自然界向人类社会过渡的中介。通过人与自然之间的物质、能量、信息的交换，劳动创造了使用价值。这是劳动最一般的性质。最后，劳动是揭开人类历史之谜的钥匙。在人类历史过程中起决定性作用的因素，归根到底是物质资料的生产和再生产，所谓人类的历史首先是生产发展的历史。

二是要系统地讲授劳动的经验性知识。这类知识需要教师予以逻辑性的、系统性的讲授，让学生理解和内化教师所讲授的知识，并自觉地完成劳动的过程。如讲述劳动工具的操作步骤、劳动过程中的安全和规范以及具体的劳动情境中的应对策略等，帮助学生习得劳动技能、生存技能和创造技能。

三是要注重典型人物的精神引领作用。通过讲授劳动模范、大国工匠的先进事迹，对学生进行劳动精神、劳动态度、劳动价值观的教育，使学生懂得劳动最光荣、劳动最崇高、劳动最伟大、劳动最美丽的道理，将来

能够辛勤劳动、诚实劳动、创造性地劳动，自觉成为社会主义的建设者和接班人。

三、讲授法在劳动教育中的有效性及其实施

第一，教师可通过讲授法来有组织地、系统地引导学生对劳动的本体性知识进行整体掌握。目前，劳动教育课程还缺少严密的学科知识结构，运用讲授法讲述劳动的本体性知识进而对学生进行劳动教育时，教师应该做到四点：一是要有组织地讲授材料。教师要基于学生的认知发展水平，按照布鲁纳的学科基本结构理论，将劳动知识和其他学科知识进行融合，注重使课程内容结构化。教师在引导学生掌握知识结构时，要注意围绕主题有组织地进行讲授，要依据主题组织教学内容，梳理出各项内容的内在结构和相互关系。比如让小学低年级学生知道"穿衣"等力所能及的事是自我服务性劳动，"扫地"等是家务性劳动，保持社区卫生是社会公益服务性劳动。教师要通过具体的讲授让低年级学生理解什么是劳动，从而理解"劳动创造了人""劳动创造了世界"的真实意义。二是运用讲授法时，教师应保持讲授内容的进阶性。比如，对于劳动本质的认识，针对基础教育阶段学生身心发展的阶段性特征，教师在运用讲授法教学时要着重关注给学生呈现的内容是否符合学生的认知结构。小学低年级要通过诵读"锄禾日当午，汗滴禾下土"让学生感受认识劳动成果的来之不易；小学中高年级可以通过讲解人类的伟大文明让学生认识劳动的成果；中学阶段讲解马克思的劳动理论，让学生认识劳动创造了物质价值和精神价值。三是教师要引导学生关注劳动教育内容的整体结构。教师在讲授劳动教育的相关内容的过程中，关注教学内容的整体结构，帮助学生厘清各个知识点之间的内在联系。例如，在"我是家庭小帮手"劳动教育项目式课程中，教师要教会学生怎样选择和使用劳动工具、怎样为家庭理财、怎样迎送客人、怎样收纳整理、怎样尊重他人的劳动成果等。要做到这一点，教师就需要联系金融学、社

会学、心理学等相关学科知识，达到综合育人的目的。四是讲授要充分达到明理的效果。教师在进行劳动教育时，要向学生讲清楚什么是劳动、为什么要养成热爱劳动的品格、劳动教育和社会主义建设者与接班人培养的关系。高等院校通常将专业学习和劳动教育结合起来，因此，教师要通过对大国工匠、劳动模范等榜样的讲解，重点突出劳动精神、劳动价值观的培养，把劳动教育作为立德树人的重要抓手。

第二，教师在讲授劳动的经验性知识时，要关注如何才能帮助学生建立起新旧知识的联结点。为此，教师要联系学生先前已经掌握的知识和认知结构。学生已有的知识能够帮助其更好更快地获得与之相关的新知识和新技能，深化认知的过程。学生先前的知识、兴趣和认知结构是教师备课的重要内容。因此，教师备课时不仅要"备教材"，更要"备学生"。要使学生发现新知识的意义，教师就必须把新知识和学生先前掌握的知识相联系。如一位教师在教学安排中提出，教学的目的是巩固并提升学生的木工技能，由此，这位教师提出了"对于用木材制作礼物需要经历的步骤，你是不是都掌握了呢？"这个问题，并给出了具体的要点，即测量与画线、锯割木料、使用木工刨子打磨木料、组装、上漆等，并让学生自评，以了解学生已有的技术技能。教师在讲授中，一是要注重创设具体的情境，帮助学生提取原有的知识结构，以便对新知识产生浓厚的探索兴趣；二是要呈现超越先前知识、技能水平的引导性材料，激发学生探究新知识、新技能的强烈欲望和动机；三是要通过正反例证，加强学生对新知识、新技能的本质属性的理解，从而实现学生知识几何级数增长的目的。

基于对讲授法的研究，我们发现，在劳动教育课程中运用讲授法是必要的。但由于讲授法过于强调讲解和提高学生的知识与技能，学生大多只能被动地接受劳动教育，因此，要使劳动教育收到预期的效果，还必须将其与其他的劳动教育方法相结合。

第三节　"从做中学"方法

　　"从做中学"的教育教学方法，肇始于美国现代著名的实用主义教育家杜威。杜威把所有的学习都视作行动的副产品，非常重视实践在学习中的作用，认为通过做所形成的（直接）经验在教育教学中极其重要。他强调通过"做"来促使学生思考问题，进而学到知识，是最恰当的教育方法。他把"从做中学"的方法贯穿到教育教学领域的各个方面，形成了"不仅塑造了现代的美国教育，而且影响了全世界"的教育模式。

一、"从做中学"教育方法的理论渊源

　　"从做中学"的理论和方法，可以追溯到古希腊著名哲学家柏拉图和捷克著名教育家夸美纽斯的教育思想，但第一次明确提出"从做中学"概念并进行系统理论化的是美国著名教育家杜威。他全面诠释了"从做中学"的教育教学方法的深刻要义，提出"教育即生活""教育即生长""教育即经验的改造"等重要观点。他对知与行的关系进行了深刻的阐述，特别是对实践经验的重要性进行了强调。他认为，"在教室中，…… 在仅是教科书和教师才有发言权的时候，那发展智慧和性格的学习便不会发生；不管学生的经验背景在某一时期是如何贫乏和微薄的，只有当他有机会从其经验中做出一点贡献的时候，他才真正受到教育"①。杜威认为，由于人们最初的知识和最牢固地保持的知识，是关于怎样做（how to do）的知识。因此，教学过程应该就是"做"的过程。此外，他还主张"从做中学"也与儿童的天然欲望有关。儿童身上蕴藏着充满生机的冲动，生来就有一种要做事、要工作的欲望。这种天然的欲望是开展劳动教育的契机。

---

① 杜威．人的问题［M］．上海：上海人民出版社，1965：26-27.

当他们对"从做中学"的方法产生一种真正兴趣的时候，就会用一切的力量和感情去从事他们感兴趣的活动。

现代以来，"从做中学"的教育教学方法在我国教育领域得到了进一步的演绎和发展。陶行知、黄炎培等都为"从做中学"教育教学方法的进一步发展贡献了诸多智慧。陶行知是杜威的学生，发展了其师的教育思想和教育教学方法，提出了"教学做合一"的教育思想与教育教学方法。他将"做"置于"教学做合一"中最核心的地位，强调学生与教师要在做中学和做中教；强调要以实际生活为出发点，用实际遇到的问题引发"做"；强调"生活即教育""社会即学校"，强调校园以外的教育活动的重要价值，这大大丰富和发展了杜威的教育思想与教育教学方法。受陶行知的影响，黄炎培提出了职业教育是实践的教育的基本观点，强调"理论与实践相结合"的教育教学方法，使"从做中学"理论和方法随着时代的发展有了更为丰富的表现形式。

二、"从做中学"方法在劳动教育中的适切性及其运用

"从做中学"的教育教学方法具有明显的实践性品格，学校的劳动教育课程运用这种方法教学是最为适切的。马克思认为，人们的存在就是他们的实际生活过程，全部社会生活在本质上是实践的。实践是具体的、现实的人的活动，是发生在人们身边的具体的工作和生活活动，而不仅仅是某种抽象的意识活动。在劳动教育教学中，"从做中学"更是触手可及，它是学生在日常生活的真实境遇中经常进行的活动，也是开展劳动教育的根本途径。

劳动教育与"从做中学"因"实践"品格而相遇。2019年3月18日，习近平在学校思想政治理论课教师座谈会上强调：要"扎根中国大地办教育，同生产劳动和社会实践相结合，加快推进教育现代化、建设教育强国、办好人民满意的教育"[1]。劳动教育作为全面教育体系的重要组成部

---

[1] 习近平主持召开学校思想政治理论课教师座谈会强调：用新时代中国特色社会主义思想铸魂育人 贯彻党的教育方针落实立德树人根本任务 [N]. 人民日报，2019-03-19（1）.

分，具有鲜明的实践性和导向性。劳动是联系知识与现实生活的纽带，劳动教育的核心是"实践"。杜威的"从做中学"的"学"不单指静态的"学习"，还包括了社会化的实践。这从杜威的"教育即生长""教育即生活""教育就是发展""教育就是经验的持续不断的改造或改组"的教育思想论述中可以证明，即"做"是为学生生长和发展而服务的。从陶行知、黄炎培的"教学做合一""理论与实践相结合"的教育教学方法中我们也可以得到同样的启示。

在我国开设劳动教育课程，运用"从做中学"的劳动教育教学方法，并不是要让学生参加以创造物质财富为目的的生产性活动，而是要让学生参与服务于个人与他人的生活劳动和以生产实践为主的社会实践活动，这是培养社会主义的建设者和接班人的需要。教师在运用"从做中学"的方法时，在不同学段也应当有所差异。在初等教育阶段，教师在劳动教育课程中运用"从做中学"的方法时，要以生活劳动、简单的生产劳动为主，强调劳动与生活相联系，将培养学生的劳动习惯、劳动品质寓于学生的生活劳动、为他人服务之中，提高学生基本的劳动能力，养成学生良好的劳动习惯，塑造学生尊重劳动、热爱劳动的品格。在中等和高等教育阶段，教师在劳动教育课程中运用"从做中学"的方法时，要以社会实践和专业实践活动为主，强调通过让学生将道德教育与日常实践结合、将专业学习与社会实践结合、将创业就业与价值实现结合、将锤炼品格与艰苦锻炼相结合等，教育、引导学生树立正确的劳动价值观和正确的劳动观，培育学生的劳动情感，提升学生的专业技能，涵养学生的思想品德和劳动品德。特别是在高等教育阶段，教师在运用"从做中学"的方法开展劳动教育时，要引导学生把劳动生活和专业实践结合起来。这不但可以帮助学生印证所学的课堂知识、把教科书的专业知识内化为个体认知、养成创新意识，还可以帮助学生从具体的劳动过程中体会劳动的意义和快乐，发现和感悟关于人的生命、人生价值等层面的道理，从而实现人的全面自由发展。"从做中学"让大学生通过劳动实践，在手和脑的协调配合下，从身和心两个层面对专业形成更深的体验和领悟，在具体情境中创造性地分析问题、解决问题，这不仅有利于培养大学生的创新意识、创新精神和创新能力，而且能够真正使大学生把在课堂上学习到的显性知识转化为隐性知识，在劳动的过程中提高自身的道德水准、知识水平和能力素养①，使大学生自觉成长为社会主义的建设者和接班人。

三、"从做中学"方法在劳动教育中的有效性及其实施

第一，在劳动教育中运用"从做中学"的教育教学方法，能充分发挥"做"对"学"的反馈和提升作用，让学生获得充分的体验。"做"的过程重在经验的重组和对劳动者的改造。劳动教育的突出特点是劳动者直接参与活动。因此，在劳动教育中，教师要充分借助丰富多样的劳动形式，让学生的眼、耳、口、鼻、手等感官获得充分体验，引导学生的成长和发展，使学生在劳动的过程中获得改造，成为"做与创造"的主人。以下三个案例，分别是教师引导学生垦荒、学生自己动手制作"非遗"（非物质文化遗产）产品和参加各类实践课程。在这些案例中，重点并不在于这些活动本身，教育者借助劳动这一"做"的形式，让学生获得体验，从而较好地实现劳动教育的目的。

【案例 7-1】

浙江台州椒江区大陈实验学校专门开发了垦荒体验课，安排学生利用每周 1—2 个课时投身劳动，种植、施肥、浇水……；同时，学校将垦荒体验课与科普创新体验课、海岛民俗文化体验课相结合，引导学生在劳动中学会创新。学校在当地教育局的支持下，创建了大陈中小学综合实践基地，让更多岛外学校学生前来体验劳动、感受垦荒。这一活动充分体现了"从做中学"的劳动教育方法，学生在劳动教育中获得了充分的体验，收到了很好的效果。

---

① 李珂. 行胜于言：论劳动教育对立德树人的功能支撑［J］. 教学与研究，2019（5）：96-103.

【案例7-2】

北京市某学校在"'非遗'进校园"劳动教育活动中,通过引导学生体验相关"非遗"技艺、动手制作艺术品来有效提高学生的观察能力和理解能力,发展学生的合作能力和创造能力,增强学生的探究情怀,培育学生的"工匠"精神,让学生们在校期间就能在"非遗"项目课程领域成为小能手。这种劳动教育活动让学生获得了亲身体验,增强了对"非遗"的认识,培养了合作意识和创新精神,收到了预期的效果。

【案例7-3】

浙江省杭州市萧山区青少年素质教育实践基地坚持以"手脑并重、德技同厚"为办学理念,开设了四个系列、八大类、四十多门实践课程。该基地以开启学生的心灵智慧,激扬学生的生命活力为办学目标,以在实践中学会创新、在体验中感悟人生为教学方针,致力于增强中小学生的社会责任感、创新精神和实践能力,着眼于青少年快乐成长、个性发展。该基地努力推进中小学社会实践活动项目建设,坚持教育教学与生产劳动、社会实践相结合,以增强学生科学实验、生产实习和技能实训的实效,收到了明显的效果。

第二,劳动教育能够源于生活、服务于社会。劳动的本质是让学生获取充分的自由,表现为学生自由而主动地参与一切社会生活。"从做中学"强调"教育即生活","以实际生活为出发点,用实际遇到的问题引发学生做事"。陶行知认为,没有生活做中心的教育是死的教育,没有生活做中心的学校是死的学校,没有生活做中心的书本是死的书本。生活中需要大量的劳动,劳动过程也蕴含着丰富的具身体验。因此,教师要有目的有意识地借助劳动教育,引导学生解决劳动中遇到的困难,提高本领,增长才干。劳动教育还能解决社会问题、服务社会。以下两个案例即为相关单位开展劳动教育的典型案例,值得我们借鉴。

【案例 7-4】

山东省潍坊市中小学生示范性综合实践基地为同学们设置了一系列的手工劳动教育课程，包括生活 DIY、快乐布艺、塑编、风筝扎制、制皂、衍纸等，目的是通过手工制作培养学生热爱生活的品质，丰富学生的生活体验，让学生在感受制作的乐趣的同时，感受生活之美。在基地，学生每 8 人住一间集体宿舍，每 30 人组成一个班。在宿舍，学生要自己铺床叠被，自己打扫卫生，自己打饭，自己洗衣服。在班里，学生要为班级贡献自己的力量，发挥自己在班级中的作用，比如整理教室、文明就餐，还要参与班级和基地的其他各项事务。

【案例 7-5】

重庆市渝北区开展小学生职业体验活动，让学生在"七十二行"中体验未来职业，感受工匠精神，树立未来的人生目标。学生在基地当起了小农夫，栽下果树、除草、施肥、修枝、培育和收获果实。在实践中孩子们懂得了"一粥一饭，当思来之不易"的道理。

第三，身体力行地"做"是劳动教育的主要形式。不论是日常生活中的劳动、生产性劳动还是服务性劳动，都是通过"做"来建立与自我、社会、他人直接的劳动关系。尤其是原汁原味的劳动，就是劳动教育的重要载体。比如，让低年级学生学会简单的自我服务性劳动，让中年级学生学会帮助同伴、帮助家庭的比较复杂的劳动，让高年级学生学会做困难的复杂性劳动，等等。

第四节　情境体验法

劳动是人类最基本的实践活动，劳动的目的不仅是满足人类生存的需要，更是满足人类发展的需要。因此，劳动教育因其特殊的教育内容和教育形式，需要创设教育情境，使受教育者身体、理智和情感三者之间发生交互关系。特别是为了实现劳动教育目标，即"在学生中弘扬劳动精神，教育引导学生崇尚劳动、尊重劳动，懂得劳动最光荣、劳动最崇高、劳动最伟大、劳动最美丽的道理，长大后能够辛勤劳动、诚实劳动、创造性劳动"，必须关注受教育者的身体体验、情感体验以及认知体验，建构受教育者"身心一元"的认知图式。

一、情境体验法的理论渊源

首先，国外的教育家在他们的教育论著和教学实践中对情境教学进行过不少思考与探索。古希腊哲学家苏格拉底从事教学时，经常会为学生创设一定的问题情境，以启迪学生，激励学生主动求知，这主要体现在他的"助产术"这一教学方法中。法国教育家卢梭在其教育论著《爱弥儿》中就记载了情境教学的实例：利用大自然的情境，指导爱弥儿解决问题。美国教育家杜威认为，经验的获得至少要经历三个阶段：第一，在真实情境中获得直接经验；第二，在直接经验的基础上增加直接经验的纵深意义；第三，进一步将直接经验拓展成科学的、系统的知识。在这三个阶段中，直接经验的获得是起点，间接经验主要在拓展直接经验的范围、升华其意义方面发挥作用，间接经验的获得一定是建立在直接经验的基础上的。间接经验在经过理解、内化、意义化以后便转化成了自身的直接经验。[①] 他把情境列为教学法的首要因素，这是国外情境教学理论的萌芽。苏联著名教育家苏霍姆林斯基对情境教学做了有益的开拓，编写了《大自然的书》。他充分利用大自然多彩的情境进行教育，促进学生健康成长。

在我国，"情境"一词早已有之。魏晋时期，刘勰在《文心雕龙》中就提出了"独照之匠，窥意象而运斤"的"意向说"和"情以物迁，辞以情发"的"意境说"。陆机在《文赋》中提出"阙大羹之遗味，同朱弦之清汜"的"滋味说"。王昌龄继承了刘勰和陆机的思想，其在《诗格》

---

① 陈佑清. 不同素质发展中的直接经验与间接经验的关系［J］. 上海教育科研，2002（11）：26-29.

一书中首次使用了"意境"这个概念，提出了著名的"诗三境"——"物境""情境""意境"。"物境""情境""意境"是对古代诗歌的分类：物境指向写景诗，情境指向抒情诗，意境指向言志说理诗。王国维在《人间词话》中留下"境非独谓景物也，喜怒哀乐亦人心中之一境界"的论述。教育家叶圣陶先生有"作者胸有境，入境始与亲"之说。李吉林于1978年提出了情境教学的设想，并结合小学语文教学进行了大量的研究与实践。情境教学理论经过40年的探索，既有理论积累，又有来自实践的丰富经验，影响甚大。

其次，情境教学法与体验有关。体验是个内涵极其丰富的概念。在拉丁语中，其意为去证明或是去验证。在中文中，"体验"一般被解释为亲身经历，通过实践来认识周围的事物。我们常常把外界事物引起自己内心感受、体味的过程或对亲身经历的感知称为体验。在哲学、心理学、美学等领域中，体验的内涵各有侧重。在教育领域，体验更有其独特内涵。体验，既有认识论的意义，即以体验的方式实现对某物认知层面的理解，其有程度之分，所谓心领神会、内化，其实都是深刻体验的结果；同时，体验又有本体论和价值论的意义，即体验是人理解人生与社会的方式，也是人追求自身生命意义的方式。教育，不仅要关心人是否学到知识，更应关心人是否获得了体验，关心人体验到了什么，追求什么样的体验，以及如何感受自己的体验。[①] 我们把体验看作教育活动的基本形式之一，强调引导学生在学习中体验，在体验后感悟。经过体验，原来静态的知识在个体的心灵中被激活和催化。劳动教育只有打破学生原有认知结构，使其获得新的意义，才能达成真正的目的。

最后，情境教学法与情境体验有关。一位德国学者有过精彩形象的比喻：如果把盐放入一碗香气四溢的汤中，喝汤的人就会在享用美味佳肴的同时，不知不觉地就把盐都吸收了；但是，如果让一个人直接吃下盐，无论如何他都难以下咽。汤和盐的关系，就如同情境和知识的关系。盐溶入

---

① 周龙兴，宋进喜. 体验的教育学意义与学习主体的确立 [J]. 上海教育科研，2002（4）：8-11.

汤之后，人才能容易吸收；知识融入具体的情境之中，才能显示出活力和美感。① 情境、体验与教育之间是互为基础、互相作用的关系。因此，教育者应该像厨师一样，创造出能够有效吸收"盐"的"汤"，创设适合学生学习的有意义的环境，使学生主动参与、乐于接受、积极创新。情境体验法是一种教育者在教学过程中有目的地预设具有一定感情色彩的、以具象为主体的生动具体的场景，以激发学生真实的体验，帮助其在体验中自主建构知识、生成能力、快乐成长和全面发展的教学方法。情境体验法作为一种教育方法，在德智体美劳等各育人领域中被广泛推行。它让学生在不"脱境"不"离身"的状态下接受教育，让教育的环境从传统的抽象符号、无声文字转向具体的有意义的情境，从而帮助学生在认知与情感之间建立起关联，使学生通过内在心理和外在环境的交互作用进行具身化的体验式学习，促进学生的认知重构。实践证明，利用情境体验法开展劳动教育是非常合适的。

二、情境体验法在劳动教育中的适切性及其运用

第一，开展劳动教育需要建构真实的劳动场域。马克思主义认为，劳动是教育的起点。劳动教育总是在特定的场域中进行的，其需要通过真实的劳动过程来实现。劳动源于生活和生产，同时也要进入社会实践。能够开展劳动教育的场域有很多，诸如农场、工厂、社会服务场所、劳动实践基地等，它们提供了目标和任务、对象和资源等情境要素。学校、社区、家庭等也是开展劳动教育的重要场所，其所提供的环境具有生活性和普遍性特征。实验室、艺术馆、创造中心以及网络空间、虚拟空间等是劳动教育的特别场所，在这些场所中，学生可以运用各学科的知识进行创造性劳动，达成教育的目标。②

---

① 赵孔云. 情境体验法在高中政治《生活与哲学》教学中的有效应用研究：以"价值判断与价值选择"一框题为例［D］. 济南：山东师范大学，2016.

② 顾建军. 劳动教育要抓住灵魂科学实施［N］. 中国教育报，2018-11-28（9）.

第二，劳动教育需要提供具身性的体验活动。2015 年教育部联合共青团中央、全国少工委印发了《关于加强中小学劳动教育的意见》，要求以劳树德、以劳增智、以劳强体、以劳育美、以劳创新。可见，"劳动"在实现人的全面发展中具有"基础性、融通性"的基本定位。因此，劳动教育强调学生要亲临劳动场域，有亲身的劳动经历、亲近劳动的情感，也就是要注重学生对劳动的"具身认知"。劳动教育的"具身性"，意味着"身心一元"的认知图式。如此一来，环境、身体、心智之间的交互关系在劳动教育中将变得越来越紧密，而且能通过复杂、多维的互动机制，促使学生对劳动教育的认知及劳动技能进行重新探索。[①]

第三，劳动教育需要触之即发的情感活动。李吉林认为，"情"是诗文的灵魂，"情"也是儿童情境学习的命脉。[②] 劳动教育除了要求学生在真实的劳动场域里开展有意义的实践活动，还要求学生同时要有情感活动，即做到心智相融。只有这样，学生才能全身心地投入劳动，才会享受劳动的过程，才不至于因为劳动的苦累而厌倦劳动。因此，进行劳动教育：一是要把枯燥、苦累的劳动放在山川田野、工厂车间等生动的现实场景中，让学生在劳动的过程中建立亲近大自然、社会的情感。二是要注重使劳动实践伴随情感活动，利用学生自身和他人的情感活动促使其开展劳动实践活动，让学生因为情感而爱上劳动，养成好的劳动习惯和劳动品质。情感既是手段也是目的，它是使学生充分发展自我、实现自我、凸显"人"的本质所在的活动，能够帮助学生学会与自己相处。三是要强调与他人建立情感互动，这是处理好自己与他人关系的前提，有利于学生养成尊重劳动、尊重劳动者的优秀品质。

第四，情境体验法为劳动教育提供了一个有效范式。首先，情境体验使得学生对劳动产生积极的情感。情境可以使人产生更强的学习动力，是使人获得更好的学习智慧的一种时空和主客体条件或者是一种结构。情境体验能够充分激发学生的学习需要和动机，使学生更好地学习，获得学习

① 顾建军. 劳动教育要抓住灵魂科学实施［N］. 中国教育报，2018-11-28（9）.
② 李吉林. 中国式儿童情境学习范式的建构［J］. 教育研究，2017（3）：91-102.

的智慧。孔子强调"知之者不如好之者，好之者不如乐之者"（《论语·雍也》），夸美纽斯在《大教学论》提及"愉快教育"，都体现了情感和动机在学习过程中所能发挥的积极作用。只有喜欢劳动乃至热爱劳动，觉得劳动有趣，才不会在劳动中怕苦怕累，才不会轻视劳动者及其创造的价值。其次，情境体验使劳动具有了动态生成的教育价值。劳动实践和情感活动构成了有意义的劳动教育情境。只有建构了一个有意义的劳动教育情境，劳动才真正具有教育意义。劳动教育的情境在一定程度上决定着劳动教育的生成和发展。苏霍姆林斯基认为，学生只有经历具有教育意义的劳动，才有可能接受真正的劳动教育。① 教师在实施劳动教育的过程中，有目的、有计划地精心设计的"情境"，能够架起一座从直观到抽象、从感性到理性、从教材到生活的桥梁，而"体验"正是知行融合的逻辑起点，是认知结构重组的前提。具有教育意义的劳动才能促进新认知的生成和发展。

三、情境体验法在劳动教育中的有效性及其实施

第一，劳动教育的过程要追求知行融合。学校的劳动教育往往会侧重于学生知识和技能的学习，忽视学生的体验和知识生成的过程，以及能力的培养和情感、态度、价值观目标的实现。体验是知行融合的逻辑起点，情境体验追求的是个体在有所体验后的表现、创造与超越。夸美纽斯提出，德行的实现靠的是行为，不是文字。那么，情境体验的最高追求是什么呢？是实践理性和情感理性的统一。② 因此，注入德行培育价值的现实劳动活动，是劳动教育教学的最高价值目标。情境体验法在劳动教育中的有效性，源于其对知行统一的追求。为此，一是要优选和用好情境素材。情境体验法真正追求的不是课堂的"精彩"，而是学生知行的统一。情境体验法的实施容易受创设的情境所限，因此，必须防止为了博眼球、博笑

---

① 王建亚. 苏霍姆林斯基劳动教育思想探究［J］. 上海教育科研，1991（5）：23-26.
② 阎会. 初探情境体验的有效性［J］. 思想政治课教学，2010（3）：21-22.

声而过于注重情境素材，弱化学生体验的做法。基于此，教师要更加注重引导学生在有所体验后开展实际行动。劳动教育的情境要源于生活用于生活，让学生在对劳动教育过程的体验中形成对劳动意义的价值判断、劳动成果的价值认同和对劳动活动方式进行选择。这不仅仅是巩固、运用、深化新知和新技能的需要，也是学生养成好的劳动习惯、形成好的劳动品质，使劳动常态化而非偶然之举的需要。二是要综合运用各种教学方法。情境体验法往往要与讲授法、"从做中学"方法、探究法等融合，还要借助于新技术、新媒体。

第二，劳动教育的价值取向是促进学生全面发展。劳动教育中的学习主体是学生，践行者也是学生。情境体验法不仅要成为课堂上的"亮点"，更要成为学生快乐成长和全面发展的"种子"。情境体验法追求的知行融合，折射出体验教学的价值所在，那就是促进学生的快乐成长和全面发展。为此，一是要在课堂上建立和加强师生互动，让师生共历情境、共享体验成果。教师在运用情境体验法进行教学时，必须让"课堂焕发出生命的活力"，让学生在课堂上"动起来"，激发学生的积极性、主动性和创造性，充分发挥学生的主体作用和教师的主导作用。教师是课堂的组织者和引领者，要引领学生通过多种方式自主地探究问题、主动获取劳动知识，提升学生在劳动中分析问题和解决问题的能力。在劳动教育过程中，教师单靠说教是达不到明理的效果的，教师的"导"要恰如其分、恰到好处，切不可过度。只有让学生有深刻的体验，才达到情境教学的目的。二是要提高教师素质，提升学生情境体验的深度。要想创设好的劳动教育情境，使学生有好的体验，劳动教育过程就要展现出开放、民主、生成等特点。这就要求教师不断更新教育理念，以先进的教育理念引领劳动教育，也以自己的行为影响、教育学生。

第五节 探究法

探究法倡导教学过程中学生的参与和合作，目的是加强对学生创造创新能力的培养。探究法被运用于教育教学之中，其最为无穷的动力来自人类对自然界和人类社会无穷奥秘的探索与思考。随着新课改理念的普及，探究法在各类学科中得到了广泛的应用，形成了较多的探索性经验和成果。在劳动教育中，讲授劳动科学知识、强调从做中学以及情境体验等，都与培养学生在劳动方面的探究能力有关。因此，教师在实施劳动教育的过程中，也必须运用探究法。

一、探究法的理论渊源

古希腊著名哲学家苏格拉底、柏拉图和亚里士多德三人，都在教育教学中引入了"探究"这一思想。苏格拉底的"助产术"所体现的就是典型的探究式教育。他通过追问，对处于混沌与迷茫状态的年轻人进行开导和教育，通过抓住他们思维中的矛盾，启发诱导、层层分析、步步深入，帮助他们得出苏格拉底心中的正确的结论。苏格拉底重视对学生的探究式训练，注重对学生思辨能力的培养，但这一过程缺少主体生成的教育意义。柏拉图继承了其师苏格拉底的"助产""探究"的教育方法，是真正也是最早将探究正式用作教学方法的代表性人物。他让不同的学生以不同的态度对待已有的知识：第一类学生必须无条件地接受和学习前人留下的知识；第二类学生必须对所有前人积累的知识和经验进行质疑和批判，甚至可以对之进行颠覆、补充和完善。在第二类学生眼中，没有绝对的真理，一切都在辩证的发展之中。第一类学生将来主要从事较低层次的工作；第二类学生必须具有独立的思维和清醒的认识，他们将被培养成哲学家或者统治者阶层的人物。亚里士多德就是被柏拉图培养出来的。亚里士多德说："吾爱我师，吾更爱真理。"他在进行研究和教学时，习惯于用探究式的逻辑思维形式，保持对既往和同时代理论批判的态度，并进行推理，论证其科学性。

20世纪美国的实用主义教育家杜威真正在教学中运用探究方法。杜威的探究法体现了对学生的创造性思维的培养。他强调，之所以有探究的必要，是因为客观情境存在不确定性，这种不确定性是与具体的人、时、空的各种关系不断变化相连的。探究就是主体在具体情境中通过搜寻、研究、调查、检验进行的求真求实的活动，是不断认识事物、检验假设、形成知识和经验的过程，是一种对不确定的情境的积极主动的反应。① 杜威认为，很多创新和发明就源于探究。他反对"知识旁观者"理论，认为个体化知识是动态生成的，对已有知识与经验的质疑和批判是新知识产生的前提，因此，探究精神的培养在教学中具有重要价值。

简而言之，探究法就是以学生为主体，教师研究性地教，学生探索性地学。探究法强调学生在教师的引导下，像科学家发现真理那样，通过自己的独立思考和与他人合作性探究，弄清事物发展变化的原因和内在联系，从中探索出规律。运用探究法的教学通常包括教师讲授知识、设置情境，以及学生发现问题、解决问题、进行总结归纳等一系列过程。劳动教育必须运用探究法，以收到预期的教育教学效果。在我国，随着新课改的推行，探究法已经在各类学科的教育教学中被广泛运用，成为进行科学研究不可或缺的一种基本方法。

二、探究法在劳动教育中的适切性及其实施

学校进行劳动教育的首要目的是培养学生的创造创新能力和合作精神。习近平总书记强调："人民创造历史，劳动开创未来。劳动是推动人

---

① 倪胜利. 对"探究法"的探究［J］. 西北师大学报（社会科学版），2011（1）：90-95.

类社会进步的根本力量。"① "劳动是一切成功的必经之路。"② "人类是劳动创造的，社会是劳动创造的。"③ 他指出，建设社会主义伟大事业更需要我们在劳动精神的指引下努力奋斗，"社会主义是干出来的，新时代也是干出来的"④。人们在劳动中接受了教育，劳动促进了人类创造能力和合作能力的发展。人类的劳动形态已从原始时代的农耕劳动发展到信息技术时代的现代化劳动。不同时代的劳动，其特征有明显差异。这主要表现为劳动工具、劳动材料、劳动工艺等的不同。劳动促进了科技的发展，科技的发展也带来了人类劳动形态的变化。习近平总书记还在讲话中强调，要加强劳动教育，教育引导学生长大后从事创造性劳动。创造性劳动是相对于重复性劳动而言的，其内容丰富、形态多样，工业生产、农业生产是创造性劳动，科学实验、技术革新、艺术创作等也是创造性劳动，甚至当下的公益服务劳动也都饱含着创造性。创造性劳动的主要表征是：人们在劳动中善于变革、勇于创新，运用科学原理和技术技能以及多学科知识进行劳动，能够在劳动中发现真实问题并创造性地加以解决，能够积累劳动经验并使其结构化，进而有所发现、有所发明。创造性劳动强调劳动过程的创造性和劳动成果的创造性，体现了劳动的转化度、整合度、超越度、发现度⑤。教师若想鼓励学生进行创造性劳动，就需要加强对学生的创造创新能力和合作能力的培养。

探究法作为教育教学的一种重要方法，符合人类学习的规律，有助于促进学生发展。特别是在信息社会的环境中，该方法在培育学生的创新精神、合作能力等核心素养方面具有重要价值。当前，大量运用人工智能的产品出现，在为人类尤其是教育带来诸多便利的同时，也对人的劳动素质提出更高的要求。因此，随着人工智能的迅速发展和广泛应用，学校需要

对劳动教育做出新的审视和超越。当前，我国中小学生多是家中的独生子女，事事受到长辈的关爱和帮扶，由此产生的惰性会削弱他们的动手动脑的能力和勇于探索的意识。人工智能的应用又会在一定程度上强化学生的这种惰性，形成学生对现代技术的依赖。而学校的劳动教育若能运用探究法开展教育教学，可以使学生从双重依赖的惰性中解放出来，帮助学生体验劳动和探究的快乐，培育学生热爱劳动的情感，形成劳动的智慧。人工智能的发展，使得原汁原味的出力流汗的劳动活动减少。但是，让学生在探究活动中动脑动手，习得劳动知识，获得劳动智慧，反思劳动过程，也能弥补这一缺失。也就是说，简单劳动和复杂劳动并不是截然割裂的，二者可以通过教育达成统一。反思与勤奋是创新知识的必要条件，如果学生能在劳动教育中养成乐于反思和勤奋创新的精神，那么将为人工智能时代的技术创新带来新的机遇，促进人工智能时代进一步向前迈进。[①] 新时代还要求我们培养学生的合作精神。劳动是人与社会交往的中介。当然，人工智能条件下的人机互动很有可能减少集体合作机会，削弱学生的合作意识，影响学生合作素养的提升。而劳动教育可以通过改善教学环境、创造机会增进学生之间的合作，通过多种劳动形式培养学生的合作意识和技能，使其学会正确审视和妥善处理自己与他人、个体与集体、本国与他国之间的关系，提升其指向合作共赢的素质。

三、探究法在劳动教育中的有效性及其实施

运用探究法进行劳动教育，必须重视问题情境的创设、学习者的自主建构、基于证据的分析以及学习共同体中的讨论与对话，以激发学生的创造创新能力。

第一，教师要设计科学合理的劳动任务。劳动教育的基础性和融通性地位，决定了劳动教育离不开具体的由劳动任务驱动的教学过程。这要求

---

① 杨颖秀．人工智能时代劳动教育的价值省思与超越［J］．中小学管理，2019（5）：23-25.

我们：一是遵循维果茨基的最近发展区理论，设置恰当的劳动任务。没有挑战性的、轻易可以完成的劳动任务，不利于激发学生的探究欲望。有一定的难度、深度的劳动任务，可以使学生觉得探究有意义，愿意去探究，进而调动起学生学习劳动知识和劳动技能的动机，激发学生强烈的探索劳动知识、思考劳动问题的积极性和主动性。而太具有挑战性的劳动任务，会让学生望而却步，也不能达到劳动教育的理想效果。

第二，教师要建构真实的劳动情境。真实的劳动情境是学生对劳动产生探究兴趣的重要条件。建构真实的劳动情境，就是要创设真实的生产、生活情境，确保劳动任务是真实的、劳动过程是真实的、劳动目标是真实的以及劳动成果是真实的。

第三，教师要提出真实的劳动问题。真实的问题才是需要解决的问题，才是有意义的问题。真实的劳动问题能激发学生的好奇心。一个不确定、令人困惑的劳动情境，可有效激发学生有关劳动的好奇心、探究欲和求知欲，培养学生有关劳动的内在兴趣，为高效学习劳动知识和探究劳动问题创造条件。探究劳动的全过程或某些关键环节，是一个从困顿到澄明的过程。教师要让学生不断产生主动、积极、进取的学习欲望，而不是让学生在知道相关劳动原理或答案的情况下提出毫无意义的假设和展开探究。实践证明，带有真问题的劳动教育才具有深刻的意义。

第四，师生要在劳动教育过程中有高质量的互动。在劳动教育过程中，师生互为主体。教师是劳动教育"教"的主体，学生是劳动教育"学"的主体。在劳动教育中，师生之间高质量的互动是培养学生深层次探究能力的基础。为此，首先，教师的教要具有研究性。在运用探究法进行劳动教育时，教师不应该将劳动知识或劳动技能灌输给学生，而应该通过创设真实的劳动问题情境，让学生通过探究与互动，基于证据自主建构新的知识。教师要引导学生成为一个主动的探究者和学习者，自己就应先成为一个研究者，认真研究劳动教育的对象、内容、方法以及途径与手段等。其次，在运用探究法进行劳动教育时，教师要引导学生进行探究性的学习。要关注学生问题解决过程中的学习感受和体验，让他们在探究过程中体验劳动知识与生活的联系、劳动知识的价值及获得劳动知识的快乐，从而不断激发他们学习劳动知识的兴趣和自主能动性。要引导学生在探究劳动知识的过程中，通过查阅资料、分析材料及提取有用信息，归纳探究体会与感受，表述所形成的探究结论，来提高获取和解读信息的能力，调动和运用知识、原理分析问题的能力，以及归纳、描述和阐释现象与事物特征、本质、规律等的能力。最后，教师要努力提高学生在劳动方面的合作能力。教师可通过设置较为复杂的劳动任务或有待解决的复杂的劳动问题，组织学生分组研讨或在实践中进行探索等，发挥每个学生的智慧，帮助学生有效解决依靠个体力量难以解决的复杂劳动情境中的具体问题。

当前，人们对探究法还存在着一些误解。随着探究法作为一种教学方法在各类学科中大量运用，出现了很多误用的现象，如把探究过程代以技术的训练，把培养学生的探究精神异化成了学生对知识的应用，这样的教学引发的至多是浅层次的探究式学习。在劳动教育中，我们要警惕，不要把劳动中的探究精神的培养简化为劳动技术的学习和应用。

第八章

劳动教育的途径

在新时代，包括德育、智育、体育、美育在内，几乎所有教育活动都已经形成了新的形态。学校教育再也不是只有黑板、讲台、课本加校园围墙的传统样貌，正日益走向开放。除学校外，家庭、企业、社会甚至整个生活和劳动世界，都已经纳入学校教育的视野。作为独特教育领域的劳动教育，它同样将整个劳动世界纳入视野，这就决定了劳动教育必须将建设、开发和利用资源作为基础问题。资源情况影响着劳动教育的实施，资源质量左右着劳动教育的质量。哪里有可开发利用的资源，哪里就可以进行劳动教育；劳动教育资源在哪里，劳动教育的途径就可以延伸至哪里。就学校而言，劳动教育的途径主要是家庭、学校和社会。相应地，学校开展劳动教育的资源也主要体现为家庭资源、学校资源、企业资源及其他社会资源。

第一节　拓展家庭资源

家庭不仅是人生长和生活的场所，也是原初的"学校"，父母堪称孩子的第一任教师。德国教育家福禄贝尔就非常重视家庭在幼儿教育中所能发挥的重要作用，认为家庭成员共同劳动和彼此互助是家庭生活的基础，既然儿童参与家庭生活，那么他们就要参与其中的家庭劳动。他提出除了自我服务活动以外，还应让儿童参加一定的其他类型的家务劳动，分担父母的一部分工作。父母尤其不要打击儿童的劳动积极性，要从小培养孩子爱劳动的习惯。

就家庭劳动教育资源来讲，家庭生活中蕴含着家庭劳动教育资源。在家庭生活中，衣食起居的方方面面，在营造温馨关爱的氛围的同时，也处处体现着劳动的价值、劳动的态度和劳动的技能。2020 年 3 月发布的《关于全面加强新时代大中小学劳动教育的意见》提出，"家庭劳动教育要日常化"。从穿衣戴帽、铺床叠被，再到洗衣做饭、家电维修甚至房屋修缮、家庭理财等，均是可资开发利用的劳动教育资源，都可以被用来进行劳动教育。家庭劳动教育不仅对学龄前儿童和小学生有意义，而且对中学生乃至大学生也具有重要意义。

一、家庭劳动教育观的转变

为什么我国在进入新时代后会再次强调劳动教育？一些家长对此仍然理解得不深，其家庭教育观仍比较陈旧，通过劳动教育引导子女成长成才的观念有待建立。家长亟待建立劳动育儿观。

（一）劳动教育的时代针对性

劳动是人发展的基本途径，劳动能力是人发展水平的一项标志。对于青少年来说，教育与劳动相结合是他们成长发展的根本途径。无论社会发展到什么水平，无论在什么时代，劳动教育的价值都是不可替代的。然而，一段时间以来，劳动教育在学校中被弱化，在家庭中被软化，在社会中被淡化。加之社会上存在的投机主义、拜金主义、享乐主义等不良思想和个别"明星""小鲜肉"的影响，一些青少年不愿意劳动或不会劳动，不尊重劳动者，不珍惜劳动成果，幻想少劳多得、不劳而获，甚至一夜成名、一夜暴富，人生观、价值观和幸福观变得有些扭曲。所以，在我国进入新时代后再次强调劳动教育，是有明显的现实针对性的。这些现实问题的产生，与劳动教育在家庭中的缺失和软化有着直接的联系，这其中最主要的原因就在于家长的育儿观存在问题。

（二）新时代家庭劳动教育观

不可否认，"学而优则仕"的传统教育观念还在影响着一些家庭，且我国在用工、人才选拔、干部任用等方面还有不尽如人意的地方，加之传统的劳动概念主要指的是体力劳动，致使一些家长鄙视劳动和劳动者，轻视劳动教育，这当然是影响劳动教育开展的深层原因。在相对显性的层面上，不少家长将劳动与学习对立起来，将劳动教育与孩子成长成才割裂开来，认为学习就是一切，学习可代替一切。而他们心中的学习，是以书本知识为中心、以听课写作业为形态、以教室为空间、以分数为成败标志的学习。这种传统的学习观，也是一些家长不重视劳动教育的主要原因。在家庭生活中，有的家长替孩子包办一切，从饮食起居到收拾学具课本，均不让孩子动手；有的家长甚至连孩子在学校里正常的卫生值日这类劳动也都统统包办。殊不知，这种在爱的名义下对孩子的过度呵护，实则是剥夺了孩子锻炼成长的机会。遗憾的是，不少家长尚未认识到这些问题。针对这些问题，《关于加强中小学劳动教育的意见》提出，要"转变家长对孩子参与劳动的观念，使他们懂得劳动在孩子学习、生活和未来长远发展中的积极意义和作用，让家长成为孩子家务劳动的指导者和协助者"。可见，要充分发挥家庭在劳动教育中的基础性作用，就必须转变家长关于子女的成长成才观，更新他们对于劳动教育价值的认识，使之充分认识到劳动教育之于子女成长成才的重要作用。

二、家庭中的劳动教育资源

家庭中的劳动教育资源，依家庭所在地区及其城乡位置和家庭经济生活水平、家庭结构而有所不同。有的家庭，或许洗衣洗碗还在靠手工，而有的家庭，则不仅有了洗衣机、洗碗机，甚至用上了智能家电系统。但尽管如此，家庭中的劳动教育资源仍有一些共性，家庭生活中的各类家务就是家庭中的劳动教育资源。《关于加强中小学劳动教育的意见》就提出，"学校应安排适量的劳动家庭作业，针对学生的年龄特点和个性差异布置洗碗、洗衣、扫地、整理等力所能及的家务"。家庭劳动意味着体力与智力的付出，家长必须让孩子明白，他有获得家庭养育的权利，同时也有通过劳动为家庭做出贡献的义务与责任。由此，劳动教育不仅是孩子获得锻炼成长的机会，也是联系家庭成员关系的一条途径。

家庭劳动教育资源可分为服务自我型劳动资源、服务家庭型劳动资源和服务亲友型劳动资源。

(一) 服务自我型劳动资源

服务自我主要是指孩子在力所能及的范围内料理自己的生活、学习与人际事务。家庭生活中与服务自我相关的资源，就是服务自我型劳动资源。通过服务自我型劳动，孩子可以锻炼独立处事、自我管理和待人接物的能力，同时形成自主自立的品质，为正确的人生之路奠定良好的观念与能力基础。在家庭劳动中，日本家长从小就要求孩子学会自己淋浴、擦身、换衣服、整理床铺，用针线缝制布袋、抹布、垫子，帮助家长烹饪、做料理，做力所能及的家务活。有的学生在家帮助饲养小动物，有的在家帮助种菜养花、修葺草坪等。①随着孩子年龄的增长，服务自我型劳动的内容也会随之扩展，自己做饭、洗衣和做学习规划等，与之相关的锅碗瓢盆、家用电器、衣物等，特别是父母和其他家庭成员在家庭生活中的经验做法与有意无意示范，均是服务自我型劳动资源。

（二）服务家庭型劳动资源

服务家庭型劳动是指个体承担的所有家庭成员理应共担的家务劳动，是服务家庭成员的劳动，如个体自己独立或参与洗碗洗衣、做饭或帮厨等家务，而与之相应的家务资源，就是服务家庭型劳动资源。孩子在年龄适当时，可学习一些缝纫、烹饪等更复杂的技能，还可以学习使用一些基本劳动工具，如螺丝刀、钳子、锤头、钢锯等，做一些基本的家庭装饰、整理、修剪和修理等劳动。随着孩子年龄的增长和能力的提高，服务家庭型劳动资源将越来越丰富。

（三）服务亲友型劳动资源

服务亲友型劳动是指直接服务家庭成员和来访亲友的劳动，如照顾弟弟妹妹、家中长辈或患病家人，迎送客人，为客人端茶摆座，等等。这些劳动多带有伦理性和礼节性特征，所涉及的相应资源就是服务亲友型劳动资源。

在家庭的劳动教育中，不仅各种家务，而且父母等家庭成员的劳动故事和经历、劳动技能和技艺、劳动态度和习惯、劳动价值观等都是进行家庭劳动教育的宝贵资源。只要家长具有对孩子进行劳动教育的意识，并在孩子进行劳动的过程中，有意识、有目的地对孩子进行引导和教育，就可以将这些宝贵的资源转化为进行劳动教育的家庭课程，转化为融生活和劳动、学习于一体的生活化劳动教育课程，并在劳动中陶冶孩子的劳动情操。

---

① 罗朝猛. 劳动教育，日本"全人教育"的重要一翼［N］. 中国教育报，2019-05-03（6）.

三、家庭劳动教育的延伸

进行劳动无疑就是劳动教育的最好方式。具体地讲，以劳动技能为常见内容的家庭劳动教育，最基本、最常用也是最适宜的方式主要是示范-讲解，并"手把手"地指导孩子尝试练习。除此之外，家庭可资利用的其他资源，还包括参观体验劳动场景、亲子交流对话、接受文艺作品熏陶、讲家国奋斗史等，这实际是家庭劳动教育的延伸。

（一）参观体验劳动场景

劳动教育不同于学科知识教学，除个体实际进行劳动外，参观劳动场所是最能感染人的方式，这是由劳动教育的情境性特征决定的。由此，城镇家庭的家长可带孩子去工厂生产车间和道路、桥梁、楼房以及其他市政设施等建设工程现场参观，现场感受各类生产设备、工人劳动状态和劳动智慧，必要时也可让孩子通过打零工的方式获得亲身体验；农村家长可带孩子去农田感受劳作的场景，适当体验锄草、施肥和庄稼收割等农活。在走近油污、亲近泥巴的过程中，孩子对劳动和劳动者的理解、认同与尊重便会油然而生。

（二）亲子交流对话

对劳动教育的深层理解，特别是上升到哲理层次的理解，需要靠亲子间的交流对话来实现。交流对话是建立劳动观念、了解劳动基本知识、开阔劳动视野、加深劳动理解、增进劳动情怀的有效方式。在家庭中，对孩子进行劳动教育的交流对话，可深可浅，家长最好做适当准备，选取最合适的切入点，诸如某个职业的劳动特点，以及劳动意味着什么，等等。

（三）接受文艺作品熏陶

熏陶其实是人的自认知活动在发生作用，也可视为文艺作品的教育功能。在摄影、电影、文学、雕塑等作品中，不乏生动的劳动场景和劳动者的风采。特别是在我国改革开放的生动实践中，到处都闪耀着劳动的光辉，家长可有意识地引导孩子欣赏、观看这类文艺作品，对孩子进行新时代的劳动教育。

（四）讲家国奋斗史

史，特别是家国史能给听者以生动的近身感，最能激发孩子的兴趣，起到劳动教育的效果。家长结合自己家庭的奋斗史，给孩子讲祖辈劳动创业的故事，可让孩子得知生活的不易，感悟幸福生活都是奋斗出来的道理。讲国家的艰苦创业故事，可以激发学生的爱国情怀，感悟劳动对于国家富强、民族复兴的重要意义。

第二节　挖掘学校资源

毫无疑问，劳动教育主要的场域是学校，学校是劳动教育的主要场所。由此，挖潜劳动教育的学校资源，是进行劳动教育必须做的一项重要工作。

一、在学校进行劳动教育的理论研讨

（一）劳动教育与课程安排

进行劳动教育就必须真正经历劳动，只有这样，才是真正的劳动教育。由此，学校必须安排实际劳动的课程。同时，还要将劳动价值观体现到所有学科中，形成全课程渗透或实施劳动教育的局面。由此形成一个由实际劳动课、主要相近课程（如劳动与技术、通用技术等培养劳动能力的课程）和相关课程（道德与法治、语文、历史、数学、物理、化学、生物等培养劳动态度和劳动知识的课程）构成的劳动教育课程体系。当前，支撑劳动教育的相近相关课程大概有"劳动""劳动技术""劳动与技术""通用技术"等，这些课程概念在我国教育理论与实践中并行，反映了以劳代技或以技掩劳的问题。由此，规范相关概念的使用是当前劳动教育必须解决的问题。

必须指出，任何单一的课程，哪怕是独立设置的"劳动课"也难以完全实现劳动教育的目的。例如，高中通用技术课程虽然是与劳动教育最接近的课程，但从课程性质上看，它终归是主要培养劳动能力的课程。虽然这也是劳动教育的重要内容，但就其课程属性而言，通用技术课程属于智育范畴，与以培养劳动价值观为主要目的的劳动教育的侧重点不同。由此，劳动教育的课程体系中当然可以而且应当包括通用技术课程等，但不能说上了通用技术课程就是进行了劳动教育。今天，我们强调劳动教育的时代意义与育人价值，这是一种价值判断，是在说明它在全面发展教育体系中的地位与作用。但是，围绕劳动教育来谈要不要独立设置劳动课程，还是渗透在其他课程中进行，抑或是用通用技术课程来代替劳动教育，均是在对劳动教育进行事实安排和事实判断。无论如何，作为价值判断的劳动教育与作为事实判断的课程之间，并不是机械对应的。

（二）综合实践活动与劳动教育的关系

应当承认，进入 21 世纪以来，虽然在国家课程计划中有"劳动与技术"，但相关的高频词是"综合实践活动"或"社会实践"。就基础教育来说，2001 年颁布的《基础教育课程改革纲要（试行）》提出："从小学至高中设置综合实践活动并作为必修课程，其内容主要包括：信息技术教育、研究性学习、社区服务与社会实践以及劳动与技术教育。强调学生通过实践，增强探究和创新意识，学习科学研究的方法，发展综合运用知识的能力。增进学校与社会的密切联系，培养学生的社会责任感。在课程的实施过程中，加强信息技术教育，培养学生利用信息技术的意识和能力。了解必要的通用技术和职业分工，形成初步技术能力。"在这个文件中，劳动教育被包含在综合实践活动中。对此，教育理论界一直在讨论。有人认为，综合实践活动终究是课程或学生活动的一种形式，况且它没有其他学科那样的国家课程标准，没有法定的内容，因此，以一种课程活动形式将劳动教育这一重要领域包含其中并不合理。在 2018 年全国教育大会之后，突出和加强劳动教育的呼声越来越高。我们认为，作为 21 世纪初基础教育课程改革的标志性成果之一，综合实践活动课程的设置不仅有其理论价值，而且在实践上的确起到了推进课程改革的作用。但随着新时代的到来，我们应该从更深的层次上去认识它、实践它。综合实践活动课程的创新价值与育人价值是毋庸置疑的，其价值理念与实践形式当为所有学科、所有课程所继承和发扬。但站在"培养德智体美劳全面发展的社会主义建设者和接班人"的高度，是否还要继续将劳动教育视为综合实践活动的一部分，颇值得沉思。

要进一步剖析这个问题，则必须从理论上厘清实践与劳动的关系。

其一，应该区分认识论意义上的一般实践与现实场景中的具体实践。将实践引入认识论，是马克思的伟大创举，他颠覆了传统的认识论，开辟了人类认识的新路径。"在马克思的概念体系中，实践是与理论相对应的一个概念。"① 正是在这个意义上，我们才说实践是检验真理的唯一标准。实践是马克思主义认识论中的一个重要概念，它是指一般性的、抽象的实践。人类的工作、生活，包括学生的学习，都属于人类的实践。而我们在现实的工作与生活中所进行的探索、劳作等是具体的实践。

其二，马克思主义认为实践的本质在于劳动。"劳动是实践的基本内容、主体内容，其他一切实践形式都是以劳动作为基础的。"②可见，实践的生命力在于劳动，没有了劳动的实践是空洞的。如果我们不是站在一般认识论的角度来考察实践，则日常工作生活场景中的实践其实都具有劳动的属性。由此，劳动就是实践，劳动教育与实践教育的实质是相通的。在马克思看来，"一切劳动，从一方面看，都是人类劳动力生理学意味上的

---

① 常卫国. 劳动论:《马克思恩格斯全集》探义 [M]. 沈阳: 辽宁人民出版社, 2005: 209.
② 同①210.

支付。当作同一的或抽象的人类劳动，它形成商品价值。一切劳动，从别方面看，都是人类劳动力在特殊的合目的的形态上的支出。当作具体的有用的劳动，它生产使用价值"[1]。可见，要具体地判断一种活动是不是劳动，主要看它是不是通过劳动力的生理学意义上的支出来达到相应目的。

其三，学校教育场景应更加突出劳动教育。在学校教育的场域中，综合实践活动课程意义上的学生实践，是具体的实践，它的本质是劳动实践活动[2]，可被视为在劳动教育的范畴之内。进一步分析综合实践活动的四个领域，则可发现信息技术教育具有较强的学科属性，而研究性学习作为一种学习方式，当为所有学习活动所运用，那么剩下的社区服务与社会实践、劳动与技术教育这两个领域，显然更具有劳动实践的属性。由此，重新调整综合实践活动与劳动教育的关系，回应实践困惑，不仅是必要的，而且是可能的。可考虑去除"综合实践活动"的提法，建立"劳动实践活动"这一概念（包括劳动教育、社区实践和技术教育）。

必须指出的是，学校劳动教育意义上的劳动与马克思主义"物质生产劳动"中的劳动，其意义显然是不同的。学校劳动教育意义上的劳动，更主要的是指学校可安排、可掌控、可促进学生学习的体验性实践，是一种让学生通过体尝辛劳、发挥智力而后获得成果的一种实践教育。

二、劳动教育的学校资源

（一）制度资源

作为专门培养人的专业机构，学校有规范的培养制度，这是学校进行劳动教育的制度资源。它主要体现为三个方面，即管理制度资源、培养制度资源和评价制度资源。

管理制度资源主要是指在培养学生的管理活动中，学校和班级对劳动

---

[1]　马克思. 资本论：第 1 卷 [M]. 北京：人民出版社，1953：20.
[2]　2020 年 3 月中共中央、国务院发布的《关于全面加强新时代大中小学劳动教育的意见（征求意见稿）》中使用了"劳动实践活动"这一概念。

教育所做的制度性规定，如扫地、打水、擦黑板、门窗清洁等班级劳动规定和校园卫生、校门值日、美化校园等校级劳动规定。有的学校设置了劳动周或定期组织学生参加义务劳动，这都属于管理制度资源。所谓培养制度资源，是指学校课程设置方案中对劳动教育的规定，如 2001 年印发的《义务教育课程设置实验方案》就规定了综合实践活动，其中就有社区服务与社会实践以及劳动与技术教育，且综合实践活动、地方与学校课程的课时占总课时的 16%—20%。2019 年 6 月中共中央、国务院印发的《关于深化教育教学改革全面提高义务教育质量的意见》又明确提出要加强劳动教育，要求"优化综合实践活动课程结构，确保劳动教育课时不少于一半"。所谓评价制度资源，就是支撑劳动教育的评价制度。《普通高中课程方案（2017 年版）》不仅规定了技术科目（含通用技术和信息技术），还明确要求"综合实践活动、选修课程的修习情况应作为综合素质档案的重要内容"。北京市教育委员会印发的《关于做好 2019 年高级中等学校考试招生工作的意见》规定，"录取成绩由中考文化课成绩、初中综合素质评价成绩和体育成绩组成，其中中考文化课和初中综合素质评价成绩满分540 分，按 7∶3 比例计入"。这意味着综合素质评价成绩占 162 分，其中就包括了对学生劳动素质的评价。

（二）课程资源

课程是学校培养人才的蓝图，劳动课程是进行劳动教育的基本载体。之所以一段时间以来，劳动教育在学校中被弱化，劳动教育被包裹在综合实践活动之中，主要是因为没有独立的劳动课程。新时代重新重视劳动教育，所针对的问题就有这一点。没有独立的劳动课程，就难有好的劳动教育。应该承认，我国学校在综合实践活动的框架内也安排了劳动教育课程，但显然不够突出。不仅如此，"劳动"还常常被综合实践活动或研究性学习冲淡甚至淹没，常常以卫生和安全的名义做"去身体化"安排①，

---

① 徐海娇. 劳动教育的价值危机及其出路探析［J］. 国家教育行政学院学报，2018（10）：22-28.

这在某种意义上已经背离了强调劳动教育的初衷。故我们要强调，这里所说的真正的劳动课程就是那种需要"身体力行"的劳动课程，就是那种很可能会让学生蹭上油污、溅上泥巴的劳动课程。在这个问题上，我国学校面临着加强劳动教育课程建设和完善课程体系的重大课题。

劳动教育课程是一个体系，构成这一体系的除劳动课程外，还有技术课程，后者包括义务教育阶段"劳动与技术教育"中的技术、高中阶段通用技术和信息技术等课程。上海市教育委员会《2019 年 7 月公布的关于进一步加强上海市大中小学、幼儿园劳动教育的意见（征求意见稿）》提出，要构建具有综合性、实践性、开放性的劳动教育课程体系；加强劳动教育教学组织管理，中小学要将国家规定的劳动技术课程作为实施劳动教育的重要渠道，职业学校和高等学校要开设与专业相关的劳动必修课和选修课。具体地说，各校可以结合各学段学生的特点和当地的资源条件，开设不同的技术模块，如养殖、木工、金工、编织、裁缝、机器人设计等。在中高等职业教育领域，劳动教育课程还应包括职业技术课程和相应的专业技术课程。它们与前述的需要"身体力行"的真正的劳动课程一起，构成劳动教育的核心课程。

不仅如此，几乎所有的学科都可以渗透劳动教育或与劳动教育相结合。日本的劳动教育就是分散渗透在诸如社会、公民、家政、道德、综合学习时间等学科课程与校内外活动中。[1] 我国《普通高中物理课程标准（2017 年版）》设置了选修 1 "物理学与社会发展"、选修 2 "物理学与技术应用"，必修 3 "能源与可持续发展"。这些主题与劳动的联系一目了然，有的几乎就是完全意义上的技术教育。甚至像语文这样的文科课程也可以渗透劳动教育。如《景泰蓝的制作》是著名教育家叶圣陶先生写的一篇介绍我国传统工艺品制作的说明文。在这篇文章里，作者用生动形象、通俗易懂的语言，清楚地说明了景泰蓝生产的全过程，学生可从中了解景泰蓝生产工艺。《南州六月荔枝丹》是作家贾祖璋写的科普小品，他在文

---

① 罗朝猛. 劳动教育，日本"全人教育"的重要一翼［N］. 中国教育报，2019-05-03（6）.

章中条分缕析地介绍了荔枝生产的有关知识，还提出了发展荔枝生产、满足人民生活需要的建议。在道德与法治课程中，有关于劳动的专门章节。在历史课程中，还有劳动人民制造劳动工具、改进生产技术甚至发明创造等内容。

具有劳动教育意义的特色课程是进行劳动教育的重要资源。许多学校在这方面做出了富有特色的探索。中国科学院附属玉泉小学为了将劳动教育落到实处，在北京市延庆区海拔 600—700 米的高地上开发建设了自己的农场校区。校区以开展基于农耕课程的自然教育为主，包括农耕文化实践区、葡萄酒酿造区、家禽饲养区、温室大棚实践区、植物研究实践区、地质矿石实践区、野外生存实践区、社会调查实践区和生活能力实践区[①]，构建了以中华农耕文化为主要内容的劳动教育课程体系。在浙江，利用当地曾出产开化纸的历史资源，开化县朝阳小学开发出了开化纸传统技艺实践探究活动课程。在探究实践活动中，泡树皮、煮树皮、打纸浆、试搅、制胶、调制纸浆、抄纸、晾晒、轧纸等工序均由学生自己完成，学生的劳动意识、劳动能力和实践能力得到了锻炼和提高。[②]类似的还有上海市张江高科实验小学的中草药探究课程、湖南民族职业学院附属小学的厨艺课和刺绣课等。

(三) 场地装备资源

不同于常规的学科教育，要高质量地进行劳动教育，仅有课程资源是不够的，还必须有充足的场地装备资源。学校内部的场地装备资源主要包括场地、装备、工具、器材等，许多学校的创客工厂、劳动教室、实验室、科技馆以及校内种植园、缝纫室、模拟驾驶室等，都属于劳动教育的场地资源。像浙江省开化县朝阳小学为了配合开设开化纸传统技艺实践探究活动课程，就建设有专门的实践探究室。上海的张江高科实

---

① 卢秋红. 农场课程：重拾劳动教育的价值：记中国科学院附属玉泉小学的劳动教育［J］. 中小学信息技术教育，2019（1）：30-32.
② 余红军，郑黎明. 造纸课程培养新时代"蔡伦"［N］. 中国教育报，2019-05-22（11）.

验小学为配合开设中草药探究课程，建了一个 100 平方米的特殊实验室：中草药科普实践馆。

学校劳动教育的场地装备资源，往往是影响劳动教育开展情况的关键性因素。以郑州市第十二中学为例，该校为了创新开展新时代劳动教育，建设了六大工场，即信息检索中心、项目研究与设计室、制作空间、机器人研究室、数学观察实验室和科学实验室。该校利用这些资源，取得了很多劳动教育创新成果，获得了 2018 年基础教育国家级教学成果二等奖。

(四) 组织资源

劳动教育的组织资源是容易被忽视而又处处存在的一种资源，它体现为对劳动教育资源的组织调配力。在校内，学生工作系统、教学工作系统、资产或后勤保障系统可以互相配合，组织学生进行劳动教育、组织课程与安排教师、协调场地和装备等资源。如学生工作系统在组织开展社团活动、组建兴趣小组、邀请劳模做报告、组织劳动竞赛时，就需要协调课程、装备和场地。当校内劳动资源不足时，学校可以在行政力量的帮助下，进行校际互助。如普通中小学劳动教育资源不足时，就可以向同区域的职业院校寻求帮助或合作，充分利用职业院校的装备资源优势，或租借设备，或共享师资，或由职业院校直接提供相应劳动课程。而当劳动教育资源呈区域性不足时，又可借助上级管理部门的组织力量，集中和拓展区域性资源。

三、劳动教育中的家长资源

且不论家校合作的意义，单从资源开发利用的便利性、丰富性、稳定性上讲，学生家长显然是学校劳动教育的一大宝藏。

家长群体中有各行各业的劳动者，其中不乏能工巧匠、劳动模范、科技精英、商界人士等，他们都是劳动者，身上蕴藏着丰富的可用以进行劳动教育的资源。家长的劳动观念、劳动情感、劳动知识与经验、劳动技术专长以及劳动故事、劳动业绩等，堪称学校劳动教育的不竭资源。2019 年 3 月，江苏省教育厅出台了《关于加强中小学生职业体验教育的指导意见》，明确职业体验课程是综合实践活动课程学习、劳动与技术课程学习、职业启蒙教育的重要方式，提出 "聘请具有相关职业背景和丰富实践经验的能工巧匠、专业技术人员、学生家长担任兼职教师"，充分说明了家长资源之于劳动教育的意义。

第三节　连通企业资源

习近平总书记指出，要将立德树人贯穿到基础教育、职业教育、高等教育各领域。就劳动教育而言，不仅基础教育要落实劳动教育，职业教育和高等教育直接承担着为各行各业培养劳动大军和创新人才的重任，其所培养的人才直接走向劳动岗位，因而更要落实劳动教育。进行劳动教育，最有效的方式就是将学生引向真实的劳动场域。企业就是真实劳动的集中场域，企业不仅拥有丰富的劳动教育资源，而且其所拥有的资源真实、生动。由此，在进行劳动教育时，连通企业资源意义重大，对于职业教育和高等教育领域的劳动教育尤其如此。

一、在劳动教育中连通企业资源的意义

（一）连通企业资源的实践探索

实际上，人们早已发现了企业资源的价值，并进行了连通企业资源的实践探索，这就是人们现在所谓的 "校企合作"。早在 1903 年，美国工程师、建筑师和教育家施奈德就发现，传统的课堂教学不足以满足专业技术类学生学习的需要，他提出了与企业合作进行人才培养的设想。1906 年，美国辛辛那提大学聘请他主持人才合作培养试验，这当属较早

的校企合作尝试。① 校企合作的目的在于充分利用企业技术和设施设备等资源优势，引导学生将学校所学理论知识与企业劳动实践相结合，提高学生的劳动实践能力。实践证明，校企合作具有强盛的生命力，能显著提高工程技术和技能型人才的实践能力。校企合作在职业教育领域和工程技术类高等教育领域格外受重视。在国际上，德国的双元制、英国的"三明治"人才培养模式以及澳大利亚职业教育培训（Technical and Further Education，简称 TAFE）模式都是校企合作的成功范例，不仅引领了国际职业教育改革，而且促进了中高等教育甚至基础教育人才培养模式的创新。

校企合作作为一种开放的办学理念，深刻地影响了我国学校人才培养模式。随着我国经济发展的动能转换、技术改造和产业升级，包括高等教育在内的教育结构布局、教育发展模式和专业内涵标准等都在不断进行改革调整，中等职业学校、高等职业院校、应用型高等学校都在进行着校企合作的探索实践。在政策层面，早在 2005 年，国务院印发的《关于大力发展职业教育的决定》就提出，"大力推行工学结合、校企合作的培养模式。与企业紧密联系，加强学生的生产实习和社会实践，改革以学校和课堂为中心的传统人才培养模式。中等职业学校在校学生最后一年要到企业等用人单位顶岗实习，高等职业院校学生实习实训时间不少于半年。建立企业接收职业院校学生实习的制度。实习期间，企业要与学校共同组织好学生的相关专业理论教学和技能实训工作，做好学生实习中的劳动保护、安全等工作，为顶岗实习的学生支付合理报酬"。2012 年 1 月，教育部等七部门印发《关于进一步加强高校实践育人工作的若干意见》，提出"坚持教育与生产劳动和社会实践相结合，是党的教育方针的重要内容""加强实践育人基地建设。……可采取校所合作、校企联合、学校引进等方式""支持高等职业学校学生参加企业技改、工艺创新等实践活动"。2014年 5 月，国务院印发《关于加快发展现代职业教育的决定》，再次强调要推进人才培养模式创新，坚持校企合作。2018 年 2 月，教育部等六部门发

---

① 王雅春、孙永河、张雷. 校企合作：资源勘查工程专业人才培养模式探究 [J]. 黑龙江教育（高教研究与评估），2013（1）：37-38.

布的《职业学校校企合作促进办法》指出，"职业学校应当根据自身特点和人才培养需要，主动与具备条件的企业开展合作，积极为企业提供所需的课程、师资等资源。企业应当依法履行实施职业教育的义务，利用资本、技术、知识、设施、设备和管理等要素参与校企合作，促进人力资源开发"。可见，连通企业资源得到了国家层面的政策支持。

众多普通高等学校和中高等职业院校都十分重视与企业合作。以常熟理工学院和越田（常熟）软件有限公司（以下简称越田公司）的合作为例，两者初期展开的合作主要是常熟理工学院根据越田公司的需求，实施"订单式"人才培养。学院制订相应的培养目标和课程计划，越田公司根据学院培养要求，提供相应的条件或协助完成部分实践教学环节的培养任务，投入少量的设备和资金供学生在企业实训基地进行实习。合作后期双方则共同出资建立了常熟理工学院越田软件实验室，越田公司因此又投入了设备、场地、技术、师资、资金等多种形式的资源，而且对合作实验室承担决策、计划、组织、协调等职能，参与学院人才培养。越田公司还让部分大四学生进入公司，学院和企业共同承担培养任务。[1]

（二）连通企业资源的劳动教育视界

无论是校企合作还是学校实践育人基地建设，无疑都是"坚持教育与生产劳动和社会实践相结合"的具体实践，都体现了劳动教育的精神与价值追求，都是落实劳动教育的具体行动。以校企合作为例，有的学校实现了"三个零距离"，即专业设置与就业需求零距离、课程设置与职业规划零距离、教育内容与培养目标零距离，达到培养与就业的统一[2]，堪称成效显著。只是校企合作和实践育人所强调的是学校育人的开放性、协同性，或人才培养环节的创新性、实践性，还没有突出地强调劳动教育，还没有鲜明地将新时代劳动教育的价值追求凸显出来。

---

[1] 孙秀丽. 大学生创业实践中的校企合作模式探讨 [J]. 教育发展研究，2011（7）：81-83.

[2] 牛国锋，张明新，朱苗苗. 应用型本科校企合作模式下的资源挖掘：以常熟理工学院·越田软件实验室为例 [J]. 常熟理工学院学报，2014（6）：52-54.

　　事实上，校企合作、实践育人与劳动教育是不矛盾的，两者内部是一致的。从劳动教育的角度看企业资源，那么企业所使用的机器设备和厂房设施都是劳动工具和劳动资料；生产工人、技术人员、管理人员、销售人员和售后服务人员等都是具体岗位的劳动者，都承担着具体的劳动任务。一句话，一家企业就是一个具体的劳动世界。从教育的角度来说，那些蕴藏在企业人员身上的、生产劳动过程之中的、支撑劳动过程的那些知识、技能、智慧，甚至企业所遇到的实际问题，都是要走向劳动世界的学生所必须面对、必须学习的重要实践课程，因此，企业资源就是劳动教育资源。而且，正是连通了企业资源的劳动教育，沟通了教育世界与劳动世界，实现了教育世界与劳动世界的零距离接触。

　　从劳动教育的角度看，企业资源还具有独特性，主要体现为真实性、实践性、综合性。学生到企业进行顶岗实习、接受实习实训或参加企业的社会实践活动，所接受的都是真实的劳动教育。例如，一些公司发挥企业优势，从市场上购买先进的仪器设备和电子元器件等技术装备，一方面可直接用于企业研发和生产，另一方面也供来企业实习实训的学生学习使用，这些大大不同于学生在校期间所接触的模型或落后设备。因此，学生在企业实习中所获得的劳动真实感，不是学校所能提供的。以生产型企业为例，在不侵犯企业商业机密、企业无后顾之忧的前提下，以企业真实产品作为教学载体，企业提供实际原材料、设备、生产工艺和流程①，学生在企业提供的实际岗位上，能学到生产第一线的新技术、新工艺，能按照标准化流程从事真实的生产劳动，体验真实的劳动过程，了解真实的工作内容和生产环节。这些真实的劳动内容显然不同于从书本上所学的理论知识，而是现场的、真实的实践性知识。每项劳动任务都不是靠单一技能，甚至不是靠个人完成的，由此，真实劳动的综合性、复杂性也就自然地体现在劳动过程之中。

---

① 马旭，李军利，周庆玲．"双三元"模式下船机专业校外实践基地课程教学研究［J］．装备制造技术，2017（10）：152-155.

二、企业主要劳动教育资源

（一）实习实训岗位

实习实训岗位资源是企业独有的劳动教育资源，是其他社会组织或机构所不具有的。企业提供的实习岗位与学生对企业生产的主观想象往往不一样。以印刷企业为例，根据印刷的主要工作流程与工作内容，其可提供的实习实训岗位就有拼版、版面设计、色彩设计、印前输出、工作流程控制、包装设计及印刷工艺设计、印刷材料检测、生产管理等。与之类似，对汽车维修中的机械故障、电路故障、软件问题等"疑难杂症"和仪表设备的使用等技能经验，学生也只有通过实际的企业实习实训方能有更加深刻的体会。可见，学生可以在企业提供的实习实训岗位上全面了解企业的生产组织方式、工艺流程、行业产业技术发展现状与趋势等基本情况，了解企业生产、管理过程，熟悉企业岗位职责、操作规范、准入门槛及管理制度等，体验实际生产实践中的新知识、新技能、新工艺、新方法。

正是因为企业实习实训岗位资源有独特的育人价值，国家支持和鼓励企业提供实习实训岗位。教育部等六部门印发的《职业学校校企合作促进办法》提出，"鼓励有条件的企业举办或者参与举办职业学校，设置学生实习、学徒培养、教师实践岗位"，"合作研发岗位规范、质量标准等"。从企业方面来说，提供实习实训岗位不仅是企业一项重要的社会责任，也是企业发现和聘用新员工的重要方式。当中小微企业遇到生产任务短期剧增的情况时，就会产生招聘顶岗实习生的需要；当企业出现技术人员、研发设计人员或其他岗位工作人员不足的情况时，通过提供实习岗位并从实习生中择优录用新人，也是企业补充新员工的有效方式。从学校人才培养方面来说，输送学生到企业提供的实际岗位上进行实习实训，是培养和提高学生职业能力与职业素质的有效手段。特别是在职业学校，学生到企业进行一定时间的顶岗实习或实习实训已经普遍被纳入人才培养方案中，这也从侧面推动了实习实训就业的一体化。

（二）劳动实践教师

要对学生进行劳动教育，培养学生的实践能力，就离不开劳动教育实践师资，这是学校的弱项，但恰恰是企业的强项。

受传统思想观念的影响，即使在职业学校中，也一度存在重理论轻实践的现象，致使"双师型"教师严重短缺。21 世纪以来，职业教育得到空前重视。但是，由于职业学校的新教师主要是高校毕业生，对实际生产劳动过程缺乏了解，缺乏一线的工作经验和劳动技能，同时职业学校老教师对企业生产技术的发展情况也缺乏了解，没有及时学习新工艺、新知识和新技术，这就导致职业学校教师很难对学生进行符合现代企业发展趋势的实训、实习指导。例如，在汽车维修、土木工程、智能制造等专业领域，甚至还存在教材内容落后于企业实际情况的现象。在应用型高校或普通高校应用型专业人才培养中，因缺乏实践指导师资而影响培养质量的现象也比较普遍。以仪器仪表工程专业学位硕士研究生培养为例，该专业致力于培养具有一定创新能力的应用型、复合型高层次工程技术和工程管理人才，他们应具有解决仪器仪表工程领域问题或者独立从事工程设计、工程实施、工程研究、工程开发与管理的能力。但是，有的高校由于没有建立针对仪器仪表工程专业学位研究生的校企合作实践基地，导致仪器仪表企业中具有丰富实践经验的专家、工程师或高级管理人才并没有实质参与研究生的学习、实习/实践和毕业论文的指导。这种情形严重影响了仪器仪表工程专业硕士生的培养质量，导致许多毕业生不能迅速胜任仪器仪表领域中的相关工作。[①] 因此，教育部印发的《关于加强专业学位研究生案例教学和联合培养基地建设的意见》指出：基地是培养单位为加强专业学位研究生实践能力培养，与行业、企业、社会组织等共同建立的人才培养平台，是专业学位研究生进行专业实践的主要场所，是产学结合的重要载

---

① 黄鸿，刘嘉敏，黄云彪，等. 仪器仪表工程专业学位研究生实验基地建设探索 [J]. 电脑知识与技术，2017（25）：148-150.

体；加强基地建设，是专业学位研究生实践能力培养的基本要求，是推动教育理念转变、深化培养模式改革、提高培养质量的重要保证。与此同时，掌握行业规则并有着丰富实践经验和娴熟实践技能的工程技术人员在企业里大量存在，他们掌握着企业生产劳动一线的新技术、新工艺。将这样的企业技术骨干引入应用型人才培养教师队伍，可以迅速引导学生将所学理论知识应用于具体劳动实践，快速缩短理论知识与实际应用之间的距离。他们或者在企业生产现场对实习生进行现场教学，或者带着鲜活的实践经验和实际问题进入学校对学生进行职业技能培训，或者受聘教授学校相关课程，或者参与制订修改学校人才培养方案，或者直接担任应用型人才的导师。学校引入这类企业人才，不仅可以有效地解决学校劳动实践师资不足的问题，更重要的是可以从根本上改变和充实人才培养的师资队伍。许多院校在这方面进行了卓有成效的探索：东莞理工学院城市学院与企业合作开发实践性课程，聘请企业中具有丰富生产和管理经验的工程师负责讲授；广东白云学院引进具有企业工作经历和相应职业资格的优秀人才，充实本院专任教师队伍；重庆大学从仪器仪表企业引入具有丰富实践经验的专家，形成一支具有不同专业背景和工作实践经验的仪器仪表工程专业硕士生导师队伍，取得了很好的人才培养效果。

（三）设施设备

设施设备资源是企业的硬件资源。近年来，许多职业学校出于开展校内实习实训、学生技能鉴定与考取证书、提供技术服务与进行社会培训等方面的考虑，在国家和地方政府的大力投入下，在设施设备建设方面取得明显进展，特别是国家级和省市级示范性学校与骨干学校，甚至不乏高精尖设备。即使如此，这些学校的设施设备与企业相比，与企业对人才培养的要求相比，仍有相当大的差距，更不要说还有大量的薄弱学校、非示范学校，其实习实训设施设备普遍存在"硬件不硬"的问题，表现为设施设备陈旧、数量不足，难以满足人才培养的需要。在我国产业升级、企业对人才提出了更高要求的时代背景下，这个问题显得尤为突出。以我国近十几年来飞速发展的汽车业为例，汽车的品牌种类越来越多，科技水平、智能程度越来越高，职业学校的实习实训设备就应该紧跟新车型、新技术，但就这一点而言，有的职业学校与汽车维修企业有较大差距。有研究者指出：企业内部各种汽车维修技术、工具及设备较全面，学生在这样的环境中能够有更多的收获；而学校的实训基地通常存在设备陈旧、技术落后或授课车型跟不上时代等情况。[①]

设施设备是企业的生产劳动工具，代表了企业的技术水平。从校企合作培养人才的角度来看，这些设施设备正是对学生进行劳动教育的绝佳资源。企业设施设备除了通过企业提供的实习实训岗位、合作建立企业实践基地等方式而为职业学校、高等学校所用以外，也是中小学进行劳动教育的重要资源。普通中小学不仅可以而且应该将企业设施设备资源纳入劳动教育资源。早在 2011 年，教育部、国家质量监督检验检疫总局就联合印发《关于建立中小学质量教育社会实践基地开展质量教育的通知》。该通知强调，中小学质量教育社会实践基地的承担单位主要是质量管理水平高、质量信誉好的企业以及品牌创建示范区内的骨干企业和国家级省级科研院所、国家检验检测中心、国家重点实验室等机构。通过申报与评选，目前比亚迪股份有限公司、三一集团有限公司、上海汽车集团股份有限公司乘用车分公司、上海电气风电设备有限公司、内蒙古伊利实业集团股份有限公司、海尔集团公司等多家企业被确定为"全国中小学质量教育社会实践基地"。值得一提的是，这些单位需要具备的一项重要条件就是"技术创新能力强，没有发生过重大质量事故，具有优良的社会信誉和企业信用，公众形象良好。检验检测机构应配备国内外先进的仪器设备，拥有精通专业技术的专家和技术人员"。这也体现了企业设施设备的教育价值。

(四) 企业技术课程资源

企业是培养人才的独特场所，是开发技术课程的资源宝库。企业除了

---

① 火林三，张淑娟. 现代学徒制在中职校汽修专业校企合作的探析 [J]. 汽车实用技术，2019 (12)：202-204.

可以提供独特的劳动现场课程，还可以通过如下两种方式提供技术课程资源。

1. 企业技术案例

大量的理论和实践都充分证明，应用型人才的培养单纯或主要地依靠讲授理论是不能实现的。实践能力的提高只能在实践中实现。在学校时空有限的情况下，加强案例教学是一项非常有效的措施。案例作为蕴含着鲜活的知识的材料，反映了实践问题的复杂性、综合性和现实性，因此，其兼有理论与实践的双重属性。以案例进行教学，简洁又高效。鲜活的案例产生于实践，存在于企业中。因此，可以对行业企业中相关案例进行收集整理、重新编写，深入发掘案例的理论内涵，形成符合教学需要的优质案例。①

企业技术案例既可以是综合性的企业发展问题解决案例，也可以是某一技术领域创新案例，这些当然都可以视人才培养需要而被当作教学案例使用。在当前的人才培养实践中，企业技术案例更为多见。以数控机床故障诊断与维修为例，它虽然也需要一定的基础理论知识，但更需要丰富的实践经验支撑。因此，设置这个专业的院校就可以充分挖掘企业技术人员丰富的机床维修经验，围绕机床常见故障和排除经验来研发案例库，服务于相应的课程教学。厦门市海沧区职业中专学校联合其他五所职业院校，与企业合作构建了 3ds Max 教学资源库，将具有行业特色、实战性强的案例引入动画专业 3ds Max 课程的教学，明显提高了该课程的教学质量。

2. 企业特色资源

企业不仅可以为院校的既定课程提供实用案例，还可以利用自身的人才、设备、技术、经验等资源优势，开发和提供相应的企业培养课程。

针对每一个专业的应用技术型人才培养工作，都有相应的人才培养目标和课程体系。而每一个企业都有企业标准和生产质量要求，它们是院校设计人才培养课程体系的重要参照。特别是企业拥有的独特的知识资源，

---

① 潘宣伊. 基于校企合作的高职院校专业课程教学资源库的建设：以城轨车辆技术专业课程为例 [J]. 教育教学论坛，2018（50）：18-19.

如企业的知识产权、专利技术、技术流程、技术标准、技术规范、技术测试程序和工具软件、管理制度等，都可以服务于院校的课程开发。以茶叶企业为例，茶树栽培、茶树病虫害防治、茶叶采摘与加工、茶叶的审评与拼配、茶艺的创作与演示、茶叶精加工与深加工等①内容，都为茶学专业的人才培养课程设计提供了框架。

在具体实践中，珠海城市职业技术学院船舶机械工程技术专业与广船国际有限公司、太平洋海洋工程（珠海）有限公司等企业合作，结合船舶、船机生产企业的具体特点，吸收合作企业的技术骨干指导本院专业建设，并请其承担企业实践课程的教学工作，分别构建了不同的企业实践课程，内容包括安全生产、企业文化、内控管理和生产技术等四部分，从而创新了应用型人才培养课程体系，为连通企业资源开发实践课程提供了生动案例（见表8-1）。

表 8-1　珠海城市职业技术学院船舶机械工程技术专业企业课程②

序号	课程内容	计划课时	船舶类生产企业课程	船机类生产企业课程
1	职业认知教育	2 课时	企业文化及公司简介	
2		2 课时	行为规范及公司相关规章制度	
3		8 课时	现场安全管理及案例	
4		2 课时	公司产品结构介绍及生产现场参观	
5		2 课时	现场管理知识及工厂设备的管理方法	
6		2 课时	质量意识及质量管理常识培训	
7		4 课时	主机、轴系安装工艺	零部件检验、产品测试手段
8		4 课时	机舱及管路布置	部装生产工艺
9		4 课时	船舶动力机械安装工艺设计	总装生产工艺
10		2 课时	职业生涯座谈会	

---

① 鲁静，林金科. 茶学专业本科生校外综合实践基地建设探讨 [J]. 茶叶学报，2017（2）：71-74.
② 马旭，李军利，周庆玲. "双三元"模式下船机专业校外实践基地课程教学研究 [J]. 装备制造技术，2017（10）：152-155.

续表

序号	课程内容	计划课时	船舶类生产企业课程	船机类生产企业课程
11	职业技能训练	4 课时	动力安装调试	部装生产工艺
12		4 课时	船舶电气安装及调试	总装生产工艺
13		2 课时	船舶生产管理	零部件检验
14		2 课时	船舶机舱布置及管路设计	产品测试
15		1 课时	技术服务	技术服务

三、企业劳动精神资源

一个企业的成长史，往往就是一部劳动史、奋斗史，企业的每一点发展都反映着劳动者的劳动情怀和奉献精神，其中充满了劳模人物、劳动故事和劳动智慧，充满了劳动精神。企业劳动精神是劳动教育的精神资源。

劳动模范（以下简称"劳模"）是企业劳动者的优秀代表，劳模精神塑造了企业文化的独特内涵。劳模身上凝聚着无穷的精神力量，其代表了劳模本人爱岗敬业的价值追求。企业中的劳模，既有大公无私的管理人员，也有刻苦钻研的专业技术人员，更不乏做出突出贡献的一线普通劳动者，而每一位劳模就是特定劳动岗位上的工作人员的榜样。在企业生产劳动中，劳模发挥着劳动带头作用、骨干作用。劳模的先进事迹、动人故事和感人品质，绘成了劳动最光荣、劳动最崇高、劳动最伟大、劳动最美丽的生动图像。以大庆油田为例，铁人王进喜身上所凝聚的那种"有条件要上，没有条件创造条件也要上"的创业精神，激励着一代又一代中国人建设伟大祖国的豪情。无论是企业劳模走进学校现场宣讲，还是学生到企业中学习劳模，都是对学生进行生动的劳动教育。

劳动文化是企业特有的精神资源。除劳模评选活动外，各种劳动技能和专业技术比赛、班组劳动竞赛、企业文艺活动和企业关心爱护劳动者的措施，都是企业劳动文化的重要符号。这些劳动文化符号不仅可以激发企业员工的劳动热情，也能感染来企业参加实习实训活动的学生。更重要的是，企业本身还富含劳动教育的理性内容。原材料供应商、生产商、销售商之间的利益关系，构成了企业之间的劳动关系；股东、管理方、员工，则形成了企业内部的劳动关系。特别是企业劳动者的权益问题，如不得强迫劳动者劳动、及时发放合理足额的劳动报酬、保障劳动者拥有法定休息时间与休假权益、提供安全的劳动环境与其他安全保障、保障劳动者享有社会保险与相关福利、设置依法解决劳资冲突的制度等，也是企业所能提供的丰富的劳动教育资源。

第四节　开发社会资源

列宁指出："如果学习、教育和训练只限于学校以内，而与沸腾的实际生活脱离，这样的教育方式我们是不会相信的。"①劳动教育也不例外，劳动教育具有开放多维等复杂的特质，如果它被局限于某个时空里，其目的与意义就不可能充分地实现。因而，新时代的劳动教育，需要多方面整合社会资源。2019 年 6 月中共中央、国务院印发的《关于深化教育教学改革全面提高义务教育质量的意见》提出："创建一批劳动教育实验区，农村地区要安排相应田地、山林、草场等作为学农实践基地，城镇地区要为学生参加农业生产、工业体验、商业和服务业实践等提供保障。"显然，除家庭资源、学校资源和企业资源外，在城市相关行业和农村的广阔天地中，蕴藏着丰富的教育资源，它们都可以被开发和利用。

一、产业资源

产业是社会分工和生产力发展的结果，并随着社会分工的细化而发展。目前，尽管世界各国产业划分不完全一致，但基本划分为三大类，即

---

① 列宁. 列宁全集：第 31 卷 [M]. 北京：人民出版社，1958：262.

第一产业、第二产业和第三产业。具体地说，第一产业包括种植业、林业、畜牧业、水产养殖业等农林领域产业，第二产业主要包括加工制造产业、建筑业等工业领域产业，第三产业则主要包括交通运输业、通信产业、商业、餐饮业、金融业、教育产业、公共服务等非物质生产领域产业。

产业反映着劳动方式与劳动内容，对产业类型的划分最早是由国际劳工局于 20 世纪 20 年代完成的。显然，产业是劳动教育最丰富的资源所在。以茶叶产业为例，栽培、管理、采摘、初加工、精加工、包装、销售等整个产业流程的每一个环节，都需要不同的劳动技能，具有不同的劳动特点，它们都是劳动教育中可开发的产业资源。产业资源的聚集因区域而不同，因此，学校进行劳动教育所易获得的产业资源也因地而异。一般情况下，城市往往汇聚着发达的第三产业，城市学校就因此容易获得旅馆、饭店、交通、通信、金融服务等方面的资源。而农村地区一般农林牧渔资源丰富，学校较易开发这些资源以进行第一产业方面的劳动教育。各地发展水平和产业特色不同，学校在开展劳动教育时要因地制宜。有的地方工业发达，则该地的学校就可多组织工厂参观和体验等劳动教育活动；有的地方商贸发达，各类市场多，学校就可利用这类资源开发商贸类劳动教育课程。

宁夏回族自治区中宁县在开发产业资源推进劳动教育的实践中，以该县特色支柱产业如枸杞、红枣、苹果、硒砂瓜种植等为切入点，从栽培、修剪、施肥、喷药、采摘、晾晒、加工等方面进行劳动资源系列开发。他们将特色产业内容安排在各年级劳动教材中。三、四年级教材中有杞乡特产商标、杞乡枸杞的发展、杞乡枸杞树的栽培等内容；五、六年级教材中有枸杞的采摘与晾晒、枸杞的作用与功效、杞乡枸杞的加工、杞乡枸杞走向世界、杞乡的硒砂瓜、中宁红枣等内容。在劳动教育过程中，让学生不仅掌握相关知识，而且真正地走进田间、车间进行种植、栽培、修剪、施肥、喷药、采摘、晾晒、加工等方面的劳动。学生在学习家乡特色产品的生产、加工等内容的同时，对家乡的爱也变得具体实在。①

二、农村地区的资源

农村保留着原初的劳动形式，充盈着生动的劳动文化。新时代农村劳动教育资源，既有承载着农耕文明的体力劳动，也有代表着科技文明的机械劳动甚至智能劳动。

劳动语汇是农村劳动的基本符号。在农村，诸如犁地、播种、浇水、施肥、喷药、收割、采摘、放牧、出海、织网、晾晒等直接反映劳动的词语，以及具有地方特点甚至是本村口音的劳动号子，是进行劳动教育的资源。农村劳模的故事、通过劳动致富的典型事例、村庄奋斗史，是农村学校可以加以运用的劳动教育的活教材。而春耕夏锄、防旱排涝这样的农村劳动事务以及二十四节气与农业耕作的关系，是农村地区学校在进行劳动教育时可以直接加以运用的文化内容。毫无疑问，农村还有土地、林场、养殖场、渔场、牧场等资源，这些是进行劳动教育的物质基础。

山东省广饶县王道小学以本村的乡音、乡情、乡事为主要内容，开发了具有乡土气息的"田园牧歌"劳动教育课程，为农村地区学校开发农村资源进行劳动教育提供了范例。该校在劳动教育课程中选编了村志中记载的本村农民开发海滩筑坝的"劳动号子"——打夯歌。当号子（"五人一架夯啊——哎哟；两人一抬筐呀——哎哟；明天开始干哪——哎嗨哟哇；干到落太阳啊——哎哟；不怕脸晒黑呀——哎哟；不怕胡子长啊——哎哟……"）响起时，村民劳动的场景便浮现在脑海中。类似这样的内容就是劳动教育中的"乡音"。该村党支部原书记、村委会原主任、全国劳动模范王孟梅为壮大村集体经济与村民一起整整七天七夜睡四面冒水珠的地窝子、啃凉馒头、喝凉水的富民强村事迹，则被开发为学校劳动教育的"乡情"内容。而所谓"乡事"课程，则是学校按照二十四节气开发的适

---

① 孙守忠. 县域小学劳动技术教育资源实践开发的策略及途径［J］. 宁夏教育，2019（2）：50-51.

合高年级学生的劳作课程，目的是使学生真正体会"春种一粒粟，秋收万颗子"的含义，真正体会"流自己的汗，才能吃自己的饭，自己的事情自己干"的内涵。

三、城市地区的资源

不同于农村地区人们的村落聚居方式，城市人口以社区聚居的方式组成社会生活共同体，而各行各业的劳模就分布在城市各个社区里，他们显然是学校可以加以运用的优质的劳动教育资源。上海市沙田学校坐落于上海市曹杨新村。曹杨新村是兴建于 1951 年的新中国第一个工人新村，首批1002 户居民多数是劳模、先进生产者、生产标兵或生产能手，曹杨新村因此被称为"劳模新村"。沙田学校充分开发曹杨新村村史馆这一上海市爱国主义教育基地的丰富资源，与曹杨新村村史馆共同设计了劳动教育课程。学校通过组织学生参观村史馆、听劳模讲劳动故事、发现身边普通劳动者等形式，使学生深切体验到了劳动者的伟大。①

城区是一个地区各行各业最为集中的地方，为学校特别是城市学校进行劳动教育提供了丰富资源。在城区，银行、商场、医院、宾馆、高科技园区、创意产业园甚至菜市场等，蕴藏着无限的劳动教育资源。学校完全可以通过与机关部门、企事业单位建立合作关系，将有关单位的劳动内容开发为劳动教育课程。上文提及的上海市沙田学校就曾联系附近菜市场，组织学生开展了做半天"小掌柜"活动。通过这一活动，学生不仅体验到了卖菜的辛苦——早晨五六点起床、进菜、整理菜，还体验到了卖菜的学问——要会招揽顾客、介绍蔬菜、使用电子秤、算账找零等。此外，学生也体验到了劳动的成就感。这项活动也得到了家长的肯定。

---

① 眭定忠. 城市中小学劳动教育的校本化实施路径：上海市沙田学校劳动教育探索［J］. 人民教育，2019（10）：26-27.

四、公益资源

所谓劳动教育的公益资源，是指可资开发用于进行劳动教育的社会公益资源，如公益节日、公益行动、公益场馆、公益节目、公益广告，以及公益组织提供的劳动教育基地。公益资源是进行劳动教育的重要社会资源。图书馆、博物馆、科技馆、青少年文化宫等公益场馆可以给各类学校提供公益劳动岗位。而广播电视和各类媒体推介的公益人物中有许多是做出了突出业绩的劳模，他们的事迹可被用于劳动教育。

20 世纪 90 年代由共青团中央发起的中国青年志愿者行动，蕴含着丰富的劳动教育资源。以"保护母亲河"计划为例，它以劳动、交流、学习为主题，通过组建绿色行动营、建设绿色行动基地，集中组织青年在重点区域开展植树造林、沙漠治理、水污染整治、白色垃圾清除等环保志愿服务活动，取得了积极成效，产生了很大的社会影响。义务劳动是志愿服务的一项内容，而组织学生参加义务劳动就是在进行有效的劳动教育。苏霍姆林斯基说："一个学生在用自己的劳动挣得第一次工资之前，应该大量经历为社会创造物质财富而无报酬劳动的精神体验。"① 通过这样的劳动体验，学生可深切感受帮助他人的快乐，深切体会人人付出义务劳动的社会意义。在这个意义上，敬老院等公益机构也是劳动教育的重要资源。

在劳动教育的公益资源中，区域性综合实践基地堪称最集中、最专业的劳动教育资源。以山东省潍坊市中小学生示范性综合实践基地为例，该基地每年接待潍坊市 9 个区 100 多所学校 3.5 万多名中小学生，学生们轮流在该基地寄宿一周。基地利用资源优势，为学生提供手工劳动类、科技劳动类、创意劳动类、拓展劳动类、职业规划类等劳动课程。再以广州市中学生劳动技术学校为例，它是广州市教育局直属的一个多功能综合性素质教育基地，每年接待 7 万名广州市中小学生，开展各项综合实践活动。

---

① 苏霍姆林斯基. 帕夫雷什中学 [M]. 北京：教育科学出版社，1983：363.

类似的还有上海市普陀区劳动技术教育中心、天津市和平区劳动技术教育中心等机构，它们构成了城市学校劳动教育的重要资源。

五、研学旅行中的资源

自 2016 年教育部等十一部门印发《关于推进中小学生研学旅行的意见》以来，全国中小学研学旅行活动方兴未艾，中小学生成长由此进入一个既读万卷书又行万里路的新阶段。根据文件，研学旅行要"依托自然和文化遗产资源、红色教育资源和综合实践基地、大型公共设施、知名院校、工矿企业、科研机构等，……根据小学、初中、高中不同学段的研学旅行目标，有针对性地开发自然类、历史类、地理类、科技类、人文类、体验类等多种类型的活动课程"。显而易见，许多研学资源和相关研学课程就是劳动教育资源或具有劳动教育的功能。因此，将研学资源纳入劳动教育资源中，在研学旅行中有机融入劳动教育，可以拓展劳动教育的空间。

从研学旅行的实践来看，研学旅行前的物品准备、研学过程中的自理与互助、研学基地中的劳动实践和技术体验、研学营地的食物烹制和帐篷搭建等，无不具有劳动教育的功能。学生在研学中所见到的工厂、企业、科技场馆、大型公共设施、重大科技设施等，如俗称"中国天眼"的 500 米口径球面射电望远镜、港珠澳大桥、万里长城等，其本身所蕴含的劳动精神、技术创新等是丰富的劳动教育资源。而诸如"中国天眼"首席科学家兼总设计师南仁东这样的时代楷模的先进事迹，也能激励青少年为中华民族伟大复兴而辛勤劳动、诚实劳动、创造性劳动。

第九章

劳动教育融入育人体系

习近平总书记在全国教育大会上的讲话中强调了"九个坚持"。他指出，我们的教育必须把培养社会主义建设者和接班人作为根本任务，培养一代又一代拥护中国共产党领导和我国社会主义制度、立志为中国特色社会主义奋斗终生的有用人才。这是教育工作的根本任务，也是教育现代化的方向、目标。这是对中国教育发展方向的准确把握，在新时代为教育事业的发展明确了前进方向。

习近平总书记还指出，要努力构建德智体美劳全面培养的教育体系，形成更高水平的人才培养体系。这次将德智体美劳并列提出，特别是对劳动的强调，值得教育者深思。在当前各级教育工作中，似乎只有"智"受到了重视，而其他四个方面都被不同程度地忽略，这种忽略蕴含了极大风险。如何不通过劳动而培养出社会主义建设者？如何不通过劳动而培养出社会主义接班人？如何不通过劳动而培养出创造者？不劳动的"创造者"所"创造"的是什么？

习近平总书记在新时代对劳动的强调，具有扭转教育方向的重要意义。他指出，要在学生中弘扬劳动精神，教育引导学生崇尚劳动、尊重劳动，懂得劳动最光荣、劳动最崇高、劳动最伟大、劳动最美丽的道理，长大后能够辛勤劳动、诚实劳动、创造性劳动。习近平总书记在讲话中提到的"创造性劳动"，一般意味着劳动者在劳动过程中创新了劳动工具，或者在面对复杂、全新的劳动任务时，采用了新的、不同于传统的劳动方法。那么，劳动与创造/创新之间，在深层次上是否存在尚未被教育者觉知的关系？

创新包括两种。第一种是维持性创新，这是基于旧范式的不断进步和改进，包括对范式所蕴含的概念、理论、技术、仪器的改进与完善，也包括在范式内创生新产品。在库恩（T. Kuhn）的科学革命图景中，这些进步和改进本质是旧范式内的"解难题"活动。第二种创新是颠覆性创新，这种创新就是科学革命。库恩指出，"科学革命（在这里）是指科学发展中的非累积性事件，其中旧范式全部或部分地为一个与其完全不能并立的崭新范式所取代"①。在技术层面，颠覆性创新则指产品或技术所依赖的科学原理发生了根本性变迁。习近平总书记曾对颠覆性创新有如下类比："新科技革命和产业变革将重塑全球经济结构，就像体育比赛换到了一个新场地，如果我们还留在原来的场地，那就跟不上趟了。"② 当前，我国科技和哲学社会科学领域人才队伍庞大，能够进行维持性创新的人才并不短缺，但核心问题在于能够进行创新的领军人物不足，而"人才是创新的根基，是创新的核心要素。创新驱动实质上是人才驱动"③。教育的核心任务之一，就是培养出这样的科技大师、领军人才、尖子人才。那么，如何培养出拔尖型创新人才？劳动在拔尖型创新人才培养过程中发挥着怎样的作用？其又应当发挥何种作用？

---

① 库恩. 科学革命的结构 ［M］. 北京：北京大学出版社，2003：85.
② 习近平. 习近平关于科技创新论述摘编 ［M］. 北京：中央文献出版社，2016：78.
③ 同②119.

第一节　劳动与手、脑的"生长相关律"

劳动，对于人的发育和成长具有重要作用。恩格斯在《劳动在从猿到人的转变中的作用》一文中指出，劳动是推动猿转化为人的决定性力量，这种决定性的力量在以下几个方面发挥了作用。

第一，劳动对手的改造。由于直立行走，猿的手和脚的用途有了分化，这使得"手变得自由了"。"手不仅是劳动的器官，它还是劳动的产物。只是由于劳动，由于总是要去适应新的动作，由于这样所引起的肌肉、韧带以及经过更长的时间引起的骨骼的特殊发育遗传下来，而且由于这些遗传下来的灵活性不断以新的方式应用于越来越复杂的动作，人的手才达到这样高度的完善，以致像施魔法一样产生了拉斐尔的绘画、托瓦森的雕刻和帕格尼尼的音乐。"①

第二，劳动在人类语言形成过程中的作用。"劳动的发展必然促使社会成员更紧密地互相结合起来，因为劳动的发展使互相支持和共同协作的场合增多了，并且使每个人都清楚地意识到这种协作的好处。一句话，这些正在生成中的人，已经达到彼此间不得不说些什么的地步了。"② 语言是从劳动中发展而来的，是因为人与人相互合作与沟通的需要而产生的。"语言是从劳动中并和劳动一起产生出来的。"③

达尔文的生长相关律表明，"一个有机生物的个别部分的特定形态，总是和其他部分的某些形态息息相关，哪怕在表面上和这些形态似乎没有任何联系"④。基于达尔文的生长相关律，劳动，经由手，促进了人的感觉器官和人脑的发育，并且手、脑发育之间的作用呈现出相互性。恩格斯

---

① 恩格斯. 自然辩证法［M］. 北京：人民出版社，2018：305.
② 同①306.
③ 同②.
④ 同①.

说："首先是劳动，然后是语言和劳动一起，成了两个最主要的推动力，在它们的影响下，猿脑就逐渐地过渡到人脑；后者和前者虽然十分相似，但是要大得多和完善的多。随着脑的进一步发育，脑的最密切的工具，即感觉器官，也进一步发育起来。正如语言的逐渐发展必然伴随着听觉器官的相应的完善化一样，脑的发育也总是伴随着感觉器官的完善化。""脑和为它服务的器官，越来越清楚的意识以及抽象能力和推理能力的发展，又反作用于劳动和语言，为这两者的进一步不断发展提供新的推动力。"① 恩格斯的总体概括就是："自然界为劳动提供材料，劳动把材料转变为财富。但是劳动的作用还远不止于此。劳动是整个人类生活的第一个条件，而且劳动创造了人本身。"②

恩格斯的上述判断针对的是人类整体进化进程中的开始阶段。对劳动所具有的的作用的分析表明，劳动具有二重性，其中第一重性质就是"实现人与自然进行物质交换（保持能量以维持新陈代谢）的生命活动方式，即谋生（生存）的手段"③。恩格斯特别指出，人在借助劳动谋生的过程中，其脑和语言也在发展，这是潜藏于"劳动以谋生"过程中的一个重要的伴生现象。

正如机械已经替代了很多人类劳动一样，在即将到来的人工智能（artificial intelligence，AI）时代，人工智能将进一步替代人类的部分工作，劳动在本质上将越来越少地发挥其直接创造财富的作用，人类将不再需要如以前那般辛苦地通过劳动谋生。由于人工智能将在人类生活中发挥更大的作用，减少了人类使用脑和手的机会，这种情况目前已现端倪。例如，人借助计算机系统能实现对人的体型的迅速扫描，这使得"量体裁衣"中的"量体"劳动不再被需要，因为计算机系统对人的体型的扫描是更加全面、系统、快捷的"量体"；又比如，与通过计算机系统所获得的全面的"量

---

① 恩格斯. 自然辩证法 [M]. 北京：人民出版社，2018：307.
② 同①303.
③ 尤西林. 阐释并守护世界意义的人：人文知识分子的起源及其使命 [M]. 新修订版. 上海：华东师范大学出版社，2017：55.

体"数据相配合，人工的"裁衣"劳动将不再需要，基于 AI 的机器人将实现迅速"裁衣"；再比如，在手机导航系统逐步完善的情况下，在 AI 与自动驾驶技术成熟后，对道路的识别任务就将交给导航，人的"驾驶"劳动将迅速减少；等等。这意味着，在人工智能时代，成人的劳动机会将逐渐减少，少有机会真实地使用头脑，正在成长中的儿童更将少有机会劳动。

在缺乏劳动的情况下，如果人使用手的机会将越来越少，人类的手是否可能退化呢？根据达尔文生长相关律，这当然是一种可能的前景。手的退化是否可能导致人脑以及感觉器官等的退化呢？这是否最终将导致单个的人、群体（民族）以及人类本身的退化？这是否是新时代劳动的意义？是劳动之于个体生长、中华民族生长和进化的意义？

"劳动创造了人本身"，劳动还在持续地塑造和改造着人本身。此处的"人"，微观而言意味着每一个个体，宏观而言意味着族群和人类。劳动的这一核心作用指向"身"这一作为整体的人的物质基础，因而成为德育、智育、体育、美育这"四育"得以实行的身体物质基础，这是劳动教育与其他"四育"间的根本性关系。因此，瞿葆奎认为，对体育、智育、德育、美育来说，劳动教育是另一个类别的教育、另一个层次的教育。因此，从逻辑上说，劳动教育与其他"四育"难以并列。① 他的判断有一定道理。

在人工智能时代，劳动之于谋生（生存）的必要性将减弱，劳动机会对于个体而言将减少；基于达尔文的生长相关律，劳动保持和促进人类手、脑发展的重要性将有所凸显。人类格外需要参与劳动，但劳动的主要目的将不是实现人与自然进行物质交换以保持能量和维持新陈代谢，劳动将更加具有教育功能——其主要目的是促进人的手的发展进而促进脑的发展。其中，中小学儿童处于脑神经发育关键期，因此中小学需要更加重视劳动教育。

---

① 瞿葆奎. 劳动教育应与体育、智育、德育、美育并列?: 答黄济教授 [J]. 华东师范大学学报（教育科学版），2005（3）：1-8.

第二节　劳动：动手和动脑相结合的一元论

第一节的论述呈现了劳动的两个核心因素：手和脑。劳动，需要促进手和脑的紧密结合，或者说劳力与劳心的紧密结合。对此，几位教育家已经有所判断并展开了富有成效的教育实践。陶行知指出，"劳力而不劳心，则一切动作都是囿于故常，不能开创新的途径；劳心而不劳力则一切思想难免玄之又玄，不能印证于经验。劳力与劳心分家，则一切进步发明都是不可能了。所以单单劳力，单单劳心都不能算是真正之做。真正之做须是在劳力上劳心，在劳力上劳心是真的一元论"①。苏霍姆林斯基指出，"劳动教育最重要的准则之一，就是脑力劳动和体力劳动的结合。我们绝不让一部分同学去制订和实现一些创造性计划（如设计装配活动模型），而让另一部分学生只去做单调的体力劳动"②。

但是，在人类历史中，劳动分工却逐渐导致了手和脑的分离。

劳动分工这个术语是由亚当·斯密最先创立的，他在《国民财富的性质和原因的研究》一书中详细阐述了分工对于提高劳动生产率的实效和重要意义："劳动生产力上最大的增进，以及运用劳动时所表现的更大的熟练、技巧和判断力，似乎都是分工的结果。"③ 最先的劳动两元分工就是脑力劳动和体力劳动的分工，其中脑力劳动继续按照学科和职业分工；体力劳动与劳动工具（例如机器）相配合，又持续发展出更细致、更复杂的分工，其典型情况被卓别林在电影《摩登时代》中令人难忘地表现出来。此时，技术分工和机器相配合极大地提高了劳动生产率，但精细分工之后，劳动本身却变得简单、单调、重复，在生产线上从事这类劳动的劳动者基本不需要动脑。因此，以提高劳动效率为目标的精细劳动分工最终就会导

① 陶行知. 陶行知教育文选［M］. 北京：教育科学出版社，1981：79.
② 苏霍姆林斯基. 帕夫雷什中学［M］. 北京：教育科学出版社，1983：375-376.
③ 斯密. 国民财富的性质和原因的研究：上卷［M］. 节选本. 北京：商务印书馆，2002：5-16.

致脑力劳动和体力劳动几乎彻底地分离。这样的体力劳动不但无法促进脑的发展，反而使得脑的发展停滞和固化。这也是人工智能时代与此相关的风险。

劳动教育之所以称为教育而不是单纯劳动，就在于劳动教育中的劳动既需要动手也需要动脑，其目标不在于提高劳动生产率，而在于促进手和脑的协调发展。从这个意义上讲，与劳动分工追求更高生产率的目标不同，劳动教育需要促进学生手脑并用，需要促进个体的人在不同分工环节、不同工种间不断变换以获得对劳动的总目标和各环节第一手的认识，并且能够不断思考劳动中遇到的现象和问题，不断主动提出问题。

劳动的第一因素是手，第二因素是脑。以上判断有助于解决理论上的一个问题：脑力劳动是否是一种劳动？其实，我们一般所说的脑力劳动实际包含上手的实践操作。海德格尔如此概括：

> 就像实践具备其特有的视（"理论"）一样，理论研究也并非没有它自己的实践。收取实验所产生的数据往往需要错综复杂的"技术性"工作来建立实验程序。显微镜观察依赖于"被检验标本"的制作。在考古学中，挖掘工作先行于对"发现"的阐释，而挖掘工作要求最粗拙的操作。但就连研究问题、确立已获得的东西这一类"最抽象的"工作，也要使用书写用具之类进行操作。对科学研究来说，这些组成部分尽可以是"无趣的"和"不言而喻的"，但它们在存在论上却绝非无关紧要。①

那么，劳动是否包括纯粹的、完全不动手的"脑力劳动"呢？回答将异常明确：纯粹的、完全不动手的"脑力劳动"其实不是劳动，只是动脑筋而已。例如，苏格拉底有一回遇到了一个问题，他就站在一个地方从清早起开始沉思默想。由于没有想出头绪，就不肯放弃，仍旧站在那里钻研。他一直站到第二天太阳出山，向太阳做了祈祷后才走开。② 苏格拉底这一天一夜完全不动的思考并不是劳动，只是动脑筋。苏格拉底与学生持

---

① 海德格尔. 存在与时间 [M]. 中文修订第二版. 北京：商务印书馆，2016：486.
② 柏拉图. 会饮篇 [M]. 北京：商务印书馆，2017：79-80.

续不断的对话和教学才是他主要的劳动方式。哲学家主要的劳动就是教学。

2020 年 3 月 20 日，中共中央、国务院颁布了《关于全面加强新时代大中小学劳动教育的意见》。其中指出，实施劳动教育的基本原则之一是遵循教育规律，劳动教育需要"符合学生年龄特点，以体力劳动为主，注意手脑并用"；对劳动教育相对于"四育"而言的独特育人价值予以肯定，对手脑并用予以强调。手和脑是"四育"的身体物质基础，是劳动的身体物质基础，是创造的基础，动手和动脑相结合的"一元论"成为劳动的一个关键因素。那么，劳动还有什么关键因素？

第三节　劳动、劳动工具与世界的亮相

劳动不仅创造了人本身，而且成为人类区别于其他动物的核心特征。恩格斯指出："人类社会区别于猿群的特征在我们看来又是什么呢？是劳动。"① 经由对劳动过程的简单分析，恩格斯凭借直觉注意到一个关键，即"劳动是从制造工具开始的"。"最古老的工具是些什么东西呢？是打猎的工具和捕鱼的工具，而前者同时又是武器。"②

恩格斯说："劳动是从制造工具开始的。"这是劳动与劳动工具之间不可分离的关系的开始。习近平总书记也指出了劳动工具与产业革命间的核心关系："历次产业革命都有一些共同特点：一是有新的科学理论作基础，二是有相应的新生产工具出现。"③　"工欲善其事，必先利其器。"人类的劳动与其制造劳动工具几乎是同时发生的，创造性劳动的核心也在于对劳动工具的修理、改造与创新。但是在劳动过程中，人类与劳动工具之间的关系并不简单。个体需要认识工具，认识工具的方方面面，并且要能够去

---

①　恩格斯. 自然辩证法 [M]. 北京：人民出版社，2018：308.

②　同①309.

③　习近平. 习近平关于科技创新论述摘编 [M]. 北京：中央文献出版社，2016：24.

修理工具、不断地完善工具，进而创造工具。这一过程蕴含着丰富的内涵。例如，人如何认识工具？人为何需要创造新的工具？新的工具何以为"新"？

海德格尔在《存在与时间》一书中对以上问题做出了独特的回答。为了避免"劳动"概念已有的内涵被带入其崭新的论述体系，他使用"操劳"一词来论述日常劳动，将劳动工具称为"用具"，也就是"在操劳活动中照面的存在者"。在以下文字中，他将劳动与工具间的关系娓娓道来。

一、上手与工具

打交道一向是顺适于用具的，而唯有在打交道之际用具才能依其天然所是呈现出来。这样的打交道，例如用锤子来锤，并不把这个存在者当成摆在那里的物进行专题把握，这种使用也根本不需要晓得用具的结构。锤不仅有着对锤子的用具特性的知，而且它还以最恰当的方式占有着这一用具。在这种使用着打交道中，操劳使自己从属于那个对当下的用具起组建作用的"为了作"。对锤子这物越少瞠目凝视，用它用的越起劲，对它的关系也就变得越源始，它就越发昭然若揭地作为它所是的东西来照面，作为用具来照面。锤本身揭示了锤子特有的"称手"，我们称用具的这种存在方式为上手状态，用具以这种状态从它自身将自身公布出来。只因为用具不仅仅是摆在那里，而是具有这样一种"自在"，它才是最广泛意义上的称手和可用的。仅仅对物的具有这种那种属性的"外观"做一番"观察"，无论这种"观察"多么敏锐，都不能揭示上手的东西。只对物做"理论上的"观察的那种眼光缺乏对上手状态的领会。使用着操作着打交道不是盲目的，它有自己的视之方式，这种视之方式引导着操作，并使操作具有自己特殊的把握。同用具打交道的活动使自己从属于那个"为了作"的形形色色的指引。这样一种顺应于事的视乃是寻视（Umsicht）。①

---

① 海德格尔. 存在与时间［M］. 中文修订第二版. 北京：商务印书馆，2016：102-103.

海德格尔在所述的日常劳动（操劳）中，展示了个体极其重要的认识进程。海德格尔将单个人称为"此在"（Dasein），即带有时间坐标和境遇坐标的个体。此在对锤子的认识，或者说其揭示锤子的天然所是，需要其与锤子打交道，也就是在劳动中使用锤子，这被称为"上手"。这种对劳动／操劳的判断，涉及以下两方面的内容。

第一，只对锤子的"外观"进行各种"观察"，无论"观察"多么敏锐，都无法领会和解释锤子到底是什么、能够用来做什么，也就是无法领会锤子的所是。如果模仿王阳明"格"七天竹子的方式"瞠目凝视"锤子，对锤子的"外观"进行全方位"观察"，甚至对其细微之处进行观察，是无法发现和领会锤子的所是的。

第二，个体只有与锤子打交道，或者说使用锤子进行劳动，用锤子用得起劲，使锤子进入"上手状态"，才能"领会"锤子的所是。

海德格尔在其语境中使用"用具"概念，但是在本文语境中，锤子就是一种"工具"。海德格尔的以上分析呈现出劳动／操劳在认识工具所是过程中的重要性，甚至可以说劳动是领会工具所是的唯一通道。这意味着，如果没有劳动，个体可能对工具有所言说，但无法真正领会工具的所是。这一过程也意味着，个体可以与工具照面，让工具处于上手状态，从而领会这种工具的所是，但是并不需要知道此工具背后的所有原理。例如，在不知道电锯这个工具背后的原理时，一个原始部落的个体在使用电锯时就可能达到上手状态，领会这把电锯作为工具的所是。这点在教育方面具有重要意义。

"循序渐进"被称为一个教学原则，但上手概念挑战了这个"原则"，从而使其可以不再被称为一个绝对的"原则"。人，可以在使用一个工具时直接上手，不必循着这个工具得以形成的"序"来慢慢认识它。上手之后，少数人如果愿意，可以追问工具何所用、从哪里来等问题，把先前的"序"在上手之后追问出来。这种追问，类似"以问题为中心的学习和探究"。

二、何所用与指引网络

对工具的认识必须包含第二个层面，就是知道工具是用来干什么的，海德格尔称之为"何所用"。

日常打交道也非首先持留于工具本身；工件、正在制做着的东西，才是原本被操劳着的东西，因而也就是上手的东西。工件承担着指引整体性，用具是在这个整体中来照面的。

要制做的工件作为锤子、刨子、针等等的"何所用"也就有用具的存在方式。制做鞋是为了穿（鞋具），装好的表是为了读时。在操劳打交道之际首先照面的是工件；我们在劳作中和工件相遇，工件本质上就包含有是否合用。工件通过是否合用总已让它自己的合用性的何所用也一同来照面。订制的工件唯基于其使用以及在这种使用中揭示出来的存在者的指引网络才是它本身。①

在劳动/操劳中，个体将发现工具第二个层面的内涵——何所用。何所用指向工件，单一工具、众多工具和劳动一起指向目的性：工件。上一个工序所制造的目的"工件"，本身也具有"何所用"，也许直接被人所用，如鞋；也许这一工件在下一个工序和劳动场景中会再次成为另外一个工具，如手术刀，用来在手术中切除一个肿瘤。以上这些构成了工具—工件所形成的指引网络。只有这样的指引网络才能使工件本身"存在"——作为依赖于指引网络才能存在的存在者。

三、何所来与世界

对工具的全面认识必须包含第三个层面，就是工具从哪里来。

---

① 海德格尔. 存在与时间［M］. 中文修订第二版. 北京：商务印书馆，2016：104.

要制做的工件不仅仅对某某东西是合用的，制做本身就是把某某东西用来做某某东西。在工件中同时有指向"质料"的指引。被指向的是毛皮、线、钉子等等。毛皮又是由生皮子制成的。生皮子来自兽类，它们是由他人来畜养的。在世界内也有不经畜养的兽类，而且即使在畜养中这种存在者仍以某种方式自行生产着。这样看来，在周围世界中，那些天生不用制造的总已经上手的存在者也变成可通达的了。锤子、钳子、针，它们在自己身上就指向它们由之构成的东西：钢、铁、矿石、石头、木头。在被使用的用具中，"自然"通过使用被共同揭示着，这是处在自然产品的光照中的"自然"。

这里却不可把自然了解为只还现成在手的东西，也不可了解为自然威力。森林是一片林场，山是采石场，河流是水力，风是"扬帆之风"。①

工件的"质料"一层层地倒着指引，指引到质料的来源——自然界，但此时的自然界已是被人类制造的自然产品光照中的"自然"。例如，铁矿石的开采和铁的冶炼已使自然界打上了人类劳动的印迹而不再是天然"自然"的。"自然"本身在这样的指引中已不是天然的自然，而是被使用、被揭示的自然，这样的自然已被人类赋予了意义。

在被通过使用所揭示的自然背后，在人类劳动的背后，隐藏着使用的"原理"，例如兽类畜养原理、伐木原理、采石原理、冶炼原理……。这些原理背后隐藏着技术、科学和科学范式。此在只有参与劳动，才能生发出对劳动工具、工件的合用性及其何所用的追问，引发对其何所来、承用者和利用者是谁的追问。这些追问具有认识论价值，指向可能的创造。此在不参与劳动，与工具不照面和不上手，则难以生发出追问，生发出源始追问。这种源始追问作为疑惑，促使创造得以发生。

① 海德格尔. 存在与时间［M］. 中文修订第二版. 北京：商务印书馆，2016：104-105.

四、不合用是创造的源头

对工具的认识必须包含第四个层面，就是工具何时需要修理、需要改进，何种情况下需要彻底创新。

在操劳活动中，可能会碰到一些切近上手的用具，它们对自己的确定用途来说是不合用的或不合适的。工具坏了，材料不适合。无论如何，在这里用具是上手了。然而，靠什么揭示出"不合用"？不是通过观看某些属性来确定，而是靠使用交往的寻视。①

只有在劳动/操劳中，在劳动/操劳的寻视中，才能真切地发现工具的"不合用"。在劳动/操劳整体目的的指引下，在"为了做某某之用"的指引架构被感知和扰乱的情况下，对工具的修理、改进甚至是彻底的创造才会发生。如果对工具的改进和创造仍在旧范式之内，就是维持性创新；如果依凭其他理论创新，就像照相由对化学感光材料和理论的依赖转向经由0/1的数字化形式来表达色彩一样，这样的转向就会引发颠覆性创新。此时，为何要创新、以何为据进行创新也能得以回答，但是回答已在其他范式之内。如果对创新的追问导致对旧范式本身的追问，则其可能引发既有理论的颠覆。如此说来，此在不参与劳动，与工具不照面和不上手，没有"使用交往的寻视"，就难以发现工具"不合用"，因而缺乏对工具"不合用"的真切领会，于是就难以有创造劳动工具的动机源头。

五、静观与世界的亮相

《大学》第一章呈现了对现代中国有深入影响的认识论方法。

大学之道，在明明德，在亲民，在止于至善。知止而后有定，定而后

---

① 海德格尔. 存在与时间 ［M］. 中文修订第二版. 北京：商务印书馆，2016：108.

能静，静而后能安，安而后能虑，虑而后能得。物有本末，事有终始。知所先后，则近道矣。古之欲明明德于天下者，先治其国；欲治其国者，先齐其家；欲齐其家者，先修其身；欲修其身者，先正其心；欲正其心者，先诚其意；欲诚其意者，先致其知。致知在格物。物格而后知至，知至而后意诚，意诚而后心正，心正而后身修，身修而后家齐，家齐而后国治，国治而后天下平。自天子以至于庶人，壹是皆以修身为本。

以上文本中我们所关注的是其中所蕴含的认识论，以及认识论的一个关键要素："静"。

《大学》所要达至的认识目标——"物有本末，事有终始。知所先后，则近道矣"——和海德格尔所要达至的认识目标类似。

为达到此目标，海德格尔一开始便将其研究对象确定为周围世界的日常状态。"必须追索日常在世，而只要在现象上执着于日常在世，世界这样的东西就一定会映入眼帘。"① 海德格尔经由劳动/操劳，形成了对世界中的"物"的本末、"事"的始终的初步概念，"本末""始终"与"先后"形成了存在结构，这种存在结构内容的关系成为一种"指引"，指引与指引的整体性组建了世界：

指引与指引的整体性在某种意义上对世界之为世界能具有组建作用。到此为止我们所看到的，都是世界以某种操劳于周围世界上手事物的方式并为了这种方式亮相的，也就是说，这种亮相还是随着上手事物的上手状态进行了。②

在海德格尔的视野中，世界的存在经由劳动/操劳而亮相，也必须随着劳动/操劳的上手亮相，因此对世界和世界之物"本末""始终"与"先后"的追索必须通过劳动才能达至，而不能通过静止不动的"静"来达至。"劳动"必是一种"动"，是动手与动脑相结合的"动"；"虑"是

① 海德格尔. 存在与时间［M］. 中文修订第二版. 北京：商务印书馆，2016：98.
② 同①113.

在劳动之前、之中和之后的"虑"，其中包括了并不一定使用语言的领会和通达。静静的"瞠目凝视"并不可靠，需要代之以劳动/操劳，代之以劳动/操劳中的寻视。或者说，上手的东西、在世界之中照面的东西，只有经过劳动才能被理解。"世内照面的东西就其存在向着操劳寻视开放出来，向着有所计较开放出来。"① 因此，世内照面的东西就其存在向着劳动开放出来，其存在不会向着静静地"瞠目凝视"开放出来；世界"随着上手事物的上手状态亮相"，而不劳动，世界则不会亮相。

致知在格物。如果格物指"瞠目凝视"，那么"瞠目凝视"的格物完全无法发现锤子这个工具的本质。"对锤子这物越少瞠目凝视，用它用的越起劲，对它的关系也就变得越源始，它也就越发昭然若揭地作为它所是的东西来照面，作为用具来照面。"② 只有在劳动中使用锤子，人通过在劳动中寻视才能发现锤子的源始本质和其作为用具来照面的本质，而照面也只能发生在劳动/操劳过程中。于是，对劳动工具的致知所必经的途径其实是劳动。准确地说是劳动过程中的寻视，而非"瞠目凝视"。因此，我们在劳动的语境中必须赋予"格物"一词新的时代意义。

丁肇中作为实验物理学家对"格物致知"有所阐释。他说："科学进展的历史告诉我们，新的知识只能通过实地实验而得到，不是由自我检讨或哲理的清谈就可求到的。实验的过程不是消极的观察，而是积极的、有计划的探测。"③ 丁肇中在此否定了"静"所代表的"消极的观察"在认识过程中可能发挥的作用。同时，他对实验的强调提示我们探讨实验与劳动的关系，或者说，探索性实验就是一种劳动，是探索性劳动和创造性劳动。如果研究性劳动是去探索未知，也就是顺着指引网络追问到未知，那么这样的研究就具有探索性质，因而可以更准确地称为"探索性劳动"。创造性劳动和探索性劳动虽有密切联系，但目的偏向有所不同，"创造"隐含"无中生有"之意。创造性劳动强调创造制品，创造制品需要动手动

① 海德格尔. 存在与时间［M］. 中文修订第二版. 北京：商务印书馆，2016：121.
② 同①102-103.
③ 丁肇中. 应有格物致知的精神［J］. 素质教育大参考，2004（4）：36-37.

脑。制品是顺着指引网络驱动问题的结果，包括研究论文、报告、录像、绘画、雕塑、游戏、戏剧、音乐……

对于个体/此在而言，劳动是世界亮相的途径，是致知的途径，但是劳动并不必然带来深刻的"知"，劳动之前、之中与之后的"虑"对于产生深刻的"知"必不可少。因此，如何促使动脑与动手在劳动过程中相结合，如何促成动脑与动手在人的一生中与认知相结合，成为劳动与创造关系中一个值得讨论的问题。海德格尔对劳动/操劳中个体/此在与工具之间的关系的详尽展开是以个体与锤子、针等日常工具为例的，但在现代社会的其他场域中，工具一般更加复杂。例如医生在做外科手术时，其对所用到的复杂工具，如手术刀和止血钳的上手状态，对工具何所用的认识，以及工件、指引架构等异常复杂；又比如，在芯片制造业，在航天工程中的火箭制造、空间站制造等"工场"中，个体对复杂工具的上手状态、对何所用的认识，以及工件、指引架构等也更加复杂。

"纸上得来终觉浅，绝知此事要躬行。"陆游的诗句与海德格尔"上手的东西根本不是从理论上来把握的"的判断相互辉映。劳动创造了人本身。劳动创造了世界，而此世界已是人经由劳动所创造的世界。海德格尔对工具、上手、指引、指引整体性以及世界如何亮相的论述，在动手动脑紧密结合的劳动奠定"四育"的身体物质基础之外，另行敞开了劳动对于个体成长、对于创新人才培养的新的潜在意蕴。这重意蕴指向当下学校系统中一些青少年不想劳动、不会劳动的现象，指向劳动教育被淡化、弱化情况下世界并不亮相的危险，指向人工智能可能导致的缺乏劳动的未来，指向当人从保持能量以维持新陈代谢的劳动中彻底解放出去的未来：个体的人因为少有或者没有机会上手而缺失对工具的领会，以及随着上手的缺失，世界不再亮相的危险。这也许是人类所打开的一个独特的"潘多拉的盒子"①，虽然盒子中放出来的东西如此甜美和令人愉悦。在这多层意义之下，劳动、劳动教育呈现出特别的重要性，这种重要性超越"树德、增

---

① 桑内特. 匠人［M］. 上海：上海译文出版社，2015：序章.

智、强体、育美"，而与个体的人/此在、民族、人类的生存发展关系最为密切。陈宝生同志如此表达劳动、劳动教育的特别重要性。他说："加强劳动教育，关系到亿万青少年全面发展、健康成长，关系到国民综合素质的提升，关系到党和国家事业兴旺发达，对培育和践行社会主义核心价值观，传承和弘扬中华民族优良传统，培养担当民族复兴大任的时代新人，具有重大意义。"①

第四节　劳动与颠覆性创新

劳动二重性中的第二重就是劳动让人获得自由，也即让人跨越"实现人与自然进行物质交换，即谋生（生存）的手段"阶段，突破工具的有限性、原理的有限性从而获得自由。这种自由的获得需要经由解放，包括对自然和人的解放与提升。人及其劳动的使命便是唤醒自然潜能，使包括人在内的各个自然物的小环境汇合而不断发展为"世界"。在"世界"中，万物以协调配合与相互促进扶助的方式各尽其材性。于是，劳动二重性被定义为：劳动既是人类生存欲望需求支配下的自然限定性的谋生活动，同时也是超越这一谋生性而成为解放自然万物与人自身的自由活动。②

人渴望解放自身以实现自由，而解放需要经由劳动、工具和技术，因而解放也依赖于工具、技术背后的技术原理，也就是科学。科学的核心，在库恩看来就是范式。在海德格尔所述的锤子后面，是牛顿力学的范式；在现代核电厂的后面，则是相对论和量子力学范式。

科学哲学家库恩在其著作《科学革命的结构》（*The Structure of Scientific Revolutions*）一书中提出了"范式"概念。这一概念相当复杂。大体而言，

---

① 陈宝生．全面贯彻党的教育方针　大力加强新时代劳动教育［N］．人民日报，2020-03-30（12）．

② 尤西林．阐释并守护世界意义的人：人文知识分子的起源及其使命［M］．新修订版．上海：华东师范大学出版社，2017：57-61．

构成一种范式的是某一特定科学共同体成员所共同采纳的一般性理论假定、定律，以及应用这些假定和定律的技术。范式包含三个重要部分：第一部分是得到明确表述的基本定律和理论假定；第二部分是将基本定律应用到各种不同类型境况中的标准方法；第三部分是一些非常一般的形而上学原则和方法论规定。查尔默斯提出："一门成熟的科学是由单一的一种范式所支配的。范式为在它所支配的科学内合法的工作规定标准。它协调并且指导在该范式内工作的一群常规科学家'解决难题'的活动。"①

经由对科学史、特别是物理学史和化学史的研究，库恩提出了"前科学—常规科学—危机—革命—新的常规科学—新的危机"这一科学革命的图景。在以上科学革命的图景中，经由科学危机和科学革命，新的常规科学携带新的范式代替旧的常规科学和旧的范式。其中，新旧范式不可通约，它们处在不同的语言系统中。

那么劳动和劳动教育在促成科学革命和范式跃迁的进程中，在培养能够实现科学革命的创新人才中，又可能发挥何种作用呢？我们需要再次返回海德格尔，探察其中的究竟。

一、修正基本概念

海德格尔虽未提出范式这个概念，但他早于库恩注意到新范式代替旧范式的核心之处是基本概念发生了根本改变。1905 年，爱因斯坦以六篇极具原创性和颠覆性的论文彻底改变了现代物理学和人类世界观的根本面貌，其中包括《狭义相对论》(Special Theory of Relativity)。《狭义相对论》对"时间"这一基本物理概念进行了深度修正。在 1927 年出版的《存在与时间》一书中，海德格尔清楚地提到了相对论。他说："相对论是为通达自然本身的道路提供条件的理论，所以它试图把一切都规定为相对性，借以保全运动规律的不变性；这样一来，它就和它固有的研究领域的结构

---

① 查尔默斯. 科学究竟是什么 [M]. 石家庄：河北科学技术出版社，2002：169.

问题，和物质问题冲撞起来。"① 从这段论述可以看出，海德格尔清楚地意识到相对论的革命性，注意到其与经典物理观念的冲突恰是相对论具有革命性意义的本质所在。海德格尔在此书中提出基本概念的革新对于科学发展具有根本作用：

真正的科学"运动"是通过修正基本概念的方式发生的，这种修正的深度不一，而且或多或少并不明见这种修正。一门科学在何种程度上能够承受其基本概念的危机，这一点规定着这门科学的水平。当科学发生这些内在危机的时候，实证探索的发问同问题所及的事质本身的关系发生动摇。当今，在各种不同学科中都有一种倾向醒觉起来，要把研究工作移置到新基础之上。②

海德格尔此处提到的"修正基本概念"这一说法中的"基本概念"就是范式中最核心的概念，也就是构成学科"基础"的基本概念。基本概念被修正之后，"真正的科学运动"就发生了，这就类似于库恩提到的科学革命。发生科学革命之后，或者说基本概念被修正之后，"研究工作移置到新基础之上"，新的范式得以确立。

科学中的基本概念之所以需要被修正，原因何在？因为人在发问过程中问到了范式最核心的概念，涉及了"事质本身"。之所以需要发问，是因为科学发生了内在危机。这时的发问、这样的发问问到了"事质本身"，因而是一种现象学的发问，而不是在现有理论和基本概念范围内的发问。经由现有理论和基本概念的发问，就是在旧范式之内进行的发问，其只可能引起维持性创新。

一门科学的所有专题对象都以事质领域为其基础，而基本概念就是这一事质领域借以事先得到领会（这一领会引导着一切实证探索）的那些规定。所以，只有相应地先行对事质领域本身做一番透彻研究，这些基本概

---

① 海德格尔. 存在与时间 [M]. 中文修订第二版. 北京：商务印书馆，2016：15.
② 同①.

念才能真正获得证明和"根据"。①

海德格尔在这段论述中再次说明了基本概念的重要性。基本概念是一门科学的基础，引导着一切实证探索。海德格尔这里所说的基本概念，其实就是库恩所说的范式内的核心部分。基本概念就是这一事质领域借以事先得到领会（这一领会引导着一切实证探索）的那些规定，因而必然是范式中的基本概念，这些基本概念的总和就构成了范式。联系相对论在1905年奇迹年的诞生，海德格尔的以上论述很可能受到了相对论对时间概念革命性修正的启发。

海德格尔在其著作中所期待解决的一个问题是人对于基本概念的发问和修正源于何处，其给出的答案是"走向事情本身"。"走向事情本身"是现象学的简要座右铭，其实质是"让人从显现的东西本身那里如它从其本身所显现的那样来看它"②，这不是依据旧的基本概念或者说依据旧范式的"看"，而是对事情本身进行没有理论预设地"看"／寻视，并且期待这样"看"／寻视能够创造出新的基本概念和范式。

劳动作为面向对象和事情的一种活动，提供了"让人从显现的东西如它从其本身所显现的那样来看它"的一个机会，特别是看待工具、质料以及经由劳动所形成的世界、经由上手而亮相的世界的机会。因此，劳动在人的认知过程中可能发挥的第二种重要作用就是促进颠覆性创新的产生。

从现象学角度看，人／此在，特别是尚未受到旧范式深深侵染的孩子，尚未进入范式陷阱的孩子，如果要做出重要的范式革命或者说颠覆性创新，他们需要有机会直接面对真实现象。劳动，就是面对真实现象的机会。教育如果不提供这样的机会，颠覆性创新发生的可能性就会很小。

哲学家叔本华对以上看法给出了如下解释："理念，就其显著的原始性说，只能是从生活自身，从大自然，从这世界汲取来的，并且也只有真正的天才或者一时兴奋已跻于天才的人才能够这样做。只有从这样的直

---

①　海德格尔. 存在与时间［M］. 中文修订第二版. 北京：商务印书馆，2016：16.
②　同①50.

接感受才能产生真正的，拥有永久生命力的作为。"① 叔本华所说的原始性的理念显然与海德格尔的"基本概念"有着相同的内涵，其也意味着或大或小的科学革命可能带来的新范式。我们认为其所说的"从生活自身，从大自然，从这世界汲取"的典型渠道，就是劳动所提供的面向真实现象的机会。

二、遮蔽

遮蔽是海德格尔在讨论"现象"时所提出的一个与之对立的概念。

"走向事情本身"是现象学的简要座右铭，遮蔽则意味着不能"让人从显现的东西本身那里如它从其本身所显现的那样来看它"，而是带着理论的"眼镜"去看。由于"现象"被遮蔽，"这个在不同寻常的意义上隐藏不露的东西，或复又反过来沦入遮蔽状态的东西，或仅仅'以伪装方式'显现的东西，却不是这种那种存在者，而是像前面的考察所指出的，是存在者的存在。存在可以被遮蔽得如此之深远，乃至存在被遗忘了，存在及其意义的问题也无人问津"②。

海德格尔将"遮蔽"分为三种。第一种指人类从未发现过的现象。"有时现象还根本未经揭示，它可能在这种意义上遮蔽着。关于它的存在，谈不上认识也谈不上不认识。"第二种是之前人类发现过的现象，但后来因为历史原因被掩埋，"这种情况是：它从前曾被揭示，但复又沦入遮蔽状态，遮蔽状态可以成为完完全全的遮蔽状态"。例如三星堆遗址呈现的青铜器来源与合金冶炼技术。此外，金庸武侠小说中呈现出一系列这类被遮蔽的武学秘籍，例如《葵花宝典》《九阳真经》《九阴真经》。第三种是理论的遮蔽，是作为理论系统也就是范式陷阱的遮蔽，这种遮蔽使得现象成为一种假象。"常规的情况是：从前被揭示的东西还看得见，虽然只是

---

① 叔本华. 作为意志和表象的世界［M］. 北京：商务印书馆，1982：326.
② 海德格尔. 存在与时间［M］. 中文修订第二版. 北京：商务印书馆，2016：51.

作为假象才看得见。然而，有多少假象，就有多少'存在'。这种作为'伪装'的遮蔽是最经常最危险的遮蔽，因为在这里，欺骗和引入歧途的可能性格外顽固。"①

只有在劳动中，个体的人才有机会面对工具、质料等重要的"现象"，面对何所来的"自然"，面对亮相的世界。这是促成颠覆性创新的重要机会。这样的机会之所以可以称为"机会"，就在于个体的人知道遮蔽的存在，知道自己要直接面对现象，需要去穿透遮蔽本身。

在劳动中，遮蔽主要有两种表现形式，即技术的遮蔽和理论的遮蔽。

1. 技术遮蔽

庄子非常早地知觉到当个体的人直面现象时，技术可能会形成一种遮蔽。

子贡南游于楚，反于晋，过汉阴，见一丈人方将为圃畦，凿隧而入井，抱瓮而出灌，搰搰然用力甚多而见功寡。子贡曰："有械于此，一日浸百畦，用力甚寡而见功多，夫子不欲乎"？

为圃者卬而视之曰："奈何？"

曰："凿木为机，后重前轻，挈水若抽，数如泆汤，其名为槔"。

为圃者忿然作色而笑曰："吾闻之吾师，有机械者必有机事，有机事者必有机心。机心存于胸中，则纯白不备；纯白不备，则神生不定；神生不定者，道之所不载也。吾非不知，羞而不为也"。（《庄子·天地》）

此处，汉阴丈人所说的"有机械者必有机事，有机事者必有机心"，即意味着技术对现象的遮蔽。使用机械的个体，机械背后的原理已经存在于他的头脑中并且被其认可，此时个体已经在用机械原理来看待事物了，因此说他已经"纯白不备"。技术作为一种遮蔽，其所遮蔽的是个体发现基本概念的可能性。

技术所带来的遮蔽在 AI 时代最典型的场景之一是人运用技术进行导航。当一个驾车人使用导航技术驾车时，他就已经被导航技术所引导，同

---

① 海德格尔．存在与时间［M］．中文修订第二版．北京：商务印书馆，2016：52．

时也被导航技术所遮蔽。这样的遮蔽体现在以下方面：第一，被导航的地点单位可能需要向导航单位支付费用，否则其难以出现在导航系统中，这一点非常类似搜索引擎的竞价排名遮蔽了优秀的公立医院而只留下需要支付较多费用的医院。此时，现象可能被技术遮蔽。第二，导航系统难以快速地随着环境变化而变化，比如拆迁使得某一地区的环境大变，但是导航系统的更新速度与之相比较慢。此时，导航系统也遮蔽了真实现象。第三，导航系统依赖于背后的算法，也就是导航公司的技术。导航公司的算法其实可以针对特定车辆、特定人而有所改变。当某个特定驾驶人的导航路线已经针对其个人改变后，如果驾车人仍然完全听从和信任导航系统及其技术，他就会被导航系统引导到希望他到达的地点，而非驾车人原来希望去的地点。此时，这个驾驶者被导航技术遮蔽了真实现象。

科学研究中技术带来的遮蔽非常隐蔽，难以被觉察。任何科学仪器都依赖于一套科学理论，已经被商品化的科学仪器所依赖的是相对而言更陈旧的理论。科学家如果在面对现象时使用了这套仪器，便意味着科学家承认了仪器背后的理论，或者说他已经被仪器所遮蔽而"纯白不备"。因此，当一个实验室充斥着光鲜漂亮的科学仪器时，这里的研究已经被这些仪器和技术彻底遮蔽为非前沿研究，或者说既有范式内的研究。要想进行前沿研究，科学家一般需要提出新理论，自己制造新的科学仪器。

小学生如果使用计算器进行加减法、乘法的运算，计算器则遮蔽了孩子对"数"这一基本现象的认知可能，这是小学数学教学中不能使用计算器的现象学解释。为了让学生能够有充足的时间、从容地直面"数"这一基本现象，日本小学三年级保留了使用算盘这一简单工具的珠算课程，其背后的原理即在于此。值得注意的是，日本培养出了多位数学最高奖——菲尔茨奖获得者，如小平邦彦、广中平佑、森重文。

2. 自然科学中的理论遮蔽

人在劳动中面对现象，但是如果人带着厚厚的理论"眼镜"看待现象，现象在人眼中就成了一种假象。达尔文曾回忆过他年轻时与地质学家赛治威克（Adam Sedgwick）一次印象深刻的交往：

当天晚上，我同赛治威克做了一次简短的谈话，这对我产生了深刻的印象。曾经有一次，我在希鲁兹伯里附近考察一个古代的砾石坑时，听到一个工人说，他在这个坑内发现了一个热带的大涡螺的磨破的贝壳，它很像是一种可以在独宅房屋内的壁炉架上看到的蜗螺壳；因为他不愿把这个螺壳出售，我就相信他确实是在那个坑内找到它的。那天，我就把这件事告诉了赛治威克，他马上说（毫无疑问，这是正确的），这个螺壳一定是被人丢进这个坑内的；但是他接着又说，如果它真正是天然沉积在地层内的话，那么这对地质学是极大的不幸，因为这会推翻我们关于苏格兰中部各郡地面沉积层的一切知识。这些砾石层，实际上是属于冰川时期的产物；后来，我在其中发现了北方地区的软体动物贝壳碎片。可是在那时，我非常惊异，为什么赛治威克在听到了英格兰中部地区地面下不深处发现热带软体动物贝壳这个惊人事实时，却并不表示高兴呢？①

赛治威克的此在彼时完全被"旧我"的地质学范式占据和遮蔽，即使当时呈现出的现象如此真实确切，其第一反应不是去面对这个现象和"走向事情本身"，而是去维护旧的、关于苏格兰中部各郡地面沉积层的知识，因而在赛治威克眼中，"希鲁兹伯里附近古代砾石坑中有一个热带的大涡螺的磨破的贝壳"这个现象成为一种假象。彼时的赛治威克落入范式陷阱而不自知，已经被陈旧的地质学和生物学理论深深地遮蔽。

3. 社会实践中的理论遮蔽与实事求是

在社会实践和社会治理中，"走向事情本身"而不被理论遮蔽，本质就是实事求是。实事求是之所以是一种创造，在于经由"实事"所做出的发现并非先前理论的逻辑推理，并不是迫使"实事"去符合理论，而是探究在上手状态中实事而非虚事间的相互联系和指引网络，因而其发现便具有了创新的本质特征。

实事求是意味着去除理论遮蔽。只有直接面对现象，才有可能"实事""求是"。

---

① 达尔文. 达尔文回忆录 [M]. 北京：商务印书馆，2015：36.

毛泽东同志在革命生涯的早期，观察和研究问题时并未过多地引用、依赖于理论。在 1930 年 5 月《反对本本主义》一文中，他指出，"中国革命斗争的胜利要靠中国同志了解中国情况"①。在《中国的红色政权为什么能够存在?》一文中，毛泽东经过细致调查研究，得出了巩固井冈山革命根据地的主要结论，非常简单和具体："第一，修筑完备的工事；第二，储备充足的粮食；第三，建设较好的红军医院。把这三件事切实做好，是边界党应该努力的。"② 这三点重要结论是实事求是的结果，并非依赖于当时直接来自苏联、来自列宁和斯大林的理论，来自德国的军事理论。③ 毛泽东同志在《实践论》一文中指出："你要有知识，你就得参加变革现实的实践。你要知道梨子的滋味，你就得变革梨子，亲口吃一吃。你要知道原子的组织同性质，你就得实行物理学和化学的实验，变革原子的情况。你要知道革命的理论和方法，你就得参加革命。一切真知都是从直接经验发源的。"④

改革开放之初，《实践是检验真理的唯一标准》就直接去除了"两个凡是"理论对中国思想界的遮蔽，为改革开放开辟了思想道路。

直接面对现象，才有可能"实事""求是"；只有做到"直接面对现象"，人在生活中、在大自然中、在社会中，才能面对"实事"。《孟子·滕文公上》中，孟子讨论分工问题时，提出了"劳心者治人，劳力者治于人"的主张，这是孟子对于适度分工与交换的阐释。但是，如果劳心者、劳力者的分工是固化的，劳心者在一生中没有机会上手和劳力，那么劳心者其实没有机会面对"实事"，"劳心者"之"治"往往无法"求是"。毛泽东在《反对本本主义》"调查的技术"一节中明确提出，为了避免遮蔽而能够直面现象、实事求是，领导（劳心者）在调查研究中要亲自出马、直面现象，要自己做记录。他说，"凡担负指导工作的人，从乡政府主席

---

① 毛泽东. 毛泽东选集：第一卷［M］. 2 版. 北京：人民出版社，1991：115.

② 同①54.

③ 第五次反围剿时，红军的军事负责人为共产国际派往中国的李德，原名奥托·布劳恩（Otto Braun），是德国人。

④ 同①287-288.

到全国中央政府主席，从大队长到总司令，从支部书记到总书记，一定都要亲身从事社会经济的实际调查，不能单靠书面报告，因为二者是两回事"①。

如果学生在受教育过程中没有机会面对现象，而只是不断地沉浸在理论中，按照旧的理论反复训练其熟练程度，就会陷入旧范式的陷阱，被深深地遮蔽，少有机会做出重大创新。②

劳动教育被淡化、弱化，会导致学生脱离现象，过于沉浸于理论之中。《关于全面加强新时代大中小学劳动教育的意见》指出，"近年来一些青少年中出现了不珍惜劳动成果、不想劳动、不会劳动的现象，劳动的独特育人价值在一定程度上被忽视，劳动教育正被淡化、弱化"。因此，新时代对劳动教育的强调，有助于让学生回归生活本身，回归大自然，回归真实世界，使学生有机会直接面对现象，面对"实事"，进而有可能去"求是"。陈宝生同志特别指出，"劳动教育具有鲜明的社会性，要求面对真实的生活世界和职业世界，以动手实践为主要方式，学会改造世界，在改造世界的过程中塑造自己，提高自身素养"③。此处，"真实的生活世界和职业世界"就是"实事"。劳动和劳动教育，给学生提供了理解世界的机会、颠覆性创新的机会。

4. 幻象的遮蔽

"实事"概念与"理论"相对，在新时代特别是与"幻象"相对。在信息化时代，在人工智能时代，由于技术的进步，特别是虚拟现实（virtual reality，VR）技术的飞速发展，游戏更加"真实"、炫目，令人欲罢不能。一方面是游戏难以拒绝的吸引，一方面是劳动机会缺乏，加之人工智能提升了生产率，使得人保持能量以维持新陈代谢的压力减少，因此，人，特别是成长中的儿童，更加有可能沉浸于电子游戏之中。这是新

① 毛泽东. 毛泽东选集：第一卷［M］. 2版. 北京：人民出版社，1991：117.
② 卢晓东. 论学习量［J］. 中国高教研究，2015（6）：38-48.
③ 陈宝生. 全面贯彻党的教育方针 大力加强新时代劳动教育［N］. 人民日报，2020-03-30（12）.

时代不可忽视的一种趋势，也是一种危险。为什么呢？

在电子游戏中人所面对的，其实不是"实事"，不是现象，而是"虚事"，是幻象。电子游戏中的声音无比精彩，情节令人欲罢不能，但是"五色令人目盲；五音令人耳聋；五味令人口爽；驰骋畋猎，令人心发狂"，幻象中没有真理。沉浸于幻象中的儿童和成人，也必然会失去直接面对现象的机会，必然失去"实事""求是"的机会。在以上背景之下，新时代教育对劳动的强调同时蕴含着重要的一点，就是强调当下和未来的一代从幻象中返回真实现象，直面"真实的生活世界和职业世界"，面对"实事"而去"求是"，这样才能成为新时代社会主义建设者和接班人，成为能够"实事求是"的建设者和接班人。

第五节　毛泽东关于教育与生产劳动相结合思想的核心

教育同生产劳动相结合是毛泽东教育思想的一项重要内容，这一思想在其一生著述中被反复论述，并且其努力将这项内容付诸个人实践和革命实践，付诸家庭教育。例如，毛泽东在青年时代有两年时间是在务农，还有半年参加军队的经历。成为家长后，当儿子毛岸英自苏联学习返回延安后，毛泽东安排他去农村参加劳动和土改工作；新中国成立后，毛泽东安排毛岸英参加抗美援朝的军事劳动。

对毛泽东教育与生产劳动的一系列论述进行分析后，我们可以发现其核心思想是认识论的，他期待青年经由劳动面对现象从而去除理论的遮蔽。当然，其中也包含期待青年参加劳动以增加生产能力的意旨。

早在青年读书时期，毛泽东即注意到较多的理论课程挤压了休息时间和劳动时间。他主张，学生要读"无字之书"，要"汗漫九垓"、积极劳动，要"从天下万事万物而学之"。读无字之书、从万事万物中学习的主张，不是从理论中学习的主张，是类似于现象学的学习主张。在《上海工读互助团募捐启》一文中，毛泽东说："现在中国的社会，是受教育的不能做工，做工的不能受教育。受教育的人不做工，所以教育几成一种造就流氓的东西；做工的不受教育，所以职业几成一种造就奴隶的东西。""现在中国的学制，是求学的时代不能谋生活，谋生活的时代不能求学。求学的时代不能谋生活，学问就变成形式的、机械式的了；谋生活的时代不求学，学问就是不永续的、不进步的了。"① 毛泽东认为，"人之心力与体力合行"，"事未有难成者"。求学的时代不谋生活、不劳动，因而难以直面现象，学问就会变成一种遮蔽；谋生活的时代不求学，虽然面对现象但是无从发问，无法发问至深处，学问就是不永续的、不进步的，学问难以有根本性的进步和创新突破。毛泽东以上判断直接指出了劳动之于学习、创新所能发挥的关键作用。

在中国革命历史上，王明在夺取了中央领导权后在党内推行以教条主义为特征的"左"倾教条主义路线，对革命事业造成了巨大危害，使红军和红色政权陷入重大危机，"教条"的本质就是理论遮蔽。② 对此，毛泽东有着比别人更为深刻的体认。在延安，《反对本本主义》《实践论》是从理论上对教条主义的深入批判。在教育中，毛泽东积极主张教育与生产劳动相结合。1941 年，毛泽东给青年的题词非常简单："生产教育二者兼顾"。1939 年，在《青年运动的方向》一文中，毛泽东对教育与生产劳动相结合做出了总结和论述：

延安的青年们干了些什么呢？他们在学习革命的理论，研究抗日救国的道理和方法。他们在实行生产运动，开发了千亩万亩的荒地。开荒种地这件事，连孔夫子也没有做过。孔夫子办学校的时候，他的学生也不少，"贤人七十，弟子三千"，可谓盛矣。……他的学生向他请教如何耕田，他就说："不知道，我不如农民。"又问如何种菜，他又说："不知道，我不如种菜的。"中国古代在圣人那里读书的青年们，不但没有学过革命的理

---

① 中共中央文献研究室，中共湖南省委《毛泽东早期文稿》编辑组. 毛泽东早期文稿（一九一二年六月——九二〇年十一月）[M]. 2 版. 长沙：湖南人民出版社，2008：605.

② 中共中央党史研究室. 中国共产党历史：第一卷（1921—1949）：上册 [M]. 北京：中共党史出版社，2002：307-313.

论，而且不实行劳动。现在全国广大地方的学校，革命理论不多，生产运动也不讲。只有我们延安和各敌后抗日根据地的青年们根本不同，他们真是抗日救国的先锋，因为他们的政治方向是正确的，工作方法也是正确的。所以我说，延安的青年运动是全国青年运动的模范。①

孔子与樊迟的对话以及孟子与陈相的对话成为中国脑力劳动与体力劳动、劳心与劳力分离传统的经典依据。毛泽东一直致力于打破这个根深蒂固的传统。在《青年运动的方向》一文中，他援引了《论语·子路》中樊迟和孔子的一段对话，并予以分析批判。

樊迟请学稼。子曰："吾不如老农。"请学为圃，曰："吾不如老圃。"

樊迟出。子曰："小人哉，樊须也！上好礼，则民莫敢不敬；上好义，则民莫敢不服；上好信，则民莫敢不用情。夫如是，则四方之民襁负其子而至矣，焉用稼？"

在《论语》中，孔子并未根据樊迟的学习动机予以施教，而在樊迟离去之后，才当着其他学生的面发表了个人意见。值得注意的是，其最后判断所依据的论述——"夫如是，则四方之民襁负其子而至矣，焉用稼？"——只是依据个人理论所做的假设，其实在中国历史中未曾成为现实，其本质是一个理论遮蔽。延安的青年参加种粮食的体力劳动，在缓解延安物资匮乏的同时，打断了单调的理论学习，使得"在学习革命的理论"的同时，"研究抗日救国的道理和方法"，将理论学习与劳动结合起来，进而有机会面对真实现象，实事求是地理解中国社会运行的真实情况，进而创造性地解决社会主义建设中不断面临的新情况和新问题。

《关于全面加强新时代大中小学劳动教育的意见》提出，劳动教育的一个原则是，"坚持党的领导，围绕培养担当民族复兴大任的时代新人，着力提升学生综合素质，促进学生全面发展、健康成长。把准劳动教育价

---

① 人民教育出版社教育室. 毛泽东周恩来刘少奇邓小平论教育 [M]. 北京：人民教育出版社，2000：52.

值取向，引导学生树立正确的劳动观，崇尚劳动、尊重劳动，增强对劳动人民的感情，报效国家，奉献社会"。能够担当民族复兴大任的时代新人必须是实事求是的。在以上育人原则中，"实事求是"仍然闪耀着智慧的光芒。

第六节　从生产劳动到探索性/创造性劳动

在信息化时代和未来的人工智能时代，劳动，到底是什么意思？

列宁在《民粹主义空想计划的典型》一文中概括了尤沙柯夫主张中正确的一面："没有年轻一代的教育和生产劳动的结合，未来社会的理想是不能想象的；无论是脱离生产劳动的教学和教育，或是没有同时进行教学和教育的生产劳动，都不能达到现代技术水平和科学知识现状所要求的高度。"[1] 陆定一曾经撰写了《教育必须与生产劳动相结合》一文。在文章中，他引用了列宁的这段话。[2]

那么，劳动，仅仅就是生产劳动吗？还是生产劳动仅仅是劳动的一种类型？人类还有其他类型的劳动吗？

值得注意的是，在人工智能时代，劳动必须承担的直接创造财富的功能将越来越弱化，劳动与生产的关系也将越来越弱化，其作为谋生（生存）手段的功能将弱化，这将是新时代劳动的重要特征。

习近平总书记 2018 年 5 月 28 日在中国科学院第十九次院士大会、中国工程院第十四次院士大会的讲话中，高度概括了新时代的特征："进入21 世纪以来，全球科技创新进入空前密集活跃的时期，新一轮科技革命和产业变革正在重构全球创新版图、重塑全球经济结构。以人工智能、量子信息、移动通信、物联网、区块链为代表的新一代信息技术加速突破应用，以合成生物学、基因编辑、脑科学、再生医学等为代表的生命科学领

---

[1]　华东师范大学教育系. 列宁论教育 [M]. 2 版（修订本）. 北京：人民教育出版社，1990：26.

[2]　转引自陆定一. 陆定一文集 [M]. 北京：人民出版社，1992：581—599.

域孕育新的变革，融合机器人、数字化、新材料的先进制造技术正在加速推进制造业向智能化、服务化、绿色化转型，以清洁高效可持续为目标的能源技术加速发展将引发全球能源变革，空间和海洋技术正在拓展人类生存发展新疆域。总之，信息、生命、制造、能源、空间、海洋等的原创突破为前沿技术、颠覆性技术提供了更多创新源泉，学科之间、科学和技术之间、技术之间、自然科学和人文社会科学之间日益呈现交叉融合趋势，科学技术从来没有像今天这样深刻影响着国家前途命运，从来没有像今天这样深刻影响着人民生活福祉。"① 我们注意到，新时代已经迥异于陆定一同志做出"教育必须与生产劳动相结合"判断时所处的时代了。

　　这也是一篇好文章，可作各地参考。其中提到组织中学生和高小毕业生参加合作化的工作，值得特别注意，一切可以到农村中去工作的这样的知识分子，应当高兴地到那里去。农村是一个广阔的天地，在那里是可以大有作为的。②

　　毛泽东 1955 年所做的以上批示，注意到了劳动的重要性，注意到中国农村的落后以及合作化运动非常需要知识和知识分子的帮助。这一批示是"教育必须与生产劳动相结合"政策形成的一个节点。另一个关键节点是 1957 年 4 月 8 日，《人民日报》以社论形式发表了刘少奇同志在湖南长沙中学生座谈会上讲话的整理稿《关于中小学毕业生参加农业生产问题》，号召广大青年投入生产劳动。

　　在教育实践进程中，如果将劳动理解为只是在农村的劳动，就将劳动狭隘地局限在了当时农村的生产劳动和工具水平中，忽略了在科技前沿领域的探索性工作也是劳动，并且在 20 世纪 50 年代也许是同样重要甚至更加重要的劳动。

　　在"文化大革命"时期，特别是上山下乡过程中，劳动仅意味着与生

---

① 习近平. 在中国科学院第十九次院士大会、中国工程院第十四次院士大会上的讲话［EB/OL］.（2018-05-28）［2019-10-06］. http://www.xinhuanet.com/politics/leaders/2018-05/28/c_1122901308.htm.

② 毛泽东. 毛泽东选集：第 5 卷［M］. 北京：人民出版社，1977：247-248.

产劳动相结合，与工农相结合，因而劳动教育在实践中，仅仅以简单的农业劳动、简单的机械体力劳动为主。

在美国，20 世纪 60 年代末，盖茨（Bill Gates）在七年级（相当于初中一年级）时就开始编程，到其大学一年级退学决定创办自己的公司时，他的编程时间已经超过 1 万个小时。[①] 编程需要动手，需要动脑，需要上手编程的工具——计算机，也需要编程的动机和编程的结果，这些都源于真实生活，呈现出何所来、何所用的指引网络。同时，信息化世界随着计算机的上手而亮相。编程，是信息化时代特别的劳动形式。

1968 年 2 月，正在读高一的乔布斯开始学习选修课"电子模拟线路"，麦科勒姆（John McCollum）老师带领许多同学开展了大量的课外实践。麦科勒姆老师的专用教室紧邻另外一间教室，就是学校的汽车修理教室。"麦科勒姆先生觉得电子学就是新的汽车维修"，乔布斯回忆说。我国现在的普通中学是否有电子模拟线路课程？是否有专用的电子课程实验室、编程实验室？是否有已经比较陈旧的汽车修理实验室？

与这门课程相联系，乔布斯高一暑假在惠普公司频率计数器流水线上工作，任务是安装基本元件。高二暑假，乔布斯到废旧电子器材商店哈尔泰克（Haltek）工作，担任仓库保管员，因而对电子零件有了更深入的了解。[②] 乔布斯读高中时也一直在参与相关工作，但乔布斯的工作与当时知识青年在农村、在工厂的工作有何区别呢？

《关于全面加强新时代大中小学劳动教育的意见》在总结既往劳动教育经验的基础上，提出了三种劳动教育形式，在生产劳动之外，增加了"日常生活劳动"和"服务性劳动"，突出呈现出我国劳动教育方针与时俱进的鲜明的新时代特征。

不同于生产劳动，日常生活中的劳动似乎并没有明确地生产出什么来，也似乎不完全是实现人与自然的物质交换（保持能量以维持新陈代谢）的生命活动方式，即谋生（生存）的手段。那么，为什么日常生活中

---

① 格拉德威尔. 异类：不一样的成功启示录 [M]. 北京：中信出版社，2009：38-42.
② 艾萨克森. 史蒂夫·乔布斯传 [M]. 北京：中信出版社，2011：11-18.

的劳动也是一种重要的劳动教育形式呢，特别是对于小学生而言？在 2020 年初抗击新冠肺炎疫情的战斗中，大家都注意到，新冠肺炎疫情对于我国和整个世界的生产与整体经济运行产生了重大影响，甚至影响到很多产业在世界供应链中的地位，对餐饮、旅游、电影和实体书店等文化产业的影响更为致命。与抗击新冠肺炎疫情相关，公共卫生体系的基础之一其实在家庭。儿童在家庭的日常生活劳动中必须学会正确的洗手方式、养成正确的洗手习惯，这一点是日常生活劳动的基础，同样也是公共卫生的基础。此外，日常生活劳动需要儿童动手、动脑，运用菜刀、抹布、吸尘器等劳动工具，同时面对蔬菜、马桶等现象，具备了全部的劳动要素。

大学劳动教育也有多种形式，生产劳动仅是劳动教育的一种形式。抗击新冠肺炎疫情期间，公益志愿服务作为服务性劳动的一种，成为劳动教育的一个亮点，这一亮点同样有助于促进劳动观念的转变，帮助我们领会劳动、劳动教育的奥义。

2020 年 1 月 25 日大年初一上午，已经回到家中的北京大学公共卫生学院流行病与卫生统计学系博士生韩雨廷看到学校转发的中国疾病预防控制中心召集志愿者的通知，立即报名参加，第二天就从河南开封老家返回北京。他与 9 名同学一起加入了中国疾病预防控制中心数据分析志愿者团队。数据分析工作一般开始于每天 0 点各地数据汇总之后，工作十分辛苦。

北京大学公共卫生学院同学们所参加的数据分析志愿服务对于抗击新冠肺炎疫情十分重要，这些分析工作不但和我们每天的生活联系在一起，而且与保障我国疫情信息公开透明紧密联系，也与后期产业恢复、分区分级抗疫的决策关系紧密。这次志愿服务工作需要动手、动脑、使用计算机等数据分析工具，而且面对的是新冠肺炎数据这一崭新现象，因而是典型的劳动。在劳动中，同学们还进行了创造。他们理顺了数据分析流程，通过编程促进了数据分析的系统化，在公益志愿劳动中进行了创造性探索。

由于北京大学各临床医院有 400 多名医护人员支援武汉，留守医护人员短缺。于是，在产科、血液科、急诊科，都有高年级研究生迅速走上临床志愿服务岗位。其中，有些研究生也向学校请战，要求参加支援武汉的医疗队。

在上述北京大学的两个案例之外，新闻媒体也报道了在抗击新冠肺炎疫情前线大学生志愿者的志愿服务劳动，如北京化工大学研究生徐杰在湖北黄冈浠水县老家参加防疫工作等。这些同学参加的志愿服务性劳动与在农村的生产劳动有着很大不同。

与新时代培养社会主义建设者和接班人相联系，与创新人才培养相联系，在信息化时代和未来的人工智能时代，我们需要尽可能使学生参与最前沿的劳动。最前沿的劳动与简单劳动有何区别？在学生参与最前沿的劳动的时候，我们如何在教学中帮助学生，揭示最前沿的知识和技术的本质，帮助他们直视最前沿的现象？

此处的前沿劳动，是指在人类知识边界的劳动，其中有一部分现象人类仍然未知。例如：人类登月的劳动就是前沿劳动，登月需要解决的有些技术问题，人类仍然未知；治疗新冠肺炎的劳动也是前沿劳动，其中关于新冠病毒的来源、免疫的可能性与方向、各类药物和治疗手段，也是未知问题。前沿现象，是指处在人类知识边界、人类之前从未面对（或者不知道曾经面对过）的现象，如人类登陆火星时面对的现象，及新冠病毒引发的诸种人类从未面对的医学、教育、经济等现象。劳动教育的最佳场域是前沿，而前沿所在会随时间、环境变化而发生变化。在抗击新冠肺炎疫情期间，与作为大城市的武汉相比，安全的农村已然呈现出田园色彩，而武汉这个大城市也成为当下劳动的最前沿！

《关于全面加强新时代大中小学劳动教育的意见》注意到前沿劳动、前沿现象的重要性。文件提出，劳动教育需要体现时代特征，要"适应科技发展和产业变革，针对劳动新形态，注重新兴技术支撑和社会服务新变化。深化产教融合，改进劳动教育方式。强化诚实合法劳动意识，培养科学精神，提高创造性劳动能力"。此处，"劳动新形态""新兴技术""社会服务新变化"，都呈现出前沿劳动和前沿现象的内涵。文件提出，高等学校的劳动教育要"重视新知识、新技术、新工艺、新方法应用，创造性地解决实际问题"。此处，一系列前沿劳动和前沿现象被再次强调。文件还强调"注重培育公共服务意识，使学生具有面对重大疫情、灾害等危机主动作为的奉献精神"。为保证前沿劳动和前沿现象的实践可能，文件还对社会环境提出了要求："鼓励高新企业为学生体验现代科技条件下劳动实践新形态、新方式提供支持"。

毛泽东在《实践论》中指出，"马克思主义者认为人类的生产活动是最基本的实践活动"，但"人的社会实践，不限于生产活动一种形式，还有多种其他的形式"。① 在人工智能时代，由于劳动直接创造物质财富的功能淡化，因而劳动的内涵特别是劳动教育的新内涵逐渐向"实践"概念靠拢。基于之前的分析，新时代的劳动和劳动教育具有四个重要因素。第一因素是手，第二因素是脑。与劳动分工追求更高生产力的目标不同，劳动教育要促进学生手脑并用，促进学生在不同分工环节、不同工种间不断变换，以对劳动总目标和各环节都有第一手认识。完全不动手的"脑力劳动"其实不是劳动，只是动脑筋。劳动的第三因素是劳动工具，在设计劳动教育课程时最需关注对不同劳动工具的上手领会。劳动的第四因素是面对真实现象，因而探索性劳动、艺术性劳动都是重要的劳动类型，而传统的生产劳动只是劳动中的一种。从这四个核心因素来审视，那么教室中的理论课程学习、完全依赖于书本的学习因为学生动手机会少且不面对真实现象，不是劳动。玩电子游戏需要动手，也需要动脑，既有脑力活动也有体力活动，但由于电子游戏所通向的并非真实现象，因而也不是劳动。

在自然科学领域，科学研究如物理实验、化学实验是真正的劳动，天文观测活动也具有鲜明的劳动特点。在社会科学领域，毛泽东早年在湖南考察农民运动的活动也具有劳动的性质。这种劳动是认识"真"的劳动，中间包含"美"，是典型的探索性劳动。探索性劳动与创造性劳动紧密相连。

在艺术领域，那些创造了美的作品的画家，他们的绘画工作需要动

① 毛泽东. 毛泽东选集：第 1 卷 ［M］. 2 版. 北京：人民出版社，1991：282-283.

手，需要动脑，需要面对真实的现象并且要创造性地将其呈现出来。莫奈曾说，他既不是伟大的画家，也不是伟大的诗人，他只是把感受到的大自然的魅力与真谛表现出来。为了诠释这种感觉，就把所谓的绘画要素和规则全部忘掉了。那些音乐家、剧作家在工作时，同样需要动手、动脑，需要面对真实现象并且创造性地将其呈现出来。这种劳动，是认识美和创造美的劳动，中间包含"真"和"善"，我们可以称之为艺术性劳动。在艺术性劳动过程中，习近平总书记所提到的"创造性劳动"也是关键。

于是，在人类很可能进入的丰足时代，创造财富的生产劳动越来越成为劳动的一个部分，在日常生活劳动和服务性劳动之外，探索性/创造性劳动、艺术性劳动的重要性将逐渐凸显。在新时代，在华为公司从事芯片制造方面的探索是劳动，从事操作系统设计和改进的工作是劳动，在非洲和英国安装和维护 5G 系统的工作是劳动；从事中国探月工程和空间站中的工作是劳动；在红海巡逻的海军舰船上工作也是劳动；在武汉、在米兰、在德黑兰从事抗击新冠肺炎疫情的公共卫生和救死扶伤的工作是劳动。这些劳动和在农村、工厂、福利院的劳动一起，构成了新时代劳动教育更加丰富、更加全面的场域和劳动形式形态。在新时代，我们不能仅仅号召学生到农村去、到西部去，还格外需要把青年学生带到前沿的劳动中，让他们有机会面对现象，尤其是面对前沿现象。

第七节　大学劳动教育课程框架

在对劳动的四个要素做简要梳理后，我们发现劳动存在多种形式形态，在日常生活劳动、生产劳动和服务性劳动/公益性劳动之外，还可能包括探索性劳动/创造性劳动、艺术性劳动，传统的生产劳动只是劳动中的一种。在基础教育阶段，日常生活劳动以及包含动手动脑的学校综合实践课程是劳动教育的主要形式，同时学生还有机会参与其他各种劳动。在高等教育阶段，则更需要关注走向社会的校外真实劳动、探索性/创造性劳动。

按照显性课程和隐性课程的二元划分，同时考虑学校、社会和家庭三种场域，我们先行给出一个将大学劳动教育课程全面融入育人体系的讨论框架。

一、显性课程中的劳动教育

显性课程中的劳动教育主要有两种形式，即专门设课与融合课程。各高校可以基于本校学科特点和教学场景，在必修课、素质教育选修课和任意选修课中设置与劳动教育相关的理论课程。

第一类显性课程，是在素质教育选修课、任意选修课中专门开设劳动教育课程，这是课堂劳动教育的一种渠道。这类课程包括劳动教育通论课、劳动专题讲座等，以讲授课（lecture）为主，以经历体验为基本要求，目标是加强马克思主义劳动观教育，加强新时代劳动价值观教育，普及与学生职业发展密切相关的通用劳动科学知识，如劳动伦理、劳动法律、劳动关系、劳动保障、劳动安全卫生等。这类课程本质上是有关劳动的理论课程，课程设计和课程实施过程中都少有上手环节，因而并非完全的劳动教育课程。

第二类显性课程，是动手的劳动教育实践课程，包括探究式、项目化、综合性和创新性劳动实践活动，如科学研究课程、实习课程、实验课程、实训课程和田野调查等，也包括绘画、雕塑、舞蹈、戏剧等创作特色鲜明的艺术课程。在这类动手操作和动脑思考相结合的课程中，要有机融入立德树人和劳动教育内容，实现劳动教育总目标。其中，本科生科学研究课程在20世纪末引入中国高校，其本质就是一种探索性劳动。[1]

第三类显性课程，是高校基于学科、专业特点，将劳动教育有机融入、渗透到专业教育、思想政治教育、创新创业教育、职业生涯教育及就业指导等教育教学活动中，呈现出融合课程的特点。例如，人文、社科类

---

① 卢晓东. 本科教育的重要组成部分：伯克利加州大学本科生科研 [J]. 高等理科教育，2000（5）：67-74.

专业可以推广服务性学习，发挥志愿服务等劳动实践活动的育人价值；理工类专业可以结合专业实验、生产实习、科技竞赛等，基于产教融合开展创新性劳动实践，建构动脑思考与动手操作有机结合的专业教育体系，全面提高学生专业劳动能力与素养，强化敬业、诚信、创新、奋斗、合作、奉献等新时代劳动精神。

大学显性课程有多种分类逻辑，其中一种可以将全部课程分为两类：通识课程和专业课程。①有一种观点认为专业课程就是专业课程，专业课程中不能有劳动教育课程，劳动教育课程只能在通识课程中专门设置。对这一观点需要认真分析。例如，北京大学考古专业三年级上半学期安排了一门专业课程"田野考古实习"，12 学分，全体学生在考古现场与工人一起挖掘、整理文物。整个学期，学生和老师、工人一起在考古现场挥汗，动手动脑，直接面对考古现象。这门专业课是典型的劳动课程，充分达到了劳动教育目的，考古专业同学因这门课程而有了独特气质。案例表明，大学劳动教育课程可以在通识课程中设置，在专业课程中也广泛存在。专业课程中的劳动教育课程主要是融合课程。

二、隐性课程中的劳动教育

1. 校园内劳动教育实践

隐性课程（hidden curriculum）是大学中不可忽视的重要课程形式，有助于引发相关学习（associate learning）和伴随学习（concomitant learning）。大学需要根据劳动教育要求对学校隐性课程进行系统和精心设计。

校园内有许多真实的劳动机会。学校可以系统梳理校园内劳动机会，以勤工俭学、公益服务等方式为同学提供劳动机会，促进学生在劳动间断期和劳动后进行反思和总结，提高学生在劳动中发现新问题和创造性解决问题的能力。

---

① 卢晓东. 从通识教育深入到通识学习［J］. 中国高校科技，2015（Z1）：54-57.

校园内的劳动教育实践包括：（1）以体力为主的劳动，例如宿舍、食堂、教室和校园卫生维护，绿化，安保；（2）体力和脑力相结合的劳动，例如各类助研、助教和助管；（3）校园内公益劳动（志愿服务），如导游、秩序维护、展览讲解等。

2. 校园文化机制建设

校园文化具有导向、规范、激励、凝聚和交流功能。要大力营造崇尚劳动、尊重劳动的校园文化氛围，组织开展与劳动相关的社团活动，举办劳动技能、劳动成果展示交流活动；结合植树节、学雷锋纪念日、五一劳动节、志愿者日，开展劳动主题教育，激发学生劳动的内在需求和动力。

充分发挥优秀同伴在引导学生成长、塑造劳动价值观方面的积极作用，这是隐性课程的重要方面。应在全日制学生群体中增加具有真实劳动经历的学生，经由朝夕相处，以影响同学成长和劳动价值观形成，塑造大学整体氛围和价值观。为此，鼓励高校通过自主招生渠道，根据学科情况录取少数劳动模范、退伍军人和其他优秀劳动者成为全日制学生；鼓励普通高校以学分制修读方式录取部分正在工作的非全日制学生；鼓励并创造机会，将参与创新创业、勤工俭学、公益服务的同学和参军复员的同学作为重要载体，在课堂和日常交往中形成与劳动教育目标相吻合的积极同伴效应。

大学可以通过学分制模式为学生一边工作、一边读书创造条件，这是当前劳动教育改革的前沿和难点。改革已先行在高职院校展开，问题也先行在高职院校中暴露出来，本科院校应紧随其后。在教育财政和管理制度层面，改革包含以下重要方面：一是与非全日制、弹性学习年限相关联的学分制收费制度改革①②；二是相关医疗保险制度改革；三是住宿收费制

---

① 卢晓东.学分制发展与成本分担机制的精细分析（上）：新视角下学费、拨款政策的完善方向 [J].中国高教研究，2016（7）：47-53.

② 卢晓东.学分制发展与成本分担机制的精细分析（下）：新视角下学费、拨款政策的完善方向 [J].中国高教研究，2016（8）：20-26.

度改革，住宿费应随年级增加，以迫使学生从象牙塔中出去直面真实社会和真实现象，在社会中参加真实劳动；四是大学生意外保险制度改革，为大学承担学生意外无限责任减压；五是大学就业率、思想政治工作方面的改革。传统以全日制、住校学生为主要对象所形成的管理制度，在劳动教育视角下已显得"千疮百孔"，需要加以修补和变革。

3. 社会真实劳动机会拓展

《关于全面加强新时代大中小学劳动教育的意见》指出，"高等学校要组织学生走向社会、以校外劳动锻炼为主"。因此，应鼓励全日制学生在学期间，深入田间地头、车间、工地、商场、医院等劳动场所，深入城乡社区、福利院等公益服务场所，在校外参加实习、实训、调研和科学研究，参加真实、有报酬的勤工俭学，参加校外公益志愿服务。鼓励全日制学生中断学习（休学），在间隔年（gap year）专门从事真实劳动，包括参军、支教、创新创业等。政府机构需要率先行动起来，增加政府实习生比例，这是真实的管理劳动。

学生在完成真实劳动后需要撰写总结、考察报告和反思日记，并与反馈、教育评估相结合，以使劳动转化为劳动教育。真实劳动经历与校内理论学习能够在学生成长中相互补充、彼此激发。

4. 评价

隐性课程中的劳动教育评价有所不同，学生参与劳动教育的情况不应以百分制或等第制评价，而应是质性评价。为此，应该设置学生成长数字档案，特别关注学生劳动中的表现以及劳动中断后的学生自我"反顾"。"三好生"是"德智体"全面发展的学生。从教育评价角度审视，需要把"三好生"修改为"五好生"，以助学生成长。《关于全面加强新时代大中小学劳动教育的意见》特别提出，"全面客观记录课内外劳动过程和结果，加强实际劳动技能和价值体认情况的考核。建立公示、审核制度，确保记录真实可靠。把劳动素养评价结果作为衡量学生全面发展情况的重要内容，作为评优评先的重要参考和毕业依据，作为高一级学校录取的重要参考或依据"。

三、几个相关问题的讨论

1. 大学劳动教育的核心特征是什么？

大学劳动教育的核心特征是什么？这个问题所问的，其实是在小学、初中、高中、职业学校/职业院校、大学等教育阶段，劳动教育应当如何分工。

由于 8 岁以下年龄段的个体参加完全真实的劳动受到一定限制，因此基础教育阶段劳动教育的重点在家庭日常生活劳动、简单手工制作以及与年龄相匹配的公益劳动，其中家庭日常生活劳动要帮助学生学会个人卫生和个人其他事务的料理、做饭以及家庭卫生维护。在校园内则包含教室楼道和校园卫生、园林维护、安全维护等工作。例如，在富春第七小学，以上两项工作被汇集为"内务整理"、校园卫生"包干区域"两个劳动平台。① 基础教育阶段个体参加的生产劳动很少发生在真实的生产场域，生产劳动具有模拟性质。例如富春第七小学以"开心农场"为平台，把校园旁边一小块园地安排给各年级学生进行农作物栽培、维护和采收，鲜明呈现出模拟劳动性质。

与基础教育阶段学生不同，大学生可以参加真实劳动。真实劳动是非模拟的，也按照劳动的质和量来考察和付酬。例如，学生可以承担家教工作，可以到咖啡馆打工，等等。目前，有些大学开展的劳动教育课程仍是模拟的。例如，成都某高校集中一周安排学生进行校园卫生维护、清扫以及一些园林工作，但是学校聘用的卫生维护人员并未减少。这样的劳动并不真实，仍是模拟的。② 模拟劳动不应是大学劳动教育的主流。

在基础教育阶段由于个体知识尚不完备，难以安排前沿创造性劳动。苏霍姆林斯基在帕夫雷什中学设计的劳动教育则是值得研究的例外。大学

---

① 章振乐 . "新劳动教育"：让人事相趣 [J]. 人民教育，2014（8）：62-65.
② 于遵素，许嫒萍 . 这门劳动必修课受质疑：把学生当免费劳动力？[EB/OL]. (2019-11-29) [2019-12-30]. https：//e. chengdu. cn/html/2019-11/29/content_665191. htm.

阶段一种典型的创造性劳动就是具有高度探索性的科学研究。此外，在专业实习、社会实践、创新创业活动等劳动教育中，也应将探索性/创造性活动作为首要教学内容予以策划和安排。由于劳动需要面对真实现象，创造性劳动教育所面对的现象需要尽可能靠近学科前沿、产业一线，这是探索性/创造性劳动教育设计的关键。

综上，真实劳动、探索性/创造性劳动是大学劳动教育的核心特征。

2. 劳动转化为劳动教育的关键是什么？

真实劳动本身虽是一种教育，但很多时候其教育作用发挥不出来。例如，短期而言一个人一天到头都在劳动，或者长期而言一个人终其一生都在持续劳作，但劳动就仅是"劳——动"。在劳动教育课程实施中，要使劳动的教育意义发挥出来，需要一个时间因素，这被海德格尔称为"寻视操劳变式为对世内现成事物的理论揭示的时间性意义"①。这个时间因素，简而言之，就是需要让劳动停下来，中断一会儿，以产生"实践的阙然"；或者说，在"动"之后，安排一个"定"而不动的时间间断。

劳动中断一会儿不是为了休息，不是为了获致辛劳中的片刻欢愉，而是为了使脑力活动得以开始，这个脑力活动的特征就是对劳动的全面"反顾"，对劳动中何所来、何所用、何不合用以及劳动中指引网络的全面"综观""左寻右视""概观"，这种对劳动的全面整体反顾和概观被海德格尔称为"考虑"：

在此在当下使用与操劳之际，操劳的"概观"寻视以解释所视的方式，把上手事物更为切近的带往此在。这种特殊的、寻视着加以解释而把所操劳之事带近前来的活动，我们称之为考虑［Ueberlegung］。考虑所特有的格式是：如果——那么。例如，如果应得制作、采用、防护这或那，那么就需要这一或那一手段、途径、环境或者机会。寻视考虑照亮了此在在其所操劳的周围世界中的当下的实际局势。②

---

① 海德格尔. 存在与时间［M］. 中文修订第二版. 北京：商务印书馆，2016：484.
② 同①487.

考虑的一个最佳结果就是产生新理论，还有理论导致的崭新预见。"考虑让某种东西缘之结缘的那种东西作为那种东西被寻视看见。"① 如果之前没有这样深刻的或者新的理论指引，那种东西是看不见的。例如，引力场理论预见到星光受太阳影响而发生弯曲，因而之前被太阳遮挡的恒星可能会在日全食时被看见。

劳动发挥教育作用需要具有的时间性因素，提示我们在大学劳动教育课程实施中，必须为一段持续劳动安排一个中断。在中断时间中，教师引导学生进入对劳动全面整体的反顾、综观和考虑。课程成果，或者是学生把考虑呈现出来，或者是把考虑深入下去、持续下去。

在大学的劳动中，劳动本身持续的时间并不长，中断的时间也不长。但是还有另外一种情况，就是一个人已经劳动多年，我们可以用大学教育来中断他持续多年的劳动。如果借用孟子"劳心"概念称呼脑力劳动，我们可以把这个问题明确为：在个人一生的成长时间中，大学教育如何促使劳心、劳力分工时间的中断和柔性化安排，从而自然地消灭"劳心者"和"劳力者"在其一生中的身份固化？

3. 大学如何促使劳心、劳力的柔性分工？

在学校教育中劳心与劳力的柔性分工，一方面体现在以理论学习为主的课程学习中，有机融入动手动脑的劳动教育；另一方面，在个人一生中，则体现为学校教育与真实劳动在时间上的相互中断和有机融合：个体的人在人生一个阶段在学校学习，在人生另一阶段参加真实劳动，之后又有机会返回学校学习。在学校学习不仅包括培训等短期学习，也应融入学历教育。这使得社会真实劳动与正式大学课程学习相互中断而交互，使得社会中劳动者一旦生发出新的成长愿望和抱负，就可去大学学习，使得大学学习成为连续劳动的中断，进而有更大可能在学生身上促成有价值的"考虑"；也使大学中的学习者能够去社会参加真实劳动而形成对理论学习的中断。这样，就会在新时代较为彻底地消灭"劳心者"和"劳力者"在

① 海德格尔. 存在与时间 [M]. 中文修订第二版. 北京：商务印书馆，2016：488.

个人一生中的身份固化，使"劳心者"不再持久地"治人"，"劳力者"不再持久地"治于人"，这是劳动教育视角下新时代需要的更加开放的高等教育系统。

开环大学（Open-loop University）是斯坦福大学设计学院提出的一项大胆的教育改革计划，该计划畅想性地解除了入学年龄限制，不满 17 岁的少年、进入职场的中年人以及退休后的老人都可以入学，这是区别于传统闭环大学（18—22 岁学生入学，并在四年内完成本科学业）的最主要创意。学生在校学习时间延长到六年，同时由以往连续的四年延长到一生中任意加起来的六年，时间可自由安排。开环大学学生可以在本科学习期间去参加真实劳动，工作一段时间后再返回学校完成剩余课程学习，这样学生很可能变得更专业。开环大学期待学生在校外的真实劳动中增加经验，使学生形成新的学习目标和启示；同时给予劳动者机会，用大学学习中断劳动而促使"考虑"的形成和深入。

如果从"劳动"的视角审视，现有大学教育制度可能需要以下变革。人文和社会科学领域的本科学生毕业时少有真实劳动经历。为了让他们能参与真实劳动，本科毕业后他们应直接参加工作，甚至变换工作，在不同劳动中了解世界和了解自己。这意味着，人文、社会科学领域推荐的免试研究生对象应至少需要两年真实劳动经历。劳心、劳力的柔性分工意味着，成人教育中的学历教育应与正规大学教育完全融合，这也是开环大学的本质意蕴。在此之前，本科全日制教育和成人教育中的学历教育相互分离，两个受教育群体在全日制大学由不同机构管理，彼此不相往来，教育质量也存在差距。此外，还有独立设置的成人高校、开放大学，有全国统一组织的"全国成人高校招生"录取。① 改革意味着两种教育体制统一，质量统一。目前，成人学历教育中的拾遗补阙任务已基本完成②，成人继

---

① 教育部办公厅关于做好 2019 年全国成人高校招生工作的通知 ［EB/OL］.（2019-08-14）［2019-12-26］. http://www.moe.gov.cn/srcsite/A15/moe_777/201908/t20190822_395510.html.

② 吴遵民.21 世纪成人学习者核心素养及其培育 ［J］.北京宣武红旗业余大学学报，2019（1）：1-7.

续教育中学历教育管理可逐步转给教育部高等教育司领导和负责，全国成人高校招生（简称成人高考）可以适时与高考合并，本科学历教育中实行完全学分制的非全日制教育规模应逐步扩大。这一点同样是大学劳动教育的应有之义。

第十章

大中小幼贯通培育学生的劳动素养

劳动创造了人，劳动解放了人，劳动发展了人。劳动是人的在世方式，是贯穿人一生的生命活动。也正因为如此，学生劳动素养的形成不是一蹴而就的，而是循序渐进、拾级而上的过程，需要从幼儿园、小学、初中、高中到大学阶段持之以恒、不断强化。当然在每个阶段，学生都会以一定形式、一定途径接受劳动教育，各个阶段的劳动教育也侧重在不同的场域、以不同的面貌（包括不同强度、不同难度、不同覆盖面等）实现培养学生劳动素养的使命。

习近平总书记在全国教育大会上指出，要努力构建德智体美劳全面培养的教育体系，形成更高水平的人才培养体系。中共中央、国务院在《关于全面加强新时代大中小学劳动教育的意见》中也指出："通过劳动教育，使学生能够理解和形成马克思主义劳动观，牢固树立劳动最光荣、劳动最崇高、劳动最伟大、劳动最美丽的观念；体会劳动创造美好生活，体认劳动不分贵贱，热爱劳动，尊重普通劳动者，培养勤俭、奋斗、创新、奉献的劳动精神；具备满足生存发展需要的基本劳动能力，形成良好劳动习惯。""根据各学段特点，在大中小学设立劳动教育必修课程，系统加强劳动教育。"这里一方面体现了系统建构劳动教育体系的重要性，同时也阐明了一体化设计大中小幼劳动教育的原则性和方向性，即紧紧围绕劳动教育的总体目标进行各级各类学校劳动教育的顶层设计。劳动教育的总体目标，关乎接受劳动教育后学生所应养成的劳动素养，也关乎构成学生劳动素养要素的基本结构。这种以要素为核心的结构是横向的，此外，我们还要关注不同学段劳动教育目标有机衔接、内容有机联系、形态有序调整的纵向结构。大中小幼贯通培养学生的劳动素养，既是遵循劳动教育规律的要求，也是中国特色社会主义教育制度的要求，更是构建更高水平的人才培养体系的要求。

第一节　各级各类学校劳动教育的基本特点

一、基础教育阶段劳动教育的特点

基础教育阶段的劳动教育具有教育作用的基础性、教育内容的进阶性、劳动资源的融通性等特点。

（一）教育作用的基础性

博比特（J. F. Bobbitt）认为，儿童今日之学习，是为以后的成人生活做准备。

基础教育阶段的学生有着与生俱来的好动好问的本能，乐于体验和探究，热爱劳动，喜欢劳动，具有强烈的好奇心，这是极其宝贵的人生财富和教育资源。通过加强劳动教育，助其德智体美劳全面发展，为其绘就人生底色、成为"完人"打下坚实基础。

（二）教育内容的进阶性

基础教育阶段的学生是成长中的未成熟的主体，正处于"拔节""孕穗"期。学生的年龄特征是影响劳动教育内容设置的科学性、进阶性的主要因素。小学低年级要以学生的劳动意识启蒙为主，强调学生对自己的日常生活进行自理；小学中高年级重在培养学生的劳动习惯，教导学生为家长分担力所能及的家务，并适当参加校内外公益劳动，等等。初中阶段要注重增加劳动知识、技能的要素，逐步加大劳动中的技术含量，初步养成学生认真负责、吃苦耐劳的劳动品质和职业意识。小学阶段到初中阶段的劳动教育内容强调由简单到复杂、由个体到群体、由形式到实质以及由易到难的层次性。自己的事情自己做，别人的事情帮助做，集体的事情主动做，艰难的事情尽力做，创新的事情积极做，一定程度上体现了基础教育阶段劳动教育的层次性要求。

（三）劳动资源的融通性

基础教育阶段的学生若要在把控劳动资料、在劳动过程中坚持和协调劳动方式等方面有良好的表现，是需要经历一个多方面的经验积累的过程的。因此，单一的学校场域（包括课堂场域）及其教育资源还不足以实现学生形成相关劳动素养的教育目标。劳动教育在充分尊重教师的成人思维水平和儿童认知发展水平之间的差异的前提下，在家庭与社会的配合下，应充分关注社会发展的要求和科技文化的发展水平，充分融合学习、生活、社会中各种有利的教育因素，多维度建构新时代劳动教育。因此，在基础教育阶段，学校、家庭、社会的劳动资源要进行融合，发挥家庭在劳动教育中的基础作用、学校在劳动教育中的主导作用、社会在劳动教育中的支持作用就显得非常关键。

二、职业院校的劳动教育的特点

人类离不开职业劳动，职业劳动是人类劳动的基本组成部分，其与生产劳动、生活劳动和社会服务性劳动始终有着天然的联系。职业教育主要是围绕职业劳动的基本能力与品质而展开的教育，职业院校所开展的专业教育与劳动教育在目标上更接近，结合得更紧，且易于迁移。因此，职业院校的劳动教育，可以以职业劳动为纽带，带动对学生的劳动观念、劳动技能、劳动习惯以及劳动精神等的培养，并将其辐射到日常生活劳动、生产劳动、服务性劳动中。

职业劳动是职业教育的逻辑起点之一。职业是劳动的载体，职业的产生是劳动发展的结果，职业劳动属性是职业教育实施的特有属性。人类的历史发展过程中，随着手工业的出现，产生了一大批工匠，人类为了生存和发展，需要传承农业生产与专门化工匠的职业劳动经验和技艺，这就决定了人类最早的教育形态具有职业劳动教育的属性。从最初的以纯粹满足生存需要的农业生产劳动到以获取商品价值与利润为特定目标的工业生产劳动，再到如今以科技为主的适应现代化生产需要的智能制造劳动，职业劳动的传承方式也从家传和师傅带徒弟的方式（学徒制）发展为近现代产教融合、工学结合、校企合作等现代学徒制方式。

职业劳动要素是职业教育课程的主要内容。职业教育通过课程实施使学生掌握职业劳动知识，掌握熟练的职业劳动技能，完成特定职业准备。职业教育的专业设置与课程内容的变迁情况，是职业劳动对象调整与变换的体现，是对职业教育改革与社会经济发展之间的互动情况的反映。职业劳动的过程、场域、环境、产品等的时代性变革，对职业教育课程有关岗位适应能力、创业就业能力也提出了新的要求。因此，职业劳动与职业教育形成了密切的互动和制约关系。

职业院校的劳动教育具有以下特点。一是专业性，职业劳动教育是带有明显的专业特征的教育，与专业教育紧密结合。二是具身性，职业劳动教育追求学生在受教育过程中身心到场，强调手脑并用，注重理论与实践相结合。三是社会性，职业劳动的服务对象、劳动场域往往涉及众多利益相关者，学生参加此类劳动教育涉及的劳动情感、劳动关系、劳动法律等反映了职业劳动的社会性。四是动态性，职业劳动教育的内容和方式随着社会职业的分化与变迁而不断做出相关调整。五是稳定性，职业劳动教育让学生掌握的劳动知识结构、技能方法、行为范式、思维习惯等大体是稳定的。

高素质高水平职业劳动者是职业教育人才培养的最终目标。与普通教育中的学术型人才培养目标不同，现代职业教育充满了新型职业劳动色彩，其人才培养目标主要是数以万计的高素质职业劳动者，以实现职业劳动的高水平、高质量。

三、高等教育阶段劳动教育的特点

高等教育阶段的劳动教育有"三高"的特点，即课程视野上的"高站位"、目标追求上的"高品质"、实施方法上的"高难度"。

"高站位"涉及劳动教育的课程视野。高等学校的劳动教育立足于社会主义教育的性质、立德树人的根本任务、国家创新驱动战略需求，培养具有民族复兴担当的人才，塑造积极健康的劳动教育文化和教育生态。

"高品质"涉及劳动教育的目标。在基础教育阶段的劳动教育的基础上，高等教育阶段的劳动教育应该追求着力提高学生内化劳动价值的水平、完成劳动任务的创造性水平、组织劳动经验的自组织水平及其劳动素养的结构化水平、劳动习惯的自动化水平、劳动人格的社会化水平等。

"高难度"涉及劳动教育的实施过程。社会的发展性，学生群体的复杂多样性，大学的专业性，科技带给人的挑战性，教育的开放性，劳动形态的丰富性，劳动的实践性、具身性、情境性等，使得高等教育阶段的劳动教育的内容、方法、手段要更加适应国家、社会、学生的变化，同时，高等教育阶段劳动教育的合目的性与合规律性也非常重要，其实施过程需要劳动科学、教育科学、心理科学、技术科学等学科的支持。

第二节　各阶段劳动教育的核心目标及实施

一、幼儿园劳动教育重在启蒙劳动意识、培育劳动自信

我们常常因幼儿的体力、脑力及能力有限而忽视幼儿阶段的劳动教育。殊不知，幼儿是个小大人，劳动是幼儿看世界的一种方式。幼儿阶段也是幼儿的劳动意识启蒙、劳动能力大门开启、劳动观念初步建立的阶段。正如蒙台梭利（M. Montessori）的教育实验所揭示的，幼儿教育阶段的劳动教育一方面具有游戏活动的性质，另一方面又具有隐性教育的特点。可以说，让幼儿参与劳动不是追求劳动的社会价值，而是追求劳动的启蒙价值、体验价值，在于培养幼儿的劳动情感、态度、自信心及基本生活能力。其中，"我能够参与""我能行""我能做好"的自信心的培养是幼儿阶段劳动教育的关键目标和重要基础。幼儿阶段是幼儿身体和心理等发展极为迅速的时期，但由于其身心发育尚未成熟、生活能力还未完全形成，在认知、情感的发展和日常生活上都需要成人的精心呵护。同时，幼儿在手眼协调、做出精细动作、进行大肌肉活动等方面还处于最基础的发展阶段，需要通过适当的活动加以锻炼。正因为幼儿的劳动能力和劳动范围、内容、方式都很有限，因此，面向幼儿的劳动教育应围绕幼儿认识劳动世界、参与现实劳动活动方面，从幼儿兴趣的激发入手，培养幼儿参与劳动活动的自信心，进行劳动意识方面的启蒙教育。下面从四个方面具体讨论幼儿阶段的劳动教育目标及其实现。

（一）促进幼儿做到生活自理，养成良好的生活习惯

教育部 2012 年发布的《3—6 岁儿童学习与发展指南》指出："幼儿阶

段是儿童身体发育和机能发展极为迅速的时期，也是形成安全感和乐观态度的重要阶段。发育良好的身体、愉快的情绪、强健的体质、协调的动作、良好的生活习惯和基本生活能力是幼儿身心健康的重要标志，也是其他领域学习与发展的基础。"在幼儿园进行劳动教育，应把保护幼儿的生命和促进幼儿的健康放在工作的首位，在劳动教育中应尊重幼儿的人格、愿望和需要，尊重幼儿在劳动活动和劳动体验中的主体地位，多用表扬、鼓励等方法，以发挥他们的主动性和积极性，逐渐帮助幼儿养成勇于直面困难的态度和意志。

劳动从其本意上讲，是指需要人利用一定时间和付出一定强度的体力和智力才能完成相关任务的活动，通过劳动进行的教育自然被赋予了要对学生的行为和心理进行双重历练的含义。但幼儿因其特殊的心智发展水平和生理特点，无法同青少年般自觉自愿地进行劳动，故对幼儿的劳动教育应首先从培养其生活自理能力做起，努力使其养成良好的生活习惯和卫生习惯等，增强其面对生活的自信心。

人的一生，最基本、最重要的习惯是幼儿时期养成的。例如，饭前洗手，东西要放整齐，不随便拿别人的东西，坚持睡午觉，不随意破坏环境，垃圾要放入垃圾桶，等等。幼儿时期正是培养幼儿良好生活习惯的关键时期，教师和家长等应抓住这个宝贵的时期，培养幼儿良好的生活习惯和卫生习惯等，为幼儿以后的发展奠定行为习惯和意志品质等方面的基础。

针对幼儿良好生活习惯的养成这项内容，劳动教育的主要内容应包括三个方面。一是帮助幼儿养成良好的卫生习惯。第一，教师要对幼儿进行个人卫生教育。教师要教幼儿洗手、洗脸、洗头、洗脚和洗澡的正确做法，刷牙的正确姿势和养成饭后漱口的习惯，要引导幼儿剪指甲和保持衣服整洁，等等。第二，教师还要引导幼儿关注公共卫生。如教导幼儿不随地吐痰、大小便，不乱扔果皮纸屑，把垃圾放进垃圾箱，等等。二是教会幼儿良好的生活习惯。第一，教师要引导幼儿养成良好的饮食习惯，如饮食要定时定量，不挑食，不偏食，常喝水，不吃不干净的食物，等等。第二，教师要引导幼儿养成良好的遵守时间的习惯，如生活作息要规律，要在规定的时间里就餐、学习和游戏，等等。第三，教师要引导幼儿养成良好的睡眠和起床习惯，具体而言，就是要培养幼儿养成独自上床、按时睡觉和按时起床的习惯，等等。三是培养幼儿的生活自理能力。教师可联合家长，把学校劳动教育和家务劳动适当结合起来，让幼儿在学校和家庭中都能做一些和自身相关的力所能及的事，如自己洗脸、穿脱衣物、洗碗、扫地等。

对幼儿进行劳动教育，家庭是非常重要的场所，父母的言传身教、身体力行对幼儿有潜移默化的作用，幼儿园要加强家园合作，引导家庭的劳动教育。如指导父母教导幼儿时采取的教育方法应形象具体，讲究重复性，这样能使幼儿形成条件反射，进而达到使其养成相关习惯的目的。幼儿的很多好习惯趋于稳定，能从容地面对生活，知道自己能管理好自己，会在无形中增强幼儿对自己的信心。

幼儿阶段的劳动教育以家庭为基本场所，同时也要关注学校、社会场域（如商场、游乐场、社区等）的劳动教育，关注集体性的劳动教育和能够起到陶冶作用的其他劳动活动。

（二）注重情境式的劳动体验，让幼儿感受到劳动的快乐

教育者在开展劳动教育时，要遵循幼儿的身心发展规律和学习特点，充分尊重和保护幼儿的好奇心和学习兴趣，创设丰富的教育情境，最大限度地满足幼儿通过丰富的情境融入、直接感知、实际操作和亲身体验来获取经验的需要，使其感受到劳动的快乐。

浙江省东阳市第二实验幼儿园注重让幼儿融入情境来获得劳动体验，开发了"指向自然教育的幼儿园劳动课程研究""幼儿园农趣课程实践研究""指向自在教育的诗意课程研究"等劳动教育项目，让幼儿在贴近真实世界的环境中，感受劳动以及生物的生长过程的奇妙和魅力，在浓浓的劳动气息中感悟劳动、学会劳动。例如：在花园里，孩子们照顾植物，饲养动物，用眼用心感受四季更替，记录植物生长，陪伴生命循环；在小蜜蜂农场里，孩

子们挥起小锄头，种下土豆、花生、萝卜等；在百果园里，孩子们哼着悠扬的儿歌，从枝头采下新鲜的石榴、金橘、柚子、樱桃等；在户外田园实践基地，孩子们摘下豆荚，割下稻穗，挖出土豆与番薯；在美丽的庄园里，孩子们细心地照顾每一只小动物，用心地呵护每一株植物。

（三）带领幼儿走近身边的普通劳动者，让幼儿懂得劳动和劳动者的美

社会成员是由各行各业的劳动者组成的，社会生活的成果都是各行各业的劳动者通过辛勤劳动取得的。要引导幼儿了解劳动者为人们生活付出的劳动，尊重劳动人民，懂得劳动和劳动者的美。

一方面，让幼儿见识身边通过劳动所创造出的美，给幼儿讲解生活中各种宜人的事物，让幼儿明白这些事物是人通过劳动创造出来的，劳动创造了世界上一切美好的物质文明和精神文明。例如，带领幼儿参观标志性的现代建筑物，感受先进建筑技术的神奇；带领幼儿参观当地的生态园，感受劳动将荒芜之地改造成优美之地的魅力；引导幼儿观察家附近整洁的街道和马路，促使幼儿内心产生对清洁工作的尊敬，使其明白整洁之美。

另一方面，让幼儿了解各个行业的劳动者，感受劳动者的心灵之美，懂得尊重劳动者。教师可以打开园门，让幼儿走出去，让家长走进来，让社会各行业的劳动者走进幼儿的心灵，让幼儿体验不同劳动者的快乐。例如，幼儿园可举办"我是小小消防员""我当一天保洁员""劳动者请进园""绿芽宝宝爱劳动""小社会，大体验"等活动。此外，家长也可以对孩子讲述自己的职业，告诉孩子自己所从事的工作的意义和作用，也让孩子体会到父母为养育自己付出的辛勤劳动。

（四）重视幼儿在劳动过程中的交往体验，引导幼儿在劳动过程中学会与他人合作

良好的人际关系和社会适应能力对幼儿的身心健康及其知识的掌握、能力的发展具有重要影响。幼儿在与成人和同伴交往的过程中，不仅学习如何与人友好相处，也在学习如何看待自己、对待他人，不断发展自身适

应社会生活的能力。劳动教育也有这样的效果。

面向幼儿的劳动教育一般会设置由个人完成和由团队合作完成的劳动项目。在由个人完成的劳动项目中，教师应注意调动幼儿的劳动积极性，使幼儿愿意劳动。为此，教师要经常肯定幼儿所取得的劳动成果，使幼儿认可自己的劳动。保护和培养幼儿劳动的积极性，即便幼儿劳动效果不佳，也要从正面引导，不挫伤幼儿的劳动积极性，鼓励其继续尝试。对于需要团队合作完成的劳动项目，教师应鼓励幼儿在劳动过程中与他人展开交流和合作，让幼儿知道集体项目并不是靠自己一个人就能完成的，需要别人的帮忙和支持，同时，也学会跟同伴分享劳动成果，共同维护劳动成果，从小养成良好的合作习惯。

二、小学劳动教育重在塑造习惯，发展生活自理能力

苏霍姆林斯基说过，儿童的智慧在他的手指尖上。小学阶段是学生身心发展变化最大、可塑性最强的阶段。劳动，是个体以身体力行的方式获取知识和素养的重要途径。小学阶段的劳动教育，需要让学生参加身体力行的劳动项目，在这个阶段，教师在塑造学生积极劳动价值观和劳动精神的基础上，要培养学生良好的劳动习惯，锻炼学生的劳动技能，使其掌握劳动技巧，能较好地完成有些许技术含量和一定劳动强度与时间长度的劳动任务，发展学生的自理自治的能力。

（一）让学生通过家务劳动，感受父母的辛劳和自己应担负的责任，增强生活能力

家庭是开展劳动教育的重要场所，家务劳动是劳动教育最常见最有效的教育方式。2015 年，教育部联合两部门发布了《关于加强中小学劳动教育的意见》。一些地方甚至将家务活等劳动情况记入学生综合素质档案，作为其升学、评优的重要参考。让孩子做力所能及的家务劳动，能让孩子更清晰地评价自己处理事务的能力，能认识到自己的劳动对于家庭的作

用，完善自己的人格。

家长通过家务劳动，可以培养孩子的独立生活能力，锻炼孩子的身体协调能力、动手能力，提高孩子的问题解决能力和对事情进行分析、判断、安排的能力。孩子掌握的生活知识和技能越多，独立自主能力也就越强，能够更好地面对生活中所遇到的问题，并努力去克服和解决问题。

家长通过家务劳动，可以锻炼孩子与人交流、合作的能力和团结的意识。若孩子和父母在家务劳动过程中相互沟通、分工合作、努力达成目标，那么，在这个过程中孩子的分析能力、沟通技巧就会得到锻炼，合作意识和团结精神也会得到培养。

家长通过家务劳动，还可以培养孩子的责任感，使孩子感受到自己是家庭中的一分子，有责任和义务为这个家做些什么。如此一来，孩子将变得更加勤快，懂得面对家务人人有责。孩子自己整理书桌和书包、帮父母打扫家庭卫生等，可以在潜移默化中对孩子的人格产生正面影响，也能使孩子体会到父母操持家务的辛苦和不易，懂得感恩，和父母建立和谐的关系。

（二）让学生参加职业体验活动，理解职业劳动对他人和社会做出的贡献

职业是因社会分工而形成的，职业劳动是人类赖以发展和进步的源泉。对于常见的职业劳动，小学生可以亲身参与和体验；对于不常见的职业劳动，小学生可以通过观摩、参观等方式来加以体验。

杭州市长寿桥小学曾在"五一"劳动节设置了小学生和父母共同登台的"职业大畅谈"活动。通过这项活动，学生对其父母的职业有了初步的认识，对父母的辛勤劳动及其对社会做出的贡献有了更加深刻的认识。另外，该校还设置过"今天我当班"的体验活动。在这项活动中，学生跟随父母参加岗位劳动，如在餐厅做服务，在加油站维持秩序、记录加油信息，等等。学生体会到各种工作的繁忙和辛苦，感受到各类岗位对他人和社会的价值，同时也深切体会到父母的艰辛和不易。希望通过这类活动，学生能在职业体验中学习，在职业劳动中感悟生活，从小形成职业意识，

树立职业理想，将来愿意辛勤劳动，为他人和社会服务。

（三）让学生参加公益劳动，体悟服务他人的乐趣

《关于加强中小学劳动教育的意见》指出，城镇学校可结合实际情况组织学生参加公益劳动与志愿服务。公益劳动是指服务于公益事业、不取报酬的劳动。实践证明，公益劳动对于培养学生全心全意为人民服务、为社会主义事业服务的观念，形成自觉自愿地为公共利益而不计报酬的劳动态度，养成关心集体、关心他人、团结互助等品德，都有重要作用。

学校组织的公益劳动主要包括工农业生产劳动和各种服务性劳动，如参加植树活动、打扫公共卫生、帮助烈士军属和残疾人、帮助交警维持交通秩序等。学校在组织学生参加公益劳动时，应有目的、有计划地对学生进行思想教育，讲明公益劳动的意义，引导学生自觉自愿地参加为社会服务的无偿劳动。要照顾学生的年龄特点、性别特点和个别差异，妥善安排劳动项目和时间，避免学生负担过重。学校要从实际情况出发，选择学生力所能及的公益劳动。具体的劳动单位可以是学校、班级、小组或团队，亦可以是学生个人。教师在公益劳动中要以身作则，深入一线，对学生进行指导和教育，引导学生接触社会和深入生活，掌握服务技能，形成愿意为他人、为社会无偿劳动的良好品格和高尚情操。

（四）组织学生适当参加农业劳动，掌握基本的农业生产技能

人类最早的劳动形式就是农业劳动，参加农业劳动是学生经历和体验完整的作物生长、亲近大自然、获得劳动技能最好的方式之一。就劳动教育而言，农业劳动也是看得见、摸得着、手脑并用的一个基础载体。经历完整的农业劳动过程后，学生会形成和丰富对劳动工具、劳动对象、劳动环境等的基本认知。

杭州市富阳区富春第七小学围绕农业劳动设计了本校的德育、智育、体育、美育方面的活动，通过多年探索，目前该校已逐渐形成了极富特色的新劳动教育模式：以劳辅德，以劳增智，以劳强体，以劳育美，以劳养

心，把德智体美和心灵结合在一起，让孩子接地气、亲近自然。学校开设了"开心农场"，设置了系列主题活动和相关课程，教师和学生都拓宽了自己的知识面。学生在研究播种、除草、施肥等过程中，不仅仅付出了劳动，还掌握了很多的生产劳动技能，更与大自然有了零距离接触。学校还将劳动教育与语文、数学、科学、美术等课程有机统一，使本校的劳动教育有了丰厚的根基，而学校教育也有了新鲜的元素。

三、中学劳动教育重在强化能力、培养自立品质

中学阶段是人生的"拔节"阶段，个体在这个阶段生理发育十分迅速，并趋向成熟水平。但是，其心理发展的速度则相对缓慢，心理水平尚处于从幼稚向成熟的过渡时期，这样一来，中学生的身心就会出现种种发展上的矛盾。在此期间，实现生理心理的和谐统一、走向人生的自立征程至为关键。适当的劳动实践，既可以锻炼学生的身体，增强其体能，也能促进其心理发展，使其逐渐达到较高水平的自立状态。

中学阶段包含了初中和高中两个学段，其中，初中是九年义务教育的范畴，高中则分为普通高中和中等职业学校两种不同类型的学校，但无论是普通高中还是中等职业学校，都必须加强职业劳动教育。开始职业生涯，是一个人自立的重要标志，与职业生涯相关的劳动教育既是劳动教育的盲区和难点，也是劳动教育的一个生长点。

（一）将劳动当作学习方式，重视劳动技能的学习

劳动实践的过程，不仅是学生付出体力、完成劳动目标和任务的过程，而且是其对已有知识、方法与经验进行综合运用，对新的知识、技能、方法、价值观等进行综合学习的过程。相对于单一性书本知识学习、间接知识学习，劳动实践的学习属性更具有综合性、实践性、情境性等特性，更加体现知行合一、手脑并用、身心和谐等教育追求。中学阶段，相对来说，知识学习量大，学业负担较重，伏案学习时间较长，从这个方面

来说，劳动实践是非常重要的学习方式。中学阶段，学校应该高度重视劳动实践学习方式在学生发展中所能发挥的独特作用，努力实现劳动实践的多方面价值。

任何劳动，尤其是以体力劳动为基础的劳动教育，都离不开一定的劳动技能。劳动技能是学生劳动行为得以实际发生、劳动任务得以完成、劳动能力得以增强、劳动精神得以树立的基础。中学阶段是学生劳动技能发展较快、学习能力较强的阶段，应充分利用这一关键时期，注重学生在一定的劳动观念、劳动习惯形成的基础上劳动技能的学习，为强化学生的劳动能力、培养学生的自立品质奠定基础。

中学阶段的劳动教育应以劳动知识、技能与价值观相统一的教育为主，树立劳动与工具、技能、思维、文化相加的劳动教育观，使劳动教育从基本知识、基本技能、基本思维、基本态度以及积累基本经验和接受人格熏陶等层面上发挥基本的教育价值，同时还要挖掘并努力实现劳动的技术技能教育对于学生的程序性知识建构、实践能力培养、创造力发展、社会性提升和良好人格建构等方面的独特教育价值。新时代的劳动教育立足于现代技术的本质，旨在发挥其丰富的育人价值，避免学生只进行单一、机械的技能学习，强调技能的形成、思想方法的掌握、文化的领悟、人格的养成的有机统一和核心素养的养成。

（二）引导学生完成劳动任务，注重其在劳动过程中的问题探究

劳动能力的增强离不开劳动过程中的问题解决，而问题解决的过程是学生在劳动过程中发现问题、分析问题、解决问题的过程。中学阶段劳动教育的实施，一方面要基于学生劳动技能的习得与提高，在此基础上采用一定的方法进行探究学习、探究实践；另一方面也要关注中学生的心理特点，鼓励其对劳动过程中的技术问题、疑难问题等不灰心、不逃避，通过学习、练习和坚持，最终实现问题解决。

中学阶段劳动教育项目的设置，应增加技术问题解决的环节和步骤，使学生能经常运用常见技术，解决生活中遇到的问题。在劳动教育中既要

利用传统技术培养学生的基本素质，又要使学生掌握一些高新科技领域的知识，形成技术意识和创新精神，更好地解决实际生活中的劳动问题。劳动教育要使学生掌握生活劳动、简单的生产劳动和自我服务性劳动的基本知识和方法，以及现代生产的基本原理和方法。例如，让学生学习金工、木工、电工等工作中常用工具的使用方法，了解植物栽培和动物饲养等方面的简单知识；让学生初步掌握编制和缝制技术，制作简单的手工作品；等等。

（三）加强学生劳动情感态度价值观教育，注重学生劳动品质的养成

中学生正处于世界观、价值观、人生观形成的关键阶段。要通过动手实践和出力流汗的劳动项目，使学生深化对劳动价值观的认识，增强劳动情感的稳定性，从而形成更为深厚的热爱劳动、热爱劳动者的思想感情；要使学生通过对劳动知识、劳动技能的学习，学会在劳动过程中与他人合作，感受劳动关系对劳动效能和人际和谐的重要性，进一步巩固良好的劳动习惯；要通过具有一定强度、一定难度的劳动实践活动，磨炼学生的劳动意志，发展学生的创造精神，培养其不怕挫折、勤劳节俭、精心细致等劳动品质。通过这些，以进一步培养和提升学生的劳动素养，促进学生的自立意识与良好品质的形成。

四、大学劳动教育重在陶冶情操、铸就自强意志

高校作为育人的重要基地，承担着向国家和社会输送人才的重要任务。劳动是大学生成人成才的基础，也关系到高校立德树人根本任务的实现、国家的发展和民族的未来。长大后能够辛勤劳动、诚实劳动、创造性劳动是习近平总书记对学生接受劳动教育的期望。大学生作为未来直接从事劳动的后备军，迫切地需要养成全面系统的劳动素养，以更好地走向人生的职业世界和奋斗之路，应该在专业化、创造性劳动中陶冶高尚情操，树立劳动的文化自觉，铸就自强不息的意志。

（一）大学阶段的劳动教育要与专业教育深度融合

培养专业人才是大学教育的根本任务，大学生必须从专业学习中成长起来，才能获得使自己自强不息的意志与能力。大学阶段以专业教育为主，大学生通过专业教育掌握专业知识和技能，为自己以后进入社会从事专业工作打下坚实的基础。所以，大学阶段的劳动教育要与专业教育相融合，这对大学生而言也是最适宜、最有效的学习方式。中国劳动关系学院院长刘向兵说："高校推进劳动教育要在进课堂、进教材的同时，将其与专业教育相结合、与实践实习相结合、与思想政治教育相结合、与创新创业教育相结合，将劳动教育融入高校立德树人、教学科研的方方面面。"①大学阶段的劳动教育与专业教育的融合是双向的。一方面，劳动教育要结合专业教育、专业实践、专业发展来进行；另一方面，专业教育也要基于学科育人、专业育人的理念，在其专业知识学习、专业能力建构的同时，有机渗透相应劳动知识，建构专业化的劳动能力，培养更为深刻的劳动认识和更为高尚的劳动情操。大学本科阶段应主要倡导与专业相关的生产劳动教育、创造性劳动教育，鼓励学生主动参与有专业背景的服务性劳动和公益劳动与志愿服务。

（二）大学阶段的劳动教育要注重多种创新性元素的融合

随着人工智能等新技术的快速发展，一些体力劳动岗位将越来越多地被机器替代，在这种情况下还需要劳动和劳动精神吗？答案是肯定的。全国政协委员，安徽省政协副主席、省教育厅厅长李和平认为，创造性劳动是机器替代不了的，而且会越来越重要。而从教育的角度看，劳动教育的功能更是人工智能所不可取代的。②

当今科技突飞猛进，新时代的劳动教育必须直面环境的变化，及时更

---

① 李澈，高毅哲. 劳动教育这一课，大学怎么补：政协委员和专家为高校开展劳动教育建言 [N]. 中国教育报，2019-03-13（6）.
② 同①.

新教育形式和教育观念。高校应使大学生深刻认识到技术进步只不过使人类的劳动方式、劳动领域、劳动岗位发生了新的变化，但人的创造性仍是人机协作和人类进行智慧劳动、创造性劳动的重要基础。对此，北京师范大学檀传宝教授指出，"新时代劳动教育的开展要考虑两点：一是劳动形态，要与时俱进，不能犯把劳动等同于体力劳动的错误；二是教育形态，需要一定的课程，关键是要考虑怎样让间接的劳动教育在教育实践中得到强化"①。因此，高校进行劳动教育的多课程形态组合，将有利于全方位培养所有学生的劳动素养，尤其是大学生利用专业知识和技能开展创新性劳动的素养。同时，劳动教育的创造性内容和元素与创新创业教育内容有极大关联，通过设置创新创业方面的相关课程，可以开发学生的创造潜能，培养大学生创造性劳动素养。

（三）大学阶段的劳动教育要引导学生养成爱岗敬业的文化自觉和自强不息的奋斗精神

　　大学劳动教育要强化对学生未来岗位人才所需要的爱岗敬业、精益求精、善于创新等品质的培养，深化学生对劳动的文化理解和从事劳动活动的文化自觉。全国政协委员、空军航空大学教授杨承志建议，"培育劳动情怀，让学生在劳动教育和实践中掌握劳动技能、积累劳动经验、提升劳动能力，塑造岗位需要的职业素养和道德品质"②。这对大学劳动教育是非常重要的，也是大学劳动教育的基本要求。大学生毕业后将走上工作岗位，无论走向哪一行业、从事哪一职业，都要具备基础的劳动素养和良好的工匠精神。这体现了一个人的职业道德、职业能力、职业品质，反映了从业者良好的职业价值取向和行为表现，如敬业、精益求精、专注等。与此同时，要强化对学生劳动精神的教育，努力培养学生自强不息的奋斗精神，以能够更好地担当民族复兴大任。

---

① 李澈，高毅哲. 劳动教育这一课，大学怎么补：政协委员和专家为高校开展劳动教育建言 [N]. 中国教育报，2019-03-13（6）.
② 同①.

第一，高校要通过劳动教育使大学生形成敬业的态度。敬业是从业者基于对职业的敬畏和热爱而产生的一种全身心投入、认认真真、尽职尽责的精神状态。中华民族历来有敬业乐群、忠于职守的传统，敬业是中国人的传统美德，也是当今社会主义核心价值观之一。行事要严肃认真不怠慢，临事要专心致志不懈怠，对工作保持恭敬谨慎的态度。

第二，高校要通过劳动教育使大学生形成精益求精的精神。精益求精是指从业者对每件产品、每道工序都凝神聚力、追求极致，是一种职业精神。即使做一颗螺丝钉也要做到最好。天下大事，必作于细。能够基业长青的企业，都是精益求精的典范。

第三，高校要通过劳动教育使大学生养成专注的品质。专注就是内心笃定而着眼于细节的耐心、执着、坚持的品质，这是一切大国工匠所必须具备的精神品质。从中外实践经验来看，工匠精神都意味着一种执着，即一种几十年如一日的坚持与韧性。术业有专攻，一旦选定行业，就一门心思扎根下去，心无旁骛，不断积累优势，争取成为"领头羊"。

第四，高校要通过劳动教育使大学生具有自强不息的奋斗精神。劳动最伟大、奋斗最幸福，幸福是奋斗出来的。实现中华民族复兴的伟大事业需要几代人的辛勤劳动和艰苦奋斗，因此，培养学生的奋斗精神对国家的发展、民族的振兴至为关键。大学劳动教育要引导学生通过劳动实践形成到艰苦行业、艰苦岗位建功立业的价值取向，形成通过专业劳动服务社会、实现人生价值的基本能力，形成锲而不舍、不懈奋斗、自强不息的坚强意志，用坚实而富有担当、平凡而富有创造的辛勤劳动托起中国梦。

第三节　如何贯通大中小幼的劳动素养教育

学生良好的劳动素养的形成需要通过学前、小学、中学、大学四个学段的贯通培养来实现，对各学段而言，既要从自身特点出发进行劳动教育，又要和其他学段的劳动教育保持贯通。针对各个学段的劳动教育，要用"一根红线穿到底，各个学段写春秋"的思路来加强顶层设计。

一、进行大中小幼一体化课程设计

新时代大中小幼一体化的劳动教育目标体系应从培养劳动观念与精神、掌握劳动知识与技能、养成劳动习惯与品质三个方面构建，形成与各行各业各类劳动内容相对接的"日常生活劳动、生产劳动、服务性劳动、职业体验劳动、专业实践劳动"等劳动教育内容体系，创设"学科课程、广域课程、整合课程"的多元化劳动教育课程形态，运用课堂教学、主题活动、项目实践、实习实训、职业体验、勤工俭学、志愿服务等多样化的学习方式，形成大中小幼各学段目标贯通、内容有机衔接且各有侧重、遵循学生成长规律的一体化劳动教育体系。总体来说，学前阶段为劳动教育的感知和游戏学习阶段，小学阶段为劳动教育的启蒙和实践体验以及行为习惯塑造阶段，中学阶段为劳动教育的拓展和实践探索以及习惯巩固阶段，大学阶段为劳动教育的深化和实践创新以及习惯自觉阶段。

在大中小幼劳动教育体系建设中，必须充分发挥学校课程建设这个主渠道、主阵地的作用，加强大中小幼劳动教育的课程设计与实施。应基于劳动教育的历史发展经验，根据各学段学生的身心发展规律和我国的教育实际，构建具有基础性和时代性、包容性和开放性、立足当下、面向未来的一体化的课程体系。

(一) 学前教育阶段

在设计学前教育阶段的劳动课程时，建议在社会领域、健康领域增加劳动教育的活动内容，以在生活中感知劳动知识、在游戏中陶冶劳动态度、在活动中体验劳动价值等为基本理念，设计和组织学前儿童的自我服务性劳动（如穿脱衣服、洗手等）、集体服务性劳动（如取玩具、擦小椅子等）、种植类劳动（如拔萝卜、摘豆子等）、手工制作类劳动（如穿珠子、锯木片等），以及玩劳动游戏、进行职业角色扮演等。学前儿童的劳动教育活动应该在教师的现场指导下进行，应注意劳动场所的安全性和对幼儿的安全教育。应将相应的劳动活动主题和劳动活动时间固定化，以激发幼儿参加劳动活动的愿望；应采用寓教于乐、互助式学习等方式加强幼儿对基本的生活技能的学习；应加强教师的示范引领作用，引导幼儿在生活中学习、在游戏中学习、在模仿中学习，初步形成劳动观念和劳动意识。

（二）小学阶段

建议借鉴一些国家和地区的经验，在小学阶段开设劳动与技术的必修课程，以生活中的必需技术技能为基础，以劳动实践为基本形态，以劳动素养为核心追求，进行课程设置与课程实施。目标定位和课程内容可根据小学各年级的差异形成一定的梯度和区分度。

小学1—2年级建议定位于劳动与生活课程。其主要要求是让学生学习如何在日常生活中做到自理，感知劳动乐趣，知道人人都要劳动。劳动课程内容主要围绕个人生活自理活动而展开。具体劳动内容应包括让学生收拾自己的书包、清洗碗筷、洗涤轻巧衣物、整理学习用品、清理自己的垃圾、学会洗澡和戴口罩等项目。劳动教育课程可以由专门的教师来教授，也可由综合活动实践课程教师教授，还可以请校外兼职教师参与，如可请当地工匠、劳模、企业技术能手做兼职教师。开设综合实践活动课程可配备实践基地，以经济社会发展和产业结构转型引领劳动教育的内容。

小学3—6年级建议设置劳动与技术课程，其主要要求为围绕卫生、劳动习惯养成，让学生做好个人清洁卫生，主动分担家务，适当参加校内外公益劳动，学会与他人合作劳动，体会劳动光荣。与此同时，要引导学生形成运用技术提高劳动效率和质量、改善日常生活、创造美好生活的意识。小学3—6年级劳动教育内容主要围绕家务劳动、简单生产劳动和因地制宜的服务性劳动而展开。

（三）中学阶段

建议在初中设置劳动与技术的必修课程。初中阶段要注重增加劳动知识的技术含量，加强家务学习，开展社区服务，让学生适当参加生产劳动，使学生初步养成认真负责、吃苦耐劳的品质和职业意识。普通高中劳动教育要结合通用技术和信息技术的学习进行专题化的劳动教育和专门的劳动实践，注重围绕增强劳动能力、拓展劳动体验、深化劳动认识，开展服务性劳动、生产劳动、职业体验劳动等，使学生熟练掌握一定劳动技能，理解劳动创造价值的内涵，具有劳动自立意识和主动服务他人、服务社会的情怀。这个阶段的劳动教育还要注重让学生经历包含特定技能的日常生活劳动、生产劳动、职业体验劳动的实际过程，理解劳动创造人、创造财富、创造世界的思想，善于与他人合作，具有劳动的质量意识、环保意识等，形成积极劳动和吃苦耐劳的品质。课程内容主要包括具有一定技术含量的日常生活劳动，如织物洗涤、烹饪、编织、家用电器使用与维护、校园环境保护、急救与安全保护等，承担自己作为家庭成员和学校中的学生的劳动责任。

在中等职业教育阶段，建议设置必修的劳动与职业课程，结合专业人才培养和职业生涯规划课程与创业教育课程开展劳动教育，采用专题式劳动教育、专业实践与专业实习的职业劳动教育，以及组织与专业相联系的校内外的公益劳动等，增强学生职业荣誉感，提高其职业技能水平，培育学生精益求精的工匠精神和爱岗敬业的劳动态度。中等职业学校的劳动教育还要从学生的年龄（未成年）特点出发，加强生活自立意识与能力的培养，要通过校企合作全程、全员、全方位的协同，加强对学生的劳动素养的培养，以进一步深化中等职业学校的人才培养模式和教育教学改革。此外，要注重对高职院校学生劳动社会实践能力的培养，实现高职院校产教融合、校企合作人才培养模式的深度发展。

（四）大学阶段

建议在大学阶段设置必修的劳动与综合实践活动类项目课程，可采用学分制，建议设 2 个必修学分。大学阶段的劳动教育要注重围绕创新创业，结合学科和专业积极开展实习实训、专业服务、社会实践、勤工助学等活动，要关注劳动与经济、劳动与法律、劳动与职业、劳动与安全健康等内容的渗透和落实，重视新知识、新技术、新工艺、新方法的应用，使学生增强诚实劳动的意识，积累职业经验，提升就业创业和创造性地解决实际问题的能力，树立正确的择业观，具有到艰苦地区和行业工作的奋斗精神，懂得空谈误国、实干兴邦的深刻道理。大学阶段的劳动教育，要结合所学专业进行劳动实践活动，强化职业劳动、专业实践与综合实践活动的有机结合，保障劳动实践活动的课时，同时要加强劳动教育课程的项目设计，注重项目体系的结构性、实践性、现代性的高度统一，注重项目内容中劳动情操、劳动意志培养等教育目标的有机融入，以全面提升其劳动素养。

二、大中小幼阶段贯通培养学生的劳动素养的举措

（一）建构劳动教育体系，增强劳动教育的系统性

要建立完善的劳动教育体系，保证劳动教育在各个学段正常开展，在顶层设计上要加强统筹协调、系统推进。首先，政府和教育行政部门要加强对劳动教育的领导，明确劳动教育责任主体，加强县级统筹，确保劳动教育的时间、师资、经费、场地、设备等落实到位。其次，学校要加强校内统筹，既要发挥班主任、任课教师的积极性，也要发挥共青团、少先队、学生会的作用。最后，学校要加强校外协调，积极借助家庭、社区、企业等力量，让他们共同关心支持劳动教育，形成从上至下的纵向教育行政推动力和社会各方面力量的横向作用网络。

加强家庭、学校和社会之间的协同合作也是构建劳动教育体系的重要内容。若劳动教育要在空间上有效对接，在时间上贯穿人的终身，那么就有必要建立立体式网络状的校内外劳动教育协同育人机制，加强学校、社会和家庭的有机结合，形成学校、社会和家庭三位一体的协同育人、全面育人的劳动教育大格局。为了建立这一格局，首要任务是明确家庭、学校

和社会在劳动教育中的地位和职能。"在包括社会主义社会在内的任何社会的生活中，以及在人本身的历史演变中，对于教育青年有重大意义的是家庭关系的性质和人对于这种关系的看法。"① 因此，家庭是所有教育尤其是劳动教育的重要阵地，家庭教育是开展劳动教育的主要方式之一。除了家庭外，还要关注社会。在技术元素高度融入家庭、社会生活的当下，学生的劳动技术素养与家庭的诸多要素以及社会资源的供给紧密相关。虽然学校课堂是实施劳动教育的主要途径，是各学段劳动教育的基础，但学校不是唯一的主体，因为劳动教育不只发生在课堂上，还发生在家庭与社会中。在劳动教育中家庭和社会都是学校的合伙人，学校、家庭、社会是相辅相成、紧密联系的。只有将三者有机结合在一起，形成教育合力，才能打造优良的劳动教育资源，营造有效的劳动教育环境，也才能连贯地培养学生的劳动素养。

（二）创新劳动教育途径，增强劳动教育的有效性

从幼儿园阶段到大学阶段的劳动教育，应根据各学段学生身心特点和发展规律逐步深化和拓展，各阶段开展劳动教育的途径也需要根据时代变化来加以创新；针对自我服务劳动、社会公益劳动、社会生产劳动等，学校、家庭和社会要研究具体实施方式、方法与途径。

在目前的劳动教育中，学生所掌握的劳动知识还比较片面，劳动活动频率较低、形式单一，严重缺乏劳动实践锻炼，这与劳动教育资源不足和劳动教育途径单一有较大关系。为此，必须要加强劳动教育资源建设，开发更多更优质的劳动教育平台和课程。课程和实践是劳动教育实施的重要途径。要着力改变当前劳动教育被窄化、弱化，实施途径相对单一的现状；着力补齐劳动教育缺内容、缺渠道、缺载体、缺路径的突出短板；着力改变"以教代劳、以说代劳"的现象和解决劳动教育娱乐化、边缘化的问题；着力避免走入"没有劳动的教育"或"没有教育的劳动"的误区。

---

① 门德斯. 家庭、学校与劳动集体在教育青少年中的相互作用 [J]. 现代外国哲学社会科学文摘，1990（5）：34-35.

增强劳动教育的有效性，就必须提高劳动教育的科学性。认真研究和处理好劳动教育课程与实践之间的关系，探索劳动教育独立课程建设，不断强化与德育、智育、体育、美育相融合的"劳动+"课程，深入开展劳动教育的理论探讨，丰富劳动知识，提高劳动理论素养，增强劳动价值认同。要强化劳动教育融合课程，将劳动教育与专业课程、选修课程深度融通，在专业课程、选修课程中适时适当适度融入专业劳动知识与技能、劳动纪律、劳动法、职业道德等内容，引导各阶段学生自觉劳动、辛勤劳动，学会诚实劳动、科学劳动和创造性劳动。要落实劳动教育实践课程，借助产教融合、校企合作、当地政府资源以及职业学校资源，创建、联建或共享劳动实践基地。适当组织家务劳动、学校劳动、公益活动、志愿服务，以及高年级专业实习、勤工助学、自我服务等，有条件的可以不定期组织学生参与无偿的普通劳动，让学生在劳动体验中获得技能技巧，培养劳动责任感、集体主义精神，增强纪律意识，帮助学生养成良好的劳动素养。

（三）优化劳动教育内容，增强劳动教育的针对性

从教育的目的性、劳动的现代性、当前学生劳动的缺失性、劳动教育的实践性等出发，优化、创新、重组劳动教育内容，提高各个学段劳动教育的针对性，以更好地培养学生的劳动素养。

新时代的生产力发展、技术革新、文化进步，促使传统劳动方式和组织形态发生了深刻的变革，新时代的劳动教育在内容上明显有别于传统劳动教育，劳动教育被赋予了新的内涵。劳动在传统的实践性、情境性之外，呈现出越来越明显的创造性、协作性、非物质性的特点。这就要求学校不仅致力于培养兢兢业业的普通劳动者，还要造就技艺精湛的大国工匠和致力于创造发明的科学大家，加快教育强国和制造业强国建设。因此，新时代的劳动教育要加强针对性，一方面，仍然要重视物质劳动教育的价值，引导学生通过有汗水、有老茧、有疲乏的体力劳动，以获得技能、磨炼意志、提升自我。另一方面，要澄清劳动教育的新意蕴，挖掘劳动教育

的新内涵，创新劳动教育的新形式，彰显劳动教育的新价值，以增强劳动教育的时代性，为学生应对未来生活打下坚实的劳动素养基础。

新时代的劳动教育内容要突出时代性，要与新产业、新业态、新技术相呼应，加强网络劳动的教育，引导学生全面客观科学对待网络劳动，遵守网络劳动法律法规；加强劳动与休闲教育，引导学生把劳动和休闲自觉自主地统一起来，学会忙中有闲、劳逸结合、健康劳动。要把劳动与云计算、物联网、大数据、人工智能等新技术衔接起来，鼓励学生运用多学科知识，开展创造性劳动，以创新融入当代社会，实现人生价值。

第十一章

各类学校融通劳动教育

新时代，党和国家高度重视劳动教育，劳动教育的重要性和必要性得到了充分的肯定。在 2018 年教师节举办的全国教育大会上，习近平总书记在讲话中特别指出：要努力构建德智体美劳全面培养的教育体系，形成更高水平的人才培养体系。要在学生中弘扬劳动精神，教育引导学生崇尚劳动、尊重劳动，懂得劳动最光荣、劳动最崇高、劳动最伟大、劳动最美丽的道理，长大后能够辛勤劳动、诚实劳动、创造性劳动。劳动教育是全面贯彻党的教育方针的基本要求，是实施素质教育的重要内容，是培育和践行社会主义核心价值观的有效途径。从外延上来说，劳动教育是普通教育，面向所有学生；劳动教育是素质教育，能训练学生的劳动技能，培养其劳动习惯，帮助其形成劳动价值观；劳动教育是终身教育，贯穿人的一生。应充分发挥劳动综合育人的功能，以劳树德、以劳增智、以劳强体、以劳育美，促进学生德智体美劳全面发展。

劳动教育的关键环节在校内劳动、社会劳动及家务劳动。劳动教育应注意发挥综合优势，做到资源共享、统筹规划。正如教育部、共青团中央、全国少工委联合印发的《关于加强中小学劳动教育的意见》所指出的，小学、初中、高中每个学段都要安排一定时间的农业生产、工业体验、商业和服务业实习等劳动实践。加强城乡学生交流，组织学生学工学农。农村地区要积极争取当地政府和有关部门的支持，安排相应的土地、山林、草场或水面作为学农实践的基地。城市地区要统筹建立劳动教育实践基地，或充分利用现有青少年校外活动场所、青少年宫和示范性综合实践基地开展劳动教育。中共中央、国务院印发的《关于全面加强新时代大中小学劳动教育的意见》从顶层设计的高度进一步明确指出：把劳动教育纳入人才培养全过程，贯通大中小学各学段，贯穿家庭、学校、社会各方面。整体优化学校课程设置，形成具有综合性、实践性、开放性、针对性的劳动教育课程体系。根据教育目标，针对不同学段、类型学生的特点切实开展好劳动教育。可见，城乡之间、大中小学之间以及普职学校之间开展的劳动教育既有联系又存在某些区别，只有在普职学校、城乡学校及大中小学之间加强融通，发挥各自的优势，才能更好地形成整体效应，齐抓共促劳动教育，培养具有高标准劳动素养和技能的有用之才。

第一节　普职学校融通劳动教育

新时代，加强劳动教育是普通学校和职业学校都必须认真对待的一项重要的教育任务。普通学校和职业学校开展劳动教育各具优势，两者可以共享资源、互鉴方法。加强普职学校之间的融通，能更加有效地开展劳动教育。

一、普职学校融通劳动教育的含义及主要模式

（一）普职学校融通劳动教育的含义

普职学校融通劳动教育主要是指注重普通学校劳动教育与职业学校劳

动教育的对接，在课程、师资、设备、场地等多个方面做到共享互鉴。如普通中小学可以考虑和职业学校合作，充分利用职业学校的资源开展劳动教育。①《国家职业教育改革实施方案》指出，"鼓励中等职业学校联合中小学开展劳动和职业启蒙教育，将动手实践内容纳入中小学相关课程和学生综合素质评价"。国务院办公厅发布的《关于深化产教融合的若干意见》也指出，将动手实践内容纳入中小学相关课程和学生综合素质评价，鼓励职业学校实训基地向普通中学开放。可以看出，职业学校在助推中小学劳动教育方面承担着义不容辞的责任。

（二）普职学校融通劳动教育的主要模式

从已有实践形式来看，普职学校融通劳动教育主要有优势资源共享、多方联动等模式。

1. 优势资源共享模式

目前，全国有 1 万余所中等职业学校和高等职业院校，它们在开展劳动教育方面具有独特优势，这些职业学校能够助推普通学校有效地开展劳动教育。例如，职业学校具有开展劳动教育的实训场所，其专业设置和技能人才培养过程可以为加强大中小学生的职业认知、职业情感、职业体验、职业选择提供真实的场景。职业学校联合普通中小学开展劳动教育和职业启蒙教育，可以帮助学生形成初步的职业体验，使他们了解这个世界上存在哪些职业以及这些职业的相关要求是什么，并引导学生逐步发现和培养自己的职业兴趣，为未来的专业或职业选择奠定基础；学习平等地对待每一种职业，树立正确的职业观念，在今后的学习和生活中能够不断评估自身能力与职业能力要求的契合度，从而选择适合自身兴趣与能力的教育类型、专业方向和发展路径。普通学校除开设基本的劳动教育与职业启蒙教育课程外，还可以开展各类职业日和职业活动周等活动。有条件的普通学校可以组织学生到职业学校的课堂或训练基地开展职业体验或角色扮

---

① 汪瑞林，赵黎明. 新时代如何加强劳动教育 ［N］. 中国教育报，2019-03-10（4）.

演活动。①

总之，职业学校在劳动教育场所、相关课程、专业师资力量、专业设置与技能等方面具有资源优势。职业学校可以通过训练指导、场所运用、联合性活动、观念启发引导等方式助推普通学校的劳动教育，在一定程度上实现普职学校劳动教育融通。

2. 多方联动模式

在产教融合背景下，学校、企业、政府等多方面主体都可以参与到劳动教育中来，共同为劳动教育提供助力。例如，企业是最真实的劳动场域，在企业中参加实习、实训是最直接的劳动。广大职业院校在推动中小学劳动教育过程中可以承担"中间人"的角色，撮合中小学与企业的合作，将中小学生适当地送到企业中去参观、锻炼，体验劳动的魅力。一方面，职业院校可以将劳动教育的课程教学搬到企业中去，使中小学生在企业职工的引导下，边做边学、边学边思、边思边问，真实感受劳动生产的完整过程；另一方面，可以充分利用学生寒暑假时间，借助政府的力量，通过专项资助劳动夏令营、冬令营的方式，组织中小学生走进战略性新兴产业、先进制造业等领域的技能大师的工作室，通过参观工作室和聆听科技前沿讲座、励志演讲与匠心分享等活动，感受技能大师的成长历程，分享他们的成功经验，感悟其社会价值，为学生长大后辛勤劳动、诚实劳动、创造性劳动奠定丰实的基础。②

二、普职学校融通劳动教育的典型案例

北京市积极响应党和政府开展劳动教育的号召，认真落实劳动教育相关方针政策。北京的一些普通高校、企业、职业院校与中小学互动，共享资源，创新课程形式，做到德技结合、系统设计，携手提升劳动教育"技

---

① 沈有禄. 中小学劳动和职业启蒙教育如何开展［N］. 中国教育报，2019-03-19（9）.
② 陈鹏. 职业院校：中小学劳动教育的助推器［N］. 中国教育报，2019-03-05（9）.

术含量"，在普职学校融通劳动教育方面开创了许多新形式，积累了一定经验，值得借鉴。

【案例 11-1】

<h3 style="text-align:center">北京职业院校面向中小学开发职业体验课程①</h3>

北京市充分利用职业院校资源，开设面向中小学的职业体验课程。越来越多的中小学生走出教室，在动手实践中学习生活技能，体验职业精神，感受劳动光荣。

各显其能，避免"一刀切"的课程形式

长期以来，北京中小学在开展综合实践教育时面临场地、师资等条件限制。虽然有些学校可以获得高校、企业等社会资源，但分布不均。同时，职业院校在生源减少的情况下，也在寻求新的发展。北京农业职业学院是北京市首批市级学农基地，在这里，学生通过自主选课的方式，进行共计 5 大主题、90 余门教育实践类课程的学习。2018 年，北京第一家学工基地落户北京市自动化工程学校，当年就有来自房山区、大兴区 9 所学校的 1248 名师生来此实践体验。与此同时，北京各区所属的中职学校结合自身实际，开展灵活多样的课程探索，例如"拎包课程"、送课下校，"定制课程"等。

融合德育，不只是技能培训这么简单

如何充分挖掘职业体验课程当中的德育元素，在劳动实践中渗透德育？

北京农业职业学院学农基地注重将农业生产与传统文化相结合，与中国农业方面的非物质文化遗产相结合，让学生亲身体验中国博大精深的农业文化、农业文明，从而树立文化自信和民族自豪感。北京市自动化工程学校也在尝试将社会主义核心价值观贯穿于职业体验、学工实践的始终，学校开发了工业与生活、工业与环境、工业与文化、工业与创意、工业与科技 5 大系列课程，让学生在学习知识、掌握技能的同时，了解中国制造

---

① 参考：焦以璇，高靓. 北京职业院校利用实训场地和师资，面向中小学开发职业体验课程：普职携手提升劳动教育"技术含量"［N］. 中国教育报，2018-11-03（1）.

在新时代背景下所肩负的责任，培养学生的家国情怀。

系统设计，与中小学课程形成良性互动

职业体验教育，不能只是春秋游式的体验活动，而是要真正与中学课程形成良性互动，实现校内外教育的有效对接。目前，职业体验课程的开发设计大多以职业院校为主导，未来需要打破各个单位的壁垒，做到资源整合与共享，建立起由职业院校、中小学、教育科研部门共同参与的课程开发体系，形成育人合力。职业院校需要改变教育理念与授课方式以适应中小学生的认知特点，可以与中小学进行类似"双师制"的尝试，从课程开发、设计到课程内容的讲授，由中小学教师和职校教师共同合力完成，让职业体验教育真正成为校内教育的重要组成部分。

第二节　城乡学校融通劳动教育

新中国成立后，由于多种原因，我国形成了城乡二元结构，城乡之间在户籍、资源配置等方面存在很大的差别。在教育上，也同样形成了城乡学校之间的明显差别。在开展劳动教育方面，城乡学校所具有的校内外劳动教育资源也有差别，可以实现一定程度的融通。

一、城乡学校融通劳动教育的含义及主要模式

（一）城乡学校融通劳动教育的含义

城乡学校融通劳动教育主要是指城市学校和乡村学校发挥各自优势，利用各自所具有的特色劳动教育资源，通过多种合作形式，实现城市学校和乡村学校劳动教育资源的互通互融，共同实现通过劳动教育培养人才的目标。城乡两类学校可以利用各自的优势相互交流、共享，形成相互补充、相互促进的态势。它既包括两类学校之间劳动教育资源的融通使用，

也包括城乡学校合作开发或共享相关的城市或农村劳动教育资源。现实中可能后一种情况更为常见。

(二) 城乡学校融通劳动教育的主要模式

从当前实践形式来看，区域统筹、行业劳动教育资源共享、研学旅行等是较常见的城乡学校融通劳动教育的模式。

1. 区域统筹劳动教育模式

区域统筹劳动教育模式是指由政府牵头、组织，将区域内的城乡劳动教育资源整合起来，统一开辟基地，统筹安排时间，统一组织相关劳动教育活动，统一在平台上进行评价，让城乡各级各类学校在这个统一的框架内或平台上共同开展好劳动教育。该模式体现出区域统筹、资源整合、优势互补、共建共享的区域化劳动教育特点，注重劳动教育区域整体效益的最大化。

2. 行业劳动教育资源共享模式

行业劳动教育资源共享模式是指城乡各行各业开放其拥有的劳动教育资源，让城乡学校均能利用这些资源，开展好劳动教育。应打通制度壁垒，让各个行业的劳动教育资源向大中小学生开放。[1] 各级各类学校则可以建立城乡行业劳动教育资源的协同共享机制，拓展劳动教育的途径，实现城乡劳动教育的融通。

3. 研学旅行劳动教育模式

研学旅行是由教育部门和学校根据区域特色、学生年龄特点和各学科教学需要，有计划地组织学生通过集体旅行、集中食宿的方式走出校园，开展研究性学习和旅行体验相结合的校外教育活动。研学旅行使学生在与平常不同的生活中拓宽视野、丰富知识，加深对自然和文化的亲近感，增强对集体生活方式和社会公共道德的体验，从而获得直接经验，提升生存技能，发展实践能力和创造能力等。[2] 研学旅行具有综合实践活动课程的

---

① 汪瑞林，赵黎明. 新时代如何加强劳动教育 [N]. 中国教育报，2019-03-10 (4).
② 殷世东，汤碧枝. 研学旅行与学生发展核心素养的提升 [J]. 东北师大学报 (哲学社会科学版)，2019 (2)：155-161.

自主性、开放性、探究性和实践性等基本特征，能有效地实现综合实践活动课程的目标与价值。① 研学旅行中的旅行本身及其进展过程中开展的有关生存技能、实践能力等多方面的活动，都是劳动教育的内容之一。从这个意义上来说，研学旅行带有一定的劳动教育的特点。在实际运行中，研学旅行一般跨区域多，而且城市学校学生去乡村学校或乡村学校学生去城市学校的现象大量存在，这样就在更大的地域范围内促进了城乡学校劳动教育的融通。

城乡学校可以根据自身特色，开拓不同的研学资源，相互交流协作。例如，城市学生可以去乡村开展研学旅行，接受学农劳动教育。农村学生可以去城市开展研学旅行，接受学工劳动教育。

二、城乡学校融通劳动教育的典型案例

城乡学校融通劳动教育有许多具体的实践探索。北京市通过教育行政部门的统筹规划，建立了北京市学生学农学工选课平台，初步构建了区域统筹式的劳动教育新体系。清华大学附属中学（以下简称"清华附中"）的劳动教育则体现出一种多元化的模式，其中有活动交流、夏令营、研学旅行、资源共享等，使城市学生体会到农业生产的特点。

1. 北京市区域统筹劳动教育模式典型案例

北京市教育行政部门注重对劳动教育进行统筹规划，促进了城乡互动，产生了良好的效果。

【案例 11-2】

北京构建劳动教育新体系：城区学生学农 郊区学生学工②

2015 年 10 月，北京市教委启动了初中学生学农教育实践活动，初中

---

① 丁运超. 研学旅行：一门新的综合实践活动课程 [J]. 中国德育，2014（9）：12-14.
② 参考：任敏. 北京构建劳动教育新体系：城区学生学农 郊区学生学工 [EB/OL].（2018-10-15）[2019-04-01]. https://www.takefoto.cn/viewnews-1591853.html.

生走出教室，在田间地头体验劳动的艰辛与乐趣。

据北京市教委相关负责人介绍，北京市开通了学生学农学工选课平台，提供学农学工课程套餐，学生要到网上自主选课；实行走班上课，打乱原有班级建制，通过选课产生新的班集体、班主任、班干部，以新班级为单位全程开展实践活动。学农实践为期一周，学生要做到生活自理，自带铺盖、自主选课、自主产生班干部，以此来锻炼独立生活和自主管理能力。每个学生都要参加田间和车间劳动，都要学习配餐做饭，都要打水挑担，都有劳动成果。

至 2018 年 10 月，三个市级学农基地已开发了 200 多门接地气、接课本、接生活的学农课程，涉及农业与生产、生活、创意、生态、文化等多个领域。多家劳动基地发挥资源优势，丰富学生实践体验。例如，北京农业职业学院新修缮了农家小院、青年农场等，还原了原汁原味的劳动生活场景；中国农机院北京试验站规划建设专业教室、食品深加工厂房和操作间，添置了各类农业机械化装备，充分利用 1500 亩的种植养殖试验田开拓学农场地；北京农学院专门安排出 16 个专业教室和实训场所以及 8 间自习教室，专用于学工实践活动。

上述案例反映了城市学校和农村学校在政府部门的组织下，互享互用区域劳动教育资源的实践经验。

2. 清华附中多元化的劳动教育模式

清华附中开展了多种形式的"农训"活动，使城市学生在学农教育中获益匪浅。

【案例 11-3】

清华附中的"农训"①

清华附中素有开展"农训"的传统。自 1983 年起，清华附中连续组织了八届高二年级学生到马连店、三堡、周口店、窦店村和窦子水村参加

---

① 参考：王殿军. 补齐劳动教育的短板［N］. 中国教育报，2018-10-31（9）.

农业劳动，进行社会调查，还组织学生干部到山西经济落后地区偏关县和辽宁新城举办夏令营，组织少数学生到内蒙古草原和湖北神农架参加地理、生物等科技夏令营。

如今，清华附中的"农训"，时间上主要分为长期和短期。短期的"农训"一般为5天到一周，主要内容是教师带领学生去地里收割庄稼；长期的学农，则是跟踪式的。学校邀请专业人士、安排学校教师带领学生共同观察作物在地里生长的整个过程。比如清华附中永丰学校，利用校园中的半亩棉田，将棉花的种植、培苗、收割与研究贯穿在一起，形成了系统完整的课程。学生们在劳动、生产、观察、鉴赏中体验传统文化"耕""织"的魅力，记录、描绘棉花成长全过程，在历经寒暑的学习、探索中受到了自然与人文有机结合的共生教育。他们还体验了纺线、染线、织布、文创制作的全过程。在这个课程体系中，除了各种纺织类的操作课程，各种和耕织文化相关的知识也会纳入课程研发序列中。

除此之外，清华附中还组织学生体验割稻子，如参加海淀公园收割节活动。学生们与农民伯伯一起走入稻田，挥动镰刀，亲身体验收割稻穗的辛劳，感受收获的快乐。除了收割水稻，学生们有的在"稻米香粥区"品尝稻米熬制的香粥，有的在"皮影制作区"制作皮影，在劳动之余感受收获的喜悦。

这些活动不仅让学生们受到了劳动的锻炼和艰苦奋斗的教育，更增强了时代责任感。通过"农训"，学生了解了农业生产的状况和农业生产的基本操作。学生们通过"农训"，也理解了农民的辛苦，培养了对土地的深厚感情。

第三节　大中小学融通劳动教育

按照我国当前的教育管理体制和工作范围，我国教育体系可分为基础教育、职业技术教育、普通高等教育和成人教育等类别。① 从教育的纵向层次来看，国家实行学前教育、初等教育、中等教育、高等教育的学校教育制度。其中，高等教育是指在完成高级中等教育基础上实施的教育。大中小学是指分别实施高等教育、中等教育和初等教育的机构，在此主要指实施全日制普通高等教育、全日制普通中等教育和全日制初等教育的大中小各级学校，宽泛地讲，也包含实施学前教育的幼儿园。大中小学具有不同的劳动教育资源，它们在劳动教育上互鉴共享、实现融通，可以更好地提升劳动教育的效果。

一、大中小学融通劳动教育的含义及主要模式

(一) 大中小学融通劳动教育的含义

大中小学融通劳动教育是指大学、中学、小学及幼儿园共享劳动教育资源，互鉴互补劳动教育形式，保持劳动教育的连续性，建立一个从幼儿园到大学、各学段目标明确又有机衔接的劳动教育体系②。

(二) 大中小学融通劳动教育的主要模式

目前，教育实践中有多种模式值得总结和学习，如一贯制学校的一体化劳动教育模式、大中小学课程融通劳动教育模式、大中小学劳动教育实践基地共享模式等。

1. 一贯制学校的一体化劳动教育模式

一贯制学校是根据国家教育法有关规定组建起来的，贯穿小学与中学教育的一体化学校，体现了教育的规模集聚效应。九年一贯制学校是我国基础教育学制的重要组成部分，通过整合小学和初中学校，为义务教育阶段学生构建了贯通培养的制度环境。③ 一贯制学校有统一的管理体系，便

---

① 葛新斌. 学校组织与管理 [M]. 北京：北京师范大学出版社，2015：18-19.
② 王殿军. 补齐劳动教育的短板 [N]. 中国教育报，2018-10-31（9）.
③ 李建民. 九年一贯制学校的功能嬗变与改革路径 [J]. 教育参考，2019（6）：17-23.

于对资源进行整合、协调和使用，可以实现劳动教育在各学段的融通。一贯制学校在实施劳动教育时，应做到遵循学生的认知规律，把握技术的构成要素和发展态势，并根据学生的不同年龄阶段特点，逐步增加技术含量，形成技术素养上的内在序列和梯度结构，帮助学生建构符合社会发展需要并具有个性特征的劳动技术与劳动素养体系①。

2. 大中小学课程融通劳动教育模式

大中小学处于不同教育阶段，在教育内容上既有延续性又有重要区别。体现在劳动教育上，大中小学应当根据不同的劳动教育内容确定课程体系。政府有关部门在制定政策制度时，可以进行系统化设计，使大中小学的课程体系中既有渗透于各学科课程中的劳动思想观念教育内容，又有专门集中进行的分段劳动教育课程，使小学、中学、大学贯通起来。同时，在课程建设上，从目标、内容、实施方式、评价等方面进行整体的规划②。

3. 大中小学劳动教育实践基地共享模式

大中小学具有不同的劳动教育资源，各学段学生的年龄与劳动技能也有差别，但大中小学在某些劳动教育形式与内容方面具有一致性，因此，可以整合部分资源，实现劳动教育的融通。大中小学合作建设劳动教育实践基地就是重要形式之一。通过共建共享劳动教育实践基地，大中小学可以达到资源共享、技能共促、知识共增等目标。

二、大中小学融通劳动教育的典型案例

大中小学融通劳动教育相对来说难度较大，现实中更多地是中小学之间融通劳动教育，而大学与中小学之间融通劳动教育则相对较少。北京市昌平区兴寿学校是一所九年一贯制学校，在开展一体化劳动教育方面有一

---

① 傅小芳. 劳动教育要有新常态 [EB/OL]. (2015-08-03) [2019-04-01]. http：//www. moe. edu. cn/jyb_xwfb/moe_2082/zl_2015n/2015_zl28/201508/t20150803_197334. html.
② 汪瑞林，赵黎明. 新时代如何加强劳动教育 [N]. 中国教育报，2019-03-10 (4).

定的经验。大连市沙河口区、山东省潍坊市等也通过实践基地、分段课程等不同形式来融通中小学劳动教育。上海市则尝试通过统一主题的思政课融通大中小学劳动教育。

1. 北京市昌平区兴寿学校一体化劳动教育模式

北京市昌平区兴寿学校是一所九年一贯制学校，学校非常重视劳动教育，形成了一定的特色。兴寿学校在坚持发展劳动教育的过程中，不断探索队伍培育、课程建设、特色发展以及贯通培养等工作。在开展劳动教育的过程中，由简单执行国家课程走到建设特色校本课程，由课堂学习走到劳动实践，由单一课程走到全学科渗透，由学校走到社会，由部分学生参与到全校师生共同参与，在以劳树德、以劳增智、以劳强体、以劳育美等方面迈出了一大步，取得了一定的成效。[1]

【案例 11-4】

兴寿学校社会大课堂实践活动[2]

为践行社会主义核心价值观，全面推进素质教育，激发学生热爱祖国、热爱生活、热爱学习、热爱劳动的情感，让学生在大自然中自己去探究、去感悟、去实践，全面提升学生综合素养，2018 年 9 月 30 日兴寿学校组织一至九年级 800 余名师生走进昌平苹果主题公园，开展社会大课堂实践活动。

苹果主题公园是我国首个以苹果文化为主题、园林园艺相融合的现代都市型农业观光园。此次活动以学生们动手实践为主体，以农业体验为主线，倡导"亲近自然，乐享农耕"的生活理念。学生们在自然的环境中参与农业耕作、手工体验，分享活动带来的乐趣，感受丰收的喜悦，体会丰收的意义。苹果主题公园的老师们根据兴寿学校学生的年龄与实际情况，

---

[1]　佚名. 北京市九年一贯制学校发展研究项目交流暨昌平区劳动教育现场会在兴寿学校隆重举行 [EB/OL]. (2018-12-20) [2020-03-10]. http://www.cpxsxx.com/alerts/306.html.

[2]　参考：崔立杰. 亲近自然、乐享农耕——兴寿学校师生走进昌平苹果主题公园大课堂实践活动 [EB/OL]. (2018-10-01) [2020-03-10]. http://www.sohu.com/a/257275740_761291.

精心设计了 4 套课程表。

1—3 年级活动项目：自然拓画、顺藤寻宝、石磨豆腐、五谷画。

4—6 年级活动项目：制作精油皂和马克杯蛋糕、独轮车运南瓜、移栽多肉植物。

7—8 年级活动项目：采摘苹果、班级团建、制作苹果醋、花道制作。

9 年级活动项目：班级团建、防震减灾体验、制作苹果醋、花道。

在项目组老师的指导与组织下，各年级学生分头开展活动。在活动中，学生们兴趣盎然，大家积极参与，亲身体验各项活动，一起开启亲近自然、乐享农耕的自然之旅！

通过本次实践活动，学生们感受到了大自然的美好，体验了秋收的快乐，开阔了视野，增长了知识，增强了集体荣誉感与责任感，提高了动手实践能力，在玩的过程中也加深了对农业知识的了解，深入理解了劳动最光荣的内涵，获益匪浅。

2. 大连市沙河口区中小学生劳动教育体系

大连市沙河口区是教育部确立的 10 家"全国劳动教育实验区"之一，在融通中小学劳动教育方面形成了鲜明的特色，具有较强的体系性。该区中小学共建共享学农实践基地、劳技中心、科技中心，同时，针对不同年龄段的学生开发了相应课程，体现出劳动教育分段课程体系的特点。

以下是《中国教育报》对大连市沙河口区在构建中小学劳动教育体系方面所做的报道。

【案例 11-5】

大连沙河口区构建中小学生劳动教育体系①

近年来，公益活动、家务劳动、校外实践、学农劳动等劳动教育方式在大连市沙河口区多点开花。中小学生在精心设计的劳动教育活动中体验

---

① 参考：高毅哲. 大连沙河口：构建中小学生劳动教育体系 [N]. 中国教育报，2018-11-19 (3).

到劳动的辛苦，感受到劳动成果的可贵，沙河口区也入选教育部确立的 10 家"全国劳动教育实验区"。

劳动基地里体验辛苦

干农活，是劳动教育最传统的内容之一。早在 1999 年，沙河口区就开始有意识地探索城市中小学生的学农劳动。近些年，该区更是把学农劳动体系化。占地 1500 亩的学农实践基地是沙河口区最早建立的校外实践基地之一，每年春秋两季，全区的中小学生都会轮流在基地待 5 天，学习农业知识，参与农业劳动。截至 2018 年，已有 20 余万人次的中小学生来这里接受学农教育和锻炼。亲近自然，亲近土地，亲近劳动，学农实践基地成为沙河口区中小学生的集体记忆。除了学农实践基地，在沙河口区，还有占地超过 1 万平方米、建筑面积近 7000 平方米的劳技中心和每年可接纳 12 万余人次参观体验的科技中心。这三大场所，成为沙河口区开展劳动教育的"三剑客"。从 1999 年至今，沙河口区已累计投入 1 亿多元用于软硬件建设，为学生开展社会实践活动提供了有效保障。

课程体系里凝结智慧

烹饪、面艺、陶艺、智能机器人、数码摄影、无人机……，翻开劳技中心的课程表，课程种类之多令人惊叹。为构建劳动教育课程体系，以三大校外实践基地为中心，沙河口区教育局先后开发了种植养殖等学农基地课程、3 大模块 37 门劳技中心实践活动课程、9 个类别 20 余门科技中心探究式课程，覆盖中小学生日常生活的方方面面。此外，各校还结合自身实际，开发丰富的校本课程，例如沙河口区中心小学的捏饺子、卷寿司、手工扎染、制作蔬菜画等。据该校校长孙晓艳介绍，学校的劳动教育分为基础类、情景类、拓展类 3 类共 9 门课程，可以满足不同年级学生的需求。

劳动教育里见证成长

按照"有机融入、课程引领、课题牵动、实践体验"的工作思路，沙河口区教育局引领各中小学构建以"体验"为切入点、以"实践"为突破点、以"融入"为关键点、以"课程"为着力点的劳动教育体系，形成了区域内各中小学和家庭普遍重视劳动教育的氛围。每逢假期，沙河口区中心小学等学校还会开设"22天小家政服务岗"必修劳动课程。这些举措效果明显。如今,在沙河口区,几乎每名中小学生和家长都能感受到劳动教育带来的积极作用。

3. 山东省潍坊市依托实践基地开展中小学劳动教育

利用实践基地融通中小学劳动教育在实践中是比较普遍的做法,实践基地在动手探究、实践操作、资源与时间的协调和衔接等方面起到了重要的作用。以下介绍的是山东省潍坊市建立的中小学生示范性综合实践基地。

【案例 11-6】

山东省潍坊市中小学生共享示范性
综合实践基地劳动教育资源①

山东省潍坊市中小学生示范性综合实践基地以研究性学习作为学生学习与活动的主要方式,以信息技术助推课程品质的提升,将通用技术与劳动技术相融合,开发并实施了丰富的劳动课程。同时,配套相关制度,制定课程标准,培养专业教师,提供多样的场地、设备和专门的经费,为大力实施劳动教育提供有力的保障,取得了良好的社会效益。

实践基地在劳动课程的时间安排上采取集中使用的方式。初中生采用寄宿制,在实践基地集中活动一周,累计达到40个课时,完成20个模块;小学生采用寄宿制,在实践基地集中活动3天,累计达到21个课时,完成12个模块。实行走班制,尊重学生个性化发展需求,让学生自主选择课程。学生来到实践基地后,重新组班,一般以30人为一个班,配备两名生活、德育方面的指导教师,以班为单位开展实践活动。

实践基地除了为学生准备了生活技能课之外,还为学生提供了手工劳动类、科技劳动类、创意劳动类、拓展劳动类、职业规划类等课程。

每年,潍坊市9个区100多所学校的3.5万多名中小学生轮流到实践基地参加实践活动,迄今已有40多万名中小学生在此实践成长。学生对课

---

① 参考:孙桂芳.实践基地是劳动教育有力保障 [N].中国教育报,2015-08-06 (2).

程满意度达98%以上。

实践基地为学生提供了新的求知方法和路径，让学生在丰富的活动中尝试各种学习方式，如调查、实验、操作、探究、设计、制作。学生通过在实践中发现和解决问题，积累了丰富的经验，创新精神和实践能力得到了锻炼，劳动意识得到了提升。在这个实践基地，学生体验了许多个第一次：第一次离开父母，第一次炒菜做饭，第一次了解自己的性格，第一次组装机器人，第一次拓展训练……。新的学习领域，给了学生新的体验、新的感悟、新的成长，这些将对学生的一生产生重要的影响。

4. 上海大中小学同上一堂思政课，共讲"劳动创造美好生活"

通过同主题课程模式，大中小学的劳动教育可以在一定程度上达到融通的目标。上海市大中小学通过同上一堂围绕"劳动创造美好生活"的思政课，在这方面进行了尝试，具有很好的借鉴意义。

【案例 11-7】

上海大中小学同上一堂思政课①

"为什么要劳动？""为什么劳动是幸福的？""应该树立什么样的劳动观念？"……2019 年 4 月 30 日，由上海市教卫工作党委、上海市教委主办的一场以"劳动创造美好生活"为主题的教学观摩活动在华东师范大学举行。

四位上海市思政课教师以劳动教育为切入点，分别进行了小学、初中、高中、大学的授课展示。

面向小学生，来自上海市长宁区教育学院的教师以"垃圾分类，从我做起"为主题，用感性、直观的方式对学生进行劳动教育启蒙，讲清楚"人人都要劳动"的道理。面向高中生，上海复兴高级中学的教师借助社

---

① 参考：吴振东. 上海大中小学同上一堂思政课 共讲"劳动创造美好生活" [EB/OL]. (2019-05-01) [2019-05-20]. http://www.xinhuanet.com/local/2019-05/01/c_1210124221.htm.

会热点，启发学生在思辨中得出"劳动实现人生价值"这一道理，阐明了个人劳动和创造与国家、社会进步的紧密关系。

上海市正在制定加强大中小学幼儿园劳动教育的实施意见及配套的教育指导纲要，重点突出劳动教育时代性特征，并将系统化构建学校、社会、家庭的协同机制，促进教育与生产劳动、社会实践紧密结合，充分发挥劳动教育树德、增智、强体、育美的作用。

总之，劳动教育是中国特色社会主义教育制度的重要内容，新时代加强劳动教育，应贯通大中小学各学段，贯穿家庭、学校、社会各方面，与德育、智育、体育、美育相融合。实施劳动教育应做到符合学生年龄特点，以体力劳动为主，注意手脑并用，有目的、有计划地组织学生参加文化知识学习之外的日常生活劳动、生产劳动和服务性劳动，培养学生正确的劳动价值观和良好的劳动品质。基于新时代劳动教育的特点和要求，各级各类学校劳动教育应形成体系，做到既相对独立又相互融通、互鉴互享，共同开展好劳动教育。

第十二章

多方协同劳动教育

劳动教育是一项长期的系统工程，只有建立政府专责、家庭首责、学校主责、社会重责的政家校社多方协同、互惠共赢的运行机制，才能有效激发劳动教育活力，确保劳动教育取得实质性成效。在具体操作上，就是要把学校作为开展劳动教育的主要阵地，以学校为中心打通不同利益主体间的沟通渠道，在明确主体责任义务的前提下，正确处理好政校、家校、校社等几对关系，充分挖掘、利用各方的优势资源，为新时代劳动教育改革赋能。

第一节　顶层设计：构建多方协同的运行机制

随着我国教育事业的不断发展，教育系统内部的分支变得越来越繁杂，衍生出的教育领域、教育形态也越来越多。而众多不同的教育分支领域都存着一个共同的特征，就是将教育的需求诉于政府、企业、家庭乃至全社会。多年来，在国家政策的全面推动下，各级政府对教育的引导和扶持力度日益加大，企业支持教育发展、承担社会责任的意识和能力逐渐增强，家庭对于教育的重视及投入程度达到了较高水平，"优先发展教育"已成为全社会的共识。

劳动教育作为联通教育世界、生活世界和职业世界的重要桥梁①，本质上更加需要教育世界、生活世界和职业世界的联合支撑。然而，在现实世界中劳动教育的开展依然面临着重重困境，劳动教育"在学校中被弱化，在家庭中被软化，在社会中被淡化"的问题依旧突出。实践证明，劳动教育从"弱化"向"强化"跨越不能仅仅靠文件、方案上的"空谈"，而是要依靠政府、学校、家庭、社会的力量凝聚在一起、形成合力，切实走好劳动教育改革的每一步，让劳动教育在学校中落地、在家庭中生根、在社会中蓬勃生长。摆在我们面前的首要问题就是如何从顶层设计的高度构建出劳动教育多方协同的运行机制。

亚当·斯密（A. Smith）提出人都是追求自利的经济人假设，认为人就是完全以追求物质利益为目的而进行经济活动的主体，人往往希望以尽可能少的付出来获得最大限度的收获。他在《国民财富的性质和原因的研究》中提出：请给我我所要的东西吧，同时，你也可以获得你所要的东西。换言之，在经济生活中，一切行为的原动力主要是利己，获得协助不能只依赖他人的同情心或利他主义，还要靠激起他人的利己心来实现。既然利己是人的天性，是自然赋予的，对追求个人利益的活动就不应限制。亚当·斯密认为私利与公益由"一只看不见的手"所引导，一步一步趋向和谐与均衡，此乃自然秩序的本质。经济人假设给予我们的启示是，在学校与其他利益主体合作育人的活动中，不存在绝对的公益行为，一旦利益的天平向任何一方倾斜，合作的行为必将遭受影响并难以维持。多年来，学校与政府、家庭、社会开展的多方合作之所以难以深入、持续，其根源是校外主体的利益诉求得不到满足。

---

① 徐长发. 新时代劳动教育再发展的逻辑 [J]. 教育研究, 2018 (11): 12-17.

学校作为劳动教育的主阵地，与政府、家庭、社会间的互动协同本质上是一种耦合行为。从耦合的类型上看，学校与外部利益主体间的耦合属于系统与系统间的耦合；从耦合的内容上看，学校与外部利益主体间的耦合属于内容的耦合；从耦合的松散度来看，学校与外部利益主体间的耦合宜选用高内聚低耦合。① 建立多方协同、互惠共赢的运行机制，就是以学校与外部利益主体间的优势资源互补为前提，以实现双方的共同利益追求为目的，使多方合作路径从模糊走向清晰，使多方合作的实施从松散走向系统（图 12-1）。

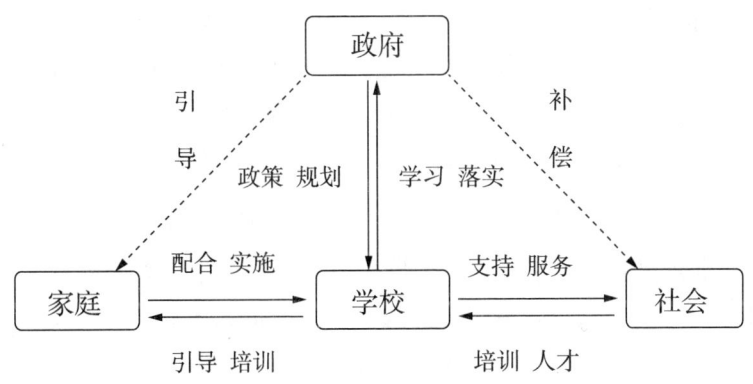

图 12-1　劳动教育多方协同、互惠共赢运行机制

第二节　系统实施：建立协同育人的互联网络

一、政校协调

劳动教育改革始终是一项自上而下的全方位改革，国内外实践证明，

---

① 张首魁，党兴华，李莉. 松散耦合系统：技术创新网络组织结构研究［J］. 中国软科学，2006（9）：122-129.

政府在其中发挥着十分重要的推动作用，尤其是在劳动教育的规范指导、队伍建设、资源整合、组织保障等方面进行了有益探索。

（一）加强劳动教育规范指导

20 世纪七八十年代，德国明确了以劳动课等形式对学生进行职业启蒙教育，劳动课被确认为中学课程不可或缺的组成部分。1993 年，德国将劳动课列入初中教育必修课程，进一步确认了劳技教育作为职业启蒙教育的形式在学校教育体系中的地位。美国在 1989 年发布的《国家职业发展指导方针》中对中小学生的职业能力做了具体要求，包括理解和使用职业信息的技能、对职业决策的理解、对职业和性别角色变换的认识等，并通过具体的课程与活动实施职业启蒙教育。① 日本 2006 年修订的《教育基本法》把"关注职业和生活的关系，培养重视劳动的态度"作为教育重要目标，把培养勤劳观、基本生存能力纳入教育方针，规定中学生每周要在学校农场、果园和家禽畜饲养场参加两小时全校性的生产劳动。近年来，俄罗斯重拾苏联劳动教育的实践经验，2015 年颁布了《劳动教育发展纲要》，要求创新劳动教育活动形式和保障机制。

芬兰为提升下一代人面对 21 世纪挑战的跨学科能力，推行基础教育课程改革。这些跨学科能力包括七个方面：一是思考与学习的能力；二是文化识读、互动与表达能力；三是照顾自己和他人、日常生活技能与保护自身安全的能力；四是多元学科识读能力；五是信息技术运用能力；六是工作与创业能力；七是参与和影响力。其中第三项和第六项均可划入劳动教育的范畴。为此，芬兰学校设置专业教室，开设"家庭经济课"，教授烹饪、木工、金工、裁剪、缝纫、修自行车等生活技能和安全保护措施。② 此外，芬兰建立了从小学到高中的完备的职业生涯规划系统和学生顾问制度，学校有专人负责相关工作。

印度政府自 1976 年提出并持续落实"中等教育职业化"发展理念，

---

① 沈有禄. 中小学劳动和职业启蒙教育如何开展 [N]. 中国教育报，2019-03-19 (9).
② 宋世云. 面向未来：芬兰基础教育变革的最强音 [J]. 中小学校长，2019 (4)：67-71.

在《2000 年课程框架》中，要求学校课程体系中单独设立劳动教育课程以保障劳动教育实施效果。在基础教育阶段，强调学生要积累劳动经验开展社会服务，通过在中小学设置劳动教育课程以开展相关的劳动教育活动。由于低年级儿童在体力上不足以进行相应的劳动，因此，小学阶段（1—8 年级）的劳动教育主要进行一些劳动的初步认识和劳动意识教育；到中学之后（9—12 年级），要求开设一些职业类的课程，供学生选修，在学习过程中开展一些体力劳动，将职业教育与劳动教育打通。其中，在高中（11—12 年级），规定 12 年级必须开设农业课程，帮助学生理解农业生产的重要性，让学生探索并从事农作物种植、畜牧养殖、园艺工作等，开展垃圾管理和农业环境管理工作，同时让学生了解农业是人们重要的收入来源。2018—2019 学年，印度中等教育中央理事会要求初中 9 年级开设 15 门职业类课程，并明确了学生在相应活动中需承担的角色（表 12-1）。①

表 12-1　9 年级劳动教育课程设置

代码	课程名称	学生角色	代码	课程名称	学生角色
401	零售	商店助理	409	食品加工	烹饪师助埋
402	信息技术	数据输入员	410	前台办公管理	前台主管
403	安全	保安员	411	银行和保险	柜台服务员
404	自动化	自动化技工	412	市场营销	市场助理员
405	金融市场导论	商务记者	413	健康护理	普通职务助理
406	旅游导论	导游助理	414	服装学	手工操作员
407	美容和健康	美容师助理	415	传媒学	传媒项目助理
408	农业	种植园员工			

新中国成立以来，我国党和国家领导人多次要求加强劳动教育，相关文件中对劳动教育类课程的上课时间、具体要求做出规定，也曾提出"五育全面发展"。但是，基于新时代劳动教育的新定位和新目标，需要将劳

---

① 杨明全. 印度劳动教育的政策演进与实践策略 [J]. 北京教育学院学报，2019（1）：23-28.

动教育重新置于国民教育体系的重要位置，进行再设计、再推进。2020年3月中共中央、国务院印发的《关于全面加强新时代大中小学劳动教育的意见》对新时代劳动教育改革发展提出了明确要求，使劳动教育工作有据可循、有规可依。为全面贯彻落实习近平总书记关于教育的重要论述和全国教育大会精神，切实加强和改进劳动教育是各级各类教育当前和今后一个时期的重要任务。

政府层面，要在国家相关文件的指导下，在政策上强化劳动教育文件的权威性，制定和发布加强劳动教育的实施细则与指导手册，将劳动教育建设纳入年度工作重点，加强对劳动教育师资、经费、场所、安全等各方面的保障，针对实践中反映突出的劳动教育责任不明、合力不强问题，进一步明确主体责任，提升统筹协调和监督指导水平。

学校层面，要认真学习、领会、落实政府出台的劳动教育文件精神，加快劳动教育改革步伐，积极探索开展劳动教育的多种教学模式，努力营造尊重劳动、崇尚劳动的良好氛围，不断提高劳动教育教学质量。

【案例 12-1】

山东省为劳动教育规定课时或学分①

为教育引导学生尊重劳动、崇尚劳动，给学生从小埋下热爱劳动的种子，消除不劳而获的错误认识，为他们终身发展和人生幸福奠定基础，2019年，山东省教育厅出台《关于加强中小学生劳动教育开好综合实践活动课程的指导意见》。根据该意见，各地需按照要求开足开齐开好综合实践活动课程，将其作为劳动教育的主要课程载体。义务教育段学生应围绕家务劳动、劳动技术、社会服务、职业体验、考察探究和专题活动等，培养基本劳动情感，养成劳动习惯，增强基本劳动能力，小学1—2年级学生每学期至少完成1个主题活动，3—9年级学生每学期至少完成2个主题活动；普通高中学生应围绕党团活动、学生发展指导、社会实践、研究性学习、研学旅行等，

---

① 参考：杨芳. 我省为劳动教育规定课时或学分 [N]. 山东商报，2019-04-13（8）.

提升劳动能力，涵养劳动品质。高一年级开展学生发展指导教育，高二年级和高三年级上学期开展社会实践、研究性学习、研学旅行等主题活动。每个主题活动要尽可能兼顾多种活动方式，整合实施。此外，小学三年级以上可设劳动日，每月一次；也可设劳动周，每学年一次。

（二）加强劳动教育师资队伍建设

教育大计，教师为本。全面加强劳动教育，必须配齐配好劳动教育教师。《关于全面加强新时代大中小学劳动教育的意见》提出，要"采取多种措施，建立专兼职相结合的劳动教育师资队伍。根据学校劳动教育需要，为学校配备必要的专任教师。高等学校要加强劳动教育师资培养，有条件的师范院校开设劳动教育相关专业。设立劳模工作室、技能大师工作室、荣誉教师岗位等，聘请相关行业专业人士担任劳动实践指导教师。把劳动教育纳入教师培训内容，开展全员培训，强化每位教师的劳动意识、劳动观念，提升实施劳动教育的自觉性，对承担劳动教育课程的教师进行专项培训，提高劳动教育专业化水平"。在此基础上，各地可以进一步盘活事业编制存量，将闲置编制向劳动教育教师队伍倾斜。鼓励职业院校、普通高校与中小学建立劳动教师互聘和双向交流等长效机制。制定劳动教育教师队伍建设规划，把劳动教育教师队伍建设纳入教育事业发展和人才队伍建设的总体规划，实施"劳动教育教师队伍后备人才培养专项支持计划"，加快建设劳动教育学科，扩大招生规模，健全劳动教育人才培养体系。

【案例 12-2】

青岛要求中小学配足配齐劳动教育教师[①]

青岛市教育局印发《关于落实中小学劳动教育工作的意见》，提出到2020 年，要在全市范围内遴选 20 家优秀中小学劳动教育基地，到 2022 年

---

① 参考：孙军. 青岛积极推动中小学劳动教育 ［N］. 中国教育报, 2019-07-09（1）.

各区市至少建立一处区域性学生劳动教育基地。要完善劳动教育管理体制，各级教育行政部门要安排专人负责劳动教育，教研部门设置专兼职劳动教育教研员。要求各中小学采取有效措施，配足配齐劳动教育教师。积极探索建立专兼职结合的劳动教育教师队伍，在校内各学科教师全员参与、分工协作的基础上，广开渠道，开门办学，聘请劳模、职业学校教师、能工巧匠、专业技术人员、学生家长、非物质文化遗产传承人担任兼职教师。兼职教师每学期至少参加两次校内劳动教师教研活动，至少给学生授课两次。

落实劳动育人机制，关键在于提升劳动教育教师综合素质和专业化水平，持续深化劳动教育教学改革。加强劳动教育教学工作规范化建设，加强劳动教育教师教学工作指导。增设一批劳动教育教师培训研修基地，创新劳动教育教师队伍培养举措，开展劳动教育教师轮训和专题培训。建设一批劳动教育名师工作室，汇聚、培养一批劳动教育名家名师。配备专兼职劳动教育教研员，组织经常性的教研活动，开展教学竞赛，不断提高劳动教育教学质量。打造一批劳动教育综合研究智库，重点研究劳动教育课程和教材体系、教学规律和模式、考核评价标准、教师队伍建设等，深入研究中华劳动教育精神，及时将最新研究成果向各级各类学校推广应用。加大教师教学岗位激励力度，鼓励学校建立符合劳动教育特点的教师职称评审制度和考核评价机制，为劳动教育教师职称晋升、职业发展、教学科研成果评定等提供支撑。同时，将加强劳动教育纳入各级各类教育干部培训和教师培训内容，强化全员劳动教育意识，开拓劳动教育思路，提高劳动教育本领。

（三）加强劳动教育资源整合

当前学校劳动教育存在知识传授为主、教学模式单一、教育资源不足等问题，全面提高劳动教育的针对性、实效性，需要切实转变劳动教育形式，充分利用校内外资源，根据学生身体发育情况，科学设计灵活多样的课内外劳动项目，形成多种模式相结合的劳动教育格局。

首先，要加强劳动教育课程教材建设，制定"劳动教育指导大纲"。促进学校劳动教育与德育、智育、体育和美育相融合，与各学科专业教学、实习实训、专业服务、社会实践、勤工助学和创新创业教育相结合。完善课程教学、实践活动、校园文化、公益劳动"四位一体"的劳动教育推进机制。开展公共劳动教育微课展示，培育、建设一批高质量的劳动教育精品课程和精品教材。充分运用现代化信息技术手段，探索构建网络化、数字化、智能化、线上线下相结合的课程教学模式，规划建设一批高质量的劳动教育慕课，扩大优质课程覆盖面。

【案例 12-3】

大连市沙河口区构建中小学劳动教育体系①

2015 年 12 月，按教育部《关于加强中小学劳动教育的意见》要求，大连市沙河口区制定出台了《沙河口区劳动教育实施方案》，努力建立课程完善、资源丰富、模式多样、机制健全的劳动教育体系，有效落实劳动教育任务。加大课程研发力度，相继开发了《小公民道德规范丛书》《小公民法制教育读本》《小公民行为习惯养成丛书》和《小公民劳动教育丛书》四套区本教材，将劳动教育的要求全部融入其中，引导学校在劳动教育实施过程中深入持久地对学生进行爱国主义、传统美德、行为习惯和法治教育，实现劳动的育人功能。各中小学也相继开发了自我服务、家务劳动、劳动技能、公益劳动四大类百余门校本课程和 40 余节新媒体支持下的微课程。形式新颖、贴近实际的课程使劳动教育更加丰富生动。

其次，要加强劳动教育实践基地建设。这是适应劳动教育目标要求变化，创新、完善劳动教育体制机制、方式方法的重要举措；是整合社会劳动教育资源，推进劳动教育与劳动实践相结合，构建学校、社会、家庭三位一体的劳动教育体系的重要途径和有效载体。各地、各有关部门要高度

---

① 参考：辽宁省大连市沙河口区教育局. 积极构建劳动教育体系 促进学生全面健康成长［EB/OL］.（2016-10-08）［2019-02-13］. http：//www.moe.gov.cn/s78/A06/A06_ztzl/ztzl_yxal/201610/t20161008_283218.html.

重视，把实践基地建设作为新形势下深入推进劳动教育的主要环节和重要任务。健全政策体系，坚持因地制宜，采取切实措施，统筹推进，使依托实践基地实施多样化的劳动实践教育成为劳动教育的重要方式，切实提高广大学生的劳动意识和劳动素养。实践基地建设可采取政府、社会和企业合作共建、社会化运营等方式，通过竞争性方式，鼓励和支持企事业组织参与实践基地建设运营，政府不直接承办，通过购买社会服务等方式，探索建立新的建设模式与运行机制。促进学校资源与社会资源互动互联，推动优质资源设施共建共享。

【案例12-4】

浙江乐清因地制宜推进绿色劳动教育基地建设①

近年来，乐清市各中小学坚持"玩中劳""养中劳""习中劳""技中劳""学中劳"等多种方式，因地制宜扎实推进劳动教育实践基地建设，涌现出一批内容有特色、课程有内涵的绿色品牌基地。例如，乐清市虹桥镇第七中学借用其依山傍水的地域生态优势，开辟6亩多的菜园、果园、鱼塘，在学生中有计划地开展植物嫁接、修剪、疏花、除草、松土、施肥等劳动科研教育。目前，乐清市已有41处"绿色劳动教育基地"，基地总面积达到303.2亩。其中三星级基地12个，二星级基地14个，一星级基地15个。利用校内基地种植铁皮石斛、茶叶，开发平菇种植研究、烘焙、手工石斛皂制作、无土栽培、农耕文化等各色课程……，丰富多彩的劳动实践活动层出不穷。各校还设计一周一课时、一月一活动、一期一评价等多个项目，着力构建课程完善、资源丰富、模式多样、机制健全的劳动教育体系，让劳动教育成为中小学教育不可或缺的环节和立德树人的新载体。

此外，要构建共建共享的劳动教育协作机制。探索校校协同、校所协同、校企协同、校地协同创新培养模式，逐步完善学校与人力资源和社会

---

① 参考：吴梦梦，朱丽娅. 乐清劳动教育基地 立德树人新载体［N］. 浙江日报，2019-05-23（9）.

保障部门、行业企业、社会团体的协同育人机制。引导中职学校、高职院校和普通高等学校与普通中小学合作，为中小学开展劳动和职业启蒙教育提供场所、课程、师资等。鼓励邻近区域学校组建劳动教育联盟，共享劳动教育资源。

（四）加强劳动教育组织保障

要明确各级各类学校的主体责任，切实发挥学校党委在劳动教育工作中的领导核心作用，建立健全劳动教育管理机构，创新管理体制与运行机制，制定劳动教育发展规划，将劳动教育工作经费纳入学校经费预算，落实劳动教育保障配套条件。各地教育行政部门要结合实际，科学制定本地区劳动教育工作总体规划和政策措施，合理配置公共资源，在资金、政策、资源等方面通过多种形式对劳动教育给予支持，做好与教育规划和改革任务的有效衔接，做好与其他四育的有效衔接，做好与国家和地方政策的衔接。教育部会同财政部等有关部门，开展劳动教育品牌项目专项经费保障工作，并全面实施预算绩效管理。完善学校劳动教育评价体系，把劳动教育工作及其效果纳入学校人才培养工作评估指标体系，作为办学评价的重要因素。完善中小学综合素质评价方式与标准，将学生参加劳动实践内容纳入中小学相关课程和学生综合素质评价。实施学校劳动教育工作自评和年度报告制度，积极探索中国特色现代学校劳动教育评价制度。将劳动教育工作和劳动教育课程教学纳入教育督导范畴，强化督导检查及其结果应用。

【案例 12-5】
上海奉贤区中小学校劳动教育专项督导计划①

为进一步贯彻教育部、共青团中央、全国少工委关于《加强中小学劳

---

① 参考：区政府教育督导室通讯员．我区将开展中小学校劳动教育专项督导［EB/OL］．（2019-03-18）［2019-10-30］．https://www.fengxian.gov.cn/jyj/001/20190318/001001_b04235d0-dc3b-45c7-a454-a3c8075ad388.htm.

动教育的意见》精神，使学校牢固树立"五育并举"思想，上海奉贤区人民政府教育督导室把中小学校劳动教育专项督导作为 2019 年上半年的重点工作之一，将劳动教育专项督导分三个阶段进行。

第一阶段：制定方案。2019 年 1 月，拟定《奉贤区中小学劳动教育专项督导方案》，制定劳动教育专项督导指标，督查内容主要包括中小学校关于劳动教育的组织管理、教育教学、劳动实践、考核评价和特色创新等相关情况。

第二阶段：组织实施。从 3 月中旬起，全区四个督导小组同步开展劳动教育专项督导，每所学校半天。督导小组通过查阅资料，现场观察，访谈学校领导、教师、学生，电话访谈家长，观摩劳动技术课，了解专用室使用和管理，全面真实地了解学校的劳动教育现状，做出客观的评价，并当天向学校口头反馈督导情况，两个星期后向学校发放督导意见书。

第三阶段：整改核查。6 月，结合挂牌督导、责任督学就劳动教育专项督导提出的问题和建议，对学校整改情况进行核查，促使学校就存在的问题制订出切实可行的整改计划，使学校的劳动教育向更正确的方向、更高水平迈进。

（五）加强劳动教育宣传引导

宣传引导是统一思想、鼓舞人心、动员群众、凝聚力量的有力工具，对营造重视劳动教育、支持劳动教育的良好氛围具有不可替代的作用。各级各类学校应结合本校实际，积极探索、宣传劳动教育的课程和教材体系、教学规律和模式、考核评价标准、教师队伍建设等，并向主管教育行政部门汇报。各省（区、市）教育行政部门要及时总结本地区劳动教育开展情况，宣传工作经验，推广先进典型。加大对劳动教育做法先进、成效显著的地方教育行政部门、学校、基地、家庭、优秀的劳动课教师以及劳动表现优异和有关技能大赛中成绩突出的学生的表彰奖励与宣传力度。办好职业教育活动周和世界青年技能日宣传活动，深入开展"大国工匠进校园""劳模进校园""优秀职校生校园分享"等活动，引导广大青少年学生学习领会劳模精神和工匠精神，积极在中小学宣传展示大国工匠、能工巧匠和高素质劳动者的事迹与形象，培养中小学生的职业荣誉感。

二、家校协同

　　家庭是立德树人的重要阵地，也是劳动教育的重要场所，劳动教育目标的达成是家庭教育、学校教育、社会教育共同作用的结果。习近平总书记在全国教育大会上强调，"家庭是人生的第一所学校"。劳动和职业启蒙教育宜早不宜晚，家庭是启蒙的第一场域，家长应当从自身做起，努力当好孩子的第一任劳动和职业启蒙老师，在培养孩子劳动观念、劳动精神、劳动习惯和训练孩子劳动技能等方面发挥更大更全面的作用。教育部部长陈宝生强调，要"重点针对长期以来疏于德、弱于体和美、缺于劳的问题，换脑筋、换思路、换办法，改环境、改途径、改习惯，让立德树人回归社会、回归家庭、回归生活"。没有家庭的配合，劳动教育的链条是不完整的。落实劳动教育，家庭有着独特而不可替代的重要作用。①

　　因此，要充分发挥家庭和家长在劳动教育中的示范引导作用，完善家校协同配合机制。家庭层面，家长首先必须与时俱进地转变"升学先于一切"的教育观念，配合学校劳动教育方案，通过日常生活中的言传身教、潜移默化，向孩子传递劳动价值观、彰显劳动素养、传授劳动技能，按时完成家庭劳动教育任务，对青少年劳动教育的过程进行记录，及时将信息资源与学校教师共享，形成家校一体的立体劳动教育网络。学校层面，要结合劳动教育的培养目标，充分利用家长学校、家长委员会等渠道，对家长开展有针对性的指导和培训，提供家庭劳动清单，并将家庭劳动情况纳入青少年劳动教育评价体系，对积极开展劳动教育的家庭给予表彰，家校联动促进青少年劳动习惯养成。

---

① 黄建军. 劳动教育还须回归日常生活 [N]. 中国教育报，2019-04-25 (9).

（一）架构家委会网络

家委会是对学校事务进行民主监督的家长自治性组织，是学校管理的重要参与者，也是学校、家庭、社会教育之间重要的沟通桥梁。建立家委会网络，一方面，可以充分调动家长参与学校管理的积极性，密切家校联系，转变家长对孩子参与劳动的观念，让家长成为孩子家务劳动的指导者和协助者，与学校一同形成劳动教育合力，助力孩子全方位成长；另一方面，也有助于学校及时了解、掌握家庭中劳动教育的先进经验，通过进一步扩大宣传，切实解决家长在家庭劳动教育环节中存在的困惑，提高劳动教育实效。

（二）布置家务劳动作业

在家庭中开展劳动教育最直接的途径莫过于家务劳动。除了父母做家务对孩子的间接影响之外，有意识有计划地引导孩子参与家务劳动能够产生更好的效果。在这个过程中，应加强家校合作，充分发挥学校的专业引领作用和家庭的场域优势。学校根据孩子年龄特点组织具有系统性、层次性的劳动，分年级布置相应的家务劳动作业，让孩子做一些力所能及的事情，如制订家庭服务计划，做好家庭劳动责任清单，让孩子在生活中体验劳动的乐趣。从自己整理书包到扫地刷碗，从倒垃圾到参与家庭大扫除，既能培养孩子的劳动习惯，又能促进亲子关系和谐。为保证劳动作业的实施，学校还可以运用信息化手段，以在微信朋友圈打卡的方式促进学生习惯的养成，并对坚持家务劳动的学生进行表彰。家长应配合学校开展劳动技能培养，在基本家庭活动中引导孩子学会自理技能和劳动技能，灵活安排家务劳动内容，如做饭、洗碗、洗补衣服、扫地、整理内务、修理、种植等力所能及的家务劳动作业，这既能拓展学校教学内容，又能根据家庭特点对孩子进行补充培养。

【案例 12-6】

天津出台《中小学生居家劳动指南》①

天津市教育科学研究院德育与教育心理研究所、天津市教育学会小学教育专业委员会、天津市教育学会初中教育专业委员会于 2020 年 3 月 6 日至 12 日联合开展了天津市中小学生居家期间家务劳动情况的调查。调查结果显示，绝大多数受调查学生会做也喜欢做一些力所能及的家务劳动，并且认为做家务并不影响学习，但是做家务的主动性还有所欠缺。学生最常做的家务活是整理房间，最擅长的技能是煮面条。有相当一部分家长不要求孩子做家务，家长对孩子家务劳动的总体满意度也不高。同时，制定出台了该市首个《中小学生居家劳动指南》，根据小学低年级学段、小学中高年级学段和初中学段学生身体发育情况，分别对中小学生居家劳动提出了具体指导意见。

（三）开展职业启蒙教育

我国著名教育家陶行知提出"生活即教育"的理念，家长可结合自身的职业与生活情境对孩子进行职业启蒙教育。父母的职业一般是孩子最先了解的职业，很多孩子就是从对父母所做工作的好奇、认识的过程中，受到了最早的职业启蒙教育，立下职业理想。家长本身的工作态度、职业习惯与工作环境等，都在潜移默化地塑造并影响孩子的劳动观念。在孩子平时接触各种图书，以及生活中遇到诸如消防员、医生、售货员、司机、警察等工作者时，家长也可以向孩子详细讲解他们的工作职能。学校可邀请家长来讲解其职业，增进学生对某一职业的认知和亲近感；或者在假期组织社会实践活动，学生以小组为单位到家长提供的劳动岗位上进行职业体验，了解职业的概况，明白劳动的价值，并学会理解、感恩。

---

① 参考：陈欣然. 天津出台《中小学生居家劳动指南》［EB/OL］.［2020-06-19］. http://www.jyb.cn/rmtzcg/xwy/wzxw/202003/t20200319_308789.html.

【案例12-7】

上海静安区中兴路小学依托家长资源开展生涯启蒙教育①

学校从2018年起设置"亲子作业"，让学生在家里"听爸爸妈妈讲故事"，了解自己爸妈的学习、生活和工作经历，并将故事写下来，然后在班级中举行"夸夸我的爸爸妈妈"故事会，让同学们一起分享。学校还邀请一些能力较强的家长走进学校，通过开设讲座形式，对学生进行职业启蒙教育，让学生在职业知识学习中逐步强化生涯和职业意识。中兴路小学的一些家长还将学生领进自己的单位，让他们参观学习，开展职业体验活动，感受劳动的美丽和价值。通过亲身的职业体验活动，中兴路小学学生的眼界大开，对生涯规划、人生梦想和职业理想的价值和意义有了更深的认识。

三、校社联通

陶行知提出"社会即学校"的教育理念，主张用社会各方面的力量，打通学校和社会的联系，真正把学校放到社会里去办，使学校与社会息息相关，使学校成为社会生活所必需。与生产实践相结合是新时代劳动教育的主要特征之一，脱离生产劳动、脱离社会实践的劳动教育就缺少了根基。因此，劳动教育要持续、全面开展，离不开社会的支持与保障。

（一）拓展劳动教育资源

1. 共建共享劳动教育基地

充分利用现有德育基地、少年军校、青少年校外活动场所、少年宫和综合实践基地、职业院校和普通高等学校实习实践基地等场地，拓展功能，开展劳动教育。充分利用学校布局调整中的闲置校舍和产业结构调整中的闲置厂房等社会资源，或利用有关企事业单位和社会机构的场地与设

---

① 参考：顾武. 中兴路小学依托家长资源开展生涯启蒙教育［N］. 静安报，2019-04-16（2）.

备，与他们一起积极拓展校外劳动教育基地。农林牧渔资源丰富的地区，可因地制宜开拓供学生学习当地主导产业与主要工种基本劳动技能、生活技能的实践基地。要使劳动教育基地成为学生提升社会实践能力的重要场所，不断提高学生的劳动团队协作能力、劳动实践调研能力、劳动创新学习能力和自我发展能力。注重典型引领，创建一批劳动教育示范基地和劳动教育特色学校，不断创新劳动教育实践成果。

2. 丰富劳动教育活动

除了在参与生活劳动、生产劳动和服务性劳动中接受教育，参与公益劳动和志愿服务也具有非常高的劳动教育价值。各地可充分调动整合工会、共青团、妇联等群团组织以及各类公益基金会、社会福利组织的相关力量，搭建活动平台，共同支持学生深入城乡社区、福利院和公共场所等参加志愿服务，开展公益劳动，参与社区治理，如关爱空巢老人、进行社区义务劳动、担任地铁志愿者等，培养学生勇于担当的意识和社会责任感。

【案例 12-8】

成都市金牛区打通"学校+社会+学生"培养路径[①]

成都市金牛区因地制宜整合资源，联合区内大专院校和知名企业，在华侨城麦鲁小城、金沙遗址博物馆等建立青少年劳动实践基地，推动学校阵地与社会基地衔接互动，营造"开放+合作+共享"育人生态。近两年，全区中小学生外出参加劳动实践活动达 10 万人次以上。依托金牛区市民创新创业学院和金牛区创意教育工作室等载体，促进学生创新创造，金牛小创客获得成都市"青少年工业设计促进奖"最高荣誉金熊猫奖，学生设计的熊猫字体授权成都大熊猫繁育研究基地作为对外交流标识。建立区教育局牵头，各街道办事处、团区委、区妇联等参加的家校共育联席会议制度，形成多部门协同推进劳动教育的有效机制。融合沙龙讲座、实践基

---

① 参考：教育部. 成都市金牛区创新劳动教育模式 深化学校德育改革［EB/OL］.（2017-12-05）［2020-04-10］. http：//www. moe. gov. cn/jyb_sjzl/s3165/201712/t20171205_320590.html.

地、优质师资、劳动明星、小小工匠等资源，研发"金牛部落"手机App，搭建劳动教育资源共享一体化平台和家校社会互通桥梁，并建立"金牛阳光家长"微信公众号，形成家校协同"超链接"。成立家庭教育学会、学校家长委员会指导委员会，广泛开展家庭教育讲座和"传家风、传家技""家长节""家和万事兴"等活动，将劳动教育有机渗透到家庭教育中，年均组织开展家庭教育公益讲座300余场，受益家长约6万人次。

（二）创新劳动教育模式

深化产教融合，在传统校企合作协同育人的基础上，创造性地发挥其劳动教育功能。狭义上讲，企业是拓展学生综合实践场所的重要阵地，能够为学生参加生产劳动提供必要条件。广义上讲，企业可以通过投资办学、捐赠设备、提供实习实训基地与机会、选派职业导师等方式与学校合作开展劳动教育，或者直接根据政府购买意向提供劳动教育服务，具体内容可以包括职业启蒙教育、职业准备教育和职业发展教育。

1. 职业启蒙教育

职业启蒙教育主要是指面向中小学生开展的职业体验、职业角色扮演等活动。它通过多元化的方式帮助学生了解自己、认识职业世界。学校可以邀请各行各业的成功人士走进中小学开展职业讲座，培养学生的职业兴趣。有条件的企业可以设立"开放日"，接纳中小学生参观和体验，积极参与到中小学生的劳动和职业启蒙教育中，在幼小的心灵中播下种子，帮助学生从小树立职业理想。开设部分项目，安排一定时间的农业生产、工业体验、商业和服务业实习等劳动实践，支持高中组织学生参加力所能及的生产劳动、参与新型服务性劳动，使学生与普通劳动者一起经历劳动过程，体验现代科技条件下劳动实践新形态、新方式，丰富职业体验。

2. 职业准备教育

职业准备教育主要是面向职业教育或高等教育阶段学生开展的技术技能培训服务。企业通过与学校定制培养人才、共建产业学院、共建专业、共建课程、共建教育教学资源、共建实践教育基地等方式，全面参与人才培养的全过程，使学生在毕业前就了解产业变革、技术迭代和劳动形态的变化，掌握企业岗位所需知识、能力和技能，提升职业素养，为就业奠定坚实的基础。

【案例12-9】
多元化的校企合作形式①

联想集团与职业院校联合成立联想专班，通过工学交替的方式对学生进行职业化培训。杭州职业技术学院构建了以利益与共、文化相通、成果共享为特点的"校企共同体"高职教育特色办学模式，下设达利女装学院、友嘉机电学院、青年汽车学院等多个二级学院。中国第一汽车集团有限公司、四川长虹电子集团有限公司和东风汽车集团股份有限公司等均与职业院校合作共建实习实训基地，专门负责专业人才的培养培训和技能鉴定工作。

3. 职业发展教育

职业发展教育是指通过有目的、有计划、有组织地培养职业生涯意识与技能，发展个体综合职业能力，促进个体职业发展的活动，更是以引导个体实施职业生涯规划为主线的综合性、过程性、实践性的教育活动。职业发展教育的实施需要充分调动校内外的所有力量。近年来，越来越多的企业重视员工的职业生涯开发与管理，在职业生涯规划咨询、测评及培训等领域积极探索，很多大型企业将员工职业生涯开发与管理列入企业的战略规划。学校可以通过与企业深度合作，探索将企业先进的员工职业生涯规划与管理经验、工具引入学校教育，建立涵盖企业人员及学校辅导员的双导师队伍，举办业界专家职业咨询等活动，帮助学生找到适合自己的职业规划和成长路径。

---

① 参考：徐珍珍，黄卓君. 职业教育中的企业社会责任：履行模式与路径选择［J］. 中国职业技术教育，2018（18）：39-43，49.

【案例 12-10】

五道口金融学院举办业界专家职业咨询系列活动①

为帮助同学们明确职业发展通路、解决职业发展困惑，清华大学五道口金融学院开展了业界专家职业咨询系列活动。学院邀请了来自中投、中金、中信证券、华夏基金等金融行业中多个方向的业务专家及人力资源负责人来到学院为同学们提供职业咨询，旨在帮助同学们分析行业现状，同时提供专业的职业生涯规划与指导。

调动企业参与校企合作的积极性是推动劳动教育改革发展的关键因素。各级政府在推动校企联合开展劳动教育时应发挥主导作用，加强组织领导和统筹协调，为校企合作提供适宜、宽松的政策、资金和社会环境，明确学校和企业在校企合作中的权利和义务，规范合作行为，建立校企合作推动劳动教育健康发展的长效机制。发达国家通过立法使校企合作制度化，通过成立产业合作委员会，运用财政补偿和税务杠杆等方式推进校企合作开展职业教育的先进经验，值得研究、借鉴和推广。②

---

① 参考：佚名. 五道口金融学院成功举办实习基地授牌仪式暨职业发展论坛 [EB/OL]. (2016-05-31) [2019-02-10]. https://www.career.tsinghua.edu.cn/publish/career/8135/2016/20160531133827458715952/20160531133827458715952_html.

② 汤光伟，秦辉. 世界各国发展职业教育的成功经验及对中国职业教育发展的启示 [J]. 武汉职业技术学院学报，2009（2）：90-93，111.

第十三章

劳动教育评价

新时代的劳动教育具有新的内涵和新的形式，劳动教育的目标不是限于对劳动情感态度价值观、劳动知识和技能、劳动过程和方法的单向培养，而是以整体的、综合的、协同的素养形式呈现的。劳动教育以提高学生的劳动素养为总目标，关注学生劳动价值观的形成，重视设计、强调操作、立足实践、注重创造、体现综合。劳动教育通过对学生的劳动观念、劳动意识、劳动能力和职业意识的培养，充分发挥综合育人的功能，促进学生德智体美劳全面发展。

2020年3月，中共中央、国务院印发了《关于全面加强新时代大中小学劳动教育的意见》，提出要健全劳动素养评价制度，将劳动素养纳入学生综合素质评价体系，把劳动素养评价结果作为评优、评先的重要参考和毕业依据，作为高一级学校招生录取的重要参考或依据。

劳动教育评价是劳动教育实施的重要环节，其目的是促进学生劳动素养的提升和素质的全面发展。教育评价是根据一定的教育价值观或教育目标，运用可行的科学手段，通过系统收集信息、分析解释，对教育现象进行价值

判断，从而为不断优化教育实践和教育决策提供依据的过程。教育评价作为
学校与社会教育的重要环节与手段，具有检测、诊断、甄别、预测、导向等
多种功能。劳动教育评价提倡学习结果与学习过程、劳动素养发展与整体素
养发展的统一，既关注学生实践技能的习得、学习内容的掌握情况，又关注
学生劳动知识、方法、态度的动态发展情况。在劳动教育中，对于学生学习
过程的评价，应注重学生劳动价值观、情感和态度的形成，关注学习活动中
劳动经验的积累、原理的运用、方法的融合、设计的创新、技能的迁移、文
化的感悟等，形成促进学生劳动素养和整体素养提升的评价机制。

由此，根据劳动教育评价的理念和劳动教育实施的实际，劳动教育评
价应以下列三种类型为主：基于素养标准的综合评价、基于学生经验的自
主评价、基于学生发展的增值评价。

第一节　基于素养标准的综合评价

一、劳动教育目标和学生发展核心素养的统一

早在 1959 年，美国哈佛大学教授罗伯特·W. 怀特（R. W. White）在
《对动机的再思考：素养的概念》一文中就指出，"素养……是指某个有机体
和环境有效互动的能力（capacity）……能够与环境适当的互动是通过长期
持续的学习缓慢获得的……绝不是靠着单纯的（生理）成熟就能达到的"。
因此，在本质上，素养是个体后天习得的、能够适应和改造环境的可能性。[①]
知识经济时代和信息化时代的到来，经济技术的飞速发展和全球化进程的加
速，对我们适应和应对未来不可预见的各种情况提出了极大的挑战。因此，
我们提倡核心素养，旨在促进个体形成应对新时代各种复杂的、不确定的现

[①]　杨向东. 核心素养测评的十大要点 [J]. 人民教育，2017（Z1）：41-46.

实生活、工作和学习问题所必需的关键能力和必备品格。

中国学生发展核心素养以培养"全面发展的人"为核心，分为文化基础、自主发展、社会参与三个方面，综合表现为人文底蕴、科学精神、学会学习、健康生活、责任担当、实践创新等六大素养。核心素养是党的教育方针的具体化，是连接宏观教育理念、培养目标与具体教育教学实践的中间环节。核心素养明确了学生应具备的必备品格和关键能力，从中观层面深入回答"立什么德、树什么人"的根本问题，可以引领课程改革和育人模式变革。① 党的教育方针通过核心素养这一桥梁，可以转化为教育教学实践中可用的、教育工作者易于理解的具体要求。作为一种教育形态，劳动教育是全面发展教育的重要组成部分，对促进学生文化基础、自主发展和社会参与三方面的发展，尤其是对于健康生活、实践创新、责任担当等素养的培养，有着更为精准的针对性。

劳动教育作为一门学科，其育人作用主要体现在对学生劳动素养的培养上。学生经过劳动教育形成劳动素养，从而为从容处理当前的生活问题、升学深造、进入职业世界做好准备。劳动教育与学生发展核心素养有着很强的内在一致性，它们从总体目标上都指向人的全面发展。构建劳动素养的指标体系，依据劳动素养的内涵和水平对劳动教育进行评价，是必要且可行的。

二、劳动素养体系的建构

(一) 劳动素养的内涵

当一个学生通过劳动教育课程的学习后，具有良好的劳动观念和积极的劳动精神，懂得劳动的常识和知识，能够运用劳动的工具和方法，善于进行劳动和创造，我们就说他具备了劳动素养。从本质上看，劳动素养是学生在

---

① 汪瑞林，杜悦. 凝练学生发展核心素养 培养全面发展的人：中国学生发展核心素养研究课题组负责人答记者问 [N]. 中国教育报，2016-09-14 (9).

劳动学习中情感态度价值观、知识与技能、过程与方法的综合实现，是学生在各种复杂、不确定的情境中通过劳动实践解决现实问题的能力和品质。

（二）劳动素养框架

南京师范大学劳动教育课题组经过大量研究，构建了劳动素养框架。一级维度由三个方面组成：劳动观念、劳动知识与技能、劳动习惯与品质。每个一级维度下包含若干个二级维度：劳动观念方面，包含劳动价值观、劳动过程观、劳动技能观、劳动成果观、劳动关系观；劳动知识与技能方面，包含本体性知识、对象性知识、劳动技能；劳动习惯与品质方面，包含责任感、坚韧性、诚信度、创造性。其框架如表13-1所示。

表 13-1　劳动素养框架

一级维度	二级维度
劳动观念	劳动价值观
	劳动过程观
	劳动技能观
	劳动成果观
	劳动关系观
劳动知识与技能	本体性知识
	对象性知识
	劳动技能
劳动习惯与品质	责任感
	坚韧性
	诚信度
	创造性

之后，针对每个方面和维度，课题组形成了相应的目标描述，并根据目标达成程度和水平，明确对应的核心素养水平。下面以小学3—6年级为例，阐明劳动素养的内涵和水平（见表13-2）。

表 13-2　3—6 年级学生劳动素养分级表

一级维度	二级维度	目标描述	素养水平
劳动观念	劳动价值观	感受到自己通过劳动获得成长，热爱劳动和劳动者	水平 1：能结合具体的劳动过程，形成对劳动性质、历史和作用的初步理解；能体会劳动过程的艰辛，知道劳动成果来之不易，懂得尊重劳动成果和劳动者；能体验到劳动过程中劳动方法的运用，适当掌握简单的劳动方法，会进行烹饪、整理房间等基本的家务劳动；观摩和体验过生产性劳动；能做力所能及的公益性劳动；能通过劳动锻炼身体，和同伴愉快地合作劳动，文明劳动，诚实劳动 水平 2：能了解劳动与社会、自然、人的关系，初步形成劳动能促进人成长，劳动创造社会、创造历史的感性认知；能完成有一定强度和持续性的劳动，认真完成劳动任务，懂得保护和珍惜劳动成果；能适当了解劳动对象和材料，能使用一般的劳动工具，掌握一般劳动的技能，如简单的手工制作等；能参与生产性劳动过程，能主动参加持续性的公益性劳动；能主动和同伴、老师合作劳动，做到踏实劳动；能根据经验自我评价劳动成果 水平 3：能认识到新技术给劳动带来的变化，能树立用劳动和技术改善环境、生产产品和服务他人的观念；有自我服务的主动性和为家庭、班级与社会弱势群体服务的积极性；能完成一定强度、持续性和难度的劳动，能从事力所能及的园艺、播种等生产劳动；能通过阅读说明书等进行简单家具、家电的安装使用等；能组织和参加强度较高的公益性劳动，会使用劳动成果；能结合他人评价改善劳动，在合作中改进劳动方法和工艺等，进行创造性劳动
	劳动过程观	在劳动过程中体悟艰辛，懂得珍惜和感恩，懂得"一分耕耘一分收获"的道理	
	劳动技能观	认识到劳动不仅要掌握适当方法，还要精益求精	
	劳动成果观	体验到为他人劳动的快乐与成就感	
	劳动关系观	认识到生产劳动能增强体质、愉悦身心，不仅有益于自己，还有益于他人	
劳动知识与技能	本体性知识	认识到劳动是人实现成长发展的重要基础，是推动人类社会进步的根本力量，认识到新技术给劳动带来的变化	
	对象性知识	学会使用常用的劳动工具，认识日常生活劳动、生产劳动的产品	
	劳动技能	学会烹饪等基本的家务劳动，从事力所能及的园艺、播种等生产劳动，掌握了简单的手工制作等技能，能够通过阅读说明书等进行简单家具、家电的安装与使用等，能够与他人合作劳动	
劳动习惯与品质	责任感	有自我服务的主动性和为家庭、班级与社会弱势群体服务的积极性	
	坚韧性	能有始有终、安全高效地从事家务劳动和社会服务	
	诚信度	能够独立文明、踏踏实实、认认真真地完成劳动任务	
	创造性	在园艺、手工、烹饪中发挥想象力和创造力	

（三）劳动素养的分阶段表现

由于劳动教育贯穿初等、中等和高等教育等各个阶段，而学生的年龄和身心发展特点在不同阶段有所不同，因此，不同阶段的劳动教育课程内容也各有侧重，其阶段性素养培养目标也不尽相同。

小学1—2年级，侧重于培养学生良好的劳动观念和积极的劳动精神，使学生建立用自己的身体进行劳动的自信。

小学3—6年级，在培养学生劳动观念和劳动精神的基础上，使学生懂得劳动的常识，具备用劳动服务自己生活和学习的能力。

初中阶段，侧重培养劳动技巧和能力，使学生在处理学习和生活中的劳动问题时能达到自立的程度。

高中、中职阶段，侧重让学生积累积极的劳动情感和养成善于劳动的能力，并能尝试进行创造性劳动，使学生养成愿意通过劳动解决问题和创造劳动成果的自觉。

普通本科和高职阶段，侧重学生劳动精神的升华，鼓励学生结合专业知识进行创造性劳动，使学生拥有不畏艰辛、善于进行创造性劳动的自强意识。

（四）劳动素养的分解和维度阐释

劳动教育要落到实处，就离不开对学生劳动情感态度价值观、劳动知识和能力、劳动过程和方法三者的综合培养，劳动素养具体而言是劳动观念、劳动知识与技能、劳动习惯与品质三方面的综合素养。因此，对劳动教育中形成的必备品格和关键能力可以从三个方面分解。

1. 劳动观念

劳动观念的总体目标：弘扬劳动精神，崇尚劳动，尊重劳动，认同劳动，乐于劳动。

分学段的劳动观念目标：表13-3从"劳动价值观""劳动过程观""劳动技能观""劳动成果观""劳动关系观"五个维度描述分学段的劳动

观念培养目标。

表 13-3 劳动观念的分学段目标

维度	小学		初中	高中	中职	高职	普通本科
	1—2年级	3—6年级					
劳动价值观	感受劳动的美好	感受到自己通过劳动获得成长，热爱劳动和劳动者	理解劳动对社会生活的支撑作用，认识到劳动没有高低贵贱之分	认识到劳动是人类生存和发展的最基本条件，愿意为社会发展和国家建设付出劳动	认识到劳动是人类生存和发展的最基本条件，愿意以自己的职业技能服务地方产业发展和国家建设	深刻理解"人民创造历史，劳动开创未来"的道理，树立劳动光荣、创造伟大的正确观念	深刻理解"人民创造历史，劳动开创未来"的道理，树立劳动光荣、创造伟大的正确观念
劳动过程观	体悟劳动过程的辛劳	在劳动过程中体悟劳动的艰辛，懂得珍惜和感恩，懂得"一分耕耘一分收获"的道理	热爱劳动，积极参加劳动，认识到"劳动来不得半点虚假"	体悟劳动的艰辛，体会勤劳、勤奋、勤勉的重要性	体悟劳动的艰辛，体会勤劳、勤奋、勤勉的重要性	深刻理解"空谈误国，实干兴邦"的道理，认识到"脚踏实地、肯干苦干、持之以恒"是劳动的基本态度	深刻理解"空谈误国、实干兴邦"的道理，认识到"脚踏实地、肯干苦干、持之以恒"是劳动的基本态度
劳动技能观	认识到劳动需要掌握适当的方法	认识到劳动不仅要掌握适当方法，还要精益求精	认识到劳动需要"孜孜以求、精益求精、追求质量"	懂得"业精于勤，荒于嬉"的道理，体会切磋琢磨、精益求精、勇于创新的技术追求	懂得"业精于勤，荒于嬉"的道理，在专业学习与实践中切磋琢磨、精益求精、勇于创新	深刻领会并在专业学习和实践中发扬"劳模精神""工匠精神"	深刻领会并在专业学习和实践中发扬"劳模精神""工匠精神"

续表

维度	小学		初中	高中	中职	高职	普通本科
	1—2年级	3—6年级					
劳动成果观	体会"粒粒皆辛苦"懂得劳动成果来之不易	体验到他人劳动的快乐与成就感	真正理解"劳动成果来之不易"的内涵，当自己的成果被认可时具有荣誉感、自豪感	尊重和珍惜劳动成果，乐于分享劳动成果，具有荣誉感和自豪感	尊重和珍惜劳动成果，乐于分享劳动成果，具有荣誉感和自豪感	亲身体验用劳动换来成果的艰辛与价值，尊重劳动人民，珍惜劳动成果，感受到为社会做贡献的成就感、幸福感、滋养感，感受到劳动的充实美、收获美	亲身体验用劳动换来成果的艰辛与价值，尊重劳动人民，珍惜劳动成果，感受到为社会做贡献的成就感、幸福感、滋养感，感受到劳动的充实美、收获美
劳动关系观	知道人人都要劳动	认识到生产劳动能增强体质、愉悦身心，不仅有益于自己，还有益于他人	懂得劳动中"团结协作"的重要性，知道遵守合约的重要性	理解技术创新与产业结构变化，企业与税务、金融机关等公共部门的关系，以及环境保护等问题	理解技术创新与产业结构变化，企业与税务、金融机关等公共部门的关系，以及环境保护等问题	知道劳动者的权利和义务，准确理解劳动与经济、劳动与法律、劳动与职业的关系	知道劳动者的权利和义务，准确理解劳动与经济、劳动与法律、劳动与职业的关系

2. 劳动知识与技能

劳动知识与技能的总体目标：掌握劳动的基本知识与技能，学习有关劳动的新知识、新方法、新技术、新工艺，能分析问题、解决问题，具备质量意识、环境保护意识、劳动伦理意识和劳动安全意识，学会劳动、善于劳动、科学劳动。

表13-4从本体性知识、对象性知识、劳动技能三个维度描述了劳动知识与技能的分学段目标。

表 13-4　劳动知识与技能的分学段素养

维度	小学		初中	高中	中职	高职	普通本科
	1—2年级	3—6年级					
本体性知识	知道自己动手丰衣足食的含义，能够感知新技术给劳动带来的变化	认识到劳动是人实现成长发展的重要基础，是推动人类社会进步的根本力量，认识到新技术给劳动带来的变化	正确认识劳动的价值与功能，初步了解人工智能、大数据等新知识、新方法、新工艺、新技术对社会生活生产的改变	正确认识劳动的价值与功能，了解人工智能、大数据等新知识、新方法、新技术在劳动中的应用	结合职业体验，了解人工智能、5G、大数据等和专业相关的新知识、新方法，了解新技术的应用场景和用途，知道新时代创新劳动的重要性	结合专业实践和职业体验，了解人工智能、5G、物联网、大数据等新知识、新方法，熟悉新技术在行业中的应用，熟悉与专业相关的新工艺、新技术，懂得创新、奉献的时代精神	熟悉人工智能、5G、物联网、大数据等新知识、新方法的基本原理和实现路径，熟悉和掌握一些与专业相关的新工艺、新技术，懂得新时代创新性劳动的重要性，具有愿意为国家和社会无私奉献的精神
对象性知识	了解生活中常见的手工劳动工具，能合理地选择劳动工具，认识"五谷"等劳动成果	学会使用常用的劳动工具，认识日常生活劳动、生产劳动的产品	学会使用、保养常用工具，初步具备质量意识、环保意识、劳动伦理意识，掌握必要的劳动安全知识	认识学校所在区域的土壤、气候等环境条件和产业知识，掌握现代劳动工具知识，具备质量意识、环境保护意识、劳动伦理意识，掌握必要的劳动安全知识	结合专业了解产业，掌握现代产业中的劳动工具、材料、生产条件、环境等知识，掌握某一领域的现代生产知识，初步学习基本劳动法规知识	结合专业了解产业，掌握现代产业中的劳动工具、材料、生产条件、环境等知识，掌握某一领域的现代生产知识，养成自觉遵守行业劳动法规、标准与实际运行规则的习惯，掌握劳动法、劳动合同的知识	结合专业了解产业，掌握现代产业中的劳动工具、材料、生产条件、环境等知识，掌握某一领域的现代生产知识，养成自觉遵守行业劳动法规、标准与实际运行规则的习惯，掌握劳动法、劳动合同的知识

维度	小学		初中	高中	中职	高职	普通本科
	1—2年级	3—6年级					
劳动技能	能够从事基本的家务劳动	学会烹饪等基本的家务劳动，从事力所能及的园艺、播种等生产劳动，会简单的手工制作等技能，能够通过阅读说明书等进行简单的家具、家电的安装与使用等，能够与他人合作劳动	掌握必要的家务技能，学会制作简单机械和电器，掌握文明劳动的规则，能够与他人合作劳动	学会现代种植技术、养殖技术、农副产品加工技术等;学会钳工、木制品的初步设计与加工以及电子产品的安装和使用	结合专业掌握现代性生产技能，具备动手解决问题、生产产品的能力	结合专业掌握现代性生产技能，具备动手解决问题、生产产品的能力	结合专业掌握现代性生产技能，提高发现问题与解决问题的能力，掌握平衡工作与生活的方法

3. 劳动习惯与品质

劳动习惯与品质的总体目标：养成自觉劳动的习惯，以集体利益为重，强化奉献意识，懂得通过服务国家与社会实现自己的人生理想。

表13-5从责任感、坚韧性、诚信度、创造性四个维度描述了劳动习惯与品质的分学段目标。

表 13-5 劳动习惯与品质的分学段素养

维度	小学		初中	高中	中职	高职	普通本科
	1—2年级	3—6年级					
责任感	能够帮助父母长辈，主动承担力所能及的家务劳动	有自我服务的主动性和为家庭、班级与社会弱势群体服务的积极性	养成家庭的事情主动做、集体的事情积极做的习惯，改变被动劳动状态	养成自觉维护家庭、班级、学校环境的责任意识，初步形成探究社区问题的意识，初步具备法治观念	养成自觉维护寝室、教室、校园环境的习惯，愿意参与社区服务，具备法治观念	养成自觉维护寝室、教室、校园环境的习惯，能够在实习实训中展现出良好的责任意识与行为，愿意扎根一线	养成自觉维护寝室、教室、校园环境的习惯，能够在个人以及企业的生产活动中思考并承担责任
坚韧性	能做的事情坚持做，不半途而废	能有始有终、安全高效地从事家务劳动和社会服务	能够负责、严谨、安全地完成劳动任务	能吃苦耐劳、脚踏实地、有始有终地完成一项劳动，能够根据劳动需要使用劳动材料，不轻易浪费	具有在艰苦行业、基层一线工作的职业意向，具备吃苦耐劳、脚踏实地、有始有终工作的品质	具有在艰苦行业、基层一线工作的职业意向，具备吃苦耐劳、脚踏实地、有始有终工作的品质	具有在艰苦行业、基层一线工作的职业意向，具备吃苦耐劳、脚踏实地、有始有终工作的品质
诚信度	能够遵守劳动纪律，体验"种瓜得瓜，种豆得豆"的道理	能够独立文明、踏踏实实、认认真真地完成劳动任务	能够自觉遵守劳动规范、劳动纪律，认真负责地完成劳动任务，坚决不说谎、不作假、不投机取巧，懂得遵守合约的重要性	能够自觉遵守劳动规范、劳动纪律，认真负责地完成劳动任务，了解劳动法律法规，遵守合约	能够自觉遵守劳动规范、劳动纪律，认真负责地完成劳动任务，掌握劳动法律法规，遵守合约	能够自觉遵守劳动规范、劳动纪律，认真负责地完成劳动任务，建立质量观念和品牌意识，掌握劳动法律法规，遵守合约	能够自觉遵守劳动规范、劳动纪律，认真负责地完成劳动任务，建立责任意识、质量观念和品牌意识，掌握劳动法律法规，遵守合约

续表

维度	小学		初中	高中	中职	高职	普通本科
	1—2年级	3—6年级					
创造性	在劳动中保持好奇心和想象力	在园艺、手工、烹饪等劳动中激发想象力和创造力	培养劳动创新的兴趣、探索精神，有创造的欲望和初步行动	能够有创意地开展劳动，进行初步的设计和创新	能够在劳动中尝试劳动工具、工艺流程的优化，提高创造技能	具备创新精神和创业热情，能够在劳动实践中追求幸福并获取创新灵感	具备创新精神和创业热情，能够在劳动实践中追求幸福并获取创新灵感

（五）基于劳动素养的综合评价

借鉴普通高中课程改革的成果，对学科核心素养的评价主要应依据学科的学业质量标准。《普通高中课程方案（2017 年版）》明确指出："各学科明确学生完成本学科学习任务后，学科核心素养应该达到的水平，各水平的关键表现构成评价学业质量的标准。"具体而言，学业质量标准是以本学科核心素养及其表现水平为主要维度，结合课程内容，对学生学业成就表现的总体刻画。依据不同水平学业成就表现的关键特征，学业质量标准明确将学业质量划分为不同水平，并描述了不同水平学习结果的具体表现。比如，高中体育与健康学业质量是学生在运动能力、健康行为和体育品德三个方面表现出来的学科核心素养发展水平；通用技术学业质量是学生在技术意识、工程思维、创新设计、图样表达、物化能力五个方面表现出来的学科核心素养发展水平。具体来说，学业质量就是期望学生在一个模块或一个学年学习后所达到的学科核心素养发展水平。

依据上文所述的劳动教育课程学科素养，劳动教育的评价与传统的学业评价相比差别较大，在评价理念和评价形式上都有所突破和拓展。

一是素养导向的劳动教育评价在内涵上要有所拓展，不能限于传统意义上的学业成绩或考试分数。基于劳动素养的评价，不仅关注劳动观念、劳动知识技能的习得，更关注学生在复杂、不确定的现实劳动情境中的问题解决能力；不仅关注学生对劳动知识等的理解或应用，更关注学生综合运用各种劳动知识和技能主动创造劳动知识和成果；不仅关注学生学什么，更关注学生如何学；不仅关注学生个体学习，更关注学生在劳动项目中团队合作和有效的沟通与交流；不仅包括考试中所能考查的学业成就，也包括课堂提问、日常观察、小组讨论、作业所指向的学业表现，以及成长记录档案袋等新型测评方式所能涵盖的学习结果。①

二是素养导向的劳动教育评价应贯穿整个学习或教学过程。学校需要转变评价理念，树立促进学生素养发展的新型评价观。通常，教学关注学习过程，评价关注学习结果。教学或学习过程不被当作评价内容。但这是在以掌握知识为取向、以讲授为主要教学方式的教学模式下人们对评价的理解。在以素养为导向的学习和教学观下，学习是个体在与各种情境持续的社会性互动中，不断解决问题和建构意义的过程。教育或教学的功能就在于选择或创设合理的情境，通过适当活动促进学习的发生。核心素养的发展就渗透在这种学习过程的始终。这就需要教师随时评估和了解每个学生的认识或理解、疑虑或困惑等，根据所得信息及时调整教学活动或任务。这样一来，评价就不再是教学过程结束后的事情，而是贯穿于整个学习或教学过程，与教学是同一个硬币的两面。按照这种理解，基于核心素养的劳动教育评价泛指伴随着学习和教学过程，旨在促进学生劳动素养发展的各种评价活动。②

第二节　基于学生经验的自主评价

在传统劳动观中，劳动是与生活和生产相联系的、是不高雅的，这些劳动以日常生活和生产中的经验为基础，体现的是零散的劳动常识和劳动技能，带有强烈的主观性、个人性、应用性，对劳动的认知容易被误解而

---

① 杨向东. 如何开展基于核心素养的日常评价 [N]. 中国教育报, 2018-06-06 (5).
② 同①.

排除在"知识"之外。但从本质上讲，劳动经验是劳动认知的内容，也是劳动认知的方式。劳动教育基于学生经验，同时也能丰富学生的经验和认知。

一、劳动教育的特点

从认识论上看，劳动教育具有以下两种属性。

一是完整的具身性。具身认知是由具体的个体在实时的环境中产生并储存在记忆里的认知信息，它并非抽象的符号，而是具体的、生动的，是同身体的特殊感觉通道相联系的。劳动教育强调学生亲临劳动现场、亲身体验劳动经历、获得亲近的劳动情感和科学的劳动认知，也就是说，它注重学生的身体体验及其对自身活动方式的"具身认知"，强调身体在认知过程中所扮演的角色。劳动教育的具身性意味着劳动者在劳动过程中采用的是"身心一元"的认知模式。在劳动教育中，环境、身体、心智之间的交互关系不仅变得越来越紧密，而且通过复杂、多维的互动机制，促进劳动者对劳动知识和技能的重新探索。

二是真实的情境性。劳动教育总是在特定的情境和场域中，通过真实的劳动过程而实现的。自然和生活环境具有极大的教育价值，作为生产生活资料、生产生活环境和劳动对象的各种条件能够转化为劳动教育所需的资源。劳动教育中实施的劳动活动必须是有目的、有计划的活动，只有经过精心设计的劳动，上述真实情境中的内容才可能成为学生学习和收获知识、技能、经验、活动、情感、态度和价值观的载体。

劳动教育的情境多种多样。农场、工厂、社会服务场所、劳动实践基地是我们进行劳动教育的自然场所，它们具有明确的目标和任务、对象和资源、环境和场域等情境要素；学校、社区、家庭也是劳动教育的场所，其具有情境生活性和普遍性的特征；实验室、艺术馆、创造中心，乃至网络空间、虚拟环境等是劳动教育的特别场所。学生将在辛勤的劳动中，运用各个学科的知识，进行创造性劳动。劳动教育的情境在一定程度上也决定着劳动教育的生成和发展。实用主义哲学家杜威认为，真正的理解是与事物怎样运作和事情怎样做有关的，真正的理解在本质上必然是跟动作联系的。① 这表明了在情境中开展劳动教育的必要性。

对劳动教育的认识论解析，给基于学生经验的自主评价提供了学理依据。不论是劳动的具身性还是情境性，都与学生的经验紧密联系。学生经过劳动实践，对劳动的过程、成果等有一定的认知，可以从其个人的主观角度，对个人参与劳动的要素进行自主评价。

具体开展劳动教育评价的方式有以下几种：第一，日常观察（包含描述和建议两部分）。第二，劳动心得（包含描述和建议两部分）。第三，劳动成长记录袋（包含描述和建议两部分）。

以学生参加刺绣劳动教育为例，学生在接受刺绣知识和技能的教育后，进行了某个图样的刺绣劳动练习。在此情境下，基于学生经验的自主评价主要有三类，第一类是学生的自我评价，第二类是他人评价，第三类是自我评价和他人评价相结合。这三类基于经验的评价，可以是对刺绣作品的评价，也可以是对刺绣技法、刺绣经验等的评价；可以是对刺绣设计方案的评价，也可以是对刺绣方案的改进进行评价。下面分别举例说明。

二、基于学生经验的自主评价的三种类型

1. 学生的自我评价

刺绣劳动中的自我评价是基于学生经验的整体性评价，涉及对劳动项目的关注、劳动技法的掌握、劳动工具的操作、劳动环境的保护等。

学生的自我评价包括以下环节：

（1）在小组内展示自己的基本针法，相互进行比较；

（2）交流刺绣经验；

---

① 高文. 建构主义研究的哲学与心理学基础 [J]. 全球教育展望，2001（3）：3-9.

（3）自己根据实际情况认真填写评价表（见表13-6）。

表 13-6　学生自我评价表

评价项目	自我评价
课前查找刺绣相关材料	☆ ☆ ☆ ☆ ☆
学会了穿针	☆ ☆ ☆ ☆ ☆
学会了基本针法	☆ ☆ ☆ ☆ ☆
操作中能注意安全	☆ ☆ ☆ ☆ ☆
场地干净整洁、物品摆放有序	☆ ☆ ☆ ☆ ☆

2. 他人评价

刺绣劳动中的他人评价涉及设计方案的优劣、刺绣技法的熟练程度、刺绣作品的造型创意等。

他人评价包括以下环节：

（1）在小组内展示作品，并围绕几个方面进行评议：设计方案是否合理，是否一针一针紧挨着地绣，线套是否长短一致，造型是否新颖、美观，等等；

（2）积极参与讨论，发现别人的优点，改进自己的作品；

（3）认真填写评价表（见表13-7）。

表 13-7　他人评价表

评价项目	他人评价
设计方案合理	☆ ☆ ☆ ☆ ☆
找到刺绣的规律	☆ ☆ ☆ ☆ ☆
掌握正确的刺绣方法	☆ ☆ ☆ ☆ ☆
作品造型新颖美观	☆ ☆ ☆ ☆ ☆

3. 自我评价和他人评价相结合

自我评价和他人评价相结合，可以使评价内容更加全面和客观。这里的他人包括组内成员和班级成员。评价内容主要包括学生的刺绣技法、刺绣经验、交流合作，以及刺绣作品、刺绣设计方案及改进等方面。

其评价环节如下。

（1）在小组内展示自己的作品，交流刺绣经验；

（2）在小组内交流评价，推荐优秀作品在班级展示；

（3）对设计方案的可行性、刺绣作品的造型和实用性等进行评议；

（4）听取其他同学的评议意见，并对作品和操作过程进行改进；

（5）认真填写评价表（见表13-8）。

表 13-8 自我评价和他人评价相结合评价表

评价项目	自我评价	他人评价
自己独立设计绣制	☆ ☆ ☆ ☆ ☆	☆ ☆ ☆ ☆ ☆
熟练使用工具	☆ ☆ ☆ ☆ ☆	☆ ☆ ☆ ☆ ☆
作品连接牢固	☆ ☆ ☆ ☆ ☆	☆ ☆ ☆ ☆ ☆
作品制作精细	☆ ☆ ☆ ☆ ☆	☆ ☆ ☆ ☆ ☆
作品造型新颖	☆ ☆ ☆ ☆ ☆	☆ ☆ ☆ ☆ ☆
操作时态度认真	☆ ☆ ☆ ☆ ☆	☆ ☆ ☆ ☆ ☆
熟练掌握刺绣技法	☆ ☆ ☆ ☆ ☆	☆ ☆ ☆ ☆ ☆
与同学合作愉快、有效	☆ ☆ ☆ ☆ ☆	☆ ☆ ☆ ☆ ☆

第三节　基于学生发展的增值评价

劳动教育是一个连续的过程，具有生成性的特点，学生在长期的主动学习过程中构建起自己对劳动观念和劳动实践的理解。随着对劳动教育本质和规律认识的深入，劳动教育中的评价也应做出相应的改革和更新。增值评价作为发展性评价，关注学生的学习起点和教学过程，具有多因素、多层次、立体化的特点，在国际范围内得到广泛应用。[①]在劳动教育中引入

① 黄睿. 增值评价在体育学习评价中的展望［J］. 湖北体育科技，2019（2）：171-174.

增值性评价，有利于学校和教师改变评价的理念，不仅关注学生当前的生活学习，也兼顾学生为将来生活的准备和潜在的能力发展。

一、劳动教育增值评价的特点

劳动教育的增值评价主要有以下四个特点。

1. 评价主体的多元性

与传统评价的单一主体相比，基于增值理念的评价要求多元主体参与到评价中来，注重教师对学生的评价、学生对学生的评价、家长对学生的评价、社会对学生的评价等多主体评价的结合。就劳动教育而言，这要求不仅仅由任课教师或指导教师来进行评价，还要让社会、企业、行业专家甚至学生本人参与到评价中来。对于专业性较强的劳动技术评价，行业企业的专家还要在前期介入评价标准的制定。这种有学生参与的评价，使学生由评价对象变成评价者，实现了评价的主客体统一，使学生在参与评价的过程中能更好地改进自身的不足、学习他人的长处，调动了学生的主动性和积极性。多元的评价共同体突出了评价的激励教育功能，促使评价为育人目标服务，以最终实现学生能力的增值。①

2. 评价内容的全面性

传统的评价往往只注重对学生的知识水平进行评价，基于增值理念的评价则要求评价内容要体现全面性，尤其要突出能力和素养，评价内容应不局限于教材，要具有较大的灵活性。除结果评价外，基于增值理念的评价还关注学生的学习过程，关注学生在学习过程中能力、素养、品格的提升。凡参与劳动教育的学习与实践过程，完成或基本完成所规定的学习任务的学生，都应当给予肯定。

劳动教育的评价分为平时评价、学期评价和学年评价。平时评价可以是单一性评价，着重某个方面、某个层面或某个项目。学期评价和学年评

---

① 肖青山. 大学生社会实践考核评价体系之构建：基于增值理念［J］. 当代教育实践与教学研究，2018（12）：219-220.

价是总体性评价，以一学期或一学年学习与实践的各方面综合情况为依据，由教师给出评语和评定等级。评价的方式应注意理论评价、操作评价相结合。评价等级一般分为优秀、及格、不及格三种。评价结果应当记入学生成绩手册，作为学生综合评价的依据之一。[①]

3. 评价方式的多样性

在传统的教育理念下，教师往往通过期末考试的形式一次性地对学生一门课程的学习情况进行评价，往往并不能真正体现学生的学习水平，也难以充分发挥评价的各种功能，取得较好的育人效果。基于增值理念的评价不局限于期末考试这一种评价方式，而注重评价方式的多样性，既包含学生的自我评价，又包含教师及其他主体参与的评价；既包含整体性的评价，也包含特色及创造性的评价；既包含定量评价，也包含定性评价。基于增值理念的评价强调针对内容选择评价的方式，讲究灵活多样，以期对学生的学习进行全面、客观、准确的评价，并进而促进评价的各项功能得以充分发挥。劳动教育的评价方式应当灵活多样，可以采用产品展示、撰写心得体会、组织专题活动、相互交流、自我评价、作品评定、日常观察等形式。

4. 评价时间的连续性

传统理念下的评价往往只在学习结束时进行，在此之前基本上不进行评价。基于增值理念的评价则要求教师在学生学习的各个阶段都进行评价，以实现评价的连续性。这样一方面可以让教师及时了解学生的学习状况，并有针对性地改进教学中存在的问题；另一方面还可以让学生在持续的评价中，保持良好的学习态度，实现学业增值。

2015 年教育部、共青团中央、全国少工委联合印发了《关于加强中小学劳动教育的意见》，明确提出要建立劳动评价制度，将评价结果记入学生综合素质评价档案。具体来说，评价内容包括参加劳动次数、劳动态度、实际操作、劳动成果等方面，具体劳动情况和相关事实材料要记入学

---

① 江苏省教育厅. 江苏省义务教育劳动与技术课程纲要（2017 年修订）[Z]. 2017.

生综合素质档案，并作为升学、评优的重要参考依据。

二、劳动教育增值评价的具体做法

1. 评价的内容

各校、各地区应因地制宜，结合本地、本校劳动教育现状和学生实际，从学生劳动观念的培养、劳动知识的掌握、劳动技能的提高、劳动创新意识的养成等方面构建学生劳动素质评价指标体系。分学段制订"学生劳动素质评价表"，可以从劳动观念、劳动态度、劳动品质、自我服务劳动、家务劳动、简单生产劳动、公益劳动、劳动特长、劳动创新等九个方面确定具体的评价内容与要求，同时设计相应的考查表格、问卷题卡、检测试卷等，以便于实际操作。

2. 评价的方法

学生劳动素养按"优秀、良好、达标、待达标"四个等级评定。教师既要分别评定单项素养，又要综合评定整体素养，最后写出综合评语。在评价过程中，采取三种方式：一是对劳动观念、态度、习惯、品质直接进行等级评价；二是采用测试、操作、作品展示等方式考查学生的知识和技能，给出量化分数，再转化为等级；三是对学生自我服务劳动、家务劳动、公益劳动、简单生产劳动，除进行知识测试外，还进行平日考查和问卷调查。根据评价结果，再评定等级。

3. 评价的操作

评价的实际操作方法有如下六种：一是考试（或测试）法，即进行书面或口头测试；二是问卷法，即采用判断、选择、填空等形式进行调查；三是观察法，即观察、分析学生平时的行为习惯和态度表现；四是轶事记录法，即记录学生在劳动中的言行、点滴进步、典型事迹等；五是作品展评法，即将学生劳动（手工）作品进行展示评点，分析学生的选材能力、制作工艺、创新意识等；六是评定法，即小组或班委会集体评议。

4. 评价的原则

要以促进学生劳动素养和综合素质持续发展为目标，设计与实施劳动教育的增值性评价，坚持评价的方向性、指导性、客观性、公正性等原则。

一是突出发展导向。要坚持学生成长导向，通过对学生成长过程的观察、记录、分析，把握学生的成长规律，了解学生的个性与特长，不断激发学生的潜能，为更好地促进学生成长提供依据。评价的首要功能是让学生及时获得关于学习过程的反馈，改进后续活动。要避免评价过程中只重结果、不重过程的现象。要对学生的劳动作品进行深入分析和研究，挖掘其背后蕴藏的学生的思想、创意和体验，杜绝对学生的作品随意打分和简单排名等做法。

二是做好劳动写实记录。教师要指导学生客观记录参与劳动的具体情况，包括劳动的主题、劳动的持续时间、劳动的强度、劳动中所承担的角色、劳动任务分工及完成情况等，及时填写劳动记录单，并收集相关事实材料，如劳动现场照片、作品、研究报告、实践单位证明等。劳动记录和事实材料要真实、有据可查，为劳动教育评价提供必要基础。

三是建立劳动档案袋。在劳动过程中，教师要指导学生分类整理、遴选具有代表性的劳动记录、事实材料以及其他有关资料，并加以编排、汇总、归档，形成每一个学生的劳动档案袋。劳动档案袋是学生自我评价、同伴互评、教师评价的重要依据，也可作为招生录取中综合评价的重要参考。

四是注重科学性。原则上，每学期末教师要依据劳动教育目标和学生劳动档案袋，结合平时对学生劳动情况的观察，对学生在劳动过程中表现出的综合素养发展水平进行科学分析，写出有关劳动情况的评语，引导学生扬长避短、明确努力方向。各学校要结合实际情况，研究制定学生劳动评价标准和学分认定办法，对学生的劳动教育课程学分进行认定。

5. 典型案例

杭州市富阳区富春第七小学结合学校新劳动教育实践和培养目标，倡导小学生参加志愿服务公益劳动。学校专门研究、提出了志愿服务公益劳动建议，侧重于引导学生积极参加志愿服务、奉献社会、积累生活经验、学会劳动技能、培育劳动情感、提升劳动素养，促进学生健康成长。

富春第七小学志愿服务公益劳动建议如下：

（1）参加校内红领巾农耕馆志愿服务。

（2）参加校内"共享书吧"志愿服务。

（3）参加整理、清洁公交车站"共享书吧"志愿服务。

（4）参加形式多样的护绿行动和种植实践体验活动。

（5）参与社区（乡村）清扫保洁志愿活动。

（6）戴一次红袖章，当一回检查员或劝导员，热心做一次校内值周服务。

（7）为一年级新生栽种一棵向日葵，收获向日葵籽并将其赠送给结对的小伙伴。

（8）向结对的高年级大哥哥回赠一份亲自播种和收获的果实。

（9）宣传文明祭扫，大力宣传并践行"绿色、文明、环保"的新时代清明节气文化。

（10）当普法朗读者，参与"讲法治故事"志愿活动。

（11）传播"爱眼护眼"知识，热心为同伴检测视力，助力"防近控近"工作。

（12）在"世界无车日"乘坐公交车，响应绿色出行。

（13）参加"消防安全日"宣传服务活动。

（14）参与垃圾分类回收站的垃圾回收、整理志愿活动。

（15）积极参加"世界水日"主题活动，参与"五水共治"活动，保护母亲河。

（16）积极参与保护公共自行车活动。

（17）积极参与清除城市"牛皮癣"活动。

（18）积极参与文明交通劝导志愿活动。

（19）积极参加学雷锋志愿服务活动。

（20）积极参加社区养绿护绿行动，参与植树活动。

（21）积极参与环保科普宣传、文艺作品展演、社会调查研究、生态文化寻访等活动。

（22）崇尚科学，反对迷信，积极参与禁毒、反邪教、防诈骗等宣传活动。

（23）力所能及地帮助身边有困难的小伙伴：寄送一张自制新年贺卡、赠送一件新年小礼物等。

（24）关爱身边身体残疾的同学，给他们送温暖。

（25）参加一次进福利院或敬老院送温暖活动。

（26）做一张小卡片，写一段贴心话，开展一次感恩师长的活动。

（27）参与慰问身边的劳动者（医护人员、警察、消防员、环卫工人、志愿者等）的活动。

（28）积极参加"第二课堂"研学活动，参观各类纪念馆、博物馆、展览馆，瞻仰革命遗址、烈士陵园等。

（29）传承传统文化，感知节气之美，积极参与乡镇（街道）的节气民俗活动。

（30）传播"劳动最美丽、劳动最光荣"等文明理念，积极参与美丽校园、美丽家乡建设。

以上30种公益劳动不是在课堂中完成的，所有项目都是开放的、没有固定模式的，活动场域有街道、社区、敬老院、公交站台等，活动方式有打扫卫生、服务他人、指挥交通、宣传家乡等。对以上30种公益劳动的评价，就不能局限于对劳动知识和技能的评价，应主要关注劳动次数、劳动态度、劳动强度、劳动的持续性、劳动成果、劳动对象满意度等方面，要将评价结果、具体劳动情况和相关事实材料纳入学生综合素质档案。通过一段时间的评价记录，教师可以发现学生对劳动的认可和热爱程度，也能挖掘其在未来生活、工作等方面的潜能，为其日后生活打下坚实的劳动基础。

第十四章

互学互鉴劳动教育①

　　我国具有悠久的劳动教育传统。尤其是新中国成立后，在党和国家的高度重视下，我国在劳动教育的理论和实践探索方面均取得了卓有成效的有益经验。进入新时代以后，我国社会的劳动形态、劳动观念等正在发生着深刻的变革。这既给劳动教育的发展提供了宝贵的机遇，也给劳动教育带来前所未有的新问题、新挑战。解决新问题，迎接新挑战，从而不断提升劳动教育的专业品质和育人效果，既要立足于我国已有的劳动教育经验，也要积极吸纳和借鉴人类文明中的相关优秀成果。为此，需要努力研究世界上主要国家和地区在劳动教育方面的先进理念、保障制度、有效模式和科学评价方法，从中总结提炼出可供我国劳动教育借鉴的有益做法。

①　本章主要借鉴了北京师范大学国际与比较教育研究院 2018 年 9 月组织编写的《世界主要国家"劳动教育"的政策与实践》（内部资料），在此表示感谢。

第一节　先进的劳动教育理念

　　理念是行动的先导。理念的先进性是确保行动的有效性的基本前提。如果理念落后陈旧，则容易将实践引入歧途。因此，对各国劳动教育经验的分析，首先就是要找到各国在开展劳动教育方面所秉持的基本理念。劳动教育的理念，主要体现为对劳动教育的性质、目标、功能和地位等问题的基本看法。

一、关于劳动教育的性质的认识

　　怎么定位劳动教育的性质，将会在很大程度上影响劳动教育的实践走向。总体而言，当前世界上主要国家基本上是将劳动教育定位为普通教育而不是职业教育，通识教育而不是专业教育。

（一）作为普通教育的劳动教育

　　作为普通教育的劳动教育是相对于职业教育、成人教育而言的。从当前世界上主要国家开展劳动教育的实际情况来看，劳动教育一般被定位为一种面向所有学生的普通教育。虽然一些国家在开展具体的劳动教育的时候，会将其与职业教育相结合，但是，总体而言，很多国家依然将劳动教育定位为普通教育的范畴。具体表现为，将劳动教育作为国家法定的必修课程，要求所有学校必须开设。

　　比如古巴、印度等国家，均将劳动教育作为本国学校的必修课程。在2010年古巴新修订的教育法规中，劳动教育与数学、西班牙语、历史、自然、体育、化学、生物、公民教育、英语和计算机一起被列为古巴基础教育阶段的必修课程，在小学高年级即五、六年级以及初中一、二、三年级开设，每星期两课时。2000年，印度制定了《2000年学校教育国家课程框架》（National Curriculum Framework for School Education 2000），该文件指出实施两年初中教育和两年高中教育，开设外语、数学、科学和技术、社会、艺术、体育和健康以及劳动教育课程。在高中阶段，所有的课程可以分为两大类，即基础课程和选修课程。劳动教育被列入基础课程，选修课程中的家政学等也有劳动教育的部分内容。

此外，2017 年 2 月，俄罗斯教育与科学部部长奥莉加·瓦西里耶娃宣称，俄罗斯教育部已经准备好支持由国家杜马编写的关于学龄儿童劳动教育的法律草案。瓦西里耶娃在 2017 年 2 月 14 日举行的全俄论坛"家庭与学校的互动"中表示："我知道我们的国家杜马已经在起草劳动教育草案，对此我们将举双手支持。"2017 年 3 月 29 日，俄罗斯联邦国家杜马签订并公布了《学校劳动教育法草案》，联邦委员会成员维克多·克雷斯（Виктор Кресс）和亚历山大·沃尔科夫（Александр Волков）提议将劳动教育引入俄罗斯各级普通教育中。

将劳动教育定位为普通教育，就意味着：（1）劳动教育的对象是所有适龄儿童，每个儿童都需要接受劳动教育。因此，劳动教育应该是各级各类学校都必须开设的必修课程。（2）劳动教育的目标是培养具有普遍适用性的基础性劳动能力和相应的劳动价值观，而不是指向特定劳动者的培养。因此，劳动教育重在培养学生的基本劳动素养。（3）劳动教育的内容具有基础性和可迁移性，能够为学生的终生发展奠基。

（二）作为通识教育的劳动教育

作为通识教育的劳动教育是相对于专业教育而言的。也就是说，劳动教育的实施主要不是指向特定专门人才的培养，而是为专门人才的培养提供最为基本的劳动素养教育，如培养学生正确的劳动观念、劳动态度、劳动精神、劳动习惯等。这一点可以从世界上主要国家劳动教育目标的定位中明显地看出来。

在美国，劳动教育的目标是培养积极的家庭成员、职业领域的合格准备者、负责任的社会公民。这些目标均指向的是人的通识性素养的培养。

除美国外，英国、日本、俄罗斯、古巴等国也强调对学生的劳动教育主要立足于学生良好劳动习惯和态度的培养。

比如，日本《学校教育法》第三章第三十六条规定，初中以"培养社会所需要的各种职业的基本知识和技能、尊重劳动的态度以及按照个人才能选择专业的能力"为任务。首先，这一条明确指出劳动教育的其中一个目标，即培养学生未来职业所需的基本知识与技能，故日本有开设技术家事课程；其次，这一条还指出要培养学生尊重劳动的态度；最后，这一条提到要培养学生选择适合自身才能的专业的能力。日本高中《学习指导要领》第一章总则第一款规定，"学校适应地区与学校的实况等，对劳动体验的学习进行适当的指导，使学生体验到劳动与创造的愉快，以资形成社会所期望的劳动观与职业观"。从日本关于劳动教育目标的表述中可以明显看出，其所主张的劳动教育并不是一种专业教育，而主要是一种指向通识素养的教育。以上这些说明了在世界上很多国家的劳动教育理念中，劳动教育并不是一种专门人才培养的教育。

因此，在劳动教育中，固然有对学生基于某一特定领域劳动技能进行培养的教育，但是，教育的重点或者目标不是将学生培养成这一领域的专业人才，对所有学生都具有普遍意义的劳动素养才是劳动教育应该强调的重点。

二、关于劳动教育功能的认识

功能主要反映的是事物的客观效用。在很大程度上，对劳动教育功能的认识，将影响劳动教育目标的设定、内容的选择、结果的评价等方方面面的问题。可以说，当前劳动教育中存在的诸多问题，与对劳动教育功能的不恰当认识有着非常密切的关系。因此，深入了解世界上主要国家关于劳动教育功能的认识，对于思考和改进我国的劳动教育意义重大。总体而言，世界上主要国家关于劳动教育功能的认识，主要围绕劳动教育与人的发展、劳动教育与社会的变革两大主题展开。

（一）劳动教育立足于人的综合发展

劳动教育之所以重要，一个非常重要的原因是它可以很好地促进人的素质的综合发展。俄罗斯教育学界就认为，劳动是人类与自然相互作用的过程，劳动不仅要满足人的需求，而且要满足自然的需求。劳动可以使人变得积极主动、不断追求进步以达到自己的目标，并且意识到自己的存在和活动是被需要的，是不会被忽视的。劳动除了在生理上会使人的肌肉和神经活动更加活跃以外，还对人的心理过程有积极的影响。

实际上，早在 1964 年，德国教育委员会就在《关于在主体中学建设劳动课程的建议》中指出："劳技课的目标并非等同于职业教育的结果——'职业成熟'，而是一种符合教育法精神的对'脑、心、手'的培养。其间渗透了现代技术和经济的传授，从而帮助学生熟悉了解当代生产、服务等领域内各种职业的基本特征，并为其今后能做出明智的职业选择奠定基础。"[①] 由此可见，德国强调的是让每个学生在劳动教育中，智力、身体和精神等各方面得到全面发展。

芬兰的劳动教育同样也非常强调学生的综合发展。2014 年，芬兰教育部公布了面向不同学段的国家课程，其中突出强调要以学科学习和现象教学为依托，培养学生的横贯能力（transversal competence）。芬兰的学校将横贯能力整合到与劳动教育相关的学科课程和综合课程之中。劳动教育成为促进学生掌握基本的生活技能、了解社会、参与社会实践，以及发展动手能力、设计能力以及问题解决能力的重要抓手。相较于传统的以学业成绩为导向的数学、物理等学科，劳动教育相关课程（如手工课）具有更为明显的综合性和应用性特征，其在培养学生的横贯能力方面更具优势。

由此可见，劳动教育不只是指向学生某一方面的能力，如体力的培养，而是一个综合的育人体系。其根本目标是让学生在劳动教育中获得综合能力和综合素养的全面提升。这实际上提示我们，劳动教育的展开，应以学生综

---

① 傅小芳，周俪. 德国基础教育中的劳动技术教育［J］. 比较教育研究，2005（2）：35-40.

合、全面的发展为基本追求。这就需要在劳动教育的功能定位上，避免孤立设计，要将其与德智体美其他各育紧密结合，以造就全面发展的时代新人。

（二）劳动教育指向社会的民主改造

劳动教育不仅对于个体的综合发展意义重大，而且对于造就一个公平、民主、正义的现代社会也具有十分重要的促进作用。可以说，对待劳动的态度、劳动分工以及在此基础之上所形成的劳资关系是一个社会文明程度的重要体现。世界上一些国家和地区的劳动教育，就负载了非常明显的对社会进行民主改造的功能。在这方面，印度最为典型。

印度是一个社会分化非常明显的等级制国家，不同等级的人在社会地位上具有明显的差异，其所享受的基本权利也存在诸多不同。社会的等级化反映在教育中就具体表现为，不同阶级的人所享受的教育存在天壤之别。总体而言，面向印度的青少年的教育主要有两类：一类是正规学校教育，一部分青少年在这类学校中接受所谓的文科教育。这些有文化的少数有闲阶级不从事体力劳动或生产劳动，但却掌握着社会的巨大财富，并且对劳动者秉持一种鄙视的态度。另一类教育则是普通劳苦大众的子女所接受的教育。这类青少年大多没有进入正规学校。然而，他们却是社会财富的主要创造者。

正是基于对这种不公平的社会现实的主动回应，圣雄甘地（M. K. Gandhi）在其"非暴力不合作"的政治主张的大框架下，试图通过在学校中开设以手工劳动为中心的教育，改变当时的教育结构，进而达到改变社会等级分化的政治目的，即建设一个没有剥削、人人平等的现代社会。为此，甘地主张，学校教育应以手艺或手工生产劳动为基础，消除那种把理论与实践、知与行、学与做、身与心、劳与逸等对立起来的具有明显剥削色彩的二元论教育哲学对社会正义的损害。这实际上极大凸显了劳动教育对社会进行民主改造的作用。

20世纪60年代之后，印度教育委员会建议各级学校把劳动和社会服务当作一般教育不可分割的组成部分。委员们认识到教育是改造社会和改革经济结构的手段，因此非常重视劳动实践，倡导学生在学校、家庭、车间、农场、工厂或其他任何生产场所里参加生产劳动。该委员会同时指出，好的教育必然包含四个基本要素，即扫除文盲、扫除科盲、劳动实践和社会服务。[①]由此可见，其非常强调劳动和社会之间的关系。

　　1977 年，印度政府成立检查委员会。该委员会鉴于过去十年的教育"仍然书斋气十足"的问题，以及基于 20 世纪 60 年代的以学科为基础的劳动教育方案并不适合国情等问题，提出要用"有益于社会的生产劳动（Socially Useful Productive Work，简称 SUPW）"（即具有一定目的性的一种有意义的手工劳动，它的成果或是商品，或是有益于社区的劳务）代替过去的教育，强调必须在甘地精神的指导下，确保劳动教育在课程计划中占有突出的位置，"要使教育溶化于劳动之中并通过劳动进行"。[②] 此后，印度的劳动教育基本上以"有益于社会的生产劳动"为方针。

　　由此可见，印度的劳动教育从一开始就具有明显的进行社会民主改造的功能设计。也就是说，印度的劳动教育具有浓浓的社会改造的意味。这实际上提示我们，劳动教育一方面指向人的综合素质的发展，另一方面也具有十分重要的社会改造的功能。因此，在具体的劳动教育中，需要有机地将二者结合起来，不可偏废一方。需要指出的是，强调劳动教育的社会民主改造的功能，并不是说要过分夸大教育的作用，也不是说社会的民主变革仅通过劳动教育就能够实现。

三、关于劳动教育目标的认识

　　目标作为对于活动所要取得结果的质量的一种预先设想，是行动的出发点和归宿。在很大程度上，目标对于活动的顺利开展具有非常重要的导向、规范和评价作用。一旦对目标的理解发生偏差，则将会对后续具体的实践造成极大的破坏。因此，如何准确地认识劳动教育的目标，不仅是一个理论问题，也是一个需要高度关注的实践话题。总体而言，当前世界上主要国家和

---

① 卡南戈. 纵观印度的劳动和教育 [J]. 全球教育展望，1981（3）：10-14.
② 同①.

地区在劳动教育目标的认识方面，值得我们认真学习和借鉴的有益经验主要包括以下几点。

（一）将个人本位和社会本位相统一

关于教育目标的认识，历史上主要有两种对立的观点：一种是社会本位的教育目的观，强调教育要为社会服务，要能够有效促进社会的整合与发展，其代表人物主要有涂尔干、凯兴斯坦纳等。另一种则是个人本位的教育目的观，主要认为教育存在的目的是指向个人的完满发展，个人而不是社会是教育的首要目的。持这一立场的主要人物是卢梭等。可以说，这两种看似对立的教育目的观都从一个角度看到了教育与社会、教育与个人之间的内在关系，具有其历史和现实的合理性。但是，如果只强调其中的任何一方而否定另一方存在的合理性，那么，这种立场则是片面且不符合现实的。实际上，人类关于教育目的的认识基本上就是在社会本位和个人本位之间摇摆。对于劳动教育而言，如何在目标层面处理好二者的关系也是一个需要重点思考的现实课题。在这方面，美国、俄罗斯、德国等国家的做法值得借鉴。

美国的劳动教育目标主要包括以下三个方面。①

（1）基于使学生成为有效的家庭成员的劳动教育。美国学校日常没有开设直接的劳动教育课程，但在家庭和学校里都有各种与劳动教育有关的活动。如小学生在家里需要收拾、整理自己的物品，打扫自己的房间，帮助父母修剪自家房屋前后的草坪，分担家务，等等。美国综合中学普遍设有一些劳动教育类的课程供学生选修，常见的有家政课、手工课、烹饪课、木工课、园艺课等。这方面的劳动教育的一个共同点就在于，它们都着力使学生形成一个有效的家庭成员所必需的各种劳动素养。

（2）基于就业准备的劳动教育。这个方面的劳动教育主要是通过美国的各种生涯教育来实现的。美国的学校一般会设专职人员对学生进行生涯教育，开展生涯辅导和咨询活动，鼓励每个学生选修或必修一门职业入门课

---

① 谷贤林. 美国学校如何开展劳动教育［J］. 人民教育，2018（21）：77-80.

程，从而确保学生均具有进入劳动世界所需要的基本素养。

（3）基于公民培养的劳动教育。这一目标的劳动教育主要以志愿服务、服务学习的方式进行。其目的主要是通过让学生参加志愿服务和服务学习活动，培养学生的公民情感，增强其作为公民的社会责任感和公民行动力。

从美国劳动教育目标的这三个主要方向来看，其较好地实现了个人发展和社会需要的有机统一。具体而言，作为培养有效的家庭成员的劳动教育，主要强调的是劳动教育对个人生活的积极意义。作为为就业准备的劳动教育，一方面指向个人利益，另一方面也指向个人的社会价值，即个人以职业为中介，可以较好地实现个人成长和社会进步的统一。而作为培养公民的劳动教育，则是更加突出了劳动教育的社会价值。

俄罗斯在劳动教育的目标构想方面，也较好地将个人发展和社会需要有机地结合在一起。俄罗斯的劳动教育目标主要包括以下几个方面：（1）培养学生的自我服务能力，如保持个人卫生和工作环境整洁等。（2）通过开展技术培训，使学生能够掌握一些技术和实施活动的方法等。（3）培养学生的家务能力，比如帮助家长扫地、洗衣、做饭的能力等。（4）培养学生的专业技能，如烘焙、缝纫、木工等方面的技能。（5）引导学生通过劳动回馈社会，如清扫学校垃圾等。从这几个方面的目标来看，培养学生的自我服务技能、家务能力、专业技能等都指向学生个人劳动素养的提升，而引导学生通过劳动回馈社会的劳动教育，则强调的是劳动教育的社会意义。[①]

德国各州对劳动教育的目标和任务的表述虽有所不同，但总的来说可以归纳为：通过对学生进行劳动、经济与技术方面的教育，帮助小学高年级学生和中学生适应未来生活，引导他们认识世界；培养学生在职业、家政、经济和环境保护等领域的基本能力，使之能够正确选择适合自己的职业，具有社会责任感，具备处理私人生活、未来职业生涯和公共生活等领

---

① 肖甦，王玥.俄罗斯的劳动教育［Z］//北京师范大学国际与比较教育研究院.世界主要国家"劳动教育"的政策与实践.2018：1-7.

域的具体问题的能力。① 从中也可以看出，德国的劳动教育在目标上也充分兼顾了个人发展和社会进步两个方面。

由此可见，劳动教育在目标的确定上，应将教育的个人价值与社会价值有机统一起来，以充分发挥劳动教育的综合功能。

(二) 将立足当下与反映未来相结合

目标更多指向的是当下并未实现的东西，因此，目标必定高于现实。对于劳动教育而言，其目标的确立更是要具有未来意识。这主要是因为，劳动形态的不断变迁、各种新兴劳动的出现，必然对人的劳动素质提出各种新的要求和挑战。因此，在确定目标的时候，劳动教育一方面要立足于当下社会发展的现实问题，另一方面要具有历史发展的主动前瞻性。在这方面，德国的劳动教育可谓典范。

劳动教育在德国历史悠久。最初，劳动教育课在德语中曾被称作 "劳动学"（Arbeitslehre），后来随着德国的统一和劳动教育内涵的不断深化，"劳动学" 这个概念逐渐被下列概念所取代，即 "劳动–经济–技术课"（Arbeit–Wirtschaft–Technik，简称 AWT）或 "经济–劳动–技术课"（Wirtschaft–Arbeit–Technik，简称 WAT）。从历史发展的角度看，德国的劳动教育目标充分反映了时代发展的需要，有突出的时代特点。总体而言，德国劳动教育目标的发展主要经历了四个阶段。②

（1）德国中小学劳动教育 1.0 时代：以基础的职业劳动技能培训为主。这个时代主要指 18 世纪 60 年代。德国这一时期的劳动教育主要反映了第一次工业革命中的劳动特点——机器生产代替手工生产。在这一时期，德国的劳动教育作为学校的一门必修课，与其他课程最大的不同是强调实践，旨在培养适合机器生产的合格劳动者。当时最具代表性的是由基德曼（Kindermann）于 1773

---

① 孙进，陈囡，张蒙蕊. 德国的劳动教育 [Z] // 北京师范大学国际与比较教育研究院. 世界主要国家 "劳动教育" 的政策与实践. 2018；22-30.
② 任平，贺阳. 连通学校与现代社会生活的桥梁：德国中小学劳动教育实施路径及启示 [J]. 外国中小学教育，2019（8）：28-36.

年创办的工业学校（Industrieschule），以及巴西多（Basedow）于1774年创设的泛爱学校（Philanthrophium）。这些学校所开设的劳动课，主要指向的就是未来职业的需要，而不是为升学做准备。因此，这一时期的劳动教育更多的是要帮助学生获得初级的、简单的职业劳动技能。

（2）德国中小学劳动教育2.0时代：出现了综合技术课程。19世纪70年代，由于发电机和电动机的发明与使用，电力应用日益广泛，人类历史进入"电气时代"。彼时，德国的劳动者只有具备较高的读写算能力以及操纵各类新机器的能力，才能满足德国生产发展的需要。这实际上对劳动者的劳动素质提出了更高的要求。原本简单的木工、制图、手工制造、农事、园艺、纺织等劳动教育内容已经不能满足社会发展的需求。在这种情况下，以综合技术课程（Der Polytechnische Unterricht，简称PU）为代表的中小学劳动教育课程应运而生，其目的就是更好地培养适应时代需要的新型劳动者。

（3）德国中小学劳动教育3.0时代：开展信息技术教育。从20世纪70年代开始，以工业自动化为特征的新型劳动开始主导社会的发展。而工业自动化的发展主要得益于电子技术和信息技术的广泛应用。在这种情况下，德国为了适应社会生产劳动的需要，开始在劳动教育中开展相应的信息技术教育。这一时期德国中小学劳动教育的课程目标可以整体概括为培养学生的四种能力：专业能力（Sachkompetenz）、方法论能力（Methodenkompetenz）、社交能力（Sozialkompetenz）、行动力（Handlungskompetenz）。

（4）德国中小学劳动教育4.0时代：实施数字化劳动教育。目前，德国正以信息物理系统（Cyber-Physical Systems，简称CPS）、智能机器人、大数据、虚拟工厂等为中心，构建不同于过去那种基于机械化、流水线和自动化的新型生产模式。崭新的劳动形态，在很大程度上加速了德国行业结构的转变，信息技术、人工智能等新型技术呈现出欣欣向荣的发展态势，掌握信息技术且富有创新性的专业人才成为新兴产业的劳动主力军。在这种情况下，德国文教部长联席会议于2016年提出了《基于数字世界的教育》（Bildung in der digitalen Welt）战略草案，这一草案成为当前德国中小学劳动教育改革与发展的重要指南。基于此，德国各州中小学试图为学生创设多种接触数字产业的机会，涌现了一批"校园公司"（Schulfirma）和工厂实验室（Fabrication Laboratories，简称 Fablabs）。如在柏林开办的生产者学校（Makerschule），为学生提供了充分接触各种数字化生产设备（如 3D 打印机、CNC 数控机床、激光刀）的机会。

从对德国中小学劳动教育发展历程的简单回顾中可以明显看出，其劳动教育的目标与社会生产劳动的现实和发展趋势紧紧联系在一起。在立足当下实际的基础上，德国劳动教育能够主动根据时代和社会生产的发展需要及时调整目标，从而确保了自身的先进性和生命力。

（三）知识、能力与价值观相一致

从世界主要国家劳动教育的目标来看，它们不仅强调通过劳动教育帮助学生获得自我服务的能力，满足时代和社会发展对劳动者劳动技能等方面的要求，而且十分强调在劳动教育中培养学生正确的劳动观念、劳动态度、劳动品质和劳动习惯。

古巴政府高度重视劳动教育，其所主张的劳动教育致力于培养合格的劳动者，而合格的劳动者最为宝贵的品质就是具有良好的劳动知识、技能、情感、态度、价值观。因此，古巴政府要求帮助每个儿童从劳动的被动观察者成长为劳动的主动参与者，能够做到热爱劳动、尊重劳动者、珍惜劳动产品。此外，古巴还非常强调通过劳动对学生进行爱国主义教育。

俄罗斯的劳动教育除了强调让学生掌握劳动知识、提升劳动能力外，也十分重视对学生劳动价值观的培养。2009 年，俄罗斯教育科学院以《俄罗斯联邦宪法》《俄罗斯联邦教育法》和历年联邦国情咨文为基础，制定并出台了《俄罗斯公民精神道德发展与公民道德教育构想》，明确了俄罗斯现代教育最重要的目标是培养道德高尚、有责任感、具有创造力和首创精神的有技能的俄罗斯公民。其中"基本国家价值观"包括爱国主义、社会团结、公民性、家庭、劳动与创造、科学、传统的俄罗斯宗教、艺术和文学、大自然、人类等几大方面，如表 14-1 所示。①

表 14-1　俄罗斯"基本国家价值观"的内容要点

所属范围	内容要点
爱国主义	对祖国、民族、家乡的爱
社会团结	个人和民族的自由，对人、国家制度和公民社会制度的信任，公正、仁慈、诚实和自尊
公民性	为祖国服务，法治国家，公民社会，法律和法制，多元文化世界，信仰自由
家庭	爱与忠诚，健康，富足，尊重父母，关心长幼，关心家族延续
劳动与创造	尊重劳动，创造，决心和毅力
科学	知识的价值，追求真理，世界的科学图景
传统的俄罗斯宗教	对于信仰、精神和人的宗教生活的认识，宗教世界观的价值，以跨宗教对话为基础形成的宽容
艺术和文学	美、和谐，人的精神世界，道德选择，生命的意义，审美的发展，伦理发展
大自然	进化，故土，受保护的大自然，地球，生态意识
人类	全世界的和平，文化和民族多样性，人类进步，国际合作

　　从表 14-1 中可以看到，劳动与创造作为俄罗斯"基础国家价值观"的一项内容，在促进人的发展方面占据十分重要的地位。

　　德国的劳动教育，在课程设置与实施方面也充分延续并落实了德国传统的教化思想。具体来说，一方面它承担起了对个体进行"社会-经济教化"（sozio-ökonomische Bildung）的重要功能，并对个体全面且和谐的发展发挥了重要的推动作用；另一方面它面向全体学生，指向学生各领域的全面发展，旨在帮助全体学生积极参与社会劳动生活，突出劳动教育对于个体的教化作用。②

　　印度的劳动教育不是要培养学生某一方面的职业能力和劳动技能，而是要培养学生对劳动的尊重和服务社会的意识。在甘地的政治理想中，劳

---

① 姜晓燕，赵伟.俄罗斯基础教育［M］.上海：同济大学出版社，2015：165-166.
② 任平，贺阳.连通学校与现代社会生活的桥梁：德国中小学劳动教育实施路径及启示［J］.外国中小学教育，2019（8）：28-36.

动教育最终是要改变"尊贵的人不劳动,劳动的人不尊贵"这种社会现象,从而实现人人平等、社会和谐的理想。①

由此可见,这些国家在劳动教育目标的确定方面,都非常强调劳动教育必须包含对学生的善的价值引导,而不仅仅是将学生培养成能够承担某一具体工作的劳动工具。从这个角度看,劳动价值观的培育,是劳动教育最为核心的培养任务。

第二节　劳动教育的保障制度

好的教育理念,如果缺乏必要的制度来予以保障,那么就只能够停留在观念层面而很难转变为行之有效的教育实践。因此,能否构建出具有科学性、合法性的劳动教育保障制度,是决定劳动教育能否从理念走向实践的关键所在。概览各国劳动教育,其之所以能取得成效的关键原因都是有良好的制度作为保障。总体而言,世界上各个主要国家的劳动教育保障制度主要是通过教育立法、资源建设、师资队伍培养等三个方面实现的。

一、教育立法

几乎所有开展好劳动教育的国家,都是通过教育立法的方式来确保劳动教育的法律地位。

(一)关于劳动教育地位的立法

在劳动教育地位的立法方面,日本的做法具有突出的特点。日本在劳动教育的立法方面,最大的特点是从宪法的高度充分肯定了劳动的地位,从而在法律上确认了劳动的价值和劳动教育的重要性。

---

① 杨明全.印度的劳动教育 [Z] //北京师范大学国际与比较教育研究院.世界主要国家"劳动教育"的政策与实践.2018:52-56.

《日本国宪法》第二十七条第一款规定："所有国民有劳动（若把日语中对应的词直译为汉语，则其是"勤劳"，此处意译为"劳动"）的权利与义务。"因此，"劳动""教育"（《日本国宪法》第二十六条第二款）和"纳税"（《日本国宪法》第三十条）并称为日本国民的"三大义务"。

日本《教育基本法》第二条规定了教育目标，其中第二款规定："尊重个人的价值，发展个人的能力，培养创造性，培养自主与自律的精神，同时重视（教育）与职业与生活的联系，培养尊重劳动的态度。"

基于宪法精神，日本的《学校教育法》规定了各级各类学校的教育目标。第十八条规定了小学教育的八项目标，其中第三款规定："培养儿童对日常生活所需要的衣、食、住、工业等的基本知识和技能。"第三十六条规定了初中教育的三项目标，其中第二款规定："培养社会所需要的各种职业的基本知识和技能、尊重劳动的态度以及按照个人才能选择专业的能力。"第四十二条规定了高中教育的三项目标，其中第二款规定："基于自觉在社会上发挥作用的使命，使学生提高一般教养，并熟悉专业技能，以便按照个人才能决定将来的专业。"[①]

除日本外，古巴也从宪法的高度强调了劳动以及劳动教育的重要性。古巴宪法规定，教育的基础"是学习与生活、劳动和生产的密切联系"。

由此可见，强有力的法律规定可以确保劳动教育在法律上的正当性和合法性，这就为劳动教育的全面推进提供了非常有效的法律保障。

（二）关于劳动教育实施的立法

劳动教育的地位不仅需要法律确认，其在具体实施过程中也离不开相关法律法规的保障。

2001年，巴西修订了《教育基本法》。该法案的第一条第二款明确指出，学校教育应该结合社会实践、劳动与现实生活。第二十八条指出，要在中小学尤其是农村地区的学校开展劳动教育，建立专门的"农业之家"

---

① 沈重. 日本学校教育法［J］. 国外法学，1983（3）：73-79.

学校，面向中小学和职业学校学生开展劳动教育。在 2013 年颁布的《基础教育课程大纲》（Diretrizes Curriculares Nacionais da Educação Básica）中，巴西进一步明确了中小学劳动教育实践课程的要求。

1969 年，德国文教部长联席会议颁布了《关于将劳动教育推广至主体中学的建议》①，明确指出主体中学各年级的学生应具备适应社会各个领域生活的能力，根据自身能力参与工作，而这一任务应通过劳动教育课来完成；明确了劳动教育课的任务，即教授学生经济、技术、社会、职业方面的知识，给社会注入新的劳动力，指导学生进行职业选择。此外，该文件还明确了劳动教育的范围和内容。此文件的颁布不仅明确了德国劳动教育的基本形态，而且也为德国劳动教育的具体落实提供了强有力的制度保障。

1987 年，德国文教部长联席会议又公布了《关于初中劳动课程的说明》（Material zum Lernfeld Arbeitslehre im Sekundarbereich I）②，将劳动教育分为技术、经济、家政和职业四个部分；此外，还将教学对象从主体中学的学生扩展为中学第一阶段的学生（即初中生）。这些关于劳动教育实施文件的不断出台，在促进德国劳动教育的不断发展的过程中发挥了非常重要的保障作用。

由此可见，劳动教育的推进，一方面需要在宏观层面明确劳动教育的法律地位问题——这是事关劳动教育合法性的根本问题，必须在法律层面予以明确确认；另一方面，还需要出台相应的劳动教育实施文件，以更好地指导实践工作者开展劳动教育。

---

① KMK. Empfehlungen zur Hauptschule ［EB/OL］. ［2019 - 06 - 26］. https：//www.kmk.org/fileadmin/Dateien/veroeffentlichungen_beschluesse/1969/1969_07_03_Hauptschule.pdf.

② Material zum Lernfeld Arbeitslehre im Sekundarbereich I. Beschlussfassung KMK vom 235. Plenum am 8./9. Oktober 1987 in Berlin ［EB/OL］. Die Arbeitslehre - Arbeiten + lernen, 10 (1988) 57, S. 3-5. ［2020 - 04 - 12］. https：//www.fachportal - paedagogik.de/literatur/vollanzeige.html? FId = 10748#vollanzeige.

二、资源建设

劳动教育的有效推进，不仅需要制度的保障，更需要资源的有效支撑。在很大程度上，劳动教育所需要的资源是多方面的。能否有效地盘活多方面的资源，将在很大程度上决定劳动教育是否有实效。以下是世界上主要国家为推动本国劳动教育的发展而探索出的资源建设途径。

（一）建设实践活动场地

劳动教育的实施离不开场地，在这方面，巴西的一些做法富有启发性。具体而言，巴西建设了各种劳动教育实践活动场地，为学生提供了参与劳动的机会。

比如，巴西利亚联邦区在 1996 年成立了自然学堂（Escola da Natureza），这一学堂已经成为联邦区公立学校固定的实践活动基地。自然学堂有固定的活动记录模板，参与劳作的学生需要在每学期结束时上交自己的活动记录，其中包括活动时间、活动地点、劳作内容、观察休会等。联邦区公立学校六至九年级的学生需要每周在自然学堂参与 4 个小时的活动。在自然学堂中，学生可以在菜园、农林复合园以及可调节温度湿度的温室中观察或劳作，种植多种本地作物或外来作物。除了自然学堂，田园学校（Escola Parque da Natureza）也是巴西利亚联邦区承担劳动教育的重要机构。田园学校的劳动教育主要有两种形式：作为六至九年级艺术与体育课的补充课程，或者是作为一至五年级的独立课程。

另外，巴西很多社区中还设有"农业之家"学校。"农业之家"学校于 20 世纪 60 年代开始在巴西盛行，该校的理念起源于 1935 年在法国洛特-加龙（Lot-et-Garonne）兴起的交替教学法，目前该学校已广泛分布于巴西各州。它一方面让农村地区的孩子们保持对原野和劳动的热爱，另一方面也让城市地区的学生拥有接触田野劳动的机会。在"农业之家"学校，学生除了学习常规的数学、阅读和写作课程之外，还要接触各种农业劳动，如前两周进行常规学习，后两周接受劳动教育，两种活动交替进行。劳动教育活动既有在田间进行的实践活动，也有关于农业或实践领域的讲座。在这个学校，学生在结业之前必须完成 250 个小时的劳动实践任务。①

（二）盘活民间组织资源

除了依靠国家政府的主导来建设劳动教育的资源外，社会还可以充分盘活各行各业以及各种民间组织中的有效的劳动教育资源。

法国有许多民间组织致力于为本国青少年提供与烹饪、装饰、手工、园艺活动相关的专门场所，并设计和讲解相关活动的实操方法。如"地球的伤痛"协会与卢瓦尔地区的各类学校合作，为3—10岁儿童提供与"人和环境"主题相关的教育活动方案。其理念是，要将缓解地球伤痛的任务交给青少年。青少年通过集体行动，了解资源枯竭和气候变化的危害，进而养成节约食物、节约用水的习惯；了解废物循环和废物堆肥的好处，学习如何回收和利用家庭废弃物、电子废物等。②

三、培养专业的教师队伍

劳动教育的顺利实施，需要依靠一支高素质的专业教师队伍。可以说，劳动教育是在教师的手中完成的。因此，教师在劳动教育方面的专业能力，就成为决定劳动教育实效的直接因素。深入了解世界上主要国家在劳动教育师资队伍建设方面的有益经验，对于当前我国劳动教育的开展无疑具有十分重要的借鉴意义。

---

① 秦毛毛，刘宝存. 巴西的劳动教育［Z］//北京师范大学国际与比较教育研究院. 世界主要国家"劳动教育"的政策与实践. 2018：61-64.
② 张梦琦. 法国的劳动教育［Z］//北京师范大学国际与比较教育研究院. 世界主要国家"劳动教育"的政策与实践. 2018：41-44.

（一）通过师范教育予以专门培养

德国、印度等国家非常重视劳动教育教师队伍的培养，在其师范教育体系中有专门的劳动教育教师培养的系统设计。

在德国，从事劳动教育的教师必须接受六年的师范教育，同时还要接受不定期的在职培训。德国 2008 年通过的《各州通用的对于教师教育的学科专业和学科教学法的内容要求》（Ländergemeinsame inhaltliche Anforderungen für die Fachwissenschaften und Fachdidaktiken in der Lehrerbildung）对劳动教育课程教师的培训内容做出了相关规定，力图在内容方面实现跨联邦州和跨学科的可能性。与此同时，它也强调在劳动教育课程设置上，各联邦州可以充分行使自己的文化自治权，对内容进行多样化的综合设计。下面将重点介绍这一文件对劳动教育课程的教师教育所提出的要求。

它首先对教师的培养提出了总体要求。在能力培养上，强调该专业的师范毕业生应具备学科的基本专业技能并掌握劳动教育的相关教学法：他们应掌握基础的结构化专业知识，形成对复杂主题的概念、模型、方法和理论等方面的结构化认识；能够理解该学科对消费者、工人和公民等社会角色的意义，可以以问题和行动为导向，将个人行动选择与社会经济生活连接起来；掌握相关的教学知识和技能；能对教学实践进行有效的规划、执行和评估；做好与课外合作伙伴合作进行教学过程设计的准备；对教学经验进行反思，制订合理的教学计划，实现开放包容的课程设计。

在教学法方面，要求师范毕业生充分把握该学科的定位、理论和模型；做好内容和主题的分析与教学准备，主题教学的规划、实施和反思，做到以能力和学生为导向进行教学设计；构建并引导异质学习小组，组织个性化教学；围绕特定的主题，实施实践教学、项目教学、实验、测试、模拟教学以及探索教学等多种教学模式；使用适宜的多媒体辅助教学；针对特定主题的教学进行绩效评估，对学生的学习状况进行诊断和评估；照顾学生的经历和想法；等等。

该文件也明确了劳动教育方向师范生的五大学习领域，即工作与职业、家政与营养、技术、纺织、经济，并对在每个领域师范生应学习的具体内容和应形成的能力进行了具体规定。①

印度高等教育阶段的劳动教育主要体现在教师培养课程中，该类课程要求师范生接受一定的劳动教育和社会服务。早在 1978 年，印度全国教师教育委员会颁布了《教师教育课程：一种框架》（Teacher Education Curriculum：A Framework），要求在教师培养中加强高等院校与社会之间的联系，把社区的文化和生活跟学校工作结合起来，由此，社会活动就成为各级教师教育课程的一个重要组成部分。该文件要求教师培养工作必须涵盖三部分内容：（1）教学理论，占 20%；（2）教学方法和实践，占 60%；（3）社会工作和活动，占 20%。② 针对第三个部分，全国教师教育委员会倡议师范生在社区开展劳动。

由此可见，好的劳动教育教师队伍，必须通过专业、系统的课程才能够培养出来。

（二）民间协会提供平台

劳动教育教师队伍的培养，除了依靠政府的统一设计和实施外，还可以充分动员各种社会力量参与其中。

法国有一些旨在提升中小学教师科学技术教学能力的民间协会，如法国的"动手做"协会。该协会以线上和线下多种形式引导教师对青少年进行劳动教育，其品牌项目是"动手做"。该项目由该协会与法兰西科学院、巴黎高师和里昂高师共同发起，致力于增加中小学教师和培训者之间的交流，提升教师科学技术教学技能水平，以便他们能更好地引导青少年探索外部世界、掌握科学知识、理解和尊重外部世界中的事物和现象、增强动

---

① KMK. Ländergemeinsame inhaltliche Anforderungen für die Fachwissenschaften und Fachdidaktiken in der Lehrerbildung. ［EB/OL］. ［2020－03－09］. https：//www.kmk. org/fileadmin/Dateien/veroef-fentlichungen_beschluesse/2008/2008_10_16-Fachprofile-Lehrerbildung. pdf.

② 顾静，陈时见. 印度职前教师教育课程设置的特点与启示 ［J］. 外国中小学教育，2014（6）：46-50.

手能力，从而深化劳动技术教育实践。①

第三节　开展劳动教育的有效模式

世界上主要国家在开展劳动教育时，不仅在理念、制度保障方面做出了诸多富有启发性的有益探索，而且在实践方面也积累了十分宝贵的经验。具体而言，当前世界上主要国家在开展劳动教育时，主要的实践模式有开设劳动教育课程、开展劳动教育实践、劳动教育与职业教育和生涯教育相融通等三种类型。

一、开设劳动教育课程

课程是学校教育的主阵地，因此，很多国家在开展劳动教育时，都选择课程作为主要抓手。区别只是在于，有些国家，如俄罗斯、古巴等开设的是专门的劳动教育课程；而有些国家，如英国、法国，则更多的是通过与其他课程相结合的方式来开展劳动教育。

（一）开设专门的劳动教育课程

所谓专门的劳动教育课程，主要指的是学校中开设的以培养学生劳动素养为目标的专门课程。

俄罗斯十分重视中小学的劳动技术教育。俄罗斯联邦教育部于 1993 年制定了基础教育学校的劳动技术教育大纲。该大纲明确规定了俄罗斯普通教育学校一至十一年级劳动技术课程的内容、目的、要求等，并将课程区

---

① 张梦琦. 法国的劳动教育［Z］//北京师范大学国际与比较教育研究院. 世界主要国家"劳动教育"的政策与实践. 2018：41-44.

分为必修课程和补充课程两种主要类型。具体如表 14-2 所示。①

表 14-2　俄罗斯普通教育学校一至十一年级劳动技术课程内容

学段	必修课程	补充课程
小学	材料（天然材料、纸张、金属丝）加工技术；食品制作（食物操作规则、餐桌的布置）；房间管理（打扫房间、擦洗用具、浇花）；情报信息技术（学习使用计算机）	艺术劳动、家政（男生）、家政（女生）、家庭男主人、家庭女主人、木材加工、缝纫、食品加工、金属加工工艺、电器安装、建筑修理、艺术设计、艺术装潢、植物栽培及加工工艺、畜牧业新产品的加工、建筑、机器人技术、日常生活技能、无线电技术、企业管理、汽车驾驶与修理、农场技术、家庭经济学、民间工艺与装饰品制作、专业培训课程及其他
初中	设备材料与机器零件加工、家政艺术、缝纫、食品制作、手工艺、设备维护修理、情报信息技术（计算机应用）、完成个人方案设计	
高中	家庭经济学、企业管理基础知识、生产和环境保护、社会劳动和自己选择职业、情报信息技术、材料的艺术加工、技术创作、完成个人方案设计	

从表 14-2 可以看出，俄罗斯普通教育学校的劳动技术课程内容比较全面，既注重学生个人生活能力的培养（特别强调培养学生的创造性思维和动手能力），又注意使学生及时了解社会经济的发展变化，这有利于让学生适应新的环境。

古巴教育部在其制定的《劳动教育课程大纲》中指出，小学五、六年级的劳动教育主要教授缝纫、木材和金属材料加工、烹饪及农业劳作四个方面的知识。初中一、二、三年级教授劳作基础、校园设施维护、材料加工、农业劳作、木工、缝纫和电工七个方面的知识。其《劳动教育课程大纲》② 对小学五、六年级的规定如表 14-3、表 14-4 所示。

---

① 钟亚平，张国凤. 苏联—俄罗斯科技与教育发展［M］. 北京：人民教育出版社，2003：282-283.

② 该《劳动教育课程大纲》原文为西班牙语，此版中文翻译者为北京师范大学胡昳昀博士。

表 14-3　古巴《劳动教育课程大纲》对小学五、六年级的规定

内容	小学五年级	小学六年级
缝纫	-了解纺织品的基本特点； -缝纫有拉锁的简单物品； -修补旧衣服； -缝纫简单衣物	-懂得日常服饰搭配和衣物护理； -学会缝纫有填充物、装饰物的较为复杂的物品； -学会缝纫内衬； -学会较为复杂的走线方式
木材、金属及其他材料加工	-了解木材的属性、来源及其应用； -认识森林里的主要植被； -了解木材的不同品种，正确区分天然木材、复合板和人造木材； -了解木材在建筑领域的应用特点	-在学习过五年级木材知识的基础上，扩充对木材相关知识的了解； -了解金属相关知识； -了解工业产品的制作流程； -学会制作简单的由金属和电线组成的物品； -对塑料产品进行了解； -制作一两件以回收的塑料为原材料的物品； -用金属和回收的塑料共同制作加工一件物品
饮食和烹饪	-了解烹饪的主要流程； -了解作为人类主要营养来源的食物和水的特征； -了解厨房的特点； -学会制作果汁饮料； -了解学校和家庭就餐礼仪的区别； -学会用时令蔬菜制作沙拉； -会做简单的凉菜； -学会制作菜单	-了解不同食物的储存方法； -了解罐装食品的特点； -学会制作简单的泡菜； -学习正式场合就餐礼仪
农业劳作	-了解蔬菜种植和菜园的基本特征； -了解农业种植所需土壤条件、前期准备工作流程； -了解各种蔬菜播种时节； -了解肥料使用方法； -了解播种、插苗、移植的方法	-加深对蔬菜种植和菜园特征的了解； -了解蔬菜对维持人体日常营养的重要性； -认识观赏植物； -了解植物生长过程及其特点； -学习生态土壤学知识

表14-4　古巴《劳动教育课程大纲》对初中一、二、三年级的规定

内容	初中一年级	初中二年级	初中三年级
劳动基础	-了解劳动流程以及劳动过程中的安全保护措施； -培养劳动工作规划和组织能力		
校园设施维护	-培养保护公共财产的意识； -了解校园设施的特点以及维护方法； -了解校园设施维护工作所需工具	-了解学校门窗的特点、配件种类、易损坏部分以及维护方法； -了解水表的工作原理，会读取水表信息，计算和分析用水情况，提出节水方案	
材料加工	-了解各种材料属性，维护方法并将其分类； -了解垃圾回收的重要性，学习可回收材料的特征并将其正确分类； -学会各种材料的使用方法和清洁方法	-了解金属材料的特征和性质； -了解金属开采方法； -了解古巴金属矿藏的基本情况及其对经济发展的重要性； -了解金属锻造过程、用途、保护方法，以及生产过程中的安全与卫生保护措施； -进行简单切割、打磨和钻孔操作； -制造具有简单结构的金属配件	-根据材料特征，挑选并使用与之相匹配的工具对其进行测量、切割、打磨、连接、弯曲、钻孔等工艺操作； -学会画正视图、侧视图和俯视图的方法
农业劳作	-了解菜园和花园的基本特征； -了解观赏植物和药用植物的品种和特征； -了解花园灌溉、除草和修剪的过程； -了解观赏植物的栽培过程； -掌握植被种植过程中的安全和卫生知识	-参与学校菜园劳动，了解农业劳动给生活带来的益处； -了解自然循环规律，以及自然元素的特点和用途； -了解改善土壤质量的方法； -了解农作物轮作方式； -掌握识别常见家禽，以及与之相关的寄生虫和常见疾病知识	-掌握菜园选址、设计以及使用面积计算知识； -了解菜园主要病虫害类型，掌握使用杀虫剂的方法； -了解果实采摘季节； -照顾生活在菜园中的兔子，了解其饮食和繁殖特征，了解兔子的常见疾病以及预防知识

内容	初中一年级	初中二年级	初中三年级
木工	−了解常见木材的特征，根据木材硬度和属性进行分类； −增强森林保护意识，了解护林造林的重要性； −了解古巴主要的木材种类； −了解木材加工流程与所需工具； −可以进行木材切割、打磨、钻孔等基本操作； −掌握使用钉子、螺丝等配件来连接木材的技能； −了解不同胶水的特点以及用途； −掌握正视图和侧视图画法		
缝纫	−了解天然和合成织物的特征； −可以根据布料的特点选择不同的加工方式以及用途； −掌握使用和护理缝纫工具的方法； −了解缝纫工作的安全和卫生保障措施，以及安全标准	−了解合成纤维的特点以及制造过程； −可以缝制较为复杂的手工产品	−了解工业纺织品生产流程； −识别服装车间技术设备； −了解装饰物缝制的基本方法； −了解缝合布料的基本方法

续表

内容	初中一年级	初中二年级	初中三年级
电工	-了解电在现代生活中的应用； -了解电的产生及其转换方式； -了解可再生和不可再生电力获得的主要方式； -学会读取电表，了解节能方法； -了解最常见的电器设备； -了解并联和串联电路的工作原理		

从俄罗斯和巴西的劳动教育课程体系中可以看出，课程是两国开展劳动教育的一个非常重要的途径。

（二）将劳动教育与其他课程相融合

一些国家并没有开设专门的劳动教育课程，而是主要通过与其他课程相融合开展劳动教育。

英国主要通过三类课程来实施劳动教育：家政、设计和技术以及艺术与设计课程。

（1）家政课程

家政是英国开展劳动教育的主要课程之一。该课程主要包括四个方面的内容：一是家政教育的基本理论；二是有关家庭生活技艺的家政教育课程；三是有关食品研究与营养的家政教育课程；四是侧重儿童教育的家政教育课程。家政教育可以使学生对生活技能有所了解和掌握，培养学生的劳动素养和动手能力。

（2）设计和技术课程

设计和技术课程的目标是：让学生积累技术性的、实用性的专业知识，以应对日常任务；能够对自己及他人设计出来的产品进行批判和评估；理解营养原则，学习烹调。

（3）艺术与设计课程

艺术与设计课程的目标是：使学生精通绘画、雕塑等艺术、工艺及其设计技巧；使用艺术语言来分析创意作品；了解伟大的艺术家和艺术形式的历史文化发展。

芬兰与劳动教育相关的课程包括三类：手工课、家政课、综合课程。①

（1）手工课是芬兰目前义务教育阶段的必修课程，该课程从 19 世纪末的手工课发展而来。芬兰的手工课有两类：一类为包括针织、缝纫、布艺等在内的"轻手工"（textile craft）课程；另一类为包括木工、金属技工、电工等在内的使用机械设备的"重手工"（technical craft）课程。

（2）家政课是芬兰规定的 7—9 年级学生的必修课程，每周至少 1 小时。该课程以促进学生有关日常生活的知识、能力、态度等方面的发展为基础，旨在让学生学会可持续性地生活，保证身心健康。

（3）根据新的课程标准的要求，芬兰每所学校需每学年开设一门每周1 个课时的综合课程（跨学科项目课程）。不同学校对该类课程采取了不同的实施策略。总体而言，该类课程贴近实践、贴近社会，以问题或现象为导向，反映了劳动教育的特点。

此外，巴西很多幼儿园和中小学开设了手工课、家政课和园艺课。例如在园艺课上，教师可以引导学生在学校的菜园中认识植物，了解农作物的生长与种植，甚至把其他科目的教学引入学生劳作中。语文老师可以让学生观察作物生长过程并写下自己的种植日记；历史老师向学生介绍某种作物被引入巴西的历史；地理老师向大家介绍不同地区盛产的作物品种。

在法国，劳动教育主要是借助相关课程来对学生进行劳动素养的培养。比如，在与"理解世界和人类活动"相关的课程中，教师让学生认识社会组织，了解人类劳作的多样性及其不同表现形式；培养学生的想象

---

① 滕珺，王岩．芬兰的劳动教育［Z］//北京师范大学国际与比较教育研究院．世界主要国家
　　"劳动教育"的政策与实践．2018：22—30.

力、创造力、判断力；使学生学会反思，尊重和接受差异，做负责任的公民；让学生明确经济生产、分配和交换的主要方式，遵守与社会经济、家庭、工作、健康、社会保障相关的规则和法律，不触碰社会公共准则的底线。

日本也是通过道德，生活、社会与公民，家庭，技术·家庭，信息等课程来开展劳动教育。此外，日本的"综合学习时间"当中也包含了大量的有关劳动教育的内容。

由此可见，很多国家都充分意识到了学校其他课程中包含着丰富的劳动教育资源。因此，我国学校劳动教育课程的整体设计应主动挖掘相关课程中的教育资源。

二、开展劳动教育实践

劳动教育的实施，既需要借助课堂主渠道，同时也离不开必要的实践锻炼。在很大程度上，劳动教育是在"做中学"的。实际上，当前世界各国在开展劳动教育时，都非常重视实践的重要作用。它们设计的一系列富有成效的劳动教育实践，值得我们认真学习。总体而言，其所开展的劳动教育实践主要分为校内劳动教育实践和校外劳动教育实践两大部分。

（一）校内劳动教育实践

校内劳动教育实践，主要指充分挖掘校内各种劳动教育资源，使学生能够在学校内接受劳动锻炼。俄罗斯在校内劳动教育实践方面进行了积极的探索。以莫斯科国立第一中学为例，其劳动教育与校园生活紧密结合在一起。通过在校园中设立劳动岗、开辟劳动园地等方式，让劳动成为学生日常生活的有机组成部分。这对于增强劳动与学生生活之间的联系无疑具有十分重要的意义，其有利于吸引学生参与劳动实践，培养学生的劳动观念、劳动态度和劳动习惯。表14-5是莫斯科国立第一中学劳动教育和社会活动计划的内容要点。①

表 14-5　莫斯科国立第一中学劳动教育和社会活动计划内容要点

序号	活动	活动时间
1	学校安排的轮流值日活动	按学校计划
2	"培育室内植物"——移植、照看鲜花	9 月和 5 月
3	"周围美景与清除垃圾"——打扫校园	每个季度末
4	采摘花朵	10 月和 5 月
5	与特别需要关注的孩子进行交流，谈论对个人责任的自觉态度	一年中必要的时候
6	"劳动让人有魅力"——谈辛勤工作	10 月

俄罗斯学校重视培养学生的自决能力（Самоопределение，英文翻译为 self-determination，主要指自我能够做出选择和决定的能力），充分根据不同学段学生的特点，在学校举行不同的劳动教育实践活动。对于学龄前的儿童，劳动教育主要注意发展其感觉器官的能力，如触觉、嗅觉、听觉、视觉以及把握自己身体的能力。在初等学校里，学生每周有一天时间用于劳动训练，学生自己确定自己希望从事的活动项目（木质产品或金属产品制作、服装设计和缝纫、烹调、手工艺术、程序设计、图书馆业务、学前儿童教育等）。两个月后，可以改换劳动场所。这样，几年之内一个学生可能会在不同种类的劳动中尝试锻炼自己的能力。在高中阶段学校设有教学车间或由教师、受聘专家所主持的工作室。在那里，主要由行家能手向学生传授科研、劳动、艺术创作活动的方式。②

此外，莫斯科国立大学副教授 M. A. 巴拉班以叶卡捷琳堡第 95 中学这所典型的城市郊区群众性学校为基地，于 1993 年创办了一所学园。该学园的主要目标是开发学生的最大潜力。学园里设有各种开放式搭配的教室，如厨房、汽车修理房、细木工房、商贸房、健身房、计算机房等，给学生

---

① 姜晓燕，赵伟．俄罗斯基础教育［M］．上海：同济大学出版社，2015：179.

② 肖甦，王义高．俄罗斯教育变革探讨［M］．广州：广东教育出版社，2008：136-137.

提供诸多机会去实践其研究设想。①

除了俄罗斯外，巴西的学校也十分重视校内的劳动教育实践。巴西基础教育阶段的很多学校都在校园中开垦土地，诸多教学交流网站也都提倡并指导教师如何在校内开展劳动教育。比如，指导教师带领学生开辟菜园，种出蔬果之后，再由学生做出简单的食物在学校食堂供应。学生全程参与从播种、灌溉、施肥、采摘直至烹饪的劳作过程，从而感受到盘中食物得来不易。此外，每年 9 月 21 日的植树节也是巴西中小学甚至幼儿园组织劳作活动的固定时间。

总体而言，这些国家在进行校内劳动教育实践时，一方面高度重视其与学校、学生的日常生活的结合，另一方面则充分挖掘校内的各种劳动教育资源，使之成为学生在校内接受劳动锻炼的载体。

（二）校外劳动教育实践

劳动教育是一项系统工程，不仅需要学校的精心设计与组织实施，也需要社会的广泛支持。正是因为看到了劳动教育的系统性，很多国家非常重视学生在校外的劳动教育实践。

（1）家庭劳动教育

纵观世界上的主要国家，它们都非常重视家庭在劳动教育方面的基础性作用。比如，日本就开设了从小学到高中的专门的"家庭"课。小学家庭课的主要内容是让学生在家庭中学会做饭、缝衣服、清扫和收拾房间、购物以及使用各种工具等。

巴西很多家庭都有花园或菜地。因此，学校要求学生每周用自家种出的蔬菜做一道菜，带到学校和同学们分享。这不仅锻炼了学生的动手能力，也让学生感受到食物来之不易，还使学生觉得分享劳动成果是一件光荣的事情。

德国中小学也十分强调家庭劳动的重要性。德国的家庭劳动涉及的内

---

① 肖甦，王义高. 俄罗斯教育变革探讨［M］. 广州：广东教育出版社，2008：138-140.

容主要包括家庭事务管理、财务管理、税务管理、日常消费、保险、烹饪、园艺、卫生健康和纺织等。其中，学习财务管理和日常消费等有助于学生形成基本的财务管理能力，了解各类税收的基本常识，养成正确合理的消费习惯。

（2）服务学习

在许多国家，学生的校外劳动实践还拓展到了整个社会。在这方面，最为典型的做法是美国的服务学习。

20 世纪 60 年代，服务学习在美国兴起。1969 年美国南部地区教育委员会、亚特兰大市政府和亚特兰大城市联盟等联合召开会议，讨论服务学习在教育领域的重要性。会议达成了三点共识：第一，学校必须鼓励学生参与社区服务，并对服务学习予以认可；第二，学校、民间组织、联邦和州政府必须为学生提供参与服务学习的机会和专项资金；第三，学生、教师必须参与服务学习的规划与实施过程。在民间的推动下，1990 年 2 月，时任总统布什签署了《国家与社区服务法》（National and Community Service Act），首次在法律上明确了服务学习的地位。1993 年 3 月，时任总统克林顿签署了《国家与社区服务信托法》（National and Community Service Trust Act），规定联邦政府对开展服务学习予以资金支持，鼓励政策制定者、学校和民间组织探索新的合作方式，把学生和学校、社会重新联系起来。该法案的颁布，提高了服务学习的地位，使服务学习有了稳定的资金来源，极大地推动了服务学习的发展。现在美国各州都开展服务学习，并把它作为公民教育计划的组成部分和学生从学校毕业的基本条件之一。

除中小学外，美国的大学也广泛开展服务学习。如新泽西理工学院在每学年的春假、暑假、寒假甚至周末都会开展"假期项目"，安排学生去校外考察，让学生与被服务者短期内近距离地生活在一起，合作应对当地社区亟待解决的问题，如饥饿、艾滋病/艾滋病病毒问题、流浪汉和失业人员问题、环境问题、女性问题和经济复苏问题。又如，普林斯顿大学的一位工程学教授带领一群学生开展贫困社区家庭节能项目。他们向社区居民传授如何利用太阳能来节约家庭燃料的知识。通过社区参与，学生们不仅学会了将课堂上所学的理论应用到解决实际问题的过程中，而且还进一步强化了公民责任意识和行动能力。

（3）志愿服务活动

志愿服务也是一些国家推进校外劳动教育实践的重要途径。英国就十分重视学生的志愿服务。英国学生参与社区活动及志愿服务的形式多种多样（见表14-6）。例如，学校积极开展各类社区服务项目，力所能及地帮助他人。另外，鼓励学生积极参加志愿者组织或慈善机构组织的服务活动，贡献自己的力量。这些社区志愿服务有利于学生了解社区基本的社会问题，锻炼学生的人际沟通能力，增强学生的社会责任感和个人幸福感。

表14-6　英国学生的社区志愿服务活动的内容及样例①

活动内容	样例
创新：解决实际问题	●研究社区问题并设计解决方案，为有关人群提供服务，例如对残疾人的帮助 ●构建简单的数据库或信息技术解决方案，开发为社区服务的应用程序 ●通过宣传研究成果和增进交流提高社区人员对健康与环境问题的认识
创新：表演	●学生组织合唱、戏剧表演等艺术活动，并在当地社区进行表演，积极参与当地社区的艺术活动
教育	●学生利用学校的信息技术设施为当地社区居民，特别是可能缺乏基本信息技术技能的老年公民提供相关培训 ●学生辅导社区团体中居民各科目的学习，例如数学、语言等 ●学生担任社区课堂的助教
社会服务	●协助家庭、医院、学校帮助有特殊需要的人员 ●协助动物福利中心
改善环境	●学校成立环境俱乐部，以便监测物品浪费情况并组织回收活动，提出改善环境问题的建议 ●学生参与当地环境的保护工作

---

① 王璐. 英国的劳动教育［Z］//北京师范大学国际与比较教育研究院. 世界主要国家"劳动教育"的政策与实践. 2018：13-21.

续表

活动内容	样例
协同社会机构开展志愿服务	例如协助乐施会与人类家园（Oxfam and Habitat for Humanity）提供社区服务机会
学生主导的课外活动	参加模拟联合国等活动

从表 14-6 的活动中可以明显看出，学生所参加的各种形式的校外劳动实践，具有非常突出的公益性和教育性。也就是说，这些活动不仅对于学生个人的成长和发展有益，同时对于增进社会福祉、促进社会公平也有作用。

三、劳动教育与职业教育和生涯教育相结合

劳动教育与职业教育、生涯教育有着非常密切的关系。因此，很多国家在开展劳动教育时，都不约而同地将其与职业教育、生涯教育结合在一起。

（一）劳动教育与职业教育相结合

职业天然地包含了劳动的因素。因此，将劳动教育与职业教育相结合，无疑更有利于双方的协调发展。实际上，诸如韩国、德国等国家就十分强调劳动教育与职业教育的结合。

韩国的劳动教育一个非常突出的特点就是与职业教育高度融合。韩国 2015 年颁布的《进路教育法》规定中小学实施职业指导教育（韩国称为"进路指导"）。该门课程在小学不独立设置，只通过学校的体验活动、专题讲座、进路面谈（家长、学生与教师关于未来升学与职业选择的面谈）等形式实施；初中设有进路与职业或进路指导选修课，同时通过实施自由

学期制①，给学生劳动体验的机会；高中除了设置选修课进路与职业以外，还设置了与农业、工业、生物、海洋等行业相关的基础性职业教育课程。这些课程的目的在于使学生了解职业世界，形成对待劳动与职业的基本态度。

以初中进路指导课程为例，该课程的目标为：探索多样化的职业世界，了解相关教育机会，为自己设计初中后的发展道路并积极做好准备。为此，设定了基于核心素养的四大分目标：根据沟通能力、积极的自我定位能力来培养学生的自我认同与社会性素养；培养学生对待劳动、对待职业世界的理解力，从而形成对职业、对劳动健康的价值观与进取意识；引导学生及时了解初中以后的教育与职业信息，培养学生感兴趣的领域，探索其发展道路；培养学生根据适合自己的未来发展目标创造性地设计初中后发展道路的能力。②

德国中小学非常重视学生的职业实践。早在 1964 年，德国教育委员会（Deutsche Ausschuss für das Erziehungs- und Bildungswesen）就对中小学劳动教育的宗旨进行了界定并影响至今：劳动教育旨在使学生对不同工作领域内的基础性实践活动有思想上的准备，并通过理性的思考对自己是否适合从事该工作进行评估。

在德国，学生的职业实践主要包含三种不同的形式：社会实践实习、企业实习和手工工厂实习。③ 特别是一些实科中学，往往会安排 2—4 次的企业考察活动，以及专业的企业实践课程。这些企业涵盖农业、机械工业、矿业等多个领域。

---

① "自由学期制"是韩国于 2013 年开始试行、2015 年在全国推行的制度。学校选定初一或初二的某一个学期为"自由学期"，在这个学期取消考试评价，学生上午上课，下午进行各类课外活动。学生可在学校参加活动，也可到校外企业、公司、服务行业等经过地方教育厅认证的机构进行直接的职业体验。

② 한국 교육부. 2015 개정 교육과정: 중학교 진로와 직업 [R/OL]. 2015: 49. [2020 - 04 - 10]. https://www. moe. go. kr/boardCnts/view. do? boardID = 141&lev = 0&statusYN = W&s = moe&m = 0404&opType = N&boardSeq = 60303。

③ 任平，贺阳. 连通学校与现代社会生活的桥梁：德国中小学劳动教育实施路径及启示 [J]. 外国中小学教育，2019（8）：28-36.

这三种实践形式从社区、企业、手工工厂三个方面，为中小学生提供了全面体验和了解各行各业劳动特点的机会和渠道，为其做出恰当的职业选择奠定了良好的实践基础。

（二）劳动教育与生涯教育相融通

鉴于生涯教育与劳动教育的内在联系，很多国家非常强调通过生涯教育来具体落实劳动教育。

20世纪70年代，美国有1/3的高中生毕业后，既无法继续升入大学，也没有在社会上谋生的基本劳动能力，这引发了社会各界的极大不满。基于此，时任美国教育总署署长提出了"生涯教育"计划。之后，美国国会通过了《生涯教育促进法》，为中小学实施生涯教育拨款，旨在帮助所有学生都获得基本的劳动能力。从小学1年级到中学12年级，生涯教育共分为三个阶段。①

第一阶段（1—6年级）：职业了解阶段。主要帮助学生了解他们将面对的各种职业，培养其职业兴趣，利用现场参观来加深学生对相关职业的初步认识。

第二阶段（7—10年级）：职业探索阶段。对于7—8年级的学生而言，他们的主要任务是熟悉美国15个职业分类，然后选择自己可能学习的5—6种职业；而对于9—10年级的学生来说，他们则要对选定的职业进行深入研究，并通过增加访问、见习、实际操作的机会，积累实践经验，深化对职业的认识，为职业选择做准备。

第三阶段（11—12年级）：职业选择阶段。这一阶段的学生的主要任务是选定一种职业进行更为深入的研究和实际训练，并从以下三类课程中选择一种进行深入学习。一是为中学毕业后直接就业做准备的各种知识、技能课程；二是为升入大学学习做准备的课程，其中既包括学术性课程也包括职业课程；三是为进入专业学院学习做准备的课程。

---

① 谷贤林. 美国学校如何开展劳动教育［J］. 人民教育，2018（21）：77-80.

到 20 世纪 70 年代末，全美 16740 个学区中，有 9300 个学区都开展了生涯教育。80 年代，受美国基础教育质量严重滑坡的影响，生涯教育模式受到了批评。但总体而言，生涯教育倡导的为就业做准备的理念在美国普通教育中被不同程度地继承下来，并一直影响至今。课程也随着科技发展，从传统的手工类、体力劳动类课程转向计算机保养技术、文字信息处理、商业资料分析、电子报表制作、计算机辅助绘画设计等众多偏重脑力劳动的课程。

近年来，日本也开始重视在基础教育阶段进行"生涯教育"，旨在培养学生的劳动观和职业观、劳动意识与职业选择意识以及劳动技能和生涯规划能力。日本的《学习指导要领》要求在高中阶段开展每年 35 个课时以上的班会活动，进一步加强对高中生在选课、确立正确的职业观和劳动观、自主选择和决定未来方向、进行生涯设计等方面的教育指导。《学习指导要领》还要求，必须开展生产劳动和奉献方面的学校活动，以使学生体会劳动的尊贵与创造的喜悦，形成正确的职业观。此外，还强调通过志愿活动培养奉献社会的精神。《学习指导要领》还要求，充分利用"综合学习时间"（105—210 个课时）引导学生学习职业选择与生涯规划。此外，作为综合高中的必修课，"产业与人"有 2—4 个学分，也必须包含职业选择、生涯规划方面的内容。

除了《学习指导要领》以外，日本文部科学省还通过各种项目促进各级学校中的生涯教育，鼓励地方教育委员会和学校加强与经济领域的产业界合作，进行与生涯教育有关的大胆实践。

实际上，借助与学生生活联系更为密切的职业教育和生涯教育来推进劳动教育，更容易获得学生的认可，由此也就更容易激发学生接受劳动教育的内在积极性。这实际上也向学生传递了一个非常重要的劳动教育理念：劳动不是一种个体不得已而为之的外在的、异己的活动，而是每个人自我发展、自我实现的必由之路。

第四节　科学的劳动教育评价

有效的劳动教育离不开科学的评价。评价的科学性将在很大程度上影响劳动教育实践的发展方向。因此，世界各国在开展劳动教育的时候，也非常注重评价的科学性问题。总体而言，在劳动教育的评价方面，各国都非常强调评价主体的多元性、评价内容的全面性和评价方法的综合性。

一、评价主体的多元性

劳动教育既涵盖学生的校内生活，也包括学生在校外的实践。因此，对劳动教育成效的评价，仅仅依靠某个单一主体是很难做到客观公正的。基于此，很多国家对劳动教育都采取了多主体评价。

古巴对劳动教育成效的评价，主要采取的是教师评价为主、学生同伴和家长评价为辅的评价模式，旨在从多角度分析劳动教育的结果。日本中学在对劳动教育进行评价时，通常先由学生自己做出评价，然后由同组同学评价，最后由教师评价，以增强评价的客观性。

由此可见，充分发挥不同主体在劳动教育评价中的作用，可以有效地解决劳动教育评价的客观性问题。

二、评价内容的全面性

劳动素养是一项综合素养，不仅包括知识、技能层面的内容，还包括诸如劳动观念、劳动精神等价值层面的内容。因此，对劳动教育的评价，在内容方面应充分体现不同维度的劳动素养。

比如，巴西主要从劳作规划能力、组织能力、劳作工具的运用、劳作作业完成情况、安全卫生意识、劳作实践的创新性等维度对学生在劳动教育中的表现进行评价。这其中既有对学生知识、能力方面的考察，也有对其观念、价值观的评价，在评价的内容上较为全面地涵盖了学生的劳动素养。

日本关于学生生产劳动的评价标准也较全面，在大项目之下，列有若干细目。其中，大项目包括对学生劳动热情、劳动技术的评价，也包括对学生在劳动场所中与他人之间的关系的评价。而在具体的细目方面，则包含了对学生劳动的责任心、遵守劳动纪律的情况等方面的评价。

由此可见，在劳动教育评价的内容方面，要尽可能囊括学生在知识、技能、价值观等方面的表现，以全方位地反映学生的劳动素养。

三、评价方法的综合性

在劳动教育评价中，各国的评价方法并不是单一的，而是注重综合运用各种方法对劳动教育的成效进行评价。总体而言，各国所用的劳动教育评价方法包括量化评价、质性评价。

在古巴，劳动教育成绩在学生的学业成绩中所占比例不大，它同体育课程一样，满分为 10 分，而其他必修课程的满分为 100 分。教师主要通过观察学生在劳动教育中的日常表现来对学生进行打分。在集体协作活动中，教师会征询同组成员的意见，对学生的团队协作能力进行了解。同时，教师也会与家长保持密切联系，对学生在家劳动情况进行了解。必要时教师还会采取口头问话、书面测试等辅助性形式对学生进行评价。

在日本，教师要随时检查学生劳动的情况，若发现问题，会及时加以解决。学校将把对学生平时劳动的评价结果记在卡片上，作为学生学期成绩的评定根据。

由此可见，单一的评价手段是远远不能保证评价的科学性的，必须综合各种评价方法的优势，尽可能地实现劳动教育评价的目的。

劳动教育大事记①

　　1949 年 9 月，中国人民政治协商会议第一届全体会议通过《中国人民政治协商会议共同纲领》，在"文化教育政策"中"提倡爱祖国、爱人民、爱劳动、爱科学、爱护公共财物为中华人民共和国全体国民的公德"，将"爱劳动"列为国民公德之一。

　　1950 年，《中学暂行教学计划（草案）》提出，生产劳动"应有计划地配合正课进行"。时任教育部副部长钱俊瑞在《改革旧教育，建设新教育》报告中要求："实行教育与生产结合，在各级学校加强科学技术教育。"钱俊瑞在《当前教育建设的方针》中明确指出："为工农服务，为生产建设服务，这就是当前实行新民主主义教育的中心方针"，并把劳动教育作为贯彻"教育为生产建设服务的方针"的重要内容。

　　1953 年 5 月，中共中央批转教育部党组《关于解决高小和初中毕业生学习与从事生产劳动问题的请示报告》时明确指出："目前中、小学毕业

---

① 主要根据何东昌《中华人民共和国重要教育文献》（海南出版社 1998 年版）及李珂、曲霞发表于《教育学报》2018 年第 5 期的《1949 年以来劳动教育在党的教育方针中的历史演变与省思》整理。

生之所以普遍发生紧张的升学问题，主要由于过去几年中央教育部对中、小学教育的指导思想上有忽视劳动教育的偏向，在教学改革中，在教师思想改造中，都没有着重批判鄙视体力劳动和体力劳动者的剥削阶级的教育思想，也没有向广大群众和学生明确地阐明中、小学教育的性质与任务，使旧中国遗留下来的鄙视体力劳动和体力劳动者的错误的教育思想，继续支配着广大教师和学生，这是中、小学教育方针上一个带原则性的错误，中央教育部应在这方面进行公开的自我批评。"

1954 年 9 月，时任政务院总理周恩来在第一届全国人民代表大会第一次会议上所做的报告中指出："中小学教育中都应当注意劳动教育，以便中小学毕业生广泛地参加工农业劳动。"

1955 年 2 月，《教育部党组关于初中和高小毕业生从事生产劳动的宣传教育工作报告》中要求："今后除应注意课外的劳动教育外，必须学会在课堂教学中贯彻劳动教育，并且还要善于使两者结合起来进行。""除注意培养劳动观点和劳动习惯外，还应当注意进行综合技术教育，使学生从理论上和实践上懂得一些工农业生产的基础知识。"

1955 年 5 月，国务院召开全国文化教育工作会议，正式决定在全国中小学有步骤地实施"基本生产技术教育"。

1955 年 9 月，教育部颁发《关于小学课外活动的规定的通知》，基本生产技术教育开始成为劳动教育的重要内容。

1956 年 5 月，教育部就《关于普通学校实施基本生产技术教育的指示（草案）》征求意见，该文件明确提出"我们培养出来的学生，不仅需要具有文化科学的知识，同时还要具有现代生产的基本知识和技能"。

1956 年 7 月，教育部制发《1956—1957 学年度中学授课时数表》《关于 1956—1957 学年度中、小学实施基本生产技术教育的通知》，对基本生产技术教育每周的上课时间等做出了明确的规定。

1957 年 2 月，毛泽东同志在《关于正确处理人民内部矛盾的问题》中明确提出，"我们的教育方针，应该使受教育者在德育、智育、体育几方面都得到发展，成为有社会主义觉悟的有文化的劳动者"，确立了培养劳动者的教育目标。

1957 年 3 月，人民日报发表社论《劳动教育必须经常化》。

1957 年上半年，刘少奇同志就中小学生升学难问题进行全国调查，发现很多家庭无力负担子女上学，由此萌生了提倡勤工俭学、开展课余劳动的想法，并将此视为"解决学生学习费用困难和普及教育的一个重要途径"。

1957 年 6 月，教育部《1957—1958 学年度中学教学计划》规定，"初、高中三年级增设农业基础知识科。每周 2 小时"。

1957 年 6 月，时任国务院总理周恩来在《第一届全国人民代表大会第四次会议政府工作报告》中指出："我们今后的教育方针，应该是培养有社会主义觉悟的、有文化的、身体健康的劳动者。……全国学生的家长们和社会舆论都应该鼓励学生参加生产劳动，特别是农业生产劳动。要继续批判一部分家长和干部轻视体力劳动，阻挠学生参加工农业生产劳动的错误思想和行动。教育部门应该根据上述教育方针，在过去几年教育改革的基础上，对现行的教育制度、教育内容和教学法，彻底地稳步地加以改进。"

1958 年 1 月，共青团中央发布《关于在学生中提倡勤工俭学的决定》。2 月，教育部发布《关于大力支持中国共产主义青年团中央委员会在学生中提倡勤工俭学的决定的通知》。

1958 年 2 月，时任教育部副部长董纯才在第一届全国人民代表大会第五次会议上做了《加强思想教育、劳动教育，提倡群众办学、勤俭办学》的教育工作报告，劳动教育被确定为勤俭办学、勤俭建设国家，多快好省建设社会主义的重要途径。"一切学校，均把生产劳动列为正式课程，并在不同时期，根据实际情况，对……劳动时间作明确规定，同时开设了属于教育与生产劳动相结合范畴的多门课程。"[①] 学校办工厂、工厂办学校，勤工俭学、半工半读，边学习、边劳动，劳动人民知识化、知识分子劳动

---

① 肖川，丁东，劳凯声，等．教育与生产劳动相结合问题新探索 [M]．长沙：湖南教育出版社，1998：307.

化，成为席卷全国的热潮。

1958 年 4 月，陆定一在全国教育工作会议上的讲话中强调"教育与劳动结合，是教育革命的主要内容之一"。8 月，陆定一又发表了《教育必须与生产劳动相结合》一文，将是否坚持"教育与生产劳动结合"视为教育战线上资本主义和社会主义两条路线斗争的表现。

1958 年 9 月，中共中央、国务院发布《关于教育工作的指示》，提出"在一切学校中，必须把生产劳动列为正式课程"。

1958 年 11 月，教育与生产劳动相结合展览会在北京开幕。

1959 年 5 月，国务院发布《关于全日制学校的教学、劳动和生活安排的规定》。

1963 年 6 月，教育部发出《关于中小学开设农业生产知识（常识）课的通知》。

1965 年 3 月，教育部召开全国农村半农半读教育会议。

1965 年 12 月，毛泽东同志在杭州的一次会议上言辞激烈地批评了学校教育理论脱离实际的问题："现在这种教育制度，我很怀疑。从小学到大学，一共十六七年，二十多年看不见稻、粱、菽、麦、黍、稷，看不见工人怎样做工，看不见农民怎样种田，看不见商品是怎样交换的，身体也搞坏了，真是害死人。"[①]

1978 年 4 月，邓小平同志在全国教育工作会议上的讲话中特别指出："为了培养社会主义建设需要的合格的人才，我们必须认真研究在新的条件下，如何更好地贯彻教育与生产劳动相结合的方针。""各级各类学校对学生参加什么样的劳动，怎样下厂下乡，花多少时间，怎样同教学密切结合，都要有恰当的安排。更重要的是整个教育事业必须同国民经济发展的要求相适应。""我们的国民经济是有计划按比例发展的，我们培养训练专门家和劳动后备军，也应该有与之相适应的周密的计划。"

1980 年 10 月，国务院批转教育部、国家劳动总局《关于中等教育结

---

① 毛泽东. 毛主席论教育革命 [M]. 北京：人民出版社，1967：24.

构改革的报告》，提出"普通高中要逐步增设职业（技术）教育课，学习科目可由学生自己选择"。

1981年3—4月，教育部连续颁发《全日制五年制小学教学计划（修订草案）》《全日制六年制重点中学教学计划（试行草案）》和《全日制五年制中学教学计划（试行草案）的修订意见》，提出开设劳动技术教育课的要求。

1981年6月，中国共产党第十一届六中全会通过《关于建国以来党的若干历史问题的决议》，明确提出要"坚持德智体全面发展、又红又专、知识分子与工人农民相结合、脑力劳动与体力劳动相结合的教育方针"。新的教育方针的表述中去掉了"必须为无产阶级政治服务"的说法，并用"知识分子与工人农民相结合、脑力劳动和体力劳动相结合"取代了以往"必须与生产劳动相结合"的提法。

1982年10月，教育部颁发《关于普通中学开设劳动技术教育课的试行意见》，这是1949年以来国家教育文件中首次提出劳动教育考核标准与要求。

1983年2月，国务院批转教育部、国家计委、国家经委、财政部《关于进一步开展勤工俭学活动的请示》和《中小学勤工俭学暂行工作条例》，加强对学生的劳动观点教育和劳动技能训练。

1984年9月，中共中央宣传部、教育部印发《关于高等学校学生参加生产劳动的若干规定》，提出"学生参加劳动期间，应充分利用现场有利条件，采用参观访问、社会调查、报告会等方式，对学生进行形势与政策教育、四项基本原则教育、革命传统教育、热爱专业与热爱劳动教育，使学生在接触工农、接触社会的过程中，思想上真正得到进步和提高"。

1984年9月，中共中央宣传部、教育部党组印发《关于加强和改进中等专业学校当前思想政治工作的几点意见》，提出"要加强对学生的职业道德教育和劳动教育，培养学生树立全心全意为人民服务的思想，热爱本行、忠于职守、恪守职业道德，自觉遵守社会公德。培养学生热爱劳动，积极自觉地参加公益劳动和生产实习劳动，养成密切联系群众的作风，促使学生钻研技术、业务和科学管理知识，为毕业后做好本职工作打下良好基础"。

1986 年 4 月，时任国务院副总理兼国家教委主任李鹏在第六届全国人民代表大会第四次会议上做了《关于中华人民共和国义务教育法（草案）的说明》，在贯彻党的教育方针方面提出"应当贯彻德、智、体、美全面发展的方针，适当进行劳动教育，使青少年儿童受到比较全面的基础教育"。这里将劳动教育作为比较全面的基础教育中的一部分提了出来。

1986 年 3 月，《关于第七个五年计划的报告》提出，"各级各类学校都要认真贯彻执行德育、智育、体育、美育全面发展的方针，并根据各自的特点适当加强劳动教育"。

1986 年 6 月，全国中学劳动技术教育工作座谈会在苏州召开，国家教委办公厅 8 月印发了《全国中学劳动技术教育工作座谈会纪要》：从全国范围看，约有半数，甚至更多的学校没有开设劳动技术课。教育界和社会上片面追求升学率的现象，劳动技术教育作为一门新兴综合性学科对场地、设备、师资等条件的新要求，以及社会、家长、教师和学生对其重要性的认识不够，是导致劳动技术课不能正常开设的重要原因。

1986 年 7 月，国家教委印发《"七五"期间全国中小学勤工俭学发展规划要点》。

1986 年 10 月，时任国家教委副主任彭珮云在中学德育大纲研讨会上的讲话中更明确地提出"把德育作为德、智、体、美、劳五育全面发展的一个有机组成部分，使五育互相配合、互相渗透、互相促进"，正式提出了"五育全面发展"的说法。此后，国家教委颁发的一系列文件——《国家教委国家体委关于开展课余体育锻炼，提高学校体育运动技术水平的规划（1986—2000）》《全日制盲校小学教学计划（初稿）》《国家教委、共青团中央关于加强少年宫工作的意见》均出现过五育并举的表述。

1987 年 3 月，国家教委印发《全日制普通中学劳动技术课教学大纲（试行稿）》。

1987 年 11 月，《中国教育报》刊登《全日制小学劳动课教学大纲（试行稿）》。

1988 年 3 月，第七届全国人民代表大会第一次会议通过的《1988 年政府工作报告》提出"我国教育事业的根本任务是为社会主义建设培养合格的劳动者和各类专门人才。各级各类学校要努力使学生在德、智、体、美各方面得到发展，并适当加强劳动教育"。

1988 年 5 月，国家教委颁发《关于组织实施"燎原计划"的意见》，提出要"充分发挥农村各级各类学校智力、技术的相对优势，积极开展与当地建设密切结合的实用技术和管理知识的教育，培养大批新型的农村建设者；并积极配合农业与科技等部门，开展以推广当地适用技术为主的试验示范、技术培训、信息服务等多种形式的活动，促进农业的发展"。

1988 年 9 月，国家教委颁发《九年制义务教育全日制初级中学劳动技术课教学大纲（初审稿）》。

1988 年 12 月，中共中央印发《关于改革和加强中小学德育工作的通知》，将"爱劳动"确立为中小学德育的五项基本内容之一，要求进行劳动教育，认真培养学生的劳动观点、劳动习惯和勤俭节约、艰苦朴素的精神。把劳动和劳动技术教育作为中小学教育的一个重要内容，列入教学计划并进行考核。开展劳动教育要因地因校制宜，根据学生的不同年龄段加以安排。

1989 年 1 月，国家教委、财政部、人事部、国家税务局印发《关于进一步发展中小学勤工俭学若干问题的意见》。

1989 年 3 月，《国家教委 1989 年工作要点》要求"进一步加强中小学的劳动教育，推动各地积极创造条件，使小学、中学都能按教学计划安排开设劳动课、劳动技术课和组织社会实践活动，并推动地方编写有关教材，尽快建立和落实校内外劳动基地"。

1990 年 1 月，李铁映在国家教委 1990 年工作会议上的讲话中，强调要加强学生的劳动教育和社会实践环节。

1990 年 3 月，时任国务院总理李鹏在第七届全国人民代表大会第三次会议上的政府工作报告中指出，高等学校要"制定和实施大学生参加生产实习、社会实践、军事训练、劳动锻炼的具体措施。各级政府和各有关部门、企业事业单位，应该以积极的态度支持和欢迎学生参加各种形式的社会实践，为他们创造条件，做好安排。中小学校要根据学生的年龄特点，由浅入深，有步骤地进行爱国主义、集体主义、社会主义和共产主义的思想教育，加强国情教育和劳动教育"。

1990 年 4 月，国家教委颁发《关于进一步加强中小学德育工作的几点意见》，要求各中小学校"逐步使中小学生参加劳动和社会实践活动制度化、规范化"，"妥善解决中小学生劳动和社会实践的场所问题"，"切实抓好劳动和社会实践活动中的思想教育环节"。

1991 年 9 月，第七届全国人民代表大会常务委员会第二十一次会议通过《中华人民共和国未成年人保护法》。第十三条规定："学校应当全面贯彻国家的教育方针，对未成年学生进行德育、智育、体育、美育、劳动教育以及社会生活指导和青春期教育。"

1991 年 10 月，《国务院关于大力发展职业技术教育的决定》指出："在普通教育中积极开展职业指导，因地制宜地在适当阶段引进职业技术教育因素，在不同阶段对学生实行分流教育。"

1992 年 3 月，经国务院批准，国家教委颁布试行《中华人民共和国义务教育法实施细则》，其中第 19 条、第 23 条对劳动教育、职业指导教育和职业预备教育做出规定。

1992 年 5 月，国家教委中小学教材审定委员会审查通过并颁布《九年义务教育全日制初级中学劳动技术课教学大纲（试用）》和《九年义务教育全日制小学劳动课教学大纲（试用）》，为中小学劳动课教学提供了比较明确的培养目标和施教依据。

1993 年 2 月，中共中央、国务院印发《中国教育改革和发展纲要》，再次确定了教育与生产劳动相结合的说法，明确将我国的教育方针表述为"必须坚持党对教育工作的领导，坚持教育的社会主义方向，培养德智体全面发展的建设者和接班人""必须坚持教育为社会主义现代化建设服务，与生产劳动相结合"。其中第 36 条提出："加强劳动观点和劳动技能的教育，是实现学校培养目标的重要途径和内容。各级各类学校都要把劳动教育列入教学计划，逐步做到制度化、系列化。社会各方面要积极为学校进行劳动教育提供场所和条件。"

1994 年 6 月，在全国教育工作会议上，江泽民同志强调了教育同生产劳动相结合的问题，他指出，"学生适当参加一些物质生产劳动，应成为一门必修课，不是可有可无，这一点务必要充分认识和高度重视"，并对做好相关方面提出了工作要求。

1994 年 7 月，国务院印发《关于〈中国教育改革和发展纲要〉的实施意见》，要求"各级各类学校都要进一步贯彻教育与生产劳动相结合的方针，采取多种形式促进学校教育与社会的紧密结合。要把劳动教育列入教学计划，逐步做到制度化、系列化。社会各方面要积极为学校进行劳动教育提供场所"。

1994 年 9 月，中国教育学会中小学劳动技术教育专业委员会在苏州成立，学会秘书处设在中央教育科学研究所。

1996 年 5 月，教育部印发《关于加强普通中学劳动技术教育的意见》。

1997 年 7 月，教育部颁布《全日制普通高级中学劳动技术课教学大纲（供试验用）》。

1998 年 5 月，人民教育出版社送审的四种初中劳技课教材通过教育部评审，成为全国首批通过教育部评审、可供各地选用的劳技课教材。

1998 年 6 月，教育部办公厅出台《关于加强普通中学劳动技术教育管理的若干意见》，在明确中学劳动技术教育的组织领导责任和师资队伍建设要求的同时，强调"把劳动技术教育纳入督导评估内容的指标体系"，把是否开设劳动技术课、是否重视劳动技术教育与考核评优挂钩。

1998 年 9 月，中国教育学会国际青少年生命树中心成立，与中国教育学会中小学劳动技术教育专业委员会合署办公。

1998 年 11 月，全国小学劳动课教学与素质教育现场研讨会在海南省海口市召开。

1998 年 12 月，教育部发文决定对全国劳技教育方面的 92 个先进单位、273 所先进学校，268 名先进工作者予以表彰。

1999 年 6 月，中共中央、国务院颁布《关于深化教育改革全面推进素质教育的决定》，提出"加强和改进对学生的生产劳动和实践教育，使其接触自然、了解社会，培养热爱劳动的习惯和艰苦奋斗的精神"。

1999 年 6 月，江泽民同志在第三次全国教育工作会议上指出："必须全面贯彻党的教育方针，坚持教育为社会主义、为人民服务，坚持教育与社会实践相结合，以提高国民素质为根本宗旨，以培养学生的创新精神和实践能力为重点，努力造就'有理想、有道德、有文化、有纪律'的，德育、智育、体育、美育等全面发展的社会主义事业建设者和接班人。"

2000 年 9 月，中国教育学会中小学劳动技术教育专业委员会第二届会员代表大会暨劳动教育经验交流会在湖南省长沙市召开。

2001 年 5 月，国务院发布《关于基础教育改革与发展的决定》，将"坚持教育必须为社会主义现代化建设服务，为人民服务，必须与生产劳动和社会实践相结合，培养德智体美等全面发展的社会主义事业建设者和接班人"作为 21 世纪基础教育改革与发展的基本方针，在第 19 条中要求"普通高中要设置技术类课程。……加强劳动教育，积极组织中小学生参加力所能及的社会公益劳动，培养学生热爱劳动、热爱劳动人民的情感，掌握一定的劳动技能"。

2001 年 6 月，教育部颁发的《基础教育课程改革纲要（试行）》规定，中小学要设置综合实践活动，其内容主要包括信息技术教育、研究性学习、社区服务与社会实践及劳动与技术教育。"强调学生通过实践，增强探究和创新意识，学习科学研究的方法，发展综合运用知识的能力。"

要求在农村中学中"试行通过'绿色证书'教育及其他技术培训获得'双证'的做法。城市普通中学也要逐步开设职业技术课程"。

2002年11月，江泽民同志在党的十六大报告中将"尊重劳动、尊重知识、尊重人才、尊重创造"明确为党和国家的一项重大方针，明确"要尊重和保护一切有益于人民和社会的劳动"，"一切合法的劳动收入和合法的非劳动收入，都应该得到保护"。

2003年3月，教育部制定《普通高中技术课程标准（实验）》，规定技术课程包括信息技术和通用技术两个科目。

2010年4月，胡锦涛同志在全国劳动模范和先进工作者表彰大会上的讲话中重申了"劳动最光荣、劳动者最伟大"的思想，提出了"体面劳动"的概念。

2010年7月，中共中央、国务院印发《国家中长期教育改革和发展规划纲要（2010—2020年）》，提出"加强劳动教育，培养学生热爱劳动、热爱劳动人民的情感"。

2013年4月，习近平总书记在同全国劳动模范代表座谈时的讲话中提出："全社会都要贯彻尊重劳动、尊重知识、尊重人才、尊重创造的重大方针，维护和发展劳动者的利益，保障劳动者的权利。要坚持社会公平正义，排除阻碍劳动者参与发展、分享发展成果的障碍，努力让劳动者实现体面劳动、全面发展。全社会都要热爱劳动，以辛勤劳动为荣，以好逸恶劳为耻。"

2014年5月，习近平总书记在乌鲁木齐接见劳动模范和先进工作者、先进人物代表，同他们座谈时提出："特别是要通过各种措施和方式，教育引导广大青少年牢固树立热爱劳动的思想、牢固养成热爱劳动的习惯，为祖国发展培养一代又一代勤于劳动、善于劳动的高素质劳动者。"

2015年7月，教育部、共青团中央和全国少工委联合印发《关于加强中小学劳动教育的意见》，明确提出劳动教育的主要目标、基本原则、关键环节和保障机制。

2016 年 12 月，习近平总书记在全国高校思想政治工作会议上强调，要强化实践育人，坚持教育同生产劳动和社会实践相结合，让广大青少年在投身实践、亲身参与中认识国情、了解社会，在增长才干和磨炼意志中感受劳动所带来的收获和乐趣，进而形成尊重劳动、热爱劳动的真挚情感。

2017 年 1 月，国务院印发《国家教育事业发展"十三五"规划》，要求"践行知行合一，将实践教学作为深化教学改革的关键环节，丰富实践育人有效载体，广泛开展社会调查、生产劳动、志愿服务、公益活动、科技发明和勤工助学等社会实践活动，深化学生对书本知识的认识。加强劳动教育，充分发挥劳动综合育人功能"。

2017 年 12 月，国务院办公厅印发《关于深化产教融合的若干意见》，要求"将工匠精神培育融入基础教育。将动手实践内容纳入中小学相关课程和学生综合素质评价。加强学校劳动教育，开展生产实践体验，支持学校聘请劳动模范和高技能人才兼职授课。组织开展'大国工匠进校园'活动。鼓励有条件的普通中学开设职业类选修课程，鼓励职业学校实训基地向普通中学开放。鼓励有条件的地方在大型企业、产业园区周边试点建设普职融通的综合高中"。

2018 年 5 月，国务院办公厅印发《关于全面加强乡村小规模学校和乡镇寄宿制学校建设的指导意见》，提出"充分发挥寄宿制学校全天候育人和农村教育资源的独特优势，合理安排学生在校时间，统筹课堂教学、实践活动、校园文化、学校管理，积极开展丰富多彩的综合实践和校园文化活动。充分发挥学校共青团、少先队组织作用，注重劳动教育、法治教育、安全教育和行为习惯养成，提高学生综合素养和遵纪守法意识、自我防范能力，有效预防中小学生欺凌现象发生"。

2018 年 9 月，习近平总书记在全国教育大会上强调，要坚持中国特色社会主义教育发展道路，努力建构德智体美劳全面培养的教育体系，明确将劳动教育确定为全面发展教育的重要组成部分。要在学生中弘扬劳动精神，教育引导学生崇尚劳动、尊重劳动，懂得劳动最光荣、劳动最崇高、劳动最伟大、劳动最美丽的道理，长大后能够辛勤劳动、诚实劳动、创造性劳动。

2018年9月，教育部印发《关于加快建设高水平本科教育全面提高人才培养能力的意见》，要求"加强劳动教育"，"在学生中弘扬劳动精神，教育引导学生崇尚劳动、尊重劳动"，"广泛开展社会调查、生产劳动、志愿服务、科技发明、勤工助学等社会实践活动，增强学生表达沟通、团队合作、组织协调、实践操作、敢闯会创的能力"。

2019年3月，教育部印发《关于切实加强新时代高等学校美育工作的意见》，要求"促进高校美育与德育、智育、体育和劳动教育相融合，与各学科专业教学、社会实践和创新创业教育相结合"。

2019年3月，教育部、财政部印发《关于实施中国特色高水平高职学校和专业建设计划的意见》，提出"加强劳动教育，以劳树德、以劳增智、以劳强体、以劳育美"。

2019年6月，国务院办公厅印发《关于新时代推进普通高中育人方式改革的指导意见》，将重视劳动教育作为强化综合素质培养的有力途径，提出要"制定劳动教育指导纲要，统筹开展好生产性、服务性和创造性劳动，使学生养成劳动习惯、掌握劳动本领、树立热爱劳动的品质"，并倡导通过强化对劳动实践等方面的评价以完善综合素质评价，健全社会教育资源有效开发配置的政策体系以拓宽综合实践渠道。

2019年6月，中共中央、国务院印发《关于深化教育教学改革全面提高义务教育质量的意见》。这一纲领性文件明确提出要加强劳动教育："充分发挥劳动综合育人功能，制定劳动教育指导纲要，加强学生生活实践、劳动技术和职业体验教育。"

2019年11月26日，习近平总书记主持召开中央全面深化改革委员会第十一次会议，审议通过《关于全面加强新时代大中小学劳动教育的意见》，提出把劳动教育纳入人才培养全过程，贯通大中小各学段的基本要求。

2020年3月20日，中共中央、国务院印发《关于全面加强新时代大中小学劳动教育的意见》，对加强新时代劳动教育进行了整体设计，阐明了劳动教育基本内涵，明确了劳动教育总体目标，健全了劳动教育课程，规定了劳动教育基本内容，强化劳动教育评价，强调劳动教育实施途径多样化。

后 记

　　劳动是人类生活的第一需要，劳动教育直接决定社会主义建设者和接班人的劳动精神面貌、劳动价值取向和劳动技能水平。2018 年 9 月 10 日，习近平总书记在全国教育大会上明确将劳动教育确定为全面发展教育的重要组成部分，把劳动教育由实践途径提升为教育内容，形成五育并重的人才培养体系。2020 年 3 月 20 日，中共中央、国务院印发《关于全面加强新时代大中小学劳动教育的意见》，对加强新时代劳动教育进行了整体设计，强调将劳动教育纳入人才培养全过程，贯通大中小学各学段，建立起一套完备的劳动教育体系；明确提出要加强劳动教育研究，宣传推广劳动教育典型经验。劳动教育是中国特色社会主义教育制度的重要内容，重视劳动教育是社会主义教育的光荣传统，但我国现有劳动教育研究力量还比较薄弱，标志性成果不多，新时代劳动教育的理论解释力和说服力也亟待加强。为此，我们以高度的理论自觉和社会责任感策划了这部理论著作，力求对劳动教育的基本内涵、独特价值、历史演变、培养目标、教育内容、课程体系、实施方式、素养评价、质量监测、长效机制等重大理论和实践问题进行深入分析，为大中小学开展劳动教育提供理论指导。本研究还获得 2019 年国家社会科学基金教育学重点课题立项支持。

　　本书集结了国家教育智库和知名高校的专家，他们在劳动教育的政策、理论、实践、国际比较研究等方面各有所长，进行了多单位跨部门跨领域的协同创新。多位专家深度参与国家多个劳动教育文件的起草工作，有的长期追踪劳动教育前沿研究，有的从事劳动学科建设工作。一年多来，大家充分整合优势资源，发挥各自研究专长，持续沟通交流，疫情期间仍开展在线讨论，学习中央最新文件精神，把握基层实践动态，不断完善书稿，努力打造精品。具体撰写工作分工如下：绪论和第四章由曾天山（教育部职业技术教育中心研究所）负责，第一章由毕文健（南京师范大学）负责，第二章由刘丽红（中国劳动关系学院）负责，第三章由徐辉（西南大学）负责，第五章由吴景松（中国教育科学研究院）负责，第六章由徐金海（中国教育科学研究院）负责，第七章由侯红梅（南京师范大学）负责，第八章由马开剑（天津教育科学研究院）负责，第九章由卢晓东（北京大学）负责，第十章由顾建军（南京师范大学）负责，第十一章由周湘林（中央财经大学）负责，第十二章及大事记由宋小舟（国家教育行政学院）负责，第十三章由徐金雷（南京师范大学）负责。第十四章由班建武（北京师范大学）负责。曾天山承担了编写的组织协调工作，对全书进行了设计和统稿。宋小舟承担了协调服务工作。

　　本书是新时代第一部劳动教育著作，是落实《关于全面加强新时代大中小学劳动教育的意见》的具体行动。在研究过程中，我们站在前人的肩膀上，汲取了实践工作者的养分，得到了教育行政领导的支持，在此深表感谢。感谢教育科学出版社李东社长、郑豪杰总编辑的大力支持，感谢学术著作编辑部刘明堂主任和编辑的辛勤劳动。新时代劳动教育是一个新课题，对新时代劳动教育的研究是一项开创性的工作。本书可能存在一些不足、不当之处，请各位同仁不吝指教，帮助我们不断完善，希望本书能为推动新时代劳动教育的转型升级按下"快进键"。

编写组

2020 年 4 月

出 版 人　李　东

责任编辑　何　蕴　方檀香　张玉荣

版式设计　孙欢欢

责任校对　张晓雯

责任印制　叶小峰

图书在版编目（CIP）数据

劳动教育论／曾天山，顾建军主编 . —北京：教
育科学出版社，2020. 10（2024. 3 重印）
　ISBN 978-7-5191-2337-6

　Ⅰ . ①劳… 　Ⅱ . ①曾… ②顾… 　Ⅲ . ①劳动教育—研
究　Ⅳ . ①G40-015

　中国版本图书馆 CIP 数据核字（2020）第 184406 号

劳动教育论

LAODONG JIAOYU LUN

出 版 发 行	教育科学出版社				
社　　　址	北京·朝阳区安慧北里安园甲 9 号		邮　　编	100101	
总编室电话	010-64981290		编辑部电话	010-64989421	
出版部电话	010-64989487		市场部电话	010-64989009	
传　　　真	010-64891796		网　　址	http://www. esph. com. cn	
经　　　销	各地新华书店				
制　　　作	北京金奥都图文制作中心				
印　　　刷	保定市中画美凯印刷有限公司				
开　　　本	720 毫米×1020 毫米　1/16		版　　次	2020 年 10 月第 1 版	
印　　　张	29		印　　次	2024 年 3 月第 6 次印刷	
字　　　数	394 千		定　　价	102.00 元	